监护人和被监护人的侵权责任：
未成年人、精神病人及其父母的侵权责任

侵权法报告（第3卷）

张民安 主编

监护人和被监护人的侵权责任：

未成年人、精神病人及其父母的侵权责任

张民安 主　编
宋志斌 副主编

中山大学出版社

版权所有　翻印必究

图书在版编目（CIP）数据

监护人和被监护人的侵权责任：未成年人、精神病人及其父母的侵权责任/张民安主编；宋志斌副主编. —广州：中山大学出版社，2010.5
（侵权法报告·第3卷/张民安主编）
ISBN 978 - 7 - 306 - 03654 - 4

Ⅰ. 监… Ⅱ. ①张… ②宋… Ⅲ. 监护—侵权行为—民事责任—研究　Ⅳ. D913.904

中国版本图书馆 CIP 数据核字（2010）第 070830 号

出 版 人：	祁　军
策划编辑：	蔡浩然
责任编辑：	蔡浩然
封面设计：	方楚涓
责任校对：	蔡浩然
责任技编：	何雅涛
出版发行：	中山大学出版社
电　　话：	编辑部 020 - 84111996，84111997，84113349，84110779
	发行部 020 - 84111998，84111981，84111160
地　　址：	广州市新港西路 135 号
邮　　编：	510275　传　真：020 - 84036565
网　　址：	http://www.zsup.com.cn　E-mail：zdcbs@mail.sysu.edu.cn
印 刷 者：	广东南海市印刷厂有限公司
规　　格：	787mm×1092mm　1/16　25.375 印张　386 千字
版次印次：	2010 年 5 月第 1 版　2010 年 5 月第 1 次印刷
定　　价：	49.00 元

如发现本书因印装质量影响阅读，请与出版社发行部联系调换

主编特别声明

　　本书凭借主编张民安博士和宋志斌律师良好的专业素质、外语水平和与国内外民商法理论界和民商法实务界的良好关系，从理论和实务、国内和国外两个角度诠释当代侵权法的最新理念，揭示当代侵权法案例中所蕴涵的内涵，提升我国侵权法的理论水准，为我国立法机关科学地制定《中华人民共和国民法典》提供理论支撑，为我国司法判例科学妥当地解决纷繁复杂的侵权案件提供理论指导。

　　提出新观点，倡导新观念，援引新资料，解决新问题，是《侵权法报告》一贯的宗旨，也是《侵权法报告》主编一直追求的目标。尊敬的读者，如果您是首次在《侵权法报告》中读到《侵权法报告》中援引的任何案例、法官的判词、外国学者的精辟论语和提出的科学学术观点并在撰写文章时引用，请您遵守最基本的学术规范和尊重作者最基本的权利，加上"转引《侵权法报告》"等字样，以体现对《侵权法报告》作者艰辛劳动的尊重。因为，学术虽然是开放的，但是，作者的劳动是应当得到保护的。只有这样，学术才能繁荣，侵权法学才能进步，在学术上提倡新观念、提出新观点的学者才能体现其自身价值。

序

监护制度,是指对未成年人或者精神病人的人身、财产及其他合法权益进行监督和保护的民事法律制度。在监护制度中,对未成年人和精神病人履行监督、保护职责的人被称为监护人;被监护人监督、保护的未成年人或者精神病人被称为被监护人。监护人应当履行所承担的监护职责,要采取合理措施控制被监护人的行为,防止他们对他人实施致害行为。如果监护人没有履行所承担的监护责任,导致被监护人对他人实施了致害行为并因此导致他人遭受了人身或者财产损害,监护人是否要就其未成年子女或者精神病人的侵权行为对他人承担侵权责任?如果监护人应当承担侵权责任,那么,他们就其未成年人或者精神病人承担的侵权责任究竟是什么性质的侵权责任?被监护人是否就其实施的致害行为对他人承担侵权责任?如果被监护人要就其实施的致害行为对他人承担侵权责任,他们是否要和监护人一起对他人承担侵权责任?对于这些问题,两大法系国家和我国的法律并不完全相同。

一、法国侵权法关于监护人、被监护人侵权责任的规定

在法国,1804年《法国民法典》第1384(4)条对父母就其未成年子女实施的侵害行为对他人承担的侵权责任做出了明确规定。该条规定,父亲和丈夫死亡之后的母亲应当就与其生活在一起的未成年子女引起的损害对他人承担侵权责任。由于1804年《法国民法典》第1384(4)条违反了夫妻平等的原则,对妻子构成歧视,因此,法国立法机关在1970年制定了1970年6月4日的法律,对1804年《法国民法典》第1384(4)条进行了修改,修改后的新1384(4)条规定,一旦父母双方对其未成年子女行使监护权(droit de garde),他们应当就与其共同生活的未成年子女引起的损害承担连带责任。一般认为,父母就其未成年子女实施的侵权行为承担的侵权责任是建立在过失推定的基础上,但是,法国司法判例在1997年的Bertrand一案中认为,父母承担的此种侵权行为是严格责任,不以父母在履行监

督职责方面存在过失作为条件,父母不得以自己没有监督过失作为拒绝承担侵权责任的理由。

在1968年之前,法国侵权法明确认可主观性过错理论,认为法律不得责令那些对自己行为无识别能力的人承担过错侵权责任。因此,低龄的未成年人和精神病人不承担过错侵权责任。如果受害人要求未成年人就其实施的致害行为对自己承担侵权责任,他们必须证明引起损害的未成年人在实施致害行为的时候存在识别能力和判断能力。[1] 未成年人是否有识别能力和判断能力实际上是一个事实问题,由法官结合案件的具体情况来决定,法官在考虑未成年人是否具有识别能力和判断能力的时候往往采取可预见性理论,看看未成年人的智力发育程度是否足以让他们理解其行为存在的危险。但是,法国1968年1月3日的法律突然废除了此种法律,在《法国民法典》第489-2条中明确规定:"那些引起他人损害的精神病人仍然要对他人损害承担侵权损害赔偿责任。"学者认为,《法国民法典》第489-2条并没有创设一种特殊的侵权责任制度,也仅仅是规定,精神病人可以像正常的、有意思能力的人那样对自己行为的损害承担侵权责任,对精神病人适用的法律规则同正常的、有意思能力的人所适用的法律规则没有差异,都是普通的规则。这样,一旦精神病人的行为被认为是一个有理性的人所没有实施的行为,精神病人的行为即被认为是过错行为,精神病人即应根据《法国民法典》第1382条和第489-2条承担损害赔偿责任。[2] 到了20世纪80年代中期,法国司法判例也认为,未成年人应当就其实施的过错行为对他人承担侵权责任,无论未成年人在实施过错侵权行为的时候是否对其行为人存在识别能力、判断能力,只要他们在行为时没有尽到其他未成年人在同样或者类似情况下能够尽到的注意义务,则他们就应当对他人承担侵权责任。

二、德国侵权法关于监护人、被监护人侵权责任的规定

《德国民法典》第832条对监护人就其被监护人实施的侵权行为

---

[1] Cour de cassation, chambre sociale (Cass. Soc.), 25 juillet 1952 in [1954] Dalloz 310, note R. Savatier.

[2] Gérard Légier, Les obligations, quatorzième éeition, mémentos dalloz, p. 99. é.

承担的侵权责任问题做出了明确规定。《德国民法典》第832（1）条规定，依照法律规定对未成年人或者精神病人负有监督职责的人，应当就其被监护人不法引起的损害承担侵权责任，但是，如果监护人已经履行了所承担的监护职责，或者在适当履行监护职责的情况下损害还会发生的，则监护人不对他人承担侵权责任。《德国民法典》第832（2）条规定，当行为人根据契约对某一个人承担监护职责时，如果他们在履行监护职责时存在过失，应当就其被监护人非法引起的损害对他人承担侵权责任，但是，如果他们在履行监护职责方面不存在过失，或者即便适当履行职责损害仍然会发生的，契约监护人也不对他人承担侵权责任。根据《德国民法典》第832条的规定，父母作为主要的监护人，要对其未成年子女或者成年的精神病人承担监督义务，要求采取适当措施防止他们对他人实施致害行为；如果他们没有适当履行此种义务和职责，导致其未成年子女或精神病人非法引起他人损害，未成年子女或者精神病人的父母应当就他们非法引起的损害对他人承担侵权责任。

在德国，未成年子女是否就其实施的致害行为对他人承担侵权责任取决于未成年子女的年龄大小和识别能力的有无。根据《德国民法典》第828（1）条的规定，在德国，没有满7周岁的未成年子女一律不具有侵权责任能力，当他们实施了致害行为并因此导致他人遭受了损害时，法律不得责令他们对他人承担侵权责任。根据《德国民法典》第828（3）条的规定，超过7周岁但是没有满18周岁的未成年人是否具有侵权责任能力，是否要就其致害行为对他人承担侵权责任，取决于他们在实施致害行为的时候是否存在识别能力、认识能力或者判断能力。如果已经满了7周岁但是没有满18周岁的未成年子女在实施致害行为的时候具有识别能力、认识能力或者判断能力，能够认为其行为的性质和行为的后果，则他们被看做具有侵权责任能力的未成年人，能够实施过错侵权行为，应当就其过错侵权行为对他人承担侵权责任。如果已经满了7周岁但是没有满18周岁的未成年子女在实施致害行为的时候没有识别能力、认识能力或者判断能力，无法认为其行为的性质和行为的后果，则他们被看做不具有侵权责任能力的未成年人，无法实施过错侵权行为，不得被责令就其致害行为

Ⅳ 监护人和被监护人的侵权责任：未成年人、精神病人及其父母的侵权责任

对他人承担侵权责任。根据《德国民法典》第828（2）条的规定，如果未成年人已经满了7周岁但是没有满10周岁，当他们实施了涉及机动车、有轨火车或者有轨缆车事故的致害行为时，他们不就其实施的致害行为对他人承担侵权责任，但是，如果这些损害事故是基于这些未成年人的故意实施的，则他们应当就其故意侵权行为对他人承担侵权责任。

如果未成年人不符合《德国民法典》第828条规定的条件，他们仍然要就其实施的致害行为对他人承担侵权责任，这就是所谓的公平责任。《德国民法典》第829条对未成年人、精神病人承担的公平责任做出了规定：即便未成年人因为欠缺《德国民法典》第828条规定的识别能力、认识能力或者判断能力而无法被责令就其致害行为引起的损害对他人承担侵权责任，当他人无法要求对未成年人履行监督义务的第三人就其未成年子女引起的损害对自己承担侵权责任的时候，如果公平要求未成年人就其致害行为对他人承担侵权责任，未成年人仍然要对他人承担侵权责任，如果此种侵权责任的承担不会剥夺未成年人为了维持生计而必要的生活费用的话，包括他们对其他人承担的赡养义务。根据《德国民法典》和德国司法判例的精神，未成年人承担公平责任是有条件的：其一，未成年人实施的致害行为导致他人遭受了损害。其二，他人无法要求未成年人的父母就其未成年子女实施的致害行为对自己承担侵权责任。其三，未成年人对他人承担公平责任不得影响未成年人的正常生活或者影响他们对其他人义务的承担。其四，受害人没有获得第一人保险赔偿。

三、英美法系国家侵权法关于监护人、被监护人侵权责任的规定

在英美法系国家，普通法认为，不得仅仅因为父母同其未成年子女之间存在亲子关系而责令父母就其未成年子女的侵权行为对他人承担侵权责任。Heuston和Buckley对此规则做出了明确说明，他们指出，父亲并不就其未成年子女的侵权行为承担侵权责任，即便这些未成年子女仍然跟他们一起生活，即便他们对这些未成年子女实施控制行为，也是如此；仅仅因为父亲同其未成年子女之间存在血缘关系还

不足以让父亲就其未成年子女的侵权行为对他人承担侵权责任。①Barton指出，在普通法上，父母不得仅仅因为同其未成年子女存在家庭关系而要就其未成年子女的侵权行为对他人承担侵权责任。当未成年子女对他人实施了侵权行为时，未成年子女应当就他们实施的侵权行为对他人承担侵权责任。其结果是，父母不会因为没有在法律上监督其未成年子女的行为而要被责令承担侵权责任，即便父母的监督过失导致其未成年子女或者一个无关的第三人遭受了损害，他们也不就其过失监督行为承担侵权责任。②

在遵行父母不就其未成年子女的侵权行为承担侵权责任的一般原则基础上，英美法系国家的侵权法也在例外情况下责令父母就其未成年子女的侵权行为对他人承担侵权责任。在美国，佛罗里达州最高法院在著名的 Gissen v. Goodwill③ 一案中对父母不就其未成年子女的侵权行为承担侵权责任的四种例外情况进行了说明，包括：①当父母将某种物件交给其未成年子女使用的时候，如果该种物件因为其未成年子女的年龄、判断或者经验欠缺而成为对他人有危险的物件时，父母就其未成年子女使用此种危险物件导致的损害对他人承担侵权责任；②如果未成年子女在实施侵权行为的时候同其父母之间存在雇佣关系，父母作为雇主应当就其作为雇员的未成年子女的侵权行为对他人承担侵权责任；③如果父母知道其未成年子女在实施侵权行为，他们同意、知道或者批准其未成年子女实施此种侵权行为，则父母应当就其未成年子女实施的侵权行为对他人承担侵权责任；④当父母知道或者通过适当的注意义务的行使应当知道其未成年子女的行为可能会给他人造成损害后果，他们没有对其未成年子女的行为进行合理的控制，导致其未成年子女对他人实施了侵权行为，父母应当就其未成年子女的侵权行为对他人承担侵权责任。《美国侵权法复述》（第二版）对未成年子女的父母例外情况下承担侵权责任的上述第四种规则做出了明确说明，这就是《美国侵权法复述》（第二版）第316条。该条

---

① R. F. V. Heuston R. A. Buckley, Salmond and Heuston on the haw of Torts, twenty-firstedition, Sweet & Maxwell, p. 414.
② Valerie D. Barton, Comment: Reconciling The Bureden: Parental Liability for the Tortious Acts of Minors (2002) 51 Emory L. J. 877, 885.
③ 80 So. 2d 701 (Fla. 1955).

Ⅵ 监护人和被监护人的侵权责任：未成年人、精神病人及其父母的侵权责任

规定，父母要在控制其未成年子女的行为方面尽到合理的注意义务，以便阻止其未成年子女故意侵害他人或者避免其未成年子女的行为对他人人身构成不合理的行为，如果父母：（a）知道或者有理由知道他们有控制其未成年子女的能力；并且（b）知道或者应当知道有对未成年子女的行为进行控制的必要和机会。《美国侵权法复述》（第二版）第316条得到了众多司法判例的援引，成为美国司法判例责令父母就其未成年子女的侵权行为承担侵权责任的重要根据。

英美法系国家的侵权法普遍认为，当未成年人或者精神病人实施了侵权行为时，他们应当就其实施的过错侵权行为引起的损害对他人承担侵权责任，行为人在实施侵权行为的时候是否成年对他们承担过错侵权责任不会产生影响，因为，根据英美法系国家的侵权法，未成年人同成年人一样具有侵权责任能力，能够成为过错侵权责任的主体，即便未成年人在实施过错侵权行为时没有识别能力、判断能力或者认识能力，无法认识其致害行为的性质和所产生的后果。Prosser教授指出，在英美法系国家，侵权法采取的一般原则是，未成年人不得仅仅因为其未成年人身份而享有不对他人承担侵权责任的特权。相反，未成年人通常应当就其过错侵权行为引起的损害对他人承担侵权责任，包括就其过失侵权行为引起的损害对他人承担侵权责任和就其故意侵权行为引起的损害对他人承担侵权责任。① Heuston 和 Buckley 指出，在英国，未满18周岁的未成年人应当像成年人一样就其实施的侵权行为引起的损害对他人承担侵权责任，因为在过去的500年中，侵权法都认为，任何年龄的未成年人都可能会因为侵入他人不动产之上或者不动产之内、因为侵害他人动产或侵害他人人身而被责令对他人承担侵权责任，要就其实施的侵权行为引起的损害对他人承担侵权损害赔偿责任，就像他们是成年人一样，至少在他们年龄较大而足以形成侵权责任所必要的故意的时候是如此。② Rogers 指出，在侵权法中，行为人不得以自己年龄过小、还没有到达成年作为拒绝承担侵权责任的理由，未成年人实施了侵权行为的时候，他们能够被起诉并因此要就其实施的侵权行为对他人承担侵权责任，这一点同成年人

---

① W. Page Keeton, Prosser and Keeton on Torts, fifthedition, West Publishing Co. p.1071.
② R. F. V. Heuston R. A. Buckley, ibidi, p.411.

完全一样。①

四、我国侵权法关于监护人、被监护人侵权责任的规定

在我国，民法通则和侵权责任法对监护人、被监护人侵权责任的问题做出了明确说明。《中华人民共和国民法通则》（以下简称《民法通则》）第133条规定：无民事行为能力人、限制民事行为能力人造成他人损害的，由监护人承担民事责任。监护人尽了监护责任的，可以适当减轻他的民事责任。有财产的无民事行为能力人、限制民事行为能力人造成他人损害的，从本人财产中支付赔偿费用。不足部分，由监护人适当赔偿，但单位担任监护人的除外。我国《侵权责任法》第32条完全继承了《民法通则》第133条的精神，该条规定：无民事行为能力人、限制民事行为能力人造成他人损害的，由监护人承担侵权责任。监护人尽到监护责任的，可以减轻其侵权责任。有财产的无民事行为能力人、限制民事行为能力人造成他人损害的，从本人财产中支付赔偿费用。不足部分，由监护人赔偿。

根据我国民法通则和侵权责任法的规定，当未成年人、精神病人实施致害行为时，监护人应当就其实施的致害行为对他人承担侵权责任，未成年人、精神病人无需对他人承担个人侵权责任，无需同被监护人一起对他人承担共同责任和连带责任。其主要内容有二：其一，监护人承担侵权责任的严格性。根据我国《民法通则》第133条和《侵权责任法》第32条的规定，监护人应当就其未成年子女的致害行为承担严格责任，即便他们在控制其未成年子女的行为父母没有过失，他们也应当承担侵权责任。其二，未成年人、精神病人不就其实施的致害行为对他人承担任何侵权责任。根据我国《民法通则》第133条和《侵权责任法》第32条，无论未成年人、精神病人在造成他人损害的时候是否有认识能力、判断能力、意思能力或者识别能力，只要他们在行为时给他人造成损害，他们的监护人都要对他人承担侵权责任，未成年人、精神病人本身不就其致害行为对他人承担侵权责任，即便他们是故意、蓄意实施致害行为，他们也不得被责令就其故意行为、蓄意行为对他人承担侵权责任，他们实施的任何致害行

---

① W. V. H. Rogers, Winfield and Jolowicz on Tort, thirteen edition, Sweet and Maxwell. 671.

Ⅷ 监护人和被监护人的侵权责任：未成年人、精神病人及其父母的侵权责任

为都应当由他们的父母承担侵权责任，他们不得被责令同其父母一起对他人承担连带责任。

我国民法通则和侵权责任法将父母就其未成年子女的侵权行为承担的侵权责任规定为严格责任虽然可以有效的保护他人的利益，确保父母监督职责的有效履行，但是，责令父母就其未成年子女的侵权行为对他人承担的严格责任对父母有失公允，使他们承担了过分沉重的侵权责任，也对未成年人的健康成长不利。未成年人天性好动，对世界上的各种事物充满好奇之心，他们往往缺乏足够的认识能力和判断能力去判断自己的行为是不是会对他人的人身或者财产构成危险，如果法律仅仅因为未成年人在其成长过程中实施了某种侵权行为并因此导致他人遭受了损害就要求未成年子女的父母就他们实施的侵权行为对他人承担侵权责任，则父母可能会因为担心所承担的侵权责任而对其未成年子女采取最严厉的防范措施和最严格的纪律要求，严格限制其未成年子女的活动范围，坚决阻止他们的未成年子女同其他人一起玩耍、交往，防止他们从事一起有可能影响他人人身或者财产利益有损害的危险活动。父母采取的这类措施虽然最终会使他们就其未成年子女的侵权行为对他人承担的侵权责任减少甚至消灭，但是，这些措施对未成年子女的健康成长十分不利，因为，未成年子女在其成长中应当学会怎样同其他人打交道，应当学习怎样面对危险，应当学会怎样应付未来的风险。而这些知识的获得只有在未成年子女能够获得足够的自由和放任的时候才有可能。这也许就是两大法系国家的侵权法都认为父母仅仅就其未成年子女的侵权行为对他人承担过失侵权责任的重要原因。在我国，为了鼓励未成年人学会将来独立生活、学习或者工作所需要的知识、经验，防止其未成年子女的父母基于严格责任的担忧而过分限制其未成年子女的活动自由，为了使我国侵权法关于父母就其未成年子女的侵权行为对他人承担的侵权责任同两大法系国家的侵权法保持一致，我国未来侵权法应当放弃民法通则规定的严格责任，使未成年子女的父母就其未成年子女的侵权行为对他人承担的侵权责任从严格责任变为过失侵权责任，如果父母在监督、教育或者控制其未成年子女的行为方面已经尽到了一般父母在同样情况下或者类似情况下应尽到的注意义务，他们就可以免除所承担的侵权责任。

在我国，侵权法对被监护人提供了绝对的保护，因为我国民法通

则和侵权责任法认为，未成年人、精神病人是绝对不承担侵权责任的人，他们享有完全的责任豁免权。这一点同两大法系国家的侵权法形成鲜明的对比。因为，在大陆法系国家的法国和英美法系国家，侵权法认为，未成年人、精神病人应当就其实施的过错侵害行为对他人承担侵权责任。而在德国，侵权法虽然对未成年人、精神病人采取主观过错理论，德国侵权法最终仍然责令被监护人对他人承担公平责任。已如前述。在我国，民法通则和侵权责任法规定实际上是将未成年人、精神病人人格发展所支付的全部代价转嫁到了受害人身上，让他们无条件地承受未成年人致害行为的一些后果，对受害人极其不公平。在侵权法上，对于未成年子女的过分保护不仅会纵容未成年人飞扬跋扈的行为，不仅会助长未成年人肆无忌惮的行为，而且还会严重威胁社会公众的人身和财产安全，影响整个社会的稳定。为了保护受害人的利益，为了减少未成年人、精神病人的暴力行为、故意行为或者过失行为给社会公众造成的危害，强化监护人对其未成年子女、精神病人的控制和监督，我国民法典应当借鉴两大法系国家侵权法的一般规则，放弃无行为能力人和限制行为能力人不就其实施的致害行为对他人承担侵权责任的规则，在责令监护人就其被监护人实施的致害行为对他人承担过错侵权责任的同时，责令未成年人、精神病人就他们实施的侵权行为对他人承担过错侵权责任；未成年人或者精神病人的监护人在监督他们的行为和控制他们的行为方面存在过失时，我国民法典应当责令未成年人或者精神病人就他们实施的过错侵权行为同监护人一起对受害人承担连带责任。

五、《侵权法报告》（第3卷）对未成年人、精神病人和他们父母侵权责任的关注

在我国，除了笔者曾经在《过错侵权责任制度研究》[①] 和《现代法国侵权责任制度研究》[②] 当中对未成年人、精神病人的过错侵权责任制度做过系统的研究之外，很少有学者对未成年人、精神病人和他

[①] 张民安：《过错侵权责任制度研究》，中国政法大学出版社2002年版，第420-426页。
[②] 张民安：《现代法国侵权责任制度研究》（第二版），法律出版社2007年版，第214-218页。

们的父母或者其他监护人承担的侵权责任制度做出系统的研究，虽然许多学者在他们主编的侵权法教科书或者撰写的侵权法著作当中对监护人就其被监护人实施的侵害行为对他人承担的侵权责任做出了说明，但是，这些说明也仅仅是对我国《民法通则》第133条做出的简单注释。为了提升我国侵权法的理论水平，使我国学说、司法判例和立法机关能够了解、掌握两大法系国家侵权法尤其是英美法系国家侵权法中关于未成年人、精神病人和他们的父母、其他监护人侵权责任的最新发展趋势，《侵权法报告》（第3卷）对英美法系国家尤其是美国侵权法上的未成年人的过错侵权责任制度、精神病人的过错侵权责任制度、未成年人和精神病人的父母或其他监护人承担的过错侵权责任制度做出了全面、系统的介绍。

《侵权法报告》（第3卷）之所以能够顺利出版，除了主编和各著译者的努力之外，还得益于中山大学出版社的大力支持，在《侵权法报告》（第3卷）即将出版之际，本书主编真诚地对他们表示衷心的感谢！

张民安博士
2010年3月26日
于广州中山大学法学院

目 录

第一编　侵权法上的未成年人与精神病人

未成年人、精神病人与精神缺陷者

　　…………………………帕特里克·凯莱著　黎晓婷 译

一、导论 ……………………………………………………（2）
二、令状制度的崩塌与实体普通法的兴起 ………………（3）
三、法律与法学理论的发展：法律舞台上的未成年人与
　　精神病人 ………………………………………………（6）
四、侵权责任理论与发展中的法律规则（1920—1960 年）
　　…………………………………………………………（13）
五、现代侵权法学的谜团 …………………………………（21）
六、David Seidelson 的成果 ………………………………（25）
七、侵权责任的纠正正义理论 ……………………………（28）
八、生理残疾者的侵权责任 ………………………………（39）
九、对精神病人、精神缺陷者侵权责任的解释 …………（46）
十、殴打侵权标准与过失侵权标准对未成年人的适用 …（53）
十一、结论 …………………………………………………（62）

第二编　精神病人承担的侵权责任

精神病人的侵权责任

　　…………………………哈里·J. F. 克瑞尔著　王丽锋 译

一、导论 ……………………………………………………（65）
二、普通法规则的历史发展 ………………………………（66）
三、普通法规则的适用 ……………………………………（68）
四、现代医学的发展 ………………………………………（72）

五、对现行规则的批判 …………………………………………（76）
　　六、政策基础的分析 ……………………………………………（80）
　　七、建议 …………………………………………………………（91）
　　八、结论 …………………………………………………………（98）

精神病人的过失责任
　　……………………… 伊丽莎白·J. 戈德斯坦 著　王丽锋 译
　　一、导论 …………………………………………………………（100）
　　二、客观标准的历史发展 ………………………………………（101）
　　三、现行法 ………………………………………………………（109）
　　四、客观标准的新理论：经济效率和医疗目的 ………………（113）
　　五、过失法的调和 ………………………………………………（119）
　　六、结论 …………………………………………………………（120）

精神病人过失侵权责任的评析
　　………………………… 威廉·R. 卡斯图 著　黎晓婷 译
　　一、导言 …………………………………………………………（121）
　　二、法律背景 ……………………………………………………（122）
　　三、精神病抗辩理由 ……………………………………………（124）
　　四、结论 …………………………………………………………（133）

侵权法上看护关系对精神病人责任的影响
　　………………………………… 莎拉·莱特 著　王丽锋 译
　　一、导论 …………………………………………………………（135）
　　二、传统规则分析 ………………………………………………（137）
　　三、侵权法和看管下的精神病人 ………………………………（144）
　　四、现代理论的转变 ……………………………………………（150）
　　五、精神病人的义务分析 ………………………………………（158）
　　六、赔偿问题的解决 ……………………………………………（161）
　　七、结论 …………………………………………………………（163）

老年痴呆病人损害责任制度的公共政策研究
　　………………………… 爱德华·P. 理查兹 著　黎晓婷 译
　　一、导论 …………………………………………………………（164）
　　二、老年痴呆病的病理生理学分析 ……………………………（165）
　　三、侵权责任原则与老年痴呆病 ………………………………（167）

四、作为受害者的专业看护人员 …………………… (174)
五、有关消防员规则的案例 ……………………………… (175)
六、作为受害者的非专业看护人员 ………………… (178)
七、专业看护人员的侵权责任 …………………………… (180)
八、非专业看护人员的侵权责任 ………………………… (182)
九、结论 ……………………………………………………… (185)

第三编　父母对未成年人子女承担的侵权责任

父母对其未成年子女的侵权行为承担侵权责任的性质
………………………………………………………… 张民安
一、导论 ……………………………………………………… (187)
二、父母对未成年子女承担的过错侵权责任 ……………… (189)
三、父母对未成年子女承担的严格责任 …………………… (193)
四、父母对未成年子女承担的侵权责任的性质 …………… (197)

美国侵权法上父母替代责任的"特定行为规则"
——Gissen v. Goodwill 一案评析
………………………………………………… 宋志斌　郭钟泳
一、Gissen v. Goodwill 一案的案情简介 …………………… (204)
二、法院对 Gissen v. Goodwill 一案做出的判决 …………… (205)
三、对美国 Gissen v. Goodwill 一案的评析………………… (209)

美国父母责任法案的历史发展及其现状
………………………………… 杰弗里·L. 斯卡伦 著　许元昭 译
一、导论 ……………………………………………………… (213)
二、普通法的传统规则 ……………………………………… (215)
三、普通法传统规则的例外 ………………………………… (216)
四、州立法机关创设的父母责任法案 ……………………… (225)
五、北达科他州父母责任法案的现状 ……………………… (229)
六、结论 ……………………………………………………… (236)

父母就其未成年子女的行为承担的法律责任
………………………… 艾米·L. 汤姆斯休斯基 著　郭钟泳 译
一、导论 ……………………………………………………… (239)

二、普通法和制定法上有关父母责任的规定 …………（241）
三、父母就其未成年子女的行为承担法律责任之剖析 …（246）
四、立法建议 ……………………………………………（261）
五、结论 …………………………………………………（263）

强加于父母以侵权责任的具体适用情形
　　　　　　　　…………… 安德鲁·C. 格拉兹 著　许元昭 译
一、导论……………………………………………………（264）
二、普通法的传统规则……………………………………（266）
三、《美国侵权法复述》（第二版）第316条的规定 ……（268）
四、美国父母责任法案的创设……………………………（278）
五、得克萨斯州父母侵权责任的现状……………………（281）
六、结论……………………………………………………（284）

父母对未成年子女非法下载音乐承担的侵权责任
　　　　　　　　…………… 贾内尔·A. 韦伯 著　许元昭 译
一、导论……………………………………………………（286）
二、父母为其孩子的文件共享行为承担的侵权责任 ……（289）
三、普通侵权法原则下的父母责任………………………（304）
四、支持父母对其孩子文件共享行为承担法律责任的
　　政策性理由……………………………………………（306）
五、修正共同侵权理论以在文件共享行为中强加于
　　父母的侵权责任………………………………………（307）
六、结论……………………………………………………（309）

父母对未成年子女侵犯版权行为所承担的共同侵权责任
　　　　　　　　…………… 查德·希尔弗 著　许元昭 译
一、导论……………………………………………………（311）
二、网络上侵犯他人版权的行为…………………………（313）
三、父母对未成年子女侵犯版权的行为所承担的侵权
　　责任……………………………………………………（322）
四、家庭目的理论应扩大到未成年人的非法共享文件的
　　行为……………………………………………………（328）
五、结论……………………………………………………（337）

父母就未成年人子女暴力事件承担的责任：道德责任还是法律责任
·················· 黛博拉·A. 尼古拉 著　郭钟泳 译
- 一、导论 ··· (339)
- 二、关于父母责任的不同看法 ······················ (340)
- 三、父母责任的现行法律规定 ······················ (345)
- 四、影响未成年人成长的因素 ······················ (355)
- 五、父母承担法律责任与家庭隐私、父母的自主决定权之间的冲突 ·································· (358)
- 六、对如何预防未成年人暴力事件的建议 ············ (361)
- 七、父母承担道德责任还是法律责任 ················ (362)
- 八、结语 ··· (364)

父母因过失监管未成年子女承担的侵权责任
——Snow v. Nelson 一案评析
·················· 金佰利·利昂内尔·金 著　郭钟泳 译
- 一、导论 ··· (365)
- 二、普通法和制定法上的父母侵权责任 ·············· (368)
- 三、"特定侵权行为规则"对父母侵权责任的限制 ······ (370)
- 四、《美国侵权法复述》（第二版）对父母过失监管责任的规定 ······································ (379)
- 五、"特定侵权行为规则"的公共政策考量 ············ (382)
- 六、结语 ··· (384)

第一编 侵权法上的未成年人与精神病人

未成年人、精神病人与精神缺陷者[*]

帕特里克·凯莱[**]著 黎晓婷[***]译

目　　次

一、导论
二、令状制度的崩塌与实体普通法的兴起
三、法律与法学理论的发展：法律舞台上的未成年人与精神病人
四、侵权责任理论与发展中的法律规则（1920—1960年）
五、现代侵权法学的谜团
六、David Seidelson 的成果
七、侵权责任的纠正正义理论
八、生理残疾者的侵权责任
九、对精神病人、精神缺陷者的侵权责任的解释

---

[*] 法院曾使用未成年人（infancy）、精神障碍者（Insanity）和精神缺陷者（infirmity）等术语。直至20世纪下半叶，人们不再使用这些词语。有人认为，这些词语带有侮辱色彩，并且是不科学的和不恰当的。本文将使用现代的词汇，除非它们不符合历史事实。笔者之所以在题目中使用这些古老的术语，并不是要鼓吹复辟这些古老的术语，而是旨在说明，也许我们仍然能从那些曾使用这些术语的法官判案中学到一些东西。

[**] 南伊利诺伊州大学法学院法学教授。

[***] 中山大学法学院助教。

十、殴打侵权标准与过失侵权标准对
　　未成年人的适用
十一、结论

一、导论

1981年3月30日，前美国总统里根在华盛顿的一家餐馆就餐，他的豪华座驾一直守候在餐馆门外。里根走出餐馆并准备登上房车之时，John Hinckley开枪射击里根，致使里根本人、新闻处秘书Jim Brady、安全特工Timothy McCarthy以及华盛顿区警察Thomas Delahanty都受了伤。事后，人们发现Hinckley患有精神病，他枪杀里根，是因为他以为这样做可以使乔迪·福斯特这位年轻美丽的电影女明星爱上他。刑事诉讼中，法院以Hinckley存在精神障碍为由，对他做出无罪判决。[①]

随后，Brady、Delahanty和McCarthy以Hinckley开枪射击他们为由，向法院提起侵权诉讼。Hinckley家境丰厚，他聘请了美国最好的律师事务所之一——Williams & Connolly律师事务所为诉讼代理人。律师向法院提起直接裁判动议，理由是，Hinckley在刑事审判阶段已被法院确认为精神障碍者，他的精神障碍状况能妨碍原告提起侵权诉讼。Williams & Connolly律师事务所的律师团明确提出，法院应当废除古老的精神障碍者侵权责任规则，不要求精神障碍者为自己的侵权行为承担法律责任，因为这个规则不仅不合时宜，而且违背了公平正义原则，更加与宽容的生理残疾者——包括突然的且不可预见的生理病患者——侵权法律规则相冲突。然而，法院驳回了被告的直接裁判动议，并支持了这个古老的规则。法院指出，所有州都依据正常人的侵权责任判断标准，要求精神障碍者为自己的侵权行为承担法律责任。

Williams & Connolly律师事务所的律师团提出的主张反映了一个问题，它困扰着至少两代侵权法学家。这个难题就是，过失侵权法会考虑未成年人的特点，法院在判断未成年人的行为是否存在过失的时

[①] United States v. John W. Hinckley, Jr. Findings and Order, Criminal number 81-306, August 10, 1982, United States District Court for the District of Columbia.

候,适用的是具有同等年龄、同等智力和同等经验的,并且合理谨慎的未成年人判断标准;同样地,过失侵权法也会考虑生理残疾者的能力局限性。例如,法院在判断盲人是否存在过失的时候,适用的是合理谨慎的盲人判断标准;其他残疾人也适用过失侵权法专门为他们度身订造的判断标准;不仅如此,如果行为人遭遇了突然的且不可预见的生理疾病,例如晕厥或者心脏病发,以致无法自主地实施行为并造成了损害结果,那么,行为人就无需为损害结果承担过失侵权责任;但是,过失侵权法却坚决拒绝考虑精神病人的能力局限性。法院在判断精神病人的行为是否存在过失的时候,适用合理谨慎的精神正常人标准,即便行为人遭遇的是突然的且不可预见的精神疾病,法院也照样适用正常人的标准。

让法学家困扰的是,法院区别对待精神病人和未成年人、生理残疾者的理由是什么?毋庸置疑,精神病与未成年、生理残疾一样,都能有力地证明病人的行为不具有可谴责性。再者,某些精神疾病正是和未成年及生理残疾一样,都能导致行为人无法满足一般的要求。因此,区别对待精神病人的规定成为法律中的不和谐音。为了解决这个问题,我们应研究这个问题是如何变成一个重要的法学理论问题,以及它为什么是一个重要的法学理论问题。为此,我们必须将法律史视为人类文明史的分支,并且是法官、律师与学者之间的对话:即法官做出判决,并且援引各种各样的规则、标准和原则来论证判决的合理性,以及人们对这些司法活动的产物进行评价,即律师、学者和其他法官针对这些判决、规则、标准与原则发表反对意见或赞成意见。而这些对话所提出的重大难题便成为各个法律发展阶段的重要理论问题。追本溯源以后,我们就会发现,这个问题的唯一解决方法是:首先,仔细研究广义的侵权责任理论及立法目的;其次,详细论述纠正正义理论,即将侵权责任制度视为纠正私主体间的非正义——即在客观上不正当地违反了社会成员的公共安全协议——的方法;最后,探讨这种理论如何解释未成年人、生理残疾者、精神病人与精神缺陷者的侵权责任规则。

二、令状制度的崩塌与实体普通法的兴起

现代普通法上的未成年人、生理残疾者、精神病人与精神缺陷者

侵权责任制度起源于19世纪中期。与此同时，作为法律分类制度的诉讼形式制度（the forms of action）却走向了没落。在此之前，普通法主要是关于人们如何针对案件纠纷提起诉讼请求的规则。诉讼形式制度就是对诉讼的技术性分类，它确定了原告必须提出哪些具体事实，案件才能获得进入国王法院的"入场券"——令状。而特殊答辩理由制度（special pleading）所确认的事实则可以驳回原告提出的诉讼请求，只要被告能在一审阶段证明有这些事实的存在。

现代普通法侵权法律制度的雏形是侵害侵权（Trespass）与间接侵害侵权（Trespass on the Case）这两种古老的诉讼形式。起初，它们的区别在于原告为了初步证明被告犯了错误所应提出的不同事实。在侵害侵权之诉中，原告只需要证明被告击打并且伤害了原告——"被告以棍棒击打并且伤害了原告，他使用武器和暴力破坏了国王的安宁"。如果无法成功地提出这些事实，原告就只能提起间接侵害侵权之诉。为此，原告必须提出各种案件事实来证明，被告对原告犯了错误。1773年，这种区分方法被废止，并且侵害侵权与间接侵害侵权也演变成以下两种侵权类型：一是被告的行为直接导致原告遭受了生理伤害，即原来的侵害侵权；二是被告的行为间接导致原告遭受了生理伤害，即间接侵害侵权。

无论是在侵害侵权诉讼中，还是在间接侵害侵权诉讼中，被告都不能特别地提出自己是未成年人、精神障碍者或者生理残疾者，并以之作为完全的抗辩理由。但是，这些规则只是诉讼规则而已。如果被告提出一般的理由来对抗原告提出的所有事实，包括原告的基本诉讼请求，即被告犯了错误，那么，法院就会将案件交由地方陪审团来审理。陪审团就会依据所有的案件事实来判断，被告是否对原告犯了错误。此时，陪审团可以充分考虑双方当事人明显的生理状况和精神状况。因此，不考虑这些状况的，只是"法律规则"即诉讼的技术性规则而已。

令状制度之所以会土崩瓦解，是因为新的程序规则允许原告直接将案件呈交威斯敏特的法院处理，而无需先由地方陪审团审理案件。这时，法院面临的第一个法律问题是，从案件的实体事实来看，原告据以提出诉讼请求的诉讼形式是否恰当。而诉讼程序又必然会引导当事人进一步追问案件的实体问题：被告是否应承担侵权责任。这些发展导致令状制度乃至相关的诉讼形式程序性分类制度彻底崩塌。这股力量不仅摧毁了旧制度，而且还促使法院发展实体法律制度来取代落后的诉讼法律规则，最好的例证是19世纪人们从实体侵权法上对人身伤害诉讼进行重新分类。

现代的故意殴打制度起源于19世纪中叶。在此以前，对应的旧制度是侵害侵权与间接侵害侵权这两种古老的诉讼形式制度，它们被称为"殴打侵害侵权诉讼（action of trespass for battery）"，既包括故意的直接暴力性接触，也包括非故意的直接暴力性接触。随着Williams v. Holland一案①、Brown v. Kendall一案②以及19世纪中期的诉讼改革导致侵害侵权诉讼与间接侵害侵权诉讼之间丧失了区分的法律意义，故意与过失的差异得到了人们的重视。从前，无论被告故意地实施了直接的暴力性接触，还是非故意地实施了暴力性接触，原告都可以提起殴打侵害侵权诉讼。后来，这种古老的普通法诉讼形式制度逐渐转化成现代的故意殴打侵权制度，而从前因过失或违约而引起的间接侵害侵权诉讼形式制度则演变成现代的过失侵权制度。

如果被告故意地对原告实施了伤害性接触，案件就属于殴打案件；如果被告并没有故意地伤害原告，而只是没有履行一般注意保护原告免受伤害，案件就归入过失侵权案件。可见，这种分类方法似乎更关注被告错误的性质，而且不法行为的实质差异——故意伤害行为与疏忽大意的致害行为——可能起到了决定性的作用。此外，它似乎还表明，这两种行为的侵权责任基础都是被告的道德过错。这里，法院遇到了棘手的难题：侵权法上的错误在哪种程度上等同于刑法上的犯罪行为？如果二者是不相同的，它们的差异在哪里，并且为什么会有这些差异？一方面，法院正试图运用崭新的实体分类方法创设一套完全实体化的侵权法律制度，因此这些问题都具有极高的实践意义；另一方面，法官和学者们不得不为此苦心钻研，侵权责任制度的目标或目的是什么，以及它们与刑事责任制度的目标或目的有什么不同，因此，它们又是学者们无法回避的理论问题。随后，人们要求法院创

---

① 10 Bing. 112, 131 Eng. Rep. 848（C. P. Tindal, C. J.）; 6 C & P. 23, 172 Eng. Rep. 1129（N. P. 1833）.
② 60 Mass.（6 Cush.）292（1850）. 60 Mass.（6 Cush.）292（1850）.

设未成年人、生理残疾者、精神缺陷者与精神病人的实体侵权法律规则。这些规则曾被古老的诉讼规则排挤到法律舞台之外的黑暗角落里，不被人们所重视；如今，经过法官与学者们的不断努力，它们终于登上了舞台，走进了人们的视野。

三、法律与法学理论的发展：法律舞台上的未成年人与精神病人

19世纪的头80年，随着诉讼形式制度逐渐步入没落，美国的普通法法院一致认为，未成年人与精神障碍者应如其他人一般，适用相同的侵权责任判断标准，都需要为自己的侵权行为承担法律责任。这或许表明人们以为实体法律制度衍生自古老的程序性规则，后者规定，在涉及人身伤害的侵害侵权诉讼与间接侵害侵权诉讼中，被告都不能以未成年或精神障碍为由，提出特殊的答辩理由来豁免自己的侵权责任。

1847年，Arthur Sedgwick 的有关损害赔偿制度的专著出版问世，并且产生了巨大的影响。Sedgwick 在书中批评了现行法律要求精神障碍者为自己的侵权行为承担全部侵权责任的做法。他讨论了纽约州与佛蒙特州的早期案例并且主张："对于心智健全的人而言，尽管他们的主观故意状态不具有决定性的作用，但是法律所惩罚的，都是那些有能力预见行为的结果并且有能力阻止结果发生的当事人；因此，不可避免的意外事件总能成为当事人的免责事由。而对于精神失常者而言，或许没有良好的公共政策能支持法律惩罚他们，并且他们的行为应被视为不可避免的意外事件。"[①] 1880年，紧随着古老的诉讼形式制度的没落，并代之以崭新的故意殴打与过失行为实体分类制度，两位杰出的学者便开门见山地讨论，这种新的侵权分类制度是否应采用刑法上的关于未成年人与精神障碍者的责任规则。1880年，大法官 Thomas M. Cooley 出版了《侵权法专论》（第一版）（*Treatise on The*

---

① Theodore Sedgwick, A Treatise on the Measure of Damages, or An Inquiry into the Principles Which Govern the Damages, or An Inquiry into the Principles Which Govern the Amount of Pecuniary Compensation Awarded by Courts of Justice (New York: Baker, Voorhis & Co., 1847).

Law of Torts）；同年，Oliver Wendell Holmes 开始了他的系列讲座，并于次年编成《普通法》一书出版问世。

Thomas M. Cooley 是密歇根州最高法院的法官，他以勤勉细致的研究和准确出色的判决而闻名遐迩。他的侵权法学专著享有极高的影响力，并且刊印了好几个版本。Cooley 在其第一版的专著中指出，未成年人、精神障碍者的刑事责任规则以及他们的侵权责任规则有着天壤之别，并且论证了这种差别的正当性。首先，刑法的目的是惩罚行为人为了邪恶意图（evil intent）所犯的错误，由于未成年人、智力低下者（idiot）与精神障碍者没有能力形成邪恶意图，因此我们不能惩罚这些人。Cooley 认为："如果当事人没有能力形成邪恶的意图，法律却依然惩罚他的错误，那不过是暴政而已，而不能有效约束受罚主体的行为；对于其他人而言，那也不过是不当的判例，丝毫起不到警告的作用。因此，我们的法律绝不能如此，并且应当小心谨慎地抵制这种倾向。"另一方面，民事侵权责任制度的目的却不是为了惩罚那些为着邪恶意图而实施行为的人，而是为了补偿受害者受到的不当损害，即"对权利的侵害，对当事人造成的损害。它体现为行为人造成的伤害，一般与行为人或其代理人的目的、精神能力或生理能力无关。"可见，未成年人、精神障碍者的侵权责任制度与他们的刑事责任制度迥然不同，传统的侵权法律规则的意义恰恰体现在此。Cooley 指出："法律总是要求精神障碍者及其他能力缺陷者为自己的侵权行为承担损害赔偿责任，并且赋予受害者以各种一般性的救济措施。"不仅如此，Cooley 还进一步指出："一般规则要求未成年人如其他人一般，为自己的侵权行为承担法律责任。"当然，对于某些以"恶意"为要件的不当侵权行为而言，如口头诽谤，精神障碍者与未成年人由于没有能力形成恶意（malice），因此无需承担民事责任。同理，过失行为的定义也可能影响未成年人过失侵权责任的认定："当未成年人（需要为过失侵权行为）承担法律责任时，未成年人的实际成熟程度与能力大小就显得非常重要，它们不仅关系到未成年人过失的认定，而且还能引导法官审查原告在具体交易中是否存在过错。任何人在与不成熟的并且能力不足的人进行交易之时，或者与这些人存在某种关系以致这些人的过失行为会使其受到伤害之时，都可能被合理地要求，比他们与其他人进行类似交易或处于类似情况下，履行更高的注意与小心。但是，如果我们暂且不考虑原告没有履行足够注意的事实是否构成损害的原因，那么，对于受害者本人而言，未成年人的侵权责任基础与其他人的侵权责任基础都是一模一样的：如果一个人因没有履行一般的注意与谨慎而导致了损害的发生，他就要为此承担法律责任。"①

Cooley 所援引的判例与法律规定似乎都完全支持他所描述的未成年人与精神障碍者的侵权责任制度。Cooley 除了依据侵权责任制度的目的——即补偿受害者遭受的不当损害——提出了基本主张以外，还提出三大"政策性"理由来支持精神障碍者的侵权责任制度。首先，他主张，当精神障碍者有一定财产时，州政府就没有理由向精神障碍者提供特别的资助。倘若这名有财产的精神障碍者伤害了其他人，法院也没有理由让受到伤害的社会成员白白忍受这些损失。其次，责令有财产的能力缺陷者承担侵权责任，将敦促其可能的财产继承人更好地看管能力缺陷者，防止能力缺陷者伤害到其他人。最后，将精神障碍视为侵权诉讼的抗辩理由，可能会引诱精神正常的被告谎报并伪装成精神障碍者，以致产生刑法上的难题，即如何判断被告的精神能力。

Oliver Wendell Holmes 在其关于普通法的系列讲座中构建了自己的理论。他认为，刑法与侵权法都正朝着客观的法律责任判断标准稳步前进。刑事责任制度与侵权责任制度应建立在相同的公共政策基础之上，即通过法律责任的威胁，阻却行为人实施那些可以预见的、将对他人造成伤害风险的行为。而对于危险的可预见性，法院会依据行为人对于其在已知的特定情形下从事特定行为危险性的认识与经验来判断。既然侵权责任制度的目标与唯一的正当性理由都是阻却侵权行为，那么，如果行为人是不可以被阻却的，法院就不应责令行为人承担侵权责任，其原因既可以是这些行为人没有能力预见自己的行为的危险性，也可以是侵权责任的威胁对这些人毫无作用。因此，Holmes 主张："每一个人都具有一般的能力防止自己伤害到他的邻人，这个一般原则拥有若干例外情况。它们不仅体现了一般的侵权责任规则，

---

① Thomas M. Cooley, A Treatise on the Law of Torts, or The Wrongs Which Arise Independent of Contract (Littleton, Colo: F. B. Rothman, 1993), at 105.

而且还阐释了一般侵权责任的道德基础。当一个人具有独特的缺陷，并且所有人都认为这种缺陷会导致行为人根本无法采取特定的措施，此时，法院就不会以行为人没有采取这些措施为由，责令行为人承担法律责任。法律并不会强求盲人看见危险并且自负风险，尽管盲人在实施行为的时候有义务考虑自己的能力缺陷，但只要他能恰当地证明自己处于特定的情况当中，即便没有采取要求视力正常的措施，也不会妨碍盲人就自己受到的损害获得损害赔偿，如此类推，盲人也无需为自己伤害了其他人而承担法律责任。因此，法院也认为，当原告是幼小的未成年人，原告仅有义务采取未成年人力所能及的措施；而被告是未成年人之时，我们也应谨慎地适用相同的原则。精神障碍则是一个更加难以处理的问题，我们无法创设出一个一般的规则。毋庸置疑，在许多案件中，当事人即便存在精神障碍，也仍然具有充足的能力采取预防措施，并且能依据当时的环境下所应有的动机来行为。但是，只要存在着一些显而易见的精神障碍种类，它们会明显地剥夺病人遵守特定规则的能力，而且病人也违反了这些规则，那么，良心就会要求我们将这种精神障碍看做病人的免责理由。"① 虽然 Holmes 的观点也不是完美无瑕的，但他似乎认为，未成年人与精神障碍者应得到侵权法、刑法的同等对待。由于刑事责任制度与侵权责任制度目的至今都是阻却可以预见的危险行为的发生，而未成年人与精神障碍者都是不可被阻却的，因此都应被豁免刑事责任和侵权责任。

19 世纪末，许多学者都主张未成年人、精神障碍者的刑法规则与侵权规则应当保持一致，但是他们没有援引 Holmes 的阻却性理论。这些学者只是简单地提出，如果一个人因年龄或精神状况而无法制止自己实施某些行为，法院却依然责令这个人为自己实施这些行为承担民事责任，这正如要求这个人承担刑事责任一样，都是有失公平的。1880 年至 1920 年，美国法院采纳了 Cooley 提出的未成年人与精神病人的侵权法律规则及其理由。19 世纪末的 McIntyre v. Sholte 一案②、

---

① Oliver Wendell Holmes, Jr. The Common Law [Boston: Oliver Wendell Holmes, Jr. The Common Law (Boston: Little, Brown & Co., 1881), at 39 – 76 (Lecture II: The Criminal Law), 77 – 163 (Lectures III & IV on tort II: The Criminal Law), 77 – 163 (Lectures III & IV on tort liability). liability], at 109.

② 121 Ill. 660, 13 N. E. 239, 2 Am. St. Rep. 140 (1887).

Jewell v. Colby 一案①以及 Williams v. Hays 一案②等重要案例都引用并认可了 Cooley 提出的精神病人侵权责任一般规则，并在案件中予以援用。其中，审理 Williams 一案的纽约州上诉法院更大量援引了 Cooley 的观点。即便到了 20 世纪，这种做法依然比比皆是。所有重要的司法判决都认为，无论精神障碍者是出于故意还是过失地实施了侵权行为，他都应当承担法律责任。法院常常会引用 Cooley 提出的理由，即依据侵权责任制度与刑事责任制度目的的不同，区分侵权规则与刑法规则。它们还指出，由于某些侵权行为以恶意或特定目的为要件，而精神障碍的被告无法形成这些恶意或特定目的，因此，被告无需为侵权责任承担法律责任。Cooley 曾将补偿性目的作为侵权责任制度的合理性依据，部分法院则将补偿性目的看做精神障碍者承担侵权责任的限制性条件。他们认为，如果原告的诉讼请求是惩罚性赔偿而非补偿性赔偿，或者原告的诉因的目的是惩罚被告而非补偿损失，精神障碍的被告就无需承担法律责任。再者，美国普通法院一致认为，如果精神病被告具备特别侵权所要求的故意要件，被告就要为自己的故意侵权行为承担法律责任。被告没有能力形成殴打侵权所要求的一般伤害故意的事实，并不能豁免被告所有的侵权责任，因为如果被告非故意地、因过失造成损害，原告依然可以起诉被告，并且法院在适用一般注意义务的过失侵权判断标准之时，并不会考虑被告的精神病。部分法院则指出，如果原告患有精神病或存在精神缺陷，法院在考虑原告是否构成与有过失之时，可将原告的精神状况考虑在内。Cooley 一再主张未成年人应和其他人一样，为自己的侵权行为承担法律责任，但这种观点在 1880 年后发生了重大变化。这反映了有关故意殴打与过失行为的实体法律规则的发展。法院在创设故意殴打侵权法律规则之始即认定，殴打侵权所要求的故意并不是与犯罪恶意相关的邪恶意图，而只是对原告实施伤害性或侵犯性接触的故意。著名的 Vosburg v. Putney 一案③与 Markely v. Whitman 一案④都涉及幼小的被

---

① 24 A. 902 (N. H. 1891).
② 38 N. E. 449 (N. Y. Ct. App. 1894).
③ 80 Wisc. 523, 50 N. W. 403 (1891).
④ 95 Mich. 236, 54 N. W. 763 (1893).

告，都反对被告将侵权的故意等同于邪恶的或具有道德可谴责性的故意。法院所面临的重要问题是，未成年的被告是否有能力形成实施伤害性或侵犯性接触的一般故意，以及被告是否形成了这种故意。

未成年人的过失侵权法也有类似的发展，但是发展的过程更加错综复杂。19世纪末，原告为未成年人的案件大量涌现。在这些案件中，法院的问题是：未成年人是否需要为自己的与有过失承担损害赔偿责任。几乎所有的州都认为，法院在判断未成年人是否存在与有过失的时候，应将原告未成年的事实考虑在内。有的法院认为，未成年人的与有过失能力问题应依据刑法上的推定规则来处理，即7岁以下的未成年人被绝对地推定为没有能力形成过失，而7岁至14岁的未成年人也被推定为没有能力形成过失，只是对方当事人可以予以推翻。其他法院采用了其他与年龄相关的能力推定方法。少数法院则认为，未成年人的与有过失能力问题应作为事实问题，依据当事人提出的证据来判断，而不应事先妄加推定。而对于具有与有过失能力的未成年人的过失判断标准，法院一般采用的标准都强调，社会不应期待未成年人达到成年人的标准。其中，通常的判断标准是："人们合理地期待与原告同龄的未成年人履行的注意；"更普遍的判断标准是："与原告具有同等年龄、同等能力与同等经验的未成年人在类似情况下，一般履行的注意；"第三种判断标准是："鉴于年龄、智力、判断力与经验的限制，未成年人在特定情形下所能履行的注意。"这三种最普遍的标准似乎都意味着法律对未成年人的要求低于其对成年人的要求，并且三种标准可以相互交换使用。仅有少数几个法院在标准中提到"谨慎的未成年人"。这些法院采用的判断标准大多是：同等年龄并且具备一般注意和谨慎的未成年人习惯履行的注意。

大量的过失侵权案件都只涉及未成年的原告，而仅有少数几个案件涉及未成年人非故意地伤害其他人。在这些案件中，法院大多援引一般规则，认为未成年人与精神障碍者一样，都应当如其他人一般为自己的侵权行为承担法律责任，并且拒绝在适用一般过失判断标准的过程中考虑被告未成年的事实。但是，有一个重要的案件不在此列，那就是1911年威斯康星州最高法院审结的 Briese v. Maechtle 一案。[①]

---

① 146 Wisc. 89, 130 N. W. 893, (1911).

在该案中，原告是一名9岁的男孩，他在课间休息期间蹲在操场上玩弹珠。与此同时，被告，一名10岁的男孩，正与其他男同学在操场上玩捉人游戏。在游戏的过程中，被告非故意地撞伤了原告。一审法院驳回了原告的起诉，并且最高法院维持了一审法院的裁决。最高法院对被告适用特殊的未成年人标准："大多数同龄的未成年人在相同情况下履行的一般注意程度，并考虑到未成年人的经验、能力与理解。"为了证明这种观点，法院还提出，传统的未成年人玩耍自由有益于未成年人的身心健康。

在当时，Briese 一案被视为异类：它违背了未成年被告应适用一般成年人注意标准的规则。但在 1928 年，《法律判例汇编大全》(*Corpus Juris*) 这一重要的诉讼指南指出，Briese 一案是首个对被告适用特殊的未成年人过失判断标准的案例。① 作者们反复强调该案所具有的特殊事实，并据此提出 Briese 一案的判决与未成年被告应适用一般成年人合理注意标准的规则是并行不悖的。不仅如此，他们还在探讨未成年人与精神障碍者的侵权责任之时，引用了 Henry Taylor Terry 的话，后者于 1915 年总结了当时的主流观点："对于每个人而言，无论是否是标准人，他都有义务如标准人那样行为。如果他正好不是这种人，那么，他就会如前文所述，即便运用力所能及的注意和先见，也会犯下错误并实施法律上的过失行为。但对于不正常的行为人——如未成年人与精神病人——的与有过失而言，则不然。他们没有义务如标准人般行为，而只需要做出他们力所能及的判断。但如果行为人的过失不是与有过失，而体现为过失地对他人犯了错误，则适用标准人判断方法。"②

在诉讼形式制度的体制下，人们从来未考虑过生理残疾者承担侵权责任的制度存在任何问题。直至诉讼形式制度的崩塌，人们也没有对生理残疾者的故意殴打诉因制度提出任何疑问。但是，大量的过失侵权案件却让人们不禁质疑生理残疾者的过失侵权制度。两大经典案例提出，在被告存在生理残疾的情况下，如果依然适用一般的合理谨慎的正常人标准，那么，生理残疾的被告也许就需要履行更高的注意

---

① 45 Corpus Juris, Negligence § 74 at 699–700.
② 同上，quoting H. Terry, "Negligence," Harv. L. Harv. L. Rev. 29 (1915) 40, 47.

以达到这种标准的要求。① 另一方面，在涉及生理残疾原告是否存在与有过失的案件中，法院也认识到原告生理残疾的事实应被考虑在内，并且应当适用一个同种残疾人被合理期待的行为标准。②

四、侵权责任理论与发展中的法律规则（1920—1960年）

20世纪初，在John Henry Wigmore③与James Barr Ames④的推动之下，人们对未成年人与精神病人侵权法律制度的评价出现了历史性的转变。Wigmore与Ames提出，早期侵权法的基本理念是，行为人无论是否存在过错，都要为自己造成的损害承担严格责任。早期的侵害侵权之诉正好体现了这一点。在这类案件中，原告无需主张被告存在过错。后来，法律经过不断发展进步，并逐渐采纳了现代的先进观点：仅当被告的行为存在道德可谴责性时，法院才责令被告承担侵权责任。Wigmore和Ames都提出，未成年人与精神病人都没有能力防止自己的行为对他人造成损害，但法律却要求未成年人与精神病人承担侵权责任，这种规则实际上是不合理且落后的旧制度的延伸，是现代版的严格责任制度。

1925年，宾夕法尼亚州大学法学教授、侵权法学界的泰斗Francis Bohlen写了《未成年人与精神障碍者的侵权责任》⑤一文，该文采纳了Ames关于法律历史的理论，并以独特的方式评述了当时的法律。首先，Bohlen指出，虽然法院声称未成年人与精神障碍者应如其他人一般为自己的侵权行为承担法律责任，但事实上，判决未成年人与精神障碍者承担侵权责任的案件却非常罕见。Bohlen还剔除了其中的不动产权人公共义务案件以及与特定交易或职业习惯相关的公共义务案件，因为不动产权人和特定交易主体适用的古老的严格责任

---

① See Mahan v. State, 191 A. 575（Md. 1937）; Roberts v. Ring, 173 N. W. 437（Minn. 1919）.
② See Yeager v. Town of Spirit Lake, 88 N. W. 1095（Iowa 1902）; Hill v. City of Glenwood, 100 N. W. 522（Iowa 1904）.
③ John H. Wigmore, "Responsibility for Tortious Acts: Its History," Harv. L. Rev. 7（1894）315, 383, 441.
④ James Barr Ames, "Law and Morals," Harv. L. Rev. 22（1908）97.
⑤ Francis H. Bohlen, "Liability in Tort of Infants and Insane Persons," Mich. L. Rev. 28（1925）9.

规则。在其他未成年人与精神障碍者的侵权案件中，除了一个案件以外，被告的行为几乎都对原告受法律保护的利益造成了直接的暴力侵害。依据古老的侵害侵权诉讼形式制度，这种侵害会引起法律责任，是被告对自己直接造成的损害承担严格责任的重要依据。可见，这些案例实际上是旧观念"在这个特殊领域的苟延残喘"，尽管旧观念已遭人们唾弃，取而代之的是"侵权责任必须建立在过错基础上的新观念"。Bohlen 在结论中提到："行为的作用方式是直接还是间接的事实是非常偶然的并且无关紧要的因素，如果这种因素能决定法律责任的有无，将与现代法学思潮背道而驰。"Bohlen 进一步提出，如果法院适用的未成年被告过失判断标准比未成年原告与有过失判断标准更加严格苛刻，法律的连贯性将荡然无存，并导致法官的主观武断。最后，Bohlen 的结论是，鉴于现实中的判例寥寥可数，并且这些判例明显都依赖于腐朽落后的直接损害严格责任制度，而与现代的以过错为基础的责任制度格格不入，因此，人们必须将未成年人与精神障碍者的侵权责任视为未决的问题并予以慎重考虑。

  要求未成年人与精神障碍者承担侵权责任的判例虽然寥寥可数，但 Bohlen 将这些判例视为旧有严格责任观念的苟延残喘，似乎也缺乏说服力。在这些判例中，法院都没有援引直接因果关系与间接因果关系的区分原则来解释判决结果。他们也没有暗示，古老的侵害侵权制度对他们的判决有着重要的影响。相反，法院只是援用了一般的原则，即未成年人与精神障碍者应如其他人般为自己的侵权行为承担法律责任，并常常借助大法官 Cooley 提出的理由来论证自己的观点。可见，Bohlen 的理论基础是，在这些寥寥可数的既判案例中，除了一个案例以外，案件事实都能构成诉讼形式旧制度中的侵害侵权。

  1927 年、1928 年，两篇举足轻重的文章发表问世。1927 年，哈佛法学院教授 Warren Seavey 发表了《过失侵权——主观还是客观?》[①] 一文。文章提到，Holmes 认为过失侵权行为是对他人造成可以预见的损害风险的行为，而 Henry Taylor Terry 在 1915 年改造了这一观点，并主张，问题的关键不在于损害是否可以预见，而在于这种可以预见的损害是否合理。Seavey 认同了 Terry 的观点，并紧随其后

[①] Warren A. Seavey, "Negligence-Subjective or Objective?," Harv. L. Rev. 41 (1927) 1.

提出，可以预见的损害的合理性取决于"损害发生的数学概率……已经预见的损害的严重性、可能遭受损害的利益的价值、行为人所保护的利益的价值、行为人通过其他方法保护自己利益的可能性以及其他相关因素"。Seavey 文章的意义在于展示过失行为判断标准。他提出，只要准确地理解一般的合理谨慎人标准，我们就会发现，这种标准完美地融合了 Henry Taylor Terry 的不合理且可预见的风险测试。Seavey 总结到，过失判断标准既是客观的，又是主观的，对于一般的谨慎人而言，他们应当如社会公众一般评价各种利益，并且以依照这种评价的意愿去行为；但对于其他具有特殊品质的人，我们应运用主观的判断标准，并将行为人的特质赋予判断标准中的谨慎人。例如，对于生理残疾的行为人，我们应将行为人的生理特质及其对这种特质的知识赋予判断标准中一般的谨慎人。

Seavey 除了提出一般的不合理且可预见的过失侵权测试以外，并没有确立任何标准来判断行为人的哪些特质应被赋予一般的谨慎人。尽管 Terry 的不合理且可预见的风险测试发展了 Holmes 简单的可预见风险测试，但它依然隐含着 Holmes 为其测试提供的首要理由：阻却人们实施对他人造成损害威胁的行为。由此推知，如果行为人的某些特质能致使法律的阻却功能难以发挥甚至无用武之地，我们就应将这些特质赋予判断标准中的一般谨慎人。这就证明了行为人的生理残疾应被赋予判断标准中的一般谨慎人，而且 Seavey 也坚信理应如此。

1928 年，Shulman 发表了《未成年人的注意标准》[①] 一文。Shulman 在文章的第二个注释中认同 Bohlen 的观点，而且显然他也希望能继承 Bohlen 的主张，适用与未成年原告与有过失判断标准相同的特殊标准来判断未成年被告的过失问题。Shuman 巧妙地做到了这一点。首先，他在文章中拒绝讨论法院用于处理未成年人与有过失问题的能力推定规则，因为"这种主观臆造的推定规则的正当性仅仅在于，它能为诉讼程序的进行提供方便和帮助"。接着，他集中讨论了未成年人的与有过失问题。他承认，区别对待未成年原告的与有过失问题与未成年被告的过失问题，也许是有较好的理由作支持的。他说道："一项强而有力的公共政策要求我们防止未成年人因为自己的

[①] Harry Shulman, "The Standard of Care Required of Children," Yale L. J. 37 (1928) 618.

不成熟而蒙受损失。"但是，Shulman 进一步指出，"判决结果却非如此"，法院在谈及未成年人的过失及其判断标准时，并没有指明他们所讨论的是未成年原告的过失，还是未成年被告的过失。因此，Shulman 在文章的余下部分运用大量的与有过失判例，创设所有未成年人都适用的注意标准理论，并提出其一般性理由。虽然只有少数案例曾运用合理性来表达这种规则，而其他案例都从对同龄未成年人的合理预期或同龄未成年人一般实施的行为等角度来予以阐述，但是，Shulman 却毫无顾忌地将它们糅合在一起并提出主流的未成年人过失判断标准，即与未成年的行为人具有同等年龄、同等经验与同等智力的，且具有一般理性的未成年人的行为标准。

Shulman 在文章的结尾处小心翼翼地讨论了其"未成年人注意标准"的基础的局限性。他说道："对于侵权行为而言，我们还无法定论。但至少对于与有过错，我们已有充分的依据来提出结论。"当然，这句话的言下之意是，未成年人与有过失判断标准也适用于普通过失案件。Shulman 用以证明未成年人判断标准的理由也补充了这一点。Shulman 的理由似乎既适用于与有过失，也适用于普通过失，因为它类似于 Seavey 用于证明主客观相统一的一般谨慎人标准的理由，能同等地用于判断成年原告与成年被告的行为："在每个案件中，我们都应考虑未成年人的精神能力、知识与经验。这些特质因人而异——即主观的——但这仅仅限于法院判断未成年人是否有能力预见自己会受到伤害并避免这种危险发生的情况。除此以外，都适用客观的判断标准。法院在依据未成年人的智力、知识和经验判断未成年人的行为是否适当的时候，应将行为与具有类似特质的小心谨慎的未成年人的行为进行对比。正如成年人的案件中，标准'理性人'的特点是，他保持一贯的小心谨慎；在未成年人案件中，'谨慎'的构成也是标准化的。它意味着人们应当恰当地权衡各种利益并实施恰当的行为。"

Seavey 曾指出，其 1927 年的文章是写给复述的研究小组。Bohlen 教授是研究小组的成员，是复述过失条款的报告人。1934 年通过并颁布的过失条款深受 Bohlen 与 Seavey 的影响。复述采纳了 Henry Taylor Terry 的不合理且可预见风险的过失侵权测试，以及 Warren Seavey 对一般理性人标准的重新解释，即理性人包含了行为人的客观特质与主观特质，从而将不合理且可预见的风险测试融合其中。Francis Bohlen 的影响也是不容忽视的。复述规定了基本的理性人过失判断标准，并明确将未成年人与精神障碍者排除在适用范围之外："除非行为人是未成年人或精神障碍者，否则，他为了避免自己存在过失，就必须遵守同等情况下的理性人标准。"① 该条的官方评论指出，未成年人适用的过失判断标准是"同等年龄、同等智力与同等经验的未成年人被期待实施的行为标准"，并且未行区分未成年原告与未成年被告。同时，该条的"注释"明确提出，复述对于精神障碍者是否适用该标准，不发表任何意见。鉴于 Bohlen 在其 1925 年的文章中提出，精神障碍者的侵权责任问题应被视为悬而未决的问题，因此，他在精神障碍者侵权责任的问题上，已经获得了他所能期待的最大成果。

在 1934 年《美国侵权法复述》（第一版）正式颁布以前，过失条款草案就已经产生了一定影响。1931 年，新罕布什尔州最高法院判决了 Charbonneau v. MacRury 一案。② 在该案中，被告是一位领有机动车驾驶执照的 17 岁青年，他被控实施了过失侵权行为。一审法院指引陪审团在适用一般过失判断标准时，"应依据具有同等经验的同龄人的一般行为，来审查被告的行为"。陪审团做出了有利于被告的裁决，而且上诉法院予以维持。大法官 Snow 在其闻名遐迩的而且具体详尽的法官意见中提出，无论是原告是未成年人，还是被告是未成年人，未成年人的过失判断标准都应当与其年龄和发育阶段相适应。大法官 Snow 的这个结论在很大程度上是依赖于 Bohlen 教授提出的理由和复述的草案，还有 Seavey 教授对过失判断标准的一般性描述。

Bohlen 和 Seavey 还对后期的侵权法学者们产生了重要的影响。1933 年，Bohlen 的学生 Fowler Vincent Harper 出版了《侵权法专论》(*Treatise on the Law of Torts*)③ 一书，并在书中沿用了 Bohlen 关于精神障碍者侵权责任的观点。随后的《哈珀、詹姆斯与格雷论侵权》

---

① See ALI, 2 Restatement of the Law of Torts: Negligence, iii (1934), §283.
② 153 A. 457 (N. H. 1931).
③ See Fowler V. Harper, A Treatise on the Law of Torts (1933), at 162.

(*Harper，James and Gray*)① 在其现行版本中也继续援引并坚持了 Bohlen 的观点，即精神障碍者的侵权责任问题依然悬而未决，并且批评《美国侵权法复述》（第二版）轻率采用了法院的统一做法。Bohlen 主张，精神障碍者的侵权责任问题仍然没有定论，人们应利用刑法上的豁免规则来解决。然而，法院从未采纳 Bohlen 的主张，而是遵循先例并认定精神障碍者应如其他人般为自己的侵权行为承担侵权责任。

1941 年，Williams Prosser 出版了《侵权法手册》（第一版）②。他重申 Bohlen 的主张，认为精神障碍者的侵权责任问题依然悬而未决。但与此同时，他小心翼翼地指出，所有法院在面对这个问题的时候，都认定精神障碍者应如其他人般为自己的侵权行为承担法律责任。Prosser 的巧妙之处在于他对未成年人与生理残疾者过失责任问题的处理。在这两个问题上，Prosser 都追随着他的导师 Warren Seavey 的观点。

Prosser 全盘采纳了 Seavey 的观点。他在有关过失侵权的不合理且可预见风险解释理论的一节中讨论了理性人标准。Prosser 沿用了 Seavey 的观点并说道，法院应将行为人的生理特质赋予一般的谨慎人。他批评法院认为盲人应比视力正常人履行更大程度的注意。Prosser 主张："这种标准仅仅意味着，盲人必须采取一般理性人在失明的时候将要采取的措施。" Prosser 精彩地扩张了 Seavey 的分析，使其适用于未成年人的过失责任问题。当时，绝大多数州都采用了未成年人与有过失能力推定规则来解决这个问题，即特定年龄以下的未成年人被绝对地推定为没有能力形成与有过失，或被先行推定为无法形成与有过失，但被告可以予以推翻。而对于未成年被告，却仅有少数几个州表明了态度，并且分为两种意见：部分州适用一般的成年人注意标准，部分州适用特殊的未成年人注意标准。Prosser 避开不谈了法院的主流做法，而运用 Seavey 的方法论证了自己的规则。虽然他小心翼翼地避免自己称这种规则为主流规则，但是他却将这种规则描

---

① 3 Fowler Harper, Fleming James, Jr., and Oscar Gray, The Law of Torts (Boston: Little, Brown, 1986).

② William L. Prosser, Handbook of the Law of Torts (1941).

述成已为大多数州所采纳一般："事实上，对于未成年人这一重要人群，我们有必要在一定程度上背离客观的能力标准。未成年人虽然应当为自己的侵权行为承担法律责任，但显然不能适用成年人的标准，因为未成年人根本无法达到成年人的标准。我们可以对未成年人适用特殊的标准，因为'他们在一般情况下都不具备足够的能力，并且正处在逐步走向成熟的过程中'……虽然大多数先例都是关于未成年人的与有过失，但是，当案件中的被告是未成年人时，法院也应适用相同的原则。"

由于未成年人的能力不仅会因年龄而异，而且不同的同龄人间也会有天壤之别，因此，我们无法精确地定义未成年人的判断标准。在很大程度上讲，它都必须是一个客观的标准，是"相似年龄、相似智力与相似经验的未成年人被合理期待的行为标准"。此外，法院还应当考虑特定未成年人认识风险并做出合理判断的能力。法律对智力出众的未成年人的要求，要高于法律对发育迟缓的未成年人的要求。然而，这种判断标准并不是完全客观的，只要法院认为，未成年人的行为依其能力来看是不合理的，未成年人就有可能被认定为存在过失，更甚者，法院会将其作为一个法律问题来确认过失的存在。部分法院试图确定未成年人构成各种过失侵权的最小年龄，特别是伊利诺伊州类推适用了普通法的刑事法律规则，规定7岁为最小的侵权责任年龄，即7岁以下的未成年人不存在犯罪故意。但这种类推的价值是不无疑问的。有权威学者认为，法律不能创设这种主观臆造的限制性规定，而且即便是年纪非常小的未成年人，也许也能存在某些过失。

对于Prosser讨论的两个问题，即一般过失与和有过失是否适用相同的未成年人过失判断标准，以及法院是否应当采用未成年人与有过失能力推定规则，各州法院的态度各不相同。在1941年，即Prosser的主张被首次提出之时，这种主张只是少数州的做法。然而，Prosser产生了巨大的影响。Prosser的《侵权法手册》成为20世纪最具影响力的侵权法专著，而且Prosser本人也成为《美国侵权法复述》（第二版）的主报告人。在其随后的几版侵权法专著以及第二版复述中，他反复声明自己支持未成年人统一过失判断标准与生理残疾者统一过失判断标准。由于Prosser的努力，大多数律师、法官和学者都相信Prosser的主张就是主流规则，并且是更好的规则。Oscar Gray是著名的反对 Prosser 的学者。他认为，未成年人的能力推定规则以及一般过失、与有过失适用不同标准的规则仍然是主流规则。但无论如何，少数法院已经转向了 Prosser 的观点。在 Prosser 的专著以及《美国侵权法复述》（第二版）的双重压力下，部分法院抛弃了早期的做法并采用生理残疾者过失判断标准。在过去，生理残疾的被告适用一般的合理谨慎人标准，而生理残疾的原告则适用具有同等生理残疾的合理谨慎人标准。

我们如果细心留意 Prosser 的描述性部分，则不难发现，Prosser 关于未成年人统一过失判断标准与生理残疾者统一过失判断标准的简短描述缺乏明显的理论依据。Prosser 在描述这些规则的过程中引用了过失侵权的不合理且可预见风险解释理论和 Seavey 的分析，后者提出，法院为了有效运用不合理且可预见的风险标准，必须实施主客观相统一的一般谨慎人标准。因此，Prosser 理论渊源已经清晰可见：Holmes 依据阻却性目的提出了过失侵权的可预见风险解释理论；接着，Holmes 的理论演变成 Henry Taylor Terry 关于过失侵权的不合理且可预见风险测试理论；然后，Terry 的理论又孕育了 Warren Seavey 主客观相统一的一般谨慎人标准理论，即运用具有同等年龄、同等经验与同等智力的且合理谨慎的未成年人标准来判断未成年人的过失问题。它们似乎都只是简单地运用了一种侵权法理论：过失侵权行为是一种对自己或他人造成不合理且可预见的损害风险的行为，而过失侵权法的目的就在于阻却人们实施会造成这种风险的行为。

不合理且可预见风险理论对于 Prosser 的三大分析步骤有着举足轻重的作用。第一，这种理论认为所有的"过失"都是相同的，因为侵权责任制度的目的是阻却所有会造成不合理且可预见损害风险的行为，而无论这种行为是对行为人自己还是对他人造成了损害风险。第二，这种理论认为，未成年人的过失侵权能力是侵权责任对未成年人发挥阻却作用的前提，因此，仅当未成年人可以自觉地预见到自己的行为会对自己或他人造成不合理的损害风险时，未成年人才可能被法院认定为存在过失。如果我们将未成年人的过失判断标准定义为具有同等年龄、同等智力与同等经验的并且一般的合理谨慎的未成年人标准，那么，我们就没有必要再孤立地考察行为人的能力，因为年龄、智力与经验等特质已直接决定了未成年人自觉预见自己的行为引起不合理损害风险的能力。如果未成年人欠缺这种能力，我们就没有理由认定未成年人存在过失，因为过失侵权责任或者过失侵权损害赔偿请求权的丧失都无法阻却未成年人，他们无法预见自己的行为会对自己或他人造成不合理的损害风险。

对于 Prosser 的未成年人统一过失判断标准而言，Holmes 提出的古老的未成年人过失侵权责任理论以及现代的不可预见风险的过失判断标准似乎正是其赖以存在的正当性依据，并且是其不断发展的理论源泉。这就更好地解释了统一判断标准中的难题，即客观（"一般的合理谨慎的未成年人"）与主观（"同等年龄、同等智力与同等经验"）的统一问题。Prosser 遵循的是 Seavey 的观点。后者提出，合理谨慎人标准融合了不合理且可预见风险测试理论并成为混合标准，即依据最有效地阻却不合理危险行为的需要，将行为人的主观特质与客观特质都赋予一般的谨慎人。

回顾1880年两位侵权法学者的观点，我们可以看到，大法官 Cooley 极大地影响着法律发展的头60年，而 Holmes 则通过 Prosser 影响着随后的60余年。Cooley 与 Prosser 都以同样的方法影响着法律的发展：他们对法律规则的一般性描述都引导律师与法官相信现实中的法律规则就是如此。

五、现代侵权法学的谜团

法律上的两个发展为本文导言所提及的现代侵权法学的谜团埋下了伏笔：其一，Prosser 关于未成年人统一过失判断标准与生理残疾者统一过失判断标准的观点，都被理解成主流观点，并且是现代的进步观点；其二，Bohlen 所首创的并且其追随者所坚持的分析方法，即否定了既有的法律责令精神病人承担侵权责任的事实，终为人们所摒弃。1947年，美国法学会投票废除了复述第283条特别针对精神障碍者过失侵权责任的规定及其注释，Bohlen 的分析方法受到了沉重的打击。William J. Curran 在其1960年的《精神病人与精神缺陷者的侵权责任》[①] 中彻底地摧毁了 Bohlen 的分析方法。Curran 虽然也非常严

[①] William J. Curran, "Tort Liability of the Mentally Ill and Mentally Deficient," Ohio St. L. J. 21 (1960) 52.

厉地批评了精神病人与精神缺陷者的侵权责任制度,但他承认了法律的本来面目:"依据法律专家学者写的教科书与法律评论,美国大多数实施普通法的州都认为,精神障碍者应当为自己的侵权行为承担法律责任,除非侵权行为以特殊故意或恶意未构成要件,并且这种做法逐渐发展成为一种既定的法律规则。这种风潮的依据是19世纪初以来一直屹立不倒的司法判例,尽管后者数量极少,并且多受诟病。有5个州甚至通过成文立法确定了这种法律规则。"学者们一直反对这种判例法的明显趋势,并认为它们违反了侵权法的过错原则。

Curran坦然地承认了精神障碍者的侵权责任制度,并严厉批评相关法律规定,终于使侵权法学家们长期苦心钻研的谜团浮现在人们眼前。不仅如此,他的批评性意见甚至还可以被称作是旨在呼吁改革精神病人侵权责任规则的法律评论的鼻祖。Curran的意见提出了以下几个要点:未成年人——具有同等年龄、同等智力与同等经验,并且一般合理谨慎的未成年人——的过失行为判断标准承认,未成年人没有能力遵守一般标准,并且这一事实应当豁免未成年人的侵权责任;同理,生理残疾者——具有同等残疾状况的一般合理谨慎人——的过失行为判断标准也承认生理残疾会妨碍行为人遵守一般标准,并且这一事实也应豁免生理残疾者的侵权责任;精神病与精神残疾也能致使行为人无法遵守一般标准,但法院拒绝将精神病或精神残疾看成侵权责任的豁免理由,而仅将前两种类似的状况视为免责理由,这种做法会损害法律的连贯性,而且有悖公平。

依据Curran的意见,法律的不连贯性尤其体现在法院区别对待精神障碍者与突然且不可预见的生理疾病患者。1905年,Hornblower法官首次提出这个问题;[①] 1925年,Bohlen教授又再次提出了这种主张。[②] 该主张如下:如果司机突然遭遇了不可预见的生理疾病,例如晕厥或心脏病,以致无法控制好自己的汽车并撞上了原告,只要他无法合理地预见这种能力缺陷,就不会被认定为存在过失;但如果汽车

---

① William Hornblower, "Insanity and the Law of Negligence," Colum. L. Rev. 5 (1905) 278, 293-94.

② Francis H. Bohlen, "Liability in Tort of Infants Francis H. Bohlen," Liability in Tort of Infants and Insane Persons," Mich. L. Rev. 28 (1925) at 27-28, citing Slattery v. Haley, 3 Dominion L. R. 156 (1923).

司机突然遭遇了同样不可预见的精神疾病，以致无法安全地驾驶汽车，法院却对他适用一般的合理谨慎人标准。再者，一个人即便长期具有精神缺陷，他因精神疾病或精神缺陷而无法在特定情况下合理地行为，与他因突发且不可预见的生理疾病而无法控制自己的行为，在道德可谴责性上也是无甚差别的。Curran 常常引用 Holmes 的话，即侵权责任的道德基础禁止我们要求那些没有能力避免损害发生的人承担侵权责任。文章进一步提出，区别对待精神病人是一种腐朽落后的且有失公允的偏见。总之，它们主张通过借鉴未成年人与生理残疾者的法律规则，改革精神病人的侵权法律制度。

精神病人侵权责任制度的卫道者们面对这些一次又一次的攻击，似乎显得举步维艰。Cooley 曾为了论证法院应责令未成年人与精神障碍者承担侵权责任，而补充了三个"政策性"理由。法官们在支持当时的判例规则的同时，都将这些理由作为重要的判案依据。现代的法院习惯从侵权法的阻却性目的来思考这些政策性主张，并倚重于讨论 Cooley 的第二个主张，即法院责令有一定财产的精神病被告承担侵权责任，对于那些对精神病人的财产享有剩余利益的人而言，能够鼓励他们履行特殊的注意以防止精神病人伤害其他人。

这种主张非常特别，因为它提出了我们所说的间接阻却作用。该主张认为，法院责令那些本身不受侵权责任阻却的人承担侵权责任，其正当性是这种做法能鼓励其他人约束行为人的行为。其中，其他人是指对精神病人的财产享有剩余利益的人。他们可能是精神病人的监护人，也可能不是。如果这些人是行为人的监护人，并有能力约束行为人，为了阻却侵权行为的发生，更加有效的方法是在他们因过失而没有实施一般注意来保护他人免受精神病人的损害威胁之时，直接责令监护人承担法律责任。我们没有理由相信，对于享有监护权的继承人而言，责令病人承担责任能比直接责令监护人承担侵权责任发挥更大的阻却作用。而如果继承人对精神病人不享有监护权，他们也许就没有足够的能力约束病人，而且还可能没有注意到病人对其他人造成了危险。因此，为了阻却不享有监护权的继承人去责令精神病人承担侵权责任，这种做法似乎缺乏合理依据。

直接阻却性理论也许能支持法院责令精神病被告承担侵权责任。人们可以主张，当行为人明知自己患有精神病时，精神病所带来的侵权责任风险会引导精神病人采取合理的措施避免自己对他人造成危险。在1970年著名的 Breunig v. American Family Insurance Company 一案[1]中，威斯康星州最高法院似乎正是采纳了这种理论。在 Breunig 一案中，Mrs. Erma Veith 送丈夫上班以后独自驾车回家。在驾车途中，她突然产生了精神障碍性妄想，以为上帝操控了她的汽车。Mrs. Veith 相信她的汽车能够翱翔空中，于是将汽车驶入左车道并踩下油门，以致几乎与原告的卡车迎头相撞。原告试图通过向右打方向盘以驶离车道来避免发生相撞，但 Mrs. Veith 的汽车还是撞上了原告卡车的左侧尾部。原告直接起诉 Mrs. Veith 的保险公司。法院在其给予陪审团的指引中指出，如果 Mrs. Veith 在案发之前曾注意到自己可能会产生危险的精神障碍性妄想，那么，她驾驶汽车的行为就存在过失。陪审团认定，Mrs. Veith 存在过失。

威斯康星州最高法院维持了原审法院判决。其理由是，如果 Mrs. Veith 事先已受到一定警告，那么，她就类似于某些先例中的在驾车途中打瞌睡并酿成了交通事故的汽车司机，后者明知自己很困倦并且可能会打瞌睡，却依然驾驶汽车，因此，法院判决他承担侵权责任。而在其他案件中，被告司机突然出现了不可预见的生理状况，如晕厥或心脏病发作，以致无法控制好自己的汽车，因此，法院判决被告无需承担法律责任。但 Mrs. Veith 的案件则不同。法院对这些案例的援引，表明法院运用阻却性理由来证明，被告在明知自己患有精神病并因此对他人造成危险之时，或在事先注意到自己可能会精神病发作并对他人造成危险时，应承担法律责任。然而，我们无法确定，侵权责任是否会对那些因精神病而对他人造成危险的人产生阻却作用，因为他们的精神病可能会妨碍他们认识自己的行为对他人造成危险，或阻碍他们采取措施消灭这种危险。若果真如此，审理 Bruenig 一案的法庭将突然且不可预见的精神病发作的人，区别于长期精神障碍者以及事先注意到自己可能会产生精神障碍的人，这种做法就显得毫无意义。仅依据精神病发的时间来区别对待不同的精神病人，即便他们都不具有可谴责性，这种做法是有失公平的，是对动物侵权的第一种规则（first-bite rule）的不恰当适用。其他法院在处理 Breunig 一案的

---

[1] 173 N. W. 2d 619 (Wisc. 1970).

问题时，都没有采纳 Breunig 一案法院的不堪一击的区分方法，并责令那些突然且不可预见的精神病人承担侵权责任。

可见，两种阻却性理论都无法证明精神病人侵权责任制度的正当性，这让那些认为阻却性是侵权责任制度的首要目的的学者对于这个现代法学谜团束手无策，除非他们认可 Holmes 的主张，即法院不应责令不可阻却的精神病人承担侵权责任。

六、David Seidelson 的成果

1981 年，David Seidelson 发表的文章以独特的方式阐释了未成年人、精神缺陷者与精神病人的过失侵权责任规则。[①] Seidelson 开篇指出，法院常常适用一般理性人标准来判断过失和与有过失问题，而鲜有修正这种标准并将"当事人的特质"考虑在内。Seidelson 在讨论这些为数不多的案例的时候，首先研究了法院在审理过失侵权案件时，为何选择客观理性人标准而不是主观的行为人最佳判断标准。Seidelson 指出，法院之所以不采用最佳判断标准，其理由有二：第一，依"逻辑"推断，最佳判断标准或许能让被告通过主张（他的行为即便不同于理性人的行为，但也符合被告自己的最佳判断），从而获得几近普适性的侵权责任豁免权……第二，如果被告的最佳判断标准取代了理性人标准，原告的合理期待将落空。就被告违反了理性人标准并伤害了原告而言，原告的合理期待很可能已经在事实上落空。如果法院还因为被告违反理性人标准的行为符合被告的最佳判断，而豁免被告的损害责任，那么，原告事实上的期待落空就转变成了法律所认可的期待落空。因此，当事人仅在同时满足以下两个条件之时，才能以融合了当事人主观特征的并且要求较低的判断标准，来取代理性人标准：一是当事人的主观特征致使当事人特别难以遵守理性人标准；二是法院对这种主观特征的认可并不会导致另一方当事人合理期待的落空。于是 Seidelson 将"合理期待"分析方法适用于以下三类案件：行为人为未成年人的案件、行为人的精神能力低下的案

[①] David E. Seidelson, "Reasonable Expectations and Subjective Standards in Negligence Law: The Minor, The Mentally Impaired, and The Mentally Incompetent," G. Wash. L. Rev. 50 (1981) 17.

件以及行为人无精神能力的案件。

　　Seidelson 考察了一系列未成年人过失侵权案件，并提出，如果当事人明知或应当知道对方是未成年人，则适用特殊的未成年人标准；如果当事人有理由相信对方是成年人，则适用一般的成年人标准。在每个案件中，未成年人适用的标准都反映了原告的合理期待。接着，Seidelson 研究了一系列有关精神能力低下者过失责任的案例与假设。他侧重于分析 Lynch v. Rosenthal 一案。① 在该案中，原告是一位 22 岁的青年，他的智商仅有 65，心理年龄也仅仅只有 10 岁。原告起诉他的雇主农场主人，理由是农场主人没有警告他不要靠近玉米收割机，以致原告在机器收割玉米的时候因走得太近，被机器碾伤了臂膀。法院认为，原告自己没有远离玉米收割机的行为并不构成法律上的与有过失，因为原告有足够的证据让陪审团相信，精神能力的低下导致原告"没有能力自觉认识到移动机器会带来危险，而只能通过理解他人的警告来远离机器"。法院在解释判决的时候，强调原告自 12 岁起便与被告农场主居住在一起，而且被告明知原告精神不正常。Seidelson 依据 Lynch 一案提出，仅当行为人低下的精神能力对于对方当事人而言是显而易见的，以致对方当事人不能合理期待行为人如精神正常人般行为，法院才可以将行为人低下的精神能力作为过失判断标准的考虑因素之一。Seidelson 在讨论无精神能力者的过失侵权案件时，则侧重于分析 Breunig v. American Family Insurance Company 一案。② Seidelson 提出，虽然审理 Breunig 一案的法庭决定像对待不可预见的致残性生理疾病那样对待汽车司机的不可预见的精神疾病，但这种做法并没有解决精神病人的过失责任问题。原因是，尽管法院认为行为人的经验可以使行为人合理地注意到自己可能会产生妄想，但是这种经验并不能让精神病人注意到自己的精神病。Seidelson 提出："对于精神障碍者而言，'幻觉'看起来可能是完全合理的，而不会提示他已经缺乏驾驶汽车的能力。"因此，Seidelson 认为，Breunig 一案提出

---

① 396 S. W. 2d 272（Mo. Ct. App. 1965）.
② David E. Seidelson, "Reasonable Expectations and Subjective Standards in Negligence Law: The Minor, The Mentally Impaired, and The Mentally Incompetent," G. Wash. L. Rev. 50 (1981) at 34 – 44.

的问题是：法院如何证明，没有能力遵守理性人标准的精神病行为人也应适用理性人标准？Seidelson 进而指出，审理 Breunig 一案的法庭的理由实际上是法官 Cooley 从公共政策上提出的补充性理由，但可惜的是，这些理由并不充分。于是 Seidelson 提出，Breunig 一案的判决结果的真正理由其实是，法院实际上已不自觉地关注受害者对精神障碍者行为的合理期待，只是大家都心照不宣而已。在 Mrs. Veith 的汽车穿越车道分界线并撞向了 Mr. Breunig 的卡车时，Mr. Breunig 的合理期待在事实上就已经落空了。如果 Mrs. Veith（或者她的责任替代人）可以以 Mrs. Veith 无精神能力为由而被免除侵权责任，原告的合理期待在法律上也会落空。

这种解释从原告合理期待的角度，为未成年人、精神无能力人与精神异常者的过失责任规则提供了正当性依据，是最高层次描述性理论的重要成果。但是，Seidelson 进一步提出，人们可以通过适用主观标准来保护无精神能力人的利益，使原告合理期待的落空具有合理性。虽然他曾依据原告的合理期待理论解释了精神障碍者的过失侵权法，但他马上又提出规范性依据来反对这种制度。Seidelson 提出的最有说服力的理由是，当被告被认定为因突然且不可预见的致残性生理疾病发作而无法合理地行为，法院就会因循旧例、做出令原告合理期待落空的判决。他提出，被告以自己没有能力遵守正常人标准为由提出无需承担侵权责任的主张，不仅能在不可预见的致残性生理疾病案件中成立，而且对于精神病人的案件也同样具有说服力。因此，我们看到了一种怪异的现象：作者异常成功地创设了一种描述性理论，却又立即以缺乏规范性依据为由而予以推翻。回溯 Seidelson 的分析步骤，我们便能发现，问题从一开始就已经存在。Seidelson 提出了法院一般运用客观理性人标准而非最佳判断标准的两大理由，但是他没有为法院责令被告承担过失侵权责任提出一般的正当性依据。一边，是原告基于合理期待提出的诉讼请求；另一边，则是被告以自己没有能力满足这种期待为由提出的应获得公正对待的主张，Seidelson 在权衡这两种相互冲突的主张时，最终只是选择了一种特别的衡平标准（ad hoc balancing test），而没有从过失侵权责任的目的提出其原则性依据。Seidelson 的描述性理论成果产生了重要的影响。Dan Dobbs 最近出版了一本侵权法专著，这本专著将毫无疑问地产生了巨大的影响。他在书中采用了 Seidelson 用于解释未成年人与精神病人侵权规则的"合理期待"理论。① Seidelson 试图为未成年人、精神无能力人与精神异常者过失责任规则提供理论描述与理论依据,并且取得了瞩目的成就,但是最终以未竟告终。他的尝试或许表明:我们的视野必须更加开阔,我们如果不首先详细阐明有关一般侵权责任规则、司法实践与法律机制的描述性理论,也许就无法解决这些法律规则与司法实践引发的特殊理论问题。

七、侵权责任的纠正正义理论

(一)侵权责任的基础:纠正客观的错误

1980 年,John Finnis 在《自然法与自然权利》(*Natural Law and Natural Rights*)② 中提出了社会科学方法论,为侵权法学理论的发展提供了有效的方法论。1990 年,我在《谁决定?——处于侵权责任制度核心的社会公共安全协议》(*Who Decides? Community Safety Conventions at the Heart of Tort Liability*)③ 一文中运用该方法论创设了一种侵权法学理论。下文将概述该理论,并为未成年人、生理残疾人、精神病人与精神缺陷者侵权责任制度引发的特殊问题适用该理论提供必要的支持。

Finnis 提出,我们在研究侵权责任制度等社会制度的时候,应当首先采用制度遵守者的内部视角,确认制度的基本目的或者实践意义,并检验这种目的是否具有合理性,然后再详细地分析制度下的典型案例或焦点案例。Finnis 主张,我们都熟悉人类制度与实践的内部信息。为了研究人类制度与人类实践的实践意义,我们应当采用制度的遵守者的内部视角。对于这样的描述性理论而言,价值判断因素是不可或缺的,因为任何一个理性人在谈论人类制度、实践与活动时,都不会舍弃最重要的部分,即人类目的、目标与实践理性的判断。一

---

① Dan. B. Dobbs, The Law of Torts (St. Paul, Minn.: West Group, 2000), 285, 296, 301.
② John Finnis, Natural Law and Natural Rights, (Oxford: Oxford University Press, 1980), 3 – 19.
③ Patrick J. Kelley, "Who Decides? Community Safety Conventions at the Heart of Tort Liability," Cleve. St. L. Rev. 38 (1990) 315.

旦描述包含了这些部分，它就必须严格地评价这些内容，才能保持连贯一致。评价越准确，描述也越准确。

　　Lon Fuller 提出的比喻或许能帮助我们理解 Finnis 的主张。① Lon Fuller 提出，以小男孩开蛤蜊为例，连贯一致的描述必须包括以下几个评价性判断：第一，确定男孩正在试图打开蛤蜊壳；第二，判断男孩开蛤蜊的方法是不是一个好方法；第三，判断男孩能否成功地打开蛤蜊。在描述的过程中，擅长开蛤蜊的人以及与男孩交谈过的人会拥有决定性的优势，因为他们的技术与经验帮助他们做出更加准确的评价性判断，而这恰恰是描述所需要的。因此，为了判断侵权责任制度的实践意义或目的，我们必须采用侵权责任制度遵守者的内部视角，运用实践理性的基本原则，关注侵权责任制度的基本现状，并考虑制度的从事者与实践者对制度目的做出的多次解释。

　　侵权理论必须考虑的首要基本事实是一般的侵权责任形式——法院判决被告赔偿原告一定数额的金钱，即所谓的"损害赔偿"或"金钱损害赔偿"。法院通过估算被告对原告造成的损失或损害，确定损害赔偿额。一般认为，损害赔偿的目的是"让原告恢复原状"——即责令被告支付足额的金钱，让原告恢复到他在侵权以前所处的地位。法院常常将这种救济措施解释为侵权法的损害补偿性目的的要求，以证明其正当性。其中，所谓的补偿性目的，就是纠正被告对原告犯的错误。这种解释，即一般侵权救济措施的目的是纠正错误，符合侵权法学的基本概念。早期的普通法侵权诉讼形式制度名为"侵害侵权"，原意是"错误"。"侵权"一词的原意是歪曲的、扭曲的错误。法院和学者常常使用"伤害"一词作为各种侵权行为的构成要件，并表达拉丁语中"injuria"的意思，即"错误"或者"错误的"。有人还认为这种解释也符合侵权责任制度的基本运作。侵权诉讼是在私人之间提起的，目的是为了获得法律的救济，而且这种救济仅仅导致金钱在当事人之间发生转移。政府只是提供了判定当事人的诉讼请求并执行法律救济措施的方法。这一角色与政府在刑事诉讼中的角色相比，显得相当有限。在刑事诉讼中，政府提起诉讼，目的是为了责罚被告向政府支付罚金，或者在政府的监狱中服监禁刑。而

---

① Lon Fuller, "Human Purposes and Natural Law," Nat. Nat. L. Forum 3 (1958) 68.

在侵权案件中，政府的有些作用却是有限的，这或许正好印证了侵权诉讼所纠正的错误的私人属性。因此，损害赔偿这种一般的侵权救济措施及其传统理由 与侵权责任制度的概念与运作都表明，从侵权责任制度遵守者的内部观点来看，侵权责任的实践意义都是纠正私人错误。但对于这种假设性目的是否符合实践理性标准，却仍然有待思考。

为了运用实践性标准，我们必须首先回答，既然私人的错误似乎仅仅关系到整个社会中的两个私人，为什么政治集团会为私人提供纠正私人错误的机制？要回答这个问题，我们必须找到政治集团的实践意义。John Finnis 曾提出，政治集团的目的是谋求"公共利益"，即"一系列的物质资料与条件（包括合作与协调的形式），它们能帮助社会成员实现自己的合理目标的……"① 如果我们认同这是政治集团的目标，我们就能看到，侵权责任制度正是政治集团借以限制或推进公共利益的条件。下文对侵权责任与公共利益关系的分析，也许正好证明了这一点。

在任何一个社会里，人们都会依据既定的行为标准来行为，使自己的活动与其他人的活动能够协调一致。这些协调标准确保社会成员能够追求自己的目标，并且不受其他社会成员的干扰。这些协调性的行为既可以是积极的（作为），也可以是消极的（不作为）。例如，我们靠马路右边驾驶汽车，并且不会在市镇里使用来福枪捕猎动物。这些标准或许是通过政府法令、习惯或道德教化而形成的。它们一旦为社会大众所接受，所有的社会成员都会依据这些标准来判断自己的行为，并期待与其相处的其他社会成员也会遵循这些标准。如果 Alice 依据这些期待来协调自己的活动与 Joe 的利益，但 Joe 违反了这些期待并伤害了 Alice，Alice 就会感到 Joe 对自己犯了错误。例如，Joe 靠马路左边驾驶汽车，并撞毁了 Alice 的汽车。又如，Joe 在市镇里使用高功率的来福枪捕猎松鼠，却意外地射伤了 Alice。为什么 Alice 会感到 Joe 对自己犯了错误？从本质上讲，答案很简单。Alice 在行为的时候，期待 Joe 及其他类似的人会遵循公认的行为标准。如果 Joe 能依据这种期待来行为，Alice 依据的行为标准将使 Alice 的行

---

① John Finnis, Natural Law and Natural Rights, (Oxford: Oxford University Press, 1980), 155.

为与 Joe 的行为保持协调一致。而从更深的层面上讲，我们可以说，Alice 之所以感到 Joe 对自己犯了错误，是因为 Joe 没有尊重她的请求，即 Joe 在做出决定并从事活动的时候，应适当考虑 Alice 追求个人目标的利益。Joe 侵害了 Alice 的固有权利，即没有尊重她的个人价值与尊严。一个人拥有尊严，并不是作为一个抽象的、普通的人类，而是作为一个具有唯一身份的特定个人而享有尊严，他的唯一身份部分是由历史条件和社会条件形成的。Alice 依据社会公认的协调标准来期待他人的行为，因此，尊重 Alice 的尊严就意味着尊重她依据这种期待做出的选择。

当 Alice 向法院起诉 Joe 并声称 Joe 对她犯了错误时，我们可以看到 Alice 的诉讼请求既包含了强烈的个人因素，也包含了广泛的社会因素。Alice 的诉讼请求之所以是个人的，是因为 Alice 声称 Joe 没有尊重她的基本权利，即尊重她的个人尊严，以致对 Alice 个人造成严重的损害。同时，Alice 的诉讼请求又具有广泛的社会性，因为 Joe 伤害 Alice 的方式，是无视 Alice 赖以协调自己与其他社会成员的行为的社会规则。我们可以从这些个人因素与社会因素上看到，社会拥有充分的理由判定并纠正原告针对私人的非正义所提出的诉讼请求。

首先，如果我们将法院的判决视为法院针对 Alice 关于个人错误的诉讼请求做出的回应，那么，我们就可以看到，法院认定 Joe 对 Alice 犯了错误并责令 Joe 立即纠正这种错误的判决，反映了 Alice 要求个人尊严获得尊重的主张。判决重新肯定了 Alice 作为一名受人尊重的社会成员的价值。不仅如此，法院的判决还为 Alice 提供了她自己无法取得的利益：以法庭命令为形式的正义，这种正义以国家力量为后盾，要求 Joe 立即返还自己不公平地剥夺了 Alice 的利益，从而给予 Alice 以公正的对待。

其次，如果我们观察法院判决与 Alice 诉讼请求中的社会因素的关系，我们就可以看到，社会在纠正 Joe 对 Alice 犯的错误的同时，还通过重新肯定 Alice 依赖的社会契约，推进了公共利益。如果政治集团的官方代表也拒绝纠正 Alice 声称的错误，将来 Alice 和其他社会成员可能就会怠于遵循这种协调标准，社会上协调一致的活动也会越来越少。Alice 与其他类似的人可能仅在确信对方也认同这种行为方式的时候，才遵守协调标准。因此，法院判予 Alice 以救济既肯定了社会本身，也肯定了 Joe 与 Alice 应共同遵守的社会标准。

再次，政治集团无法纠正私人间严重的非正义将导致社会分裂。Alice 可能会为了纠正这种错误，联合其他人强制执行她对 Joe 的请求。因此，如果 Alice 属于红组，Joe 属于绿组，并且 Alice 向红组投诉 Joe 的行为，那么，红组就会向 Joe 或绿组进行同态复仇或者强制后者予以赔偿。如果政治集团拒绝承认并纠正 Alice 关于私人非正义的诉讼请求，就可能会威胁到政治集团本身的存续。Alice 诉讼请求中的纯粹个人因素与广泛社会因素共同表明，社会除了上述理由以外，还有其他理由提供措施来判定并纠正原告关于私人非正义的诉讼请求。因此，社会会提供令人满意的纠纷解决方式。至今为止，只要法院审理原告关于严重错误的诉讼请求，即关于个人的非正义的诉讼请求，并且运用法律术语依据该请求——即被告违反了原告所正当依赖的、借以协调自己与被告行为的社会契约，从而对原告犯下了错误——判予损害赔偿，便是令人满意的纠纷解决方式。

最后，法院在运用上述方法解决社会纠纷的时候，也是在"实施正义"。司法机关代表社会保护无辜错误行为的受害者，并要求错误行为人采取公正措施救济这种错误。因此，社会通过它的司法制度推进并实现了公平正义。它也表明了社会对正义的承诺，并且重申了人们应当公正对待彼此的社会观念。因此，人们所假设的侵权责任制度的实践意义似乎也符合实践理性标准。

那么，典型的侵权责任案件是什么呢？答案自然是"故意殴打侵权"。这似乎也符合普通法的历史，因为国王法庭依据令状制度审理的最早的案件之一就是行为人携带武器并以暴力侵害他人身体的案件。不仅如此，绝大多数侵权责任制度实践者都认为殴打侵权是典型的侵权案例。律师向外行人解释"侵权"的定义时，常常首先提出殴打侵权的例子。再者，这个答案也符合实践理性的要求。故意的有形损害行为是一种显而易见的重大错误，它损害了受害者追求利益的能力，并侵害了受害者的尊严以及作为一名社会成员所享有的受尊重的权利。如果法院不纠正故意的殴打侵权，就会带来不利于团结的复仇、争执与派系争斗。为了维护公共利益，其中，一个基本条件是让社会成员能持续地假定他人不会故意伤害自己，并使自己的活动与他人的活动保持协调一致。

因此，殴打侵权可能是侵权责任中最主要的典型案例。但是，有几个考虑因素共同表明，殴打侵权只是两类典型案例之一。现代的故意殴打侵权制度源于侵害侵权诉讼制度，而依据古老的普通法诉讼形式制度，侵害侵权诉讼制度既适用于故意有形损害行为，也适用于非故意的有形损害行为。并且许多非故意的有形损害案件都可以依据间接侵害侵权诉讼制度来获得救济。19世纪中期，人们将侵权行为分为故意殴打行为与过失行为，却没有立即改变侵权责任的基本规则，因此在某些情况下，法律依然要求被告为自己非故意地造成的人身损害承担侵权责任。故意的有形损害与过失的有形损害之间的差异似乎没有多少理论价值，因此，它不能决定法院应否责令被告承担侵权责任，而只能决定原告提起的诉讼形式或者其他诉讼形式是否合适。如此看来，殴打仅仅是其中一类典型案例，而过失地实施的人身伤害则是另外一类典型案例。

诉讼形式制度崩塌以后，法院在阐释新的故意殴打侵权制度的时候，确认了故意殴打侵权要求的不当意图（wrongful intent）并不是刑法要求的邪恶意图（evil intent）。早年的 Vosburg v. Putney 一案[①]与 Markeley v. Whitman 一案[②]这两个经典案例，都视殴打侵权规则中的不当行为基本标准为社会公认的行为标准，而不管行为人是否具有可谴责的意图。它们都降低了原殴打诉因制度中对"不法意图（unlawful intent）"的要求，即行为人以不符合社会契约的方式接触原告的意图。"不法"并不是指行为人违反了刑法的禁止性规定。相反，审理这两个经典案例的法庭都采用了社会契约与社会期待标准来判断行为的不当性。其后，各个法院在审理殴打案件的时候都认定了这两个案例的约束力。这些判例表明，殴打侵权诉因的关键并不是被告的不当意图，而是被告违反了社会所公认的行为标准。只要被告对他人的故意接触违反了社会公认的标准，即便他的意图没有任何敌意、恶意或者可谴责性，他也会构成殴打侵权。法院在责令违反社会契约的人承担侵权责任的时候，不能以惩罚或者阻却具有道德可谴责性的行为为目的，因为行为人在对他人实施违反社会契约的故意接触

---

① 80 Wisc. 523, 54 N. W. 403 (1891).
② 95 Mich. 236, 54 N. W. 763 (1893).

之时，也可能没有任何邪恶的或者具有道德可谴责性的意图。相反，法院的目的似乎应是为了纠正错误。所谓的错误，就是行为人违反了社会用以保护他人免受伤害性接触的契约。

通过分析早期的过失侵权法的两大要素，我们会得出这样一个描述性理论，即过失侵权也是对特定社会契约的违反。这种理论为陪审团适用的一般理性人标准以及一般注意义务答辩理由提供了最好的解释。陪审团是来自社会各个阶层的代表。法院询问陪审员一般合理谨慎的人会实施什么样的行为，似乎就是为了判断被告是否违反了社会公认的规则。一般注意义务答辩理由起初被理解为依据特定领域的习惯所提出的答辩理由，但不具体阐述该习惯。这就证明，在过失侵权诉讼中可予纠正的错误是行为人违反具体的协调性公约，即特定领域的习惯行为。不仅如此，有关义务的讨论似乎尤其关注现存的社会规则的特点，从而判断被告实施的违反规则的伤害性行为，是否构成了他对原告犯下的错误。尽管一般义务规则会妨碍法官进行这类分析，但是在涉及成文法规定的过失侵权的案件中，法院则不得不仔细斟酌具体社会规则设立的"义务"。法院会考察该规则的目的，并认定，仅当该成文法是旨在保护像原告那样的人、使其免受案件中导致原告受到伤害的危险，被告违反该成文法的行为才构成是对原告犯下的错误。这种分析方法可以被扩张适用至所有的社会契约。如果某种社会规则的目的是旨在保护像原告那样的人、使其免类似于本案的危险，法院就应当说该规则规定被告向原告负有义务。

因此，这种对早期的过失侵权法的理解与我们对殴打侵权的阐释不谋而合了。早期的过失侵权法的目的类似于殴打侵权法的目的，即纠正私人的非正义。其中，所谓的非正义，是由公认的安全公约与社会的协调性规则来定义的。当被告违反了社会的某一协调性规则，并且该规则旨在保护原告免受该种伤害，而原告也依赖于这种规则来协调自己与被告的行为，那么，被告的行为就构成了对原告实施的错误。法律采用了一种完全客观的社会性标准，它似乎排斥任何豁免性事由的存在。

对于故意殴打侵权制度与过失的人身伤害侵权制度，我们不必为二者的目的与责任标准一致而大惊小怪，因为这两种制度都是衍生自早期的侵害侵权制度与间接侵害侵权制度。虽然故意与过失的形式差异能够解释这两种诉因制度的结构性差异，但从对它们进行理论分析又能看到二者的内在相同点。在殴打侵权制度中，一名被告之所以承担法律责任，是因为他故意对原告实施了伤害性或冒犯性接触，并违反了某种社会契约，而这种契约恰恰是旨在防止被告实施这种侵害。在过失侵权制度中，一名被告之所以需要承担法律责任，是因为他违反了社会的某种协调性规则，并且该规则旨在保护原告免受本案被告所造成的危险。因此，殴打侵权诉因制度所确定的救济措施的实践性理由，似乎也能适用于早期的过失侵权诉因制度。于是，早期的过失侵权诉因制度与现代的故意殴打诉因制度似乎有着相同的主张可予纠正错误的规则。首先，必须有社会安全公约或协调性规则的存在，并且这些公约或规则必须旨在保护像原告那样的人免受特定危险的伤害。其次，原告推定被告将遵守社会公约，并依赖这种推定来协调自己与被告的行为，即原告依赖于该规则并期待被告也遵守这种规则。再次，被告违反了该社会规则。最后，被告违反该社会规则的行为，导致原告遭受了该规则旨在保护原告免于遭受的危险，并使原告受到损害。一旦满足了这些条件，即便被告享有豁免事由，被告的行为也会构成对原告的错误。例如，被告与其胞弟是同居密友，某天他误以为原告是其身体强壮的胞弟，便一下子跳到原告的身上。又如，一名来自南方的青年驱车度假，在6月于缅因州遇上突然来袭的冰暴，他自觉地将车速降至每小时50英里，并在看到原告的一刹那即猛踩刹车，但是，原告还是受到了伤害。在这些案件中，法院将驳回被告提出合理错误及可豁免的疏忽等豁免事由。

我们如果能置身于这些原告的处境，就能理解客观的错误行为标准的效力。由于社会既存的行为标准保护着所有社会成员的利益，因此任何社会成员都有权要求其他人尊重这些利益。如果被告不公正地剥夺这种权利，即没有给予原告所应得的，因此他构成对原告犯下错误，而不管被告具有何种豁免性事由。所谓的错误，就是被告未能履行义务。社会上的每个人都期望其他社会成员遵守义务，并且向社会上其他人履行类似的义务。这些期待的基础是，社会成员彼此尊敬对方的人身价值与尊严。每个人都会依据这些期待协调自己与他人的行为。原告对被告行为的期待及相关权利，都是源于原告承认被告作为一名能够知晓并遵守社会规则的社会成员，也平等地享有获得适当关注与尊重的权利。陪审员作为来自社会各阶层的代表，他们在审查被告的行为时，如果国家的介入是以刑法上的目的为目的，即惩罚并阻却具有道德可谴责性的、违反社会行为标准的行为，那么，陪审员才可能接受被告提出的豁免事由。但是，如果国家的介入是以纠正私人错误为目的，陪审员就可能无法接受这些豁免事由了。这是因为：①即便被告的行为具有豁免事由，也还是对原告犯下了错误；②被告违反了原告合理依赖的社会安全公约，因此，他的行为是错误的。错误纠正的另一基本理由也能证明这一点。如果法院承认了这些豁免事由，它们就会削弱社会成员依据既定行为模式协调彼此行为的能力。小心谨慎者会努力将自己的行为局限于明显能够遵守安全公约的行为。如果人们确实感觉行为人的可被豁免的不当行为对原告犯下了错误，法院却认可这些豁免理由，那么，人们就会寻求司法以外的途径来纠正错误，彼此拉帮结派，破坏社会团结，最终导致社会四分五裂。

（二）以原告为中心的原则：协调不能的法律责任

无论是故意殴打侵权还是过失侵权，它们的基本侵权责任标准都围绕着安全公约理论所提出的主要问题：被告有没有遵守旨在保护原告及其他类似人群的社会安全公约？因此，它们的核心就是原告对被告在特定情形下行为的合法期待，以及被告的行为。但是，作为侵权诉讼基础的损害事实，却表现了原告与被告之间存在某种特定的互动行为。损害事实表明，由于当事人或多或少地没有以能够避免损害发生的方式来协调自己的行为，因此，互动行为之中存在着协调不能。由于我们这里存在着"协调不能"，因此，在所有关于协调不能的侵权诉讼中，法院在审理被告的行为在特定情形下是否构成对原告犯下的错误的过程中，都必须审查双方当事人的行为。

无论是在故意殴打侵权诉讼中，还是在过失侵权诉讼中，法院都创设了特殊原则来为自己判断原告的协调不能提供具体方法，并借鉴原告的行为来判断被告的行为是否构成对原告的错误。在故意殴打侵权诉讼中，关于原告行为的主要原则是实际同意（actual consent）原则以及明显同意（apparent consent）原则。法院用于证明这两个原则的理由如出一辙："同意即无错误（volenti non fit injuria）。"但在实际应用中，明显同意规则却表现为一种不同的规则。在涉及明显同意的案件中，原告也许并没有实际地同意被告故意侵害他的受保护的利益，但是原告的行为在特定情形下却引导被告相信原告同意接受该种侵害，而且理性人在相同情形下也会相信原告同意接受这种侵害。因此，明显同意原则向法院揭示了同意性公约以及关于个人同意意思表示的相关公约。

在过失侵权法中，法院可以依据以下两大原则来考察原告的行为：与有过失原则和默示的风险承担原则。如果我们认为过失侵权之诉是关于被告因没有遵守那些旨在保护原告及其类似人群免受非故意伤害的社会安全公约，并因此构成对原告犯下了错误，那么，我们就能发现，与有过失原则从一开始即对法院判断过失侵权之诉是否成立起到重要的、却又有限的作用。在与有过失抗辩理由的发展历程中，Proctor v. Harris 一案①是极其重要的标志。1830 年，陪审团在民事上诉法庭首席法官 Tindal 的指引下，对 Proctor 一案做出一审判决。在该案中，一家酒吧的服务生在晚上打开人行道上的地窖门，将啤酒桶放进地窖。当时仅有街灯照着打开着的地窖门。原告途经此地，不小心掉进地窖并受了伤。首席法官 Tindal 说道："问题在于，被告是否尽到了恰当的注意。他没有义务采取一切他所能想到的安全保障措施，但是他有义务尽到一定的注意，保护那些尽到一般注意程度的理性人免受伤害。而社会公众走在人行道上的时候，有权获得一般的安全保障。"首席法官 Tindal 抓住了大多数社会协调模式所共有的重要特征——相互性（reciprocity）。一方面，我们会基于自己对他人的期待，采取特定的方式来协调自己与他人的行为；另一方面，其他人又会基于他们对我们的期待，实施特定的行为。因此，在一般情况下，如果我们的行为不会伤害到那些行为如我们所能期待的人，那么，我们的行为就是恰当的。Proctor 一案的与有过失规则让陪审团的注意力放在当事人对彼此的期待上，法院在判断酒吧服务生是否对原告犯了错误的时候，也必须将这些期待考虑在内。陪审团必须适用一般的相互期待规则，该规则与社会公认的行为模式紧密相关。

尽管我们在飞逝的岁月面前是那么的无能为力，无法直接得知旧社会的习惯规则，但我们还是可以找到充分的理由来支持 Proctor 一

---

① 4 C. & P. 337, 172 Eng. Rep. 729 (N. P. 1830).

案中有利于原告的陪审团裁决。在该案中，街灯照亮着各条街道。晚上，行人走在人行道上，并不需要随身携带灯具来照亮前路。酒吧店主理应意识到这一点。如果在街灯的灯光下，行为人可能会误以为人行道上敞开着的、黑暗的地窖洞是人行道本身，他就必须采取预防措施避免行人受到任何损伤，例如用灯具照亮地窖洞，在洞口周围悬挂警示灯或放置栅栏，或者遣派一名服务员站在人行道上提醒行人。另一方面，行人也可以期待，当人行道上的危险状况对于运用一般注意的行人而言，在已有的灯光下并非显而易见时，行人能获得某种方式的提醒。因此，关于与有过失的问题就变成了以下问题：在已有的灯光之下，行人运用一般的注意，是否会看见人行道上敞开着的黑洞。并且这个问题又等于在以另一种方式考究在具体情形下，被告的行为是否恰当。因为仅在已有的灯光下，行人在运用一般的注意是无法轻易看到这个黑洞的时候，被告才有义务采取特殊措施警告行人注意黑洞。

鉴于人们会依据社会中既定的一般协调规则对彼此寄予期待，因此，我们可以认为，法院认定"与有过失"的过程，是认定被告没有首先犯下错误的方法之一。某些安全公约没有涉及行为人对受保护者的行为的期待，因此理所当然，违反这类公约的被告也不能援用与有过失抗辩理由。例如，禁止行为人超速驾驶、以保证自己能在确定没有障碍物的距离内停止下来的规则，其目的是为了保护该距离内的所有人，而不管他们是因疏忽大意还是无过错地走到马路上来；同理，要求行为人在驾驶汽车的过程中应小心注意前方路段的潜在危险的规则，也不过问原告是否存在主观过错。如果我们认为过失侵权之诉是原告主张被告因违背原告的合法期待——即期待被告会遵守相关安全公约——而对原告犯下了错误，那么，我们就会发现，默示的风险承担原则自始即对过失侵权之诉发挥着重要但有限的作用。如果原告认识到被告的行为违反了旨在保护其免受伤害的安全公约，意识到被告行为带来的危险及其程度，而且自愿地遭受该风险或者让自己留在危险之中，默示的风险承担规则就会妨碍原告提出任何主张。当然，在这些情况下，原告在受伤之时就不具有合法期待，不能期望被告会遵守那些在该情形下保护类似原告的人的社会安全公约。在其他相似的案件中，与有过失原则可以用于判断被告的行为是否对原告构成错误。如果原告认识到被告的行为违反了旨在保护原告的安全公约，意识到该行为会给自己带来的危险的程度，并且不遵守自行防止损害发生的公约、以保护自己在该情形下不受任何伤害，法院就可能会认定原告存在与有过失。

八、生理残疾者的侵权责任

法院在对生理残疾者适用故意侵权标准的时候并未遇到特殊的问题或难题，唯一特别针对生理残疾者的侵权法律规定，是过失侵权法中关于非故意的生理伤害的规定。

仔细分析以下两个代表性案例，或许能帮助我们更好地理解与有过失标准对生理残疾者的适用。首先是1959年由华盛顿州最高法院审结的 Fletcher v. City of Aberdeen 一案。① 在该案中，市政府在人行道旁的停车带上开凿沟渠来掩埋电线，该停车带又正好临近十字路口。市政府在沟渠旁摆放了栅栏，以防止行人掉到沟渠里。但是，一名市政府雇员在沟渠内作业的时候移开了栅栏，并且在前往别处作业之时没有把栅栏放回原位，以致施工现场没有任何安全保障措施。原告是一名路经此地的盲人，他用右手抓着白色拐杖，小心翼翼地探知前方路况并试图通过十字路口。由于当时沟渠边没有放置栅栏，也没有其他措施提醒原告前方路段施工，原告因此掉进沟渠里并受了伤。陪审团做出了有利于原告的裁决，法院也支持原告的主张。市政府提起上诉，主张原审法官向陪审团提供了错误的指示。最高法院维持了原审法院的判决。

法院驳回被告市政府的主张，即认为一审法院拒绝指示陪审团"原告是盲人的事实并不会使市政府承担更高程度的注意义务"，这种做法并无不当之处。法院的解释如下：市政府应当知道，使用它的街道的人不仅包括生理健康的人，而且还包括生理缺陷者。爱荷华州最高法院在 Balcome v. City of Independence 一案中提出了重要的论断："街道被平等地提供给一般社会公众使用，不仅包括健康强壮、视力正常的人，而且还包括老弱病残、行动不便或视力低下的人。"而且法律也不能只向一部分人强加更重的负担。义务是相对的。生理残疾

---

① 338 P. 2d 743 (Wash. 1959).

者应尽到的注意，应符合具有相同或相似生理特征的理性人在相同情形下会尽到的注意。另一方面，市政府有义务提供一定程度的保护措施，以提醒那些能力有缺陷的人注意其可能遇到的危险。因此，一审法院驳回被告要求法庭提供指引的申请，是正确的。

Fletcher 一案的案件事实和法官意见提出了以下观点：该案事实提出的是关于协调失明行人与市政府的行为的问题。市政府注意到，失明行人会利用市政府的人行道通过十字路口，并应尽到一般注意来保护失明行人及其他视力正常的行人免受任何伤害。一般注意义务要求——即市政府向失明行人负有的义务——取决于市政府对失明行人进行自我保护的合理期待。市政府可以合理地期待失明行人会借助导盲犬或盲人拐杖来对外表明自己的身体状况，并且恰当地使用拐杖来识别地形特征。在本案中，原告满足了政府的一切合理期待，但政府却未能尽到一般的注意，而是移开了栅栏。栅栏本可以提醒使用拐杖的失明行人注意危险。

因此，各方当事人义务的内容是取决于当事人对彼此行为的、相互对应的期待。失明行人可以合理地期待，市政府将确保人行道及其附近的停车带对于使用导盲犬或拐杖的失明行人而言，是安全无害的；市政府也可以合理地期待，失明行人会使用盲人拐杖或导盲犬。这些相互对应期待不仅确定了原告的一般注意义务的内容并判断原告的与有过失，而且也确定了被告市政府的一般注意义务的内容并判断被告的过失。

以上关于"注意"和"对应期待"的论述，不仅能解释 Fletcher 一案，还能解释 Smith v. Sneller 一案，[1] 尽管二者的判决结果截然不同。1942 年，宾夕法尼亚州最高法院审结了 Smith 一案。在该案中，被告依据合同负责将一座房子的管道连接到案发街道的下水道。他破开了人行道上的水泥地面，并沿着人行道挖凿了一条沟渠。沟渠宽 3~4 英尺、深 7~8 英尺。原告是一名路经此地的失明人士，当时他没有使用盲人拐杖或导盲犬。被告在施工路段的后面摆放了栅栏，但在南边只堆放了施工路段挖出来的泥土，大约有 2 英尺高。原告因失明而走到了泥堆上面。松动的泥土随即滑落，原告失足掉进沟渠里。

---

[1] 26 A. 2d 452 (Pa. 1942).

一审法院依据陪审团裁决做出了有利于原告的裁决,但中级上诉法院却推翻了这一判决,理由是原告存在与有过失,并且这属于法律问题。最高法院维持了上诉法院的判决,其解释如下:虽然盲人在无人看护的情况下独自在城市的人行道上行走,这本身并不存在任何过失,但是,这种做法存在巨大风险,盲人应当时常谨记自己具有的不幸缺陷,并且采取合理谨慎人处于相同状况下所会采取的措施,以防范危险并阻止事故的发生。原告没有预见到人行道上存在沟渠的事实本身并不能证明原告存在过失。但众所周知,在城市的人行道上,障碍物或者路面损坏并不罕见,并且任何一种情况都可能导致盲人受伤,这个事实就能证明原告存在过失。原告的视力是如此的差,以致他无法立即看清楚前方的危险情况。在这种情形下,他有义务采取正常人所不需要采取的预防措施。他为自己的安全尽合理注意之时,有义务使用普通的失明器具,如盲人拐杖、导盲犬,或者结伴而行。这些替代性措施虽然远远不如正常的视力,但也许能避免损害事故的发生。

我们可以看到,Fletcher 一案的判决与 Smith 一案的判决其实是相互一致的。两个案件都认定被告应注意到失明行人可能会使用人行道,并有义务尽到一般的注意,保证失明行人尽到一般注意即可避免损害的发生。审理 Smith 一案的法院提出,施工路段前方堆放两英寸高的泥土,对于使用导盲犬或拐杖行走的失明行人而言,就已提供了充分的危险警告。审理 Fletcher 一案的法院则提出,陪审团可以认定,相互平衡的并且没有任何障碍物隔断的人行道与沟渠,对于使用拐杖行走的失明行人而言,并未提供充分的危险警告。无论你关注的是市政府的过失问题,还是原告的与有过失问题,它们最终都会被归结为行为人对于对方行为的、相互对应的合理期待问题。

如果生理残疾的被告所从事的行为一般是那些生理健全的人才能够安全实施的行为——如驾驶汽车——法院基于相互期待理论做出的分析可能就会有所不同。早期的法院拒绝在过失侵权案件中考虑被告的生理残疾。例如在 Roberts v. Ring 一案[①]中,被告是一名视力与听力都不佳的 77 岁老人。他在城市道路上驾驶汽车的时候,未能及时

---

① 173 N. W. 437 (Minn. 1919).

停下来并撞伤了一名7岁的男孩,即原告。一审法院指示陪审员在判断被告构成过失侵权的时候,可以考虑被告的年龄与"生理缺陷"。上诉法院提出一审法院的指示是错误的。其理由如下:"被告的缺陷并不能使其免于过失侵权的指控。相反,它们不利于被告。即便法院应当考虑这些缺陷,它们也仅仅表明,被告不应当在人群拥挤的道路上驾驶汽车,这些道路要求驾驶员注意避免伤害到其他人。当一个人以作为或者不作为伤害了其他人,我们就应依据一般谨慎的正常人通常尽到的注意标准来判断行为人的过失问题。"

在这类案件中,法院认为,被告的生理残疾致使被告难以尽到一般的注意,这一事实即便会影响到案件的审判,也只是要求被告比生理正常人尽到更多的注意,以使自己的行为与生理正常人的行为保持一致。在 Mahan v. State 一案①中,被告驾驶员主张,法院在判断他撞倒路边小孩的行为是否存在过失的时候,应考虑被告矮小的身材。马里兰州上诉法院驳回了被告的主张。其理由如下:"身材矮小的人有权并正合法地驾驶汽车。但如果矮小的身材导致驾驶员难以发现路上行走的儿童或者高速公路上的障碍物,他们便有义务比身高正常的人尽到更高的警觉性,以免伤害那些也在合法使用高速公路的人。"

这一论断充分合理,并且符合我们对 Fletcher 一案与 Smith 一案的分析。当行为人所从事的行为是具有特定生理特征的人才能够完成的,其他人在协调自己与行为人的行为之时,可以合理地期待,行为人会如具有该生理特征的人那样行为。我们在高速公路上驾驶或者在人行道上行走的时候,推定驾驶员有足够的视力驾驶汽车。当被告行为人具有生理残疾时,如果法院适用那些将生理残疾考虑在内的行为标准,而原告却没有注意到该生理残疾并在协调自己与被告行为的时候推定被告会遵守一般的安全公约,这似乎是不恰当的。为了判断原告是否注意到被告的残疾并依据该残疾来协调自己与被告的行为,最聪明的方法是,审查原告是否构成与有过失或者默示的风险承担,而不是对被告的行为适用宽松的行为标准。

这种分析表明,早期的法院仅在原告是残疾人的时候,适用特殊的标准来判断残疾人的过失,并且这种方法比 Seavey 和 Prosser 提出

---

① 191 A. 575 (Md. Ct. App. 1937).

的单一标准更胜一筹。它更关注当事人之间的相处,以及一方是否注意到另一方患有生理残疾。在大部分案件中,运用特殊的标准来判断原告的与有过失,能防止被告以原告没有如同一般的、生理健全的理性人行为为由,逃避过失侵权责任。这种方法不解决被告的过失问题。后者取决于被告是否实际知道或者可能知道与其相处的是一名生理残疾人。如果被告没有注意到这种状况,当他有一切理由相信原告能够遵守相关公约,并且遵照公约来处理自己与原告的事务,被告就不可能存在过失。

当然,如果被告是生理残疾人,则有所不同。无条件地对被告适用一般理性人标准,最能使陪审团的注意力集中在正确的问题上。其原因是,当原告没有注意到被告因存在生理残疾而无法遵守相关的安全规则,原告就可以合理地期待被告遵守这些公约。倘若被告没有遵守公约并伤害了原告,其行为即构成对原告客观的错误行为。而当原告注意到被告存在生理残疾,原告的期待才可能会有所不同。其中,原告的期待最好取决于以原告为中心的与有过失原则和默示的风险承担规则。如果在原告没有注意到与其相处的是一名生理残疾人之时,对被告适用一般的、生理残疾的理性人标准,便放任了针对原告客观的错误行为。

对于生理残疾被告应适用单一标准,Prosser 提出的理由也许能分为三个层次。首先,Prosser 可能在反复主张,无论是生理残疾的原告,还是生理残疾的被告,适用单一标准的结果总是一致的,因为一般的、生理残疾的理性人都不会实施那些早年被法院依据旧有的一般理性人标准认定为过失侵权的行为。当然,这就要取决于法院和陪审团是否明白到,一般的合理谨慎人标准是一种试图依据社会安全公约来确定原告的合理期待的标准;此外,还取决于法院和陪审团是否理解,现有过失标准中关于生理残疾被告的规定,并没有产生任何侵权抗辩事由。其次,Prosser 可能还会反复提出,运用仁慈的标准,即一般的、生理残疾的合理谨慎人标准来判断生理残疾被告的行为,才能不失公平,因为它是被告所能被期待遵守的唯一标准,并且也是唯一一个可以由法律责任促使被告遵守的行为标准。这种说法的说服力,取决于我们是否认可,侵权责任的基本目的是阻却性。最后,Prooser 主张生理残疾人有权像其他人那样生活在世界上,并且进一步提出，如果法院要求行为人证明自己已提醒对方注意自己的残疾状况，才考虑行为人的生理残疾状况，这就等于向生理残疾人提出了尴尬的要求，即持续地对外宣扬自己的残疾状况，就像旧社会要求麻风病人在靠近别人之时高喊"我有病！"那样。对此，我们的答案既简单，又复杂。简单之处在于，"法律"并不要求行为人进行自我宣扬；任何关于生理残疾人的协调性公约都只是要求行为人提醒他人注意自己的状况，并且这些公约的目的大多是保障当事人的安全，包括正常人和生理残疾人。复杂之处在于，协调性安全公约是建立在一些时而简单明了、时而复杂难懂的人类行为或者环境情况之上，它们会告诉人们，当时的情形需要大家实施什么样的行为。

Roberts v. State of Louisiania 一案①就是其中一个例子。在该案中，路易斯安那州政府和盲人 Mike Burson 约定，Burson 在路易斯安那州亚历山大市联邦邮政局大厅内经营零食摊档。1977 年 9 月的一天，Burson 离开零食摊档，并向大楼内的男洗手间走去。他既没有使用盲人拐杖，也没有向前伸出前臂或双手摸索前行，以致他将一名高 5.6 英尺、重 100 磅的骨瘦如柴的老头撞倒在地，即原告。原告只是起诉路易斯安那州政府，而没有将 Burson 列为共同被告。但 Burson 的过失仍然是本案的关键所在。一审法院驳回了起诉，上诉法院维持了一审判决。上诉法院认为，依据一般的、合理谨慎的盲人标准，本案失明的零食摊主并不存在任何过失，其依据是州盲人服务部的部门主管和企业顾问提供的专家证言。两位专家证人皆指出，大多数盲人在类似情况下，即熟悉周围的环境，都不会随身携带盲人拐杖。该企业顾问还进一步提出，他曾和其他失明摊主说明盲人在这种短途行走中使用拐杖的必要性，结果这些盲人都对这个建议表示强烈的反感，并且提出这是他们的选择自由。法院几乎没有采信原告提交的专家证言。该专家证人指出，当完全失明的人处于陌生环境中，或者处于变化了的熟悉环境中——无论是因为有人穿行其中，还是因陌生人来往不断，又或者只是因为当地交通繁忙——他都应使用盲人拐杖。如果我

---

① 396 So. 2d 566 (La. Ct. App. 1981); aff'd on other grounds, 404 So. 2d 1221 (La. S. Ct. 1981) (state not liable for torts of concession operator Burson; no holding on whether concession operator negligent).

们分析 Roberts 一案背后的协调性公约，我们就会发现，法院认定 Burson 不存在过失的判决是错误的。

当谈到协调性安全公约时，我们都会想起一些确定的规则，如"靠马路右侧行驶"。双方当事人都熟谙这些规则，并且只需简单地遵守这些事先便已知道的规则，就能协调好各自的行为。这便是我们的静态的安全公约模式。但除此以外，还有其他类型的安全公约，它们无法被简化为简单的规则，例如，人们在城市的人行道上或其他公共场所内行走的安全公约。至少美国没有明确的"靠右行走"的规则来指导人们协调彼此的行为。相反，美国人似乎只有一个较为模糊的甚至多此一举的规则：各个行人都有责任避免自己与其他行人发生碰撞。这种规则的多余性和不确定性正好说明，为什么我们有时候像是和迎面而来的人跳起了舞一样：我们为了避免撞到迎面而来的人，可能会从右边绕行而过；若恰巧对方也往他的左边闪躲，我们只好又向左边移步，但对方又正好躲到自己的右边去。

行人需要躲避两次来解决这个问题的情形十分罕见。通常的情况是，当两名行人相向而行的时候，其中一人就会观察一下情形，并先于对方转向一边去；如果人行道比较狭窄，对方就会依据前者的举动而转向另一边去。这种每天都被人们用来协调行为的方法，究竟是如何发挥其作用的呢？第一个行人通过观察及转向一边的行为，向对方表明，他正尝试避免碰撞的发生。因此，第一名行人不仅具备保障安全的目的，而且还有明显的保障安全的意思，并将它们传达给对方，即构成要求对方依据自己行为所体现的条款来协调彼此行为的要约。

在 Roberts 一案中，涉及的模糊且多余的规则似乎是一个关于危险情形的公约。我们可以看到，该案双方行为人都依赖于这种安全公约。骨瘦如柴的老人无法避开迎面而来的行人，并依赖对方躲避以避免碰撞的发生。双目失明的零售摊主也依赖对方避开自己。老人对安全公约的依赖是合理的，因为他的外表能使人注意到，老人无法躲开或迅速改变前行的方向。而零售摊主却既不使用盲人拐杖或导盲犬，也没有向前伸出双手摸索前进，因此，他的外表并不会告诉迎面而来的人，零售摊主无法避开其他人。因此，对于那些无法自行知道零售摊主双目失明的人，或者对于那些停驻某地或缓慢行走并因反应迟缓而无法躲开迎面走来的人,失明的零售摊主构成了损害威胁。如果零售摊主手拄拐杖,提醒他人注意他双目失明,那些本会因其行为受到危险的人就能避免碰撞的发生,他们既可以予以躲避,也可以出言提醒 Burson 马上要发生碰撞。依据公约的性质及其表达形式,老人可以合理地期待,任何依赖于公约的人,都会以可视的方式表明自己对公约的依赖。显然,失明的零售摊主对原告实施了错误行为。

法院的判决理由着重于一般盲人的实际做法,以及盲人对相关批评的反感。这种判决理由可能会导致特殊的失明理性人标准,转化成盲人实施明显危险行为的特权。依据原告合理依赖的协调性公约,这种转化会违反侵权责任的目的,即不能救济客观的错误。相比之下,法院早期采用的方法则更胜一筹,即对生理残疾的被告适用一般的、合理谨慎的正常人标准。依据这种标准,失明的零售摊主因为撞倒了无法躲避的瘦弱老者,而存在明显的过失。不仅如此,老人因为没有注意到零售摊主双目失明,既不存在与有过失,也不构成默示的风险承担。

九、对精神病人、精神缺陷者侵权责任的解释

百余年来,美国法院在各方批评声中坚持认为,精神病或精神缺陷不能成为故意殴打侵权的抗辩理由。法院一直认为,可以依据一般的客观标准来责令精神病或精神缺陷的被告承担过失侵权责任,而无需考虑被告的精神能力。

当一名精神病或精神缺陷的被告有能力形成并且实际地形成了对原告造成伤害性接触的故意,即便他实施这样的行为是因为精神病或精神缺陷,并且不知道这种行为是错误的,被告也需要承担故意殴打侵权责任。在经典的 McGuire v. Almy 一案[①]中,原告是一名注册护士,负责照顾一名"精神障碍者",即被告。被告常常被反锁在房间内,并且身上还拴着一根被绑在窗台上的粗绳子。法院陈述案情如下:1932年4月19日,被反锁在房间内的被告实施了一起暴力袭击。当时,原告听见房间内传出打砸家具的声音,知道被告又变得凶

---

① 8 N. E. 2d 760 (Mass. Sup. Jud. Ct. 1937).

残暴戾，十分危险。被告扬言，如果原告和 Maroney 小姐——与原告一起呆在隔壁房间的"女佣"——走进被告房间一步，被告就要杀死他们。原告和 Maroney 小姐悄悄地窥视被告房间的情况并"看到了被告的所作所为"，并且"认为必须拿走那些被打碎了的家具，以免被告用这些碎片伤害自己"。他们通知被告的大伯 Emerton 先生到场。Emerton 先生到场时，被告正站在房间正中央离房门约 10 英尺处。她挥舞着一根椅脚，似乎想要袭击其他人。原告走进房间并向被告走去，Emerton 先生和 Maroney 小姐则留在门外。当原告靠近被告并试图抓住被告那只握着椅脚的手时，被告用椅脚打伤了原告。为此，原告提起了诉讼。

　　一审法院的陪审团做出了支持原告的判决，二审法院也予以维持。二审法院的理由是，陪审团可以从证据中发现，精神障碍的被告有能力形成伤害原告的故意，并且实际具备伤害原告的故意，尽管案件事实也清楚表明，被告是因为精神病才形成了伤害原告的故意。又如 Johnson v. Lambotte 一案①中可怜的被告。1957 年 10 月 25 日，杰斐逊郡法院责令被告 Dorothy 入住科罗拉多州综合医院。后者因"慢性妄想型精神分裂症"而必须接受监管和治疗。Dorothy 曾接受 20 次电休克治疗，但没有收到任何成效。因此医院已中止了这种治疗。此后，Dorothy 常常服用大剂量的氯丙嗪，并在（案发当天）也服用了一次。当天早上 9:30，Dorothy 在医院大堂碰见了她的主诊医生。她吵闹着要回家并离开医院。Dorothy 还说，她没有做错任何事情，因此应被批准回家。她和医生谈了大约 15 分钟，但医生只是建议她打电话给丈夫。于是 Dorothy 走进治疗室，并趁医护人员不注意溜出医院。Dorothy 跑到丹佛市 Cook 街和第八大街附近，离医院 8 个街口远。当时，正好有一辆汽车停泊在路边，并且没有熄火。Dorothy 溜进驾驶舱并驾车而去。但她没有控制好汽车，甚至完全失控，并在丹佛市 Gilpin 街和第八大街附近与原告的汽车发生碰撞，给原告的人身及汽车造成了损害。此后，Dorothy 仍继续往前行驶，直至她第二次发生交通事故并因此身负重伤，她所"驾驶"的汽车也受到了严重毁坏。

---

① 363 P. 2d 165（Colo. 1961）。

在针对原告提出的过失侵权之诉中,法院在审查案件事实以后,做出了不利于 Dorothy 的判决。我们如何证明这些判决结果的正当性呢?有学者认为,侵权责任的实践意义在于救济私人间的非正义,而后者是由社会安全公约来确定。他们通过重点讨论原告对被告行为的合法期待来解释以上判决结果。在 Johnson 一案中,原告在马路上驾驶汽车,并合理地期待其他驾驶员会遵守有关驾驶安全的公约,即"马路公约";而被告的驾驶行为严重违反这些规则,并且违背原告的期待,由此造成的损害,构成了对原告客观的非正义。同理,如果原告在人行道上行走的时候,一名精神病人因妄想症发作,以为原告要杀害他并袭击原告,精神病人就在客观上对原告实施了错误行为。因为原告在人行道上行走的时候,也可以合理地期待其他人不会故意袭击他。

但 McGuire v. Almy 一案的原告是一名注册护士,她的职责就是照顾被告。她知道被告存在精神障碍,并且当时已变得凶残暴戾。因此,McGuire 一案提出了以下问题:精神病人与精神缺陷者应如何适用特殊的协调性原则?过失侵权法在采用比较过失原则以前,对精神病或精神缺陷的原告适用以原告为中心的与有过失原则和默示的风险承担规则,并获得了合理公正的结果。大多数法院在判断原告是否存在与有过失的时候,都会考虑原告的精神缺陷。而且所有法院几乎一致认为,如果原告因精神病或精神缺陷而无法认识到被告行为带来的危险,原告就不存在与有过失。正如我们在讨论早期的生理残疾人过失侵权法时所述,这样做能带来合理的判决结果。一旦案件不涉及与有过失,法院的注意力就会集中在被告的过失问题上。如果说,被告的一般注意义务的内容,是取决于被告对原告行为的合理期待,那么,被告义务的性质也许就取决于他是否注意到原告无法遵守一般的安全公约。

犹他州法院在 Lawrence v. Bamberger Railroad Company 一案①中提出的卓有远见的法官意见,正好详细地阐明了这一点。该案证据表明,原告是一名患有精神分裂症的 16 岁男孩;他站在火车车轨的交汇处,而被告的火车正呼啸而来。随着火车不断逼近,原告始终没有

---

① 282 P. 2d 335 (Utah 1995).

离开火车车轨。"他受精神障碍性幻想的影响，听见一个声音说，神要考验他的虔诚度，要求他走到火车车轨上……男孩听从了神的启示。显然，他相信自己不会受到任何伤害。"一审法院及依据案件事实认定，不仅原告不存在与有过失，而且被告也不存在任何过失。上诉法院维持了一审判决，其理由如下："列车司机或操作员在驾驶列车的时候，会推定站在路口上或者靠近路口处的人具备正常的生理功能，知道且不限于知道列车是一种又庞大又笨重的机器并且难以停止下来，而且会尽一般注意并采取合理措施来保护自己的安全；而列车司机或操作员会依赖于这种推定来行为。如果有新的情况出现，致使列车司机或操作员知道或者应当知道火车车轨附近的人有可能遭受危险，司机或操作员就应当采用一切合理的方法来发出警告、减缓速度并在可能的情况下及时停车以避免事故的发生。这样做才能满足适当的注意义务的要求，至于义务的内容则依具体的危急情形而定。例如，如果站在火车车轨上或火车车轨附近的是一名小孩，或者具有明显缺陷或残疾的人，这种危险就更容易为司机或者操作员所认识。"

　　本案原告的唯一特殊之处是，随着列车不断逼近，他却依然站在火车车轨上一动不动。对于有这种问题的人，列车员很难在列车驶向路口的过程中觉察出来。这一事实显然不利于原告的主张，即列车员应及早意识到不离开火车车轨的原告是有问题的。众所周知，小孩子有时候会制造许多恶作剧。被告的列车司机 Skeen 先生作证指出，原告站在离列车 100 码远的轨道上，完全是"司空见惯"。列车员似乎也有理由暂且相信，原告会注意到列车发出的信号，并在列车实际伤害到原告以前离开或跳离火车车轨。但即便如此，列车司机还是开启了气动刹车装置，并发出了上述警告信号。直到列车距离原告只剩下 50 码时，列车司机才意识到原告可能不会离开列车车轨。当然，列车司机如果拥有非凡的洞察力，也许就能及早猜到原告有问题。即便我们更加希望列车司机拥有超群的驾驶技术、注意力和预见性，但法律并不会强加这种行为标准。我们在判断被告行为的时候，应依据案发前的情况而非案发后的结果。换言之，依据列车司机当时所见，他的行为是否符合一般的、合理谨慎人在类似情况下——包括他作为一名列车司机拥有的驾驶技术和经验——的注意标准。一审法院认为被告符合该注意标准。

在部分案件中，被告是看护机构，负责照顾精神病或精神缺陷的原告。被告已注意到原告的精神状况，并承诺保护原告免于因为精神状况而实施某种行为并使自己受到任何损害。如果看护机构未能保护精神病人或精神缺陷者免受自己的危险行为的损害，并被他人提起过失侵权之诉，法院就会认定，被告提出的与有过失主张并不会妨碍原告的过失侵权之诉。

对于原告明知行为人患有精神病或精神缺陷却仍因行为人的过失而受到伤害的案件，古老的与有过失原则和默示的风险承担原则为我们提供了合适的判断方法。如果原告注意到被告因精神病或精神缺陷而没有遵守或者很可能不会遵守相关安全公约，又如果原告没有实施合理的行为以保护自己免受该危险，原告就可能存在与有过失。同理，如果原告明知精神病或精神缺陷的被告的行为会带来危险，仍然自愿遭受该危险，原告就可能构成默示的风险承担。

此类主张大多见于类似 McGuire v. Almy 一案的案件以及精神病或精神缺陷被告故意对看护人员实施暴力袭击的案件。在这些案件中，法院因为故意殴打侵权与过失人身侵权的不同，在审判过程中遇到了许多困难。故意殴打侵权适用的特殊协调性原则是实际同意原则和明显同意原则，即如果在特定情况下，原告的行为能让与被告处于相同情形的理性人相信，原告同意接受被告的伤害性或冒犯性接触，原告就不能获得殴打侵权损害赔偿，因为被告并没有对原告实施任何错误行为。与有过失原则一般不能成为故意殴打侵权的抗辩理由，原因是，即便原告没有尽合理注意来保护自己免受故意袭击，原告也不能因此被剥夺就故意的伤害性接触获得损害赔偿的权利。同理，默示的风险承担也不能成为故意殴打侵权的抗辩理由，因为即便原告构成了默示的风险承担，也不能证明原告实际地或明显地同意接受故意的袭击，更何况，即便原告自愿接受已知的、非故意的损害风险，也不妨碍原告提起故意侵权之诉。但如果原告明知被告患有精神病并因此袭击了原告，与有过失原则和默示的风险承担原则就未必只限于适用于过失侵权诉讼。在这种情况下，与有过失原则和默示的风险承担原则也许都能适用。如果原告明知被告的精神状况及可能的暴力性结果，并且没有采取一般预防措施来保护自己，那么，原告也许就没有被实施错误的行为。如果原告明知被告的精神病况及可能的暴力性结果，并且自愿置身于该风险中，那么，被告也可能不构成对原告实施错误行为。在此类故意殴打侵权案件中，许多被告都提出了默示的风险承担或与有过失作为抗辩理由，又或者向法庭提交了等同于这两种抗辩理由的案件事实。法院在处理这些复杂的抗辩理由时，都显得举步维艰。有的法院旗帜鲜明地对精神障碍者殴打侵权案件适用此类以过失为基础的抗辩理由；有的法院则绞尽脑汁，使用其他名字来替代这些抗辩事由，如"暴力性要约"；还有法院认为，任何故意殴打侵权诉讼都不适用与有过失和默示的风险承担规则。

因此，上述的安全公约理论似乎能解释并论证传统的精神病人与精神缺陷者的故意殴打侵权标准和过失侵权标准。当原告合理地期待被告会遵守相关安全公约，并据此协调彼此行为的时候，如果被告患有精神病或精神缺陷并且没有遵守该公约，以致伤害了原告，那么，被告就要承担法律责任。但如果原告知道被告的精神状况及其对自己构成的危险，却没有尽到一般的注意或自愿继续承受这种危险，那么，即便被告违反了安全公约，原告也无法获得赔偿。而如果原告患有精神病或精神缺陷，以致无法认识或避免被告行为带来的危险，那么，原告也不会因为被告提出了与有过失抗辩理由，而无法获得过失侵权损害赔偿。在这种情形下，被告有权遵守一般的安全公约，除非他注意到原告的精神状况及其因此无法遵守相关协调性公约的事实，被告遵守一般公约的行为才可能构成过失。

现代的学者主张，未成年人与生理残疾人的过失判断标准是一种特殊的、半主观化的标准，而侵权法责令精神病人与精神缺陷者承担侵权责任的做法，违反了上述标准所确立的观念，并且这种不相符并没有任何合理依据。对于这种主张，我们应当如何应对？一方面，我们考虑未成年人与生理残疾者无法遵守一般标准的事实，运用特殊标准来判断他们的过失；一方面，我们又不顾精神病人可能无法达到一般标准的要求，一律使用一般标准来判断他们的过失，这样做是否有失公平？

首先，该主张夸大了有关未成年人、生理残疾者的法律以及有关精神病人的法律二者之间的差异。在19世纪末，早期的关于未成年人、生理残疾人侵权责任的实体法与关于精神病人、精神残疾人侵权责任的实体法如出一辙。未成年人与生理残疾人和精神障碍者一样，如果他们的行为依据故意殴打或过失侵权的一般标准，构成了对原告的客观错误，行为人就需要承担法律责任。未成年人与生理残疾人的与有过失也和精神障碍者的与有过失一样，都适用宽松的标准，并且法律推定特定年龄的未成年人没有能力形成与有过失。这些法律规则大多存续至今。在实际适用上，半客观化的未成年人特殊规则可能是在模拟旧有规则的法律效果，对此本文将在下一部分进行分析；并且我们已经看到，对生理残疾人适用特殊标准的主要依据之一是，适用特殊标准能带来与适用一般标准相同的结果。

其次，现行法律区别对待未成年人、生理残疾人和精神病人，这种做法不公平地剥夺了原告获得损害赔偿的权利，使其在因未成年人或生理残疾人的客观错误而受到伤害时，得不到任何救济。

最后，我们又如何应对David Seidelson所苦恼的问题？如果行为人因突发的、不可预见的生理疾病而神志不清或丧失生理机能，以致无法在该情形下尽一般注意，行为人就无需承担一切责任，那么，法院责令精神病人与精神缺陷者承担侵权责任的做法，是否就与这一规则背道而驰，并且缺乏合理依据？对于以为踩踏油门就能使汽车飞起来并驶入原告所在车道的被告，以及对于在驾驶汽车过程中晕厥并且没有事先发出警告就直接闯入原告所在车道的被告，法院予以区别对待的理由又是什么呢？

为了回答这一问题，我们必须重新思索，行为人不存在豁免理由的违反社会安全公约的行为，为什么会对受害人构成客观错误？相关的"靠右行驶"协调性公约之所以成立，其理由是，如果两名司机在相向而行时都能遵守公约的规定，那么，他们就能安全通过且不会发生任何碰撞。每个司机都熟知公约的规定，并且合理地期待另一名司机会遵守公约，以避免双方发生碰撞。每个司机都有权要求对方遵守公约的规定。对方如果驶入左车道并与其发生碰撞，便构成客观的错误，因为他违反了第一名司机赖以保护自己免受该事故的公约。法院反对被告提出的精神病豁免理由，因为被告违反安全公约的行为构成错误的行为，并且对于合理地期待被告遵守公约的原告而言，也是一种客观的错误。法院据以纠正私人非正义的理由都适用于该案。

当被告司机在事先没有发出任何警告的情况下晕厥过去，并致使其无人驾驶的汽车闯进了左车道，被告并没有违反安全公约，因为其汽车横穿马路进入左车道的时候，他根本没有实施任何行为。在该案中，事故致使原告受到了伤害。但是，它并不是"靠右行驶"规则意图防范的对象；相反，它是原告驾驶汽车的风险，即其他司机会因生理疾病而变得神志不清或丧失了控制汽车的生理机能，以致无法控制汽车。当然，有安全公约专门针对这类事故，但这些公约的适用要求被告司机注意到自己患有该类疾病的特别嫌疑。对于任何人都可能在毫无先兆的情况下突然疾病发作，所有的安全公约都不会予以保护。如果司机在不可预见的情况下突然眩晕过去，并致使无人驾驶的汽车横穿马路并撞上原告的汽车，司机也没有违反任何旨在保护原告免受事故伤害的安全公约，因而也没有对原告构成客观的错误。即便原告认为自己的合法期待落空了，其理由也不能是被告违反了安全公约。可以说，一名司机在协调自己与其他司机驾驶行为的时候，拥有两类期待：基于协调性公约的主期待（primary expectations），以及基于对其他人不违反公约的预期结果的衍生期待（derivative expectations）。眩晕过去的被告没有违反任何协调性公约，因此没有破坏原告的主期待，尽管他没有违背协调性公约的行为确实未能产生原告的预期结果，因此破坏了原告纯粹的衍生期待。

十、殴打侵权标准与过失侵权标准对未成年人的适用

我们如果仔细观察法院是如何对未成年的行为人适用故意殴打侵权标准与过失侵权标准，便不难发现一种极具吸引力的适用模式。类似的适用模式出现在三个典型的州的法律中，即加利福尼亚州法、伊利诺伊州法和华盛顿州法。

在1953年的 Ellis v. D'Angelo 一案[①]中，加利福尼亚州的法院认定，一名4岁的男孩也可能需要承担故意殴打侵权责任。该案证据显示，被告未成年人有能力形成主动地对原告实施伤害性接触的故意，但缺乏证据证明他能够理解其行为的错误性质。与此同时，法院还提出了一个结论性推断，即该年龄段的未成年人没有能力形成过失。法院解释如下："我们可以一般性地总结道，未成年人只要有精神能力形成作为涉嫌的特定侵权行为构成要件的主观状态，即便他因缺乏足

---

① 253 P. 2d 675（Cal Ct. App. 1953）.

够的精神发育程度和能力而无法认识自己行为的错误性质，他也需要为自己的侵权行为承担法律责任。因此，在殴打侵权与过失侵权之间，未成年人可能有能力形成实施暴力性接触的故意，并且该故意正是构成殴打侵权的关键性要件，但与此同时，他也可能没有能力意识到，他的疏忽行为可能会对他人造成可以预见的伤害，并且这种能力是过失侵权责任的必要的主观要件。"

在华盛顿州的侵权法中我们也可以看到相同的法律适用模式。在 Garratt v. Daley 一案①中，华盛顿州最高法院认定，如果一名 5 岁的男孩移走一位正在坐下来的老奶奶的椅子，并且明知自己的行为极有可能导致老奶奶摔倒在地，男孩就可能需要承担殴打侵权责任。最高法院还一再提出，6 岁以下的未成年人被绝对地推定为没有能力形成过失。

伊利诺斯州的法院借鉴了刑法上的能力推定规则，并将其适用至未成年人的与有过失案件中：7 岁以下的未成年人被绝对地推定为没有能力形成过失；7 岁以上 14 岁以下的未成年人被推定为没有能力形成过失，但有相反证据予以推翻的除外。但是，伊利诺斯州法院认定，在案件证据证明未成年人故意以自愿行为造成伤害的时候，7 岁以下的未成年人也可能需要为故意侵权行为承担法律责任。尽管少数州还没有确定哪个年龄以下的未成年人会被推定为没有能力形成与有过失，而对所有未成年的原告适用特殊的未成年人过失标准，但我们可以看到，加利福尼亚州、华盛顿州与伊利诺斯州侵权法中的一般模式已广受推崇。

这种模式对未成年人侵权责任制度提出了两个理论问题。

首先，关于过失侵权与故意殴打侵权的不同法律规定就已经让人感到困惑不解。与过失侵权相比，故意殴打侵权更像一种犯罪；从历史上讲，少数几个在 19 世纪末被移植到侵权法中的刑事法律规则，都成为故意殴打侵权法律制度。因此，故意殴打侵权制度看起来就像是关于殴打罪的刑事法律制度。但是，在上述未成年人侵权责任制度中，特定年龄未成年人能力推定制度虽然极像刑法制度，却仅仅适用于过失侵权案件，而不适用于殴打侵权案件。不仅如此，构成未成年

---

① 279 P. 2d 1091（Wash. 1955）.

人殴打侵权所要求的故意,并非刑法上的恶意,而是未成年人对原告实施伤害性接触的简单故意。

其次,Ellis 一案的法院在论证法律应区分未成年人的故意殴打侵权能力和未成年人的过失侵权能力的时候,似乎推定,一般的过失是一种主观状态,即清楚预见到自己会对他人构成不合理的损害风险。但是在其他情形中,法院又反复提出,过失并不是一种主观状态,而是一种未能达到适当注意的基本标准的行为。

如果我们依据协调成年人与未成年人行为的社会公约来考虑这种侵权规则与标准,或许上述问题就能迎刃而解。我们讨论殴打侵权能力判断标准与过失侵权能力判断标准。对于殴打侵权而言,只要未成年人依其年龄已足以理解行为会造成直接的损害结果,并且意图发生这种结果,未成年人就构成了殴打侵权,即便他因年龄而未必能认识到行为可能带来的全部伤害及其对原告实施的错误行为的严重性。为什么法律是如此严苛呢?为了回答这个问题,让我们援用 Ruth Garrett 的观点。Ruth Garrett 是一位患有关节炎的老奶奶,她在俯身往椅子上坐的过程中,被 Brian Daley 拉开了椅子,以致摔伤了臀骨。Ruth 可以合理地期待,Brian 不会做出这种事。我们也期待,所有 4 岁或 5 岁以下的未成年人不会故意袭击我们,或者实施那些会导致我们摔伤的行为。这种期待是我们与幼儿相处的基础。父母亲在教导未成年人的漫长且痛苦的过程中,第一个教导的社会规则就是"不能打击或伤害其他人"。幼小的 Brian 违反了这个基本社会规则——它是 Ruth Garrett 合法地期待 Brian 会予以遵守的规则——并导致 Ruth 摔伤了臀骨。因此,Brian 的行为构成客观的错误,即便年幼的 Brian 也许不具有道德可谴责性。

但是,在现存的侵权法中,法院常常会绝对地推定,与 Brian 同龄的未成年人没有能力形成与有过失。如果我们认为,过失是没有遵守那些保护我们及其他人免受非故意伤害的社会安全规则,那么,未成年人的殴打侵权能力规定不同于未成年人的与有过失能力规定,也是合理的。虽然我们期待每位幼儿都遵守上述基本社会规则,但是,我们不能期待幼儿能遵守所有防止非故意伤害的安全规则,后者不计其数,有的还相当复杂。所以,当我们注意到自己正与一名未成年人相处,我们就不能推定未成年人会遵守所有这些规则,并依据这种推定来协调自己与未成年人的行为。当我们在住宅区内驾驶汽车的时候，看见一群6岁至7岁的未成年人在花园内踢足球，我们就应减速慢行并小心留意他们的举动，因为我们不能推定，未成年人会遵守社会公约，而不会不加张望即跑到马路上来。在被告必须协调自己与未成年人行为的过失侵权案件中，问题的关键在于，被告是否可以合理地期待，未成年人了解并遵守相关的社会安全公约。在现实生活中，如未成年人踢足球的例子，如果我们注意到自己可能正与未成年人相处，我们也许就要适用特殊的协调性公约，即推定对方不遵守一般的安全规则。

这些特殊公约的基本结构似乎都模仿了涉及生理残疾人的特殊协调性公约，即当我们实际地或者可能注意到自己可能正与一名未成年人相处，我们就必须保护对方免受伤害，即便对方会因年龄尚小而无法遵守安全公约。对特殊注意的要求可能是取决于对方是未成年人的可能性，例如常见的成年司机与未成年行人的案件。未成年的行人可能会不观察路面情况就跑到马路上。司机为了保护这些未成年人而必须采取的措施，取决于未成年人在无人看管的情况下出现在马路上的可能性。因此，不同情形适用不同的预防标准，即取决于司机是在州际公路上驾驶，还是在上下学时间段的学校附近驾驶，还是人行道上有未成年人，还是在街道或高速公路上逐渐驶近一辆停泊着的、闪着警示灯的校车。

在所有涉及成年司机与未成年行人的案件中，未成年人与有过失能力推定规则似乎有助于法院和陪审团做出正确的判决。普通法规则认为，原告的与有过失是完全抗辩理由。依据该规则，与有过失问题就等于从更广的层面上，判断被告的行为是否构成对原告实施的错误。依据过失侵权责任安全公约解释理论，与有过失问题可以被看做是判断被告是否尽到一般注意来保护原告免受伤害的方法，此时，被告对原告行为的期待就决定了被告的一般注意义务的内涵。如果原告能像被告所合理期待的那样行为，被告的行为就能保护原告免受任何伤害，那么，被告就已经尽到一般的注意。法院认定原告存在与有过失的意思只是，被告的一般注意义务仅仅要求他在原告如被告的合理期待般行为时，尽到一般的注意来保护原告免受伤害。因此，在一般的成年司机与成年行人的案件中，如果原告没有观察路面情况就跳到被告汽车跟前，我们就可以说，原告存在与有过失。或者我们可以说，如果被告在限制速度的范围内驾驶汽车并且尽到一般注意观察四周情况，那么，即便他没有采取措施保护跳到他跟前的行人，他也不存在过失。这两种说法在效果上是一致的。

当汽车司机注意到附近很可能会出现无人看管的未成年人，司机并不能合理地期待未成年人会遵守行人安全规则，并且不能以这种期待来确定司机的一般注意义务。换而言之，即年幼的未成年行人被推定为没有能力构成与有过失。但是，当受害者是成年人而被告是未成年人的时候，就不能适用上述分析方法。如果我们不依据相关的安全公约处理，人们就会受到严重的损害危险。例如，未成年人驾驶汽车、纵火、开枪、投掷石子或金属块、挥动高尔夫球棍或垒球棍以及射箭。我们期待任何人在从事上述活动的时候都会遵守特殊的安全公约，而且我们推定这些公约会得到遵守并依据这种推定来协调彼此的行为。即便我们知道有时候未成年人也会从事这些活动，但我们仍然推定，任何人如果有足够的年龄从事这类活动，那么他也有足够的年龄保证活动安全地进行。我们的唯一期待是，当我们既知道行为人是未成年人，又知道行为人不知道或者不遵守安全公约的时候，我们应当警告未成年人注意危险，并且告诉他们安全地从事此类活动的方法，或者告知有能力这样做的人，如未成年人的父母、看护人或者其他监护人，并及时采取措施保护自己免受未成年人行为的伤害。

鉴于相关的安全公约与期待，这类案件应对未成年被告的行为适用成年人的注意标准，并且谨慎适用特殊的与有过失抗辩事由和默示的风险承担抗辩事由来判断未成年人的行为是否对成年的原告构成客观的错误。如果未成年人从事了成年人的活动，如驾驶汽车，成年原告几乎不可能注意与自己相处的是一个未成年人，因此现代的规则规定，如果未成年人在从事这类活动的过程中伤害了其他人，未成年人就要适用一般的、合理谨慎的成年人判断标准。与此相比，早期人们认为，法院仅在判断未成年人的与有过失的时候，而不是在判断未成年人的过失侵权的时候，才应将未成年人的年龄考虑在内。这种观点似乎更加合理。依据早期的规则，被告未成年人的过失总是适用成年人标准；以原告为核心的与有过失抗辩事由和默示的风险承担抗辩事由，则在成年的原告知道行为人是未成年人以及行为人不知道或不遵守相关安全公约的时候，着重考虑人们相关的协调性期待。

目前，上述分析出现了一个严重的问题。这个描述性理论还无法完美地阐释现行所有关于未成年人过失侵权的法律规定的特征。有的法院运用了未成年原告与有过失判断标准来判断未成年被告的过失侵权。少数法院否定了古老的能力推定规则。这种"潮流"或许不如某些学者所说的那么重要。但无论如何，那些奉 Prosser 的专著及第二版复述为金科玉律的学者相信，法律正朝着单一的未成年人过失判断标准的方向发展，即一般合理谨慎的并且具有同等年龄、同等智力与同等经验的未成年人标准。并且我们可以认为这种标准在试图判断该未成年人是否受过失侵权责任的阻却，而不是旨在确定对方当事人的合理期待。

这种分析主要是取决于，以原告为核心的与有过失协调性原则和默示的风险承担协调性原则能否决定被告是否需要承担法律责任。我们如果适当地适用这些原则，就能依据原告对被告行为的合理期待来判断被告的行为是否对原告构成了错误。如今，全国法院普遍采纳了比较过失规则，并将默示的风险承担作为比较过失的一部分来判断。这就意味着，这两个原则对于我们适用安全公约分析方法来判断被告的行为是否构成了对原告的错误，以及是否需要承担侵权责任而言，已未必能否决定被告是否需要承担法律责任。

既然相关法律理论和现行侵权法律制度相互矛盾，上述描述性理论是否还能成立？我们仍然有充分的理据证明，安全公约理论是这一侵权责任领域最充分的描述性理论。

第一，即便在过去的 60 多年来，法院未能理直气壮地对未成年人的与有过失问题适用能力推定抗辩事由，但是大量法院都保留了某种形式的能力推定规则，这些规则的差别仅在于不同法院规定了不同年龄阶段的未成年人被推定为没有能力构成与有过失。20 多年来，Oscar Gray 在其 1980 年的法律评论①中以及其后的 Harper、James 和

---

① Oscar Gray, "The Standard of Care for Children Revisited," Mo. Law. Rev. 45 (1980) 597. Revisited.

Gray 的《侵权法》(*the Law of Torts*)① 中坚持这种能力推定规则。他一直在告诉我们,这是一个主流规则。

第二,法院对未成年被告适用成年人注意标准的案件类型可能会有所增加,即便在那些声称未成年原告与未成年被告应适用相同过失标准的州也是如此。认可了单一的未成年人过失标准的法院,也在未成年被告从事了成年人活动的案件中,适用成年人的判断标准。至少有一家法院将此类案件类型扩张至包括未成年人从事了具有固有危险性行为的案件,而无论这种活动是否一般仅由成年人所从事。还有其他法院在适用上述标准时,也考虑那些与未成年被告相处的人的合法期待。主张扩张对未成年被告适用成年人注意标准的案件类型的观点,无疑将继续影响着那些致力于识别并纠正私人非正义的法院。不仅如此,一些重要的学者也赞同扩张以上案件类型。Catherine Forell 在其1985年的文章②中提出,成年人的注意标准应被用来判断未成年被告从事危险活动的行为,而未成年人的标准应被适用于未成年人从事的、安全的未成年人活动。Dan Dobbs 在其第一版专著中,依据"一般仅有成年人所从事的活动"判断标准重新解释了相关案件,并提出以上案件类型应包括所有未成年被告所从事的、对他人构成伤害威胁的行为。他通过援引 Seidelson 关于原告合法期待的理论来支持自己的观点。③ 可见,在今后的30多年,法律都将朝着未成年人适用成年人过失侵权标准的方向发展,而与 Prosser 的单一的未成年人特殊标准背道而驰。我们可以看到,单一的未成年人特殊标准如何通过 Seavey 影响 Shulman、《美国侵权法复述》(第一版)以及 Prosser 的入门教材,从而得以在法律上立足。从 Seavey 重新阐述一般的合理谨慎人标准,从而全盘吸收 Henry Taylor Terry 的不合理且可预见风险的过失判断标准及其过失责任阻却理论,我们还可以看到这种单一标准所隐含的理论基础。而 Prosser 也只是简单地将单一标准描述成现行的普通法律规则,并且除了先例以外,再没有提出任何理论依据。因

---

① 3 Fowler Harper, Fleming James, Jr., and Oscar Gray, The Law of Torts (Boston: Little, Brown, 1986), 434-66.
② Catherine Forell, "Reassessing the Negligence Standard of Care for Minors," N. Mex. L. Rev. 15 (1985) 485.
③ Dan. B. Dobbs, The Law of Torts (St. Paul, Minn.: West Group, 2000), 298-302.

此法院在采用这种单一标准的时候，未必采纳其背后的阻却性理论。这些法院将单一的未成年人过失判断标准作为侵权法律规则，而不顾侵权法的主旨在于识别并纠正违反社会安全公约并造成伤害的错误行为。除非法官认识到阻却性理论是这种半客观半主观的过失判断标准的基础，否则法官对这种标准的适用就会显得极不稳定。一方面，强调标准中"一般的、合理谨慎的未成年人"，这一标准可以被解释为高度客观的标准；但另一方面，如果未成年人鉴于其"年龄、智力和经验"而无法实施恰当的行为，以上标准又可以被解释为几乎是完全主观的标准，以充当未成年人的豁免理由。

极少法官能够完全理解，一般的未成年理性人具有客观的社会意愿并能对相关利益做出客观的社会评价，但与此同时，这名拟制的未成年人又具有主观的特质，即年龄、智力与经验，以致其行为被认为是不可阻却的。其中一个原因是，保证未成年人可以受到阻却的理论上的品质与现实中未成年人的独特品质——"不成熟"——并不相符。后者是我们据以降低自己对未成年人行为期待的基础，并且说明了我们即便在未成年人聪慧过人并且被传授以安全公约的情况下，也不能确信他们会遵守安全公约。

Shulman 与 Prosser 的未成年人与有过失标准忽略了我们在协调自己与成年人的行为的时候对未成年人的基本期待。这里"期待"的含义，不同于其在安全协调制度中的一般含义，因为当我们知道未成年人出现在周围的时候，我们就几乎不再期待对方会遵守一般的安全公约。因此，与有过失标准没有必要使用"合理谨慎的未成年人"或"理性的未成年人"等术语。因为这些术语意味着我们可以积极地期待他人遵守安全规则。在 Shulman 和 Prosser 以前，使用最广的古老规则更加符合我们对未成年原告的、被降低或放弃的期待："对未成年原告的同龄人的合理期待"也许并不高，而"原告的同龄人尽到的一般注意"也许也是比较低的。

第三，Shulman 和 Prosser 的规则的主观特征也不符合社会现实。我们之所以降低我们的期待，并不是因为未成年人愚蠢或者经验不足，而是因为他们还未成熟，并因此无法遵守相关安全规则。

理性的法官为了得出符合侵权责任制度纠正性目的判决结果，会扭曲相差极大的制度性工具。当然，在这个领域，未成年人标准的不稳定性会导致该标准具有极高的延展性。某些法院在采纳单一的未成年人注意标准而不适用未成年原告和被告的推定规则时,实际上可能是利用这一延展性极高的工具来得出合理的判决结果。因此,法院将涉及未成年人与有过失的案件交由陪审团审理,并且在大量证据证明未成年原告聪慧过人、已被授以相关的安全公约的规定并且明知自己的行为给自己带来危险的情况下,最终认可了陪审团做出的有利于原告的裁决。法院在向陪审团解释特殊的未成年人与有过失标准的时候,运用了旧有的注意标准,即在具体情形下对未成年原告的同龄人的合理期待,或者未成年原告的同龄人尽到的一般注意。

当双方行为人都是未成年人,并且原告是在无人监管的游戏中受了伤,或许对双方行为人适用单一的未成年人判断标准能得到合适的结果。任何一方未成年人都只能期待对方遵守规则不蓄意实施游戏规则以外的暴力袭击,而不能期待对方会遵守其他安全公约。也许在大多数涉及游戏中的非故意伤害的案件中,未成年被告并没有对未成年原告实施错误的行为。也许我们的社会已将未成年人在玩耍过程中发生的伤害看做不可避免的意外,而在未成年人的直接相处之外——主要是有义务监管或保证未成年人远离危险器具的成年人的行为——寻找可能的错误行为。

法院可以通过巧妙的解释与限制,利用 Prosser 的单一的未成年人过失标准来得出合理的结果。然而,这个原则从其表面上乃至其内在的阻却性理由都极有可能会产生违背侵权责任制度纠正正义目的的结果。它可能会不公平地认定未成年原告存在与有过失,又或者认定未成年被告不存在过失。法院或陪审团可能会认为,一名聪明过人、受到良好教育的 8 岁未成年人存在与有过失,即便被告已经注意到自己正和一名未成年人相处,因为单一的未成年人过失标准不现实地关注未成年人的主观特质,即年龄、经验和智力,并认为这些特质致使未成年人更容易受到阻却,但同时又没有意识到,未成年人因不成熟而无法实施自己知道所应当做的事。而在涉及未成年被告的案件中,法院或陪审团可能会依据特殊的未成年人标准认定未成年人不存在过失,即便原告之所以被未成年被告实施了错误行为,是因为他没有注意到自己正与未成年人相处,并合理地期待对方会遵守社会的安全公约。

第四，即便与有过失和默示的风险承担已不再是过失侵权的完全抗辩理由，但是这并不妨碍法院运用其他过失侵权原则来判断被告是否对原告实施了错误行为。

其他过失侵权原则也能决定侵权责任的有无。早期的过失侵权规则最终都可以被归结为一种基本主张，即部分社会安全公约旨在保护原告那样的人免受致害危险，而被告不恰当地违反了这些社会安全公约。因此，在很大程度上讲，大多数侵权规则和抗辩理由都是多余的。当与有过失和默示的风险承担抗辩作用有所下降的时候，其他过失侵权原则，如近因原则和注意义务规则，都可能取而代之。例如，运用近因原则可以得出与运用与有过失原则一模一样的结果。人们从一开始即运用近因理论来解释与有过失原则。而且我们很容易证明，后来原告的与有过失破坏了被告的过失和原告的伤害之间的近因关系。

十一、结论

诉讼形式制度被废止以后，人们发展了侵权实体法，并一直运用侵权责任的安全公约理论来解释。一旦未成年人、精神病人、精神缺陷者和生理残疾者对他人造成了损害，法院就会依据正常人适用的一般标准来责令这些人承担侵权责任。在故意殴打案件中，如果他们有能力形成对原告实施伤害性或冒犯性接触的简单故意，法院就会责令他们承担侵权责任。在非故意的伤害案件中，法院会以一个精神正常且生理健全的成年人所被期待的一般注意为标准来判断被告的行为，即便被告无法达到这种标准。从原告的角度来看，这种做法是合理的。当原告没有注意到被告的能力缺陷，而推定被告会遵守可以适用的安全公约，并依据这种推定来协调自己与被告的行为，当被告不遵守公约并伤害了原告的时候，被告就在客观上对原告实施了错误的行为。侵权法的救济私人非正义的目的完全支持这种结论。

当原告确实注意到被告能力缺陷的时候，适用特殊的以原告为中心的与有过失原则和默示的风险承担原则能引导法院得出合理的结果。如果原告注意到被告的能力缺陷，却没有采取恰当的安全措施，或者自愿受到危险的威胁，则不存在私人的非正义。

这些特殊的以原告为中心的原则还能引导法院在原告是未成年

人、精神病人、精神缺陷者或生理残疾者的非故意损害案件中做出合理的判决结果。法院适用仁慈的与有过失判断标准，因此，即便原告因年龄、精神病、精神缺陷或生理残疾而无法遵守安全公约，也未必不能获得损害赔偿。传统的方法只会让法院的注意力重新回到被告的行为上。当被告既不可能知道实际上也不知道，对方因年龄、精神病、精神缺陷或生理残疾而无法遵守一般的安全标准，他也不会因遵守一般安全公约协调自己与原告的行为而存在过失，因为如果原告能遵守安全公约，该公约就能保护原告免受伤害。当被告实际知道或可能知道，对方没有能力遵守公约的时候，如果他不采取充分措施来防止原告因为能力缺陷而遭受损害，被告就可能存在过失。

在20世纪，部分法院修改了关于未成年人和生理残疾者的一般过失规则，并采用了单一标准。未成年原告和未成年被告都适用相同的标准。生理残疾原告和生理残疾被告亦然。依据安全公约理论，这种改变会产生不公平的结果。单一标准只抽象地关注未成年人是否可以被阻却，因此，依据单一标准，未成年原告也可能会被认定为存在与有过失，即便被告明知原告的能力缺陷，并且没有遵守特殊的安全规则来保护那些不能遵守安全公约的人。同时，依据单一标准，法院也可能会因为未成年被告或生理残疾被告没有能力遵守安全公约而不认定他们存在过失，即便原告没有注意到被告的能力缺陷，并合理地推定被告会遵守公约协调自己与被告的行为。

部分法院甚至运用这些单一标准勉强得出符合侵权责任制度纠正正义目的的合理结果。幸运的是，许多州保留了未成年原告的能力推定规则，并以未成年被告从事了一般专属于成年人的活动为由，悄然扩张了未成年被告适用成年人注意标准的案件类型，这让我们看到了一点希望。然而，单一的标准始终会诱导法院背离纠正正义这一基本目标。过失比例原则取代了与有过失原则和默示的风险承担原则，这会导致法院更加难以运用这些原则来判断被告是否对原告实施了错误行为。

与其他优秀的描述性理论一样，安全公约与纠正正义理论也不可避免要做出一些价值判断。侵权责任制度的实践意义或基本目的一旦确定，下一步便要判断目的的实现情况。我们看到，在当事人协调行为失败的案件中，原有的未成年人、生理残疾者和精神残疾者的侵权责任规则和标准都良好地满足了救济私人非正义的要求。但建立在其他侵权法目的理论之上的规则，却也悄然混进了侵权法中。它们可能会导致法官难以实现侵权责任制度纠正正义的基本目的。因此，此处阐述的描述性理论支持我们改革侵权责任体系，废除这些背离基本目的的规则，从而让侵权责任体系成为一种更加有效的救济私人错误的方法。

第二编　精神病人承担的侵权责任

精神病人的侵权责任

哈里·J.F. 克瑞尔*著　王丽锋**译

目　　次

一、导论
二、普通法规则的历史发展
三、普通法规则的适用
四、现代医学的发展
五、对现行规则的批判
六、政策基础的分析
七、建议
八、结论

一、导论

美国法院在判断残疾人的行为是否符合侵权法要求的客观标准时，要考虑残疾人的个人因素。如果被告的生理残疾使他的行为无法达到理性人的标准，那么被告就可以将生理残疾作为一项抗辩事由在诉讼中提出。但不同的是，普通法长期以来拒绝精神病人提出类似的抗辩。即使被告患有精神病，他的行为也必须符合侵权法要求的注意标准。不管被告的精神病是否对其行为产生了影响，只要其行为不符合一般理性人的标准，他都要承担责任。但是，这一规则与现代侵权法以过错为基础的责任体制产生了冲突。现代侵权法以过错为基础的

---

*　戴维斯赖特特里梅律师事务所合作伙伴，1990年华盛顿大学哲学学士，1993年芝加哥大学法学博士。
**　中山大学法学院助教。

责任体制给被告人提供了适当的保护，因此普通法也应该改变其对精神病人的看法，对精神病人提供适当的保护。

很久以前，法院就认识到，现行规则不符合侵权制度以过错为基础的理念。因此，法院试图用某些政策基础来证明现行规则的正当性。但是法院提出的政策基础都没有说服力。通过对现行规则的政策基础进行分析，我们可以得出结论：侵权法区别对待精神病人和残疾人的主要原因是，社会公众对精神病人普遍存有偏见和误解。但是当今社会，人们对精神病人的看法已经发生了重大转变，因此法院也应该尽快对现行规则进行修正。

现行规则与侵权法的不协调得到了广泛的认可。早在20世纪，就有学者对精神病人的侵权责任表示了关注。这些学者几乎都认为现行规则没有坚实的理论基础。关于精神病人侵权责任的论述与早期学者的观点有相似之处，但也有不同。早期法院和学者对现行规则做出的解释与当今法院在这一问题上的看法不同。对早期判决和现行判决进行分析后，指出当今法院适用普通法规则的原因是法院认为如果案件涉及两方无辜的当事人，那么造成损害发生的那一方应该承担赔偿责任。其次，从过去几十年的医学成果来看，精神病和生理疾病之间存在紧密的联系。严格区分精神病人和残疾人，并对他们适用不同的规则没有任何意义，侵权法应该抛弃这种做法。再次，本文还涉及精神病人的侵权责任的经济分析。法学院和经济学院对这一问题都做了大量的研究。本文针对精神病人的适用规则提出的建议不仅符合经济学的分析，还符合标准法和过失侵权制度的要求。最后，有的学者指出，当今法院适用现行规则对精神病人的责任做出判断是正当的、合理的。他们认为现行规则的适用可以抚平社会公众对精神病人重返社区的抵制情绪，有利于精神病人与社会的融合。本文对这一理论表达了自己的看法。

二、普通法规则的历史发展

现行规则要求患有精神病的成年人像一般理性人一样行为，这一规则最初起源于1616年英国的 Weaver v. Ward 案。[①] 该案认为，如果

---

① 80 Eng. Rep. 28 (C. P. 1616).

拳击比赛中一人将另一人杀害，我们不能说这个人实施了犯罪行为。同样，如果精神病人杀害了他人，也不能说精神病人实施了犯罪行为。因为犯罪的实施需要行为人存在主观恶意。但是在侵权中，法院以受害人的损失为根据来确定侵害人的赔偿。如果行为人对他人造成了损害，他就要承担责任。所以，即使给他人造成损害的人是精神病人，他也应该承担责任，除非法院能证明他完全没有过失。

在美国，Ward v. Conatser 案①是第一个拒绝被告以精神病为由提出抗辩的故意侵权案件。此案中，Ward 向 Conatse 开枪，并对 Conatse 造成了很大的伤害。然后，Conatse 向法院提起诉讼。在案件的审理过程中，Ward 以患有精神病为由提出抗辩，他主张开枪时自己完全处于精神错乱的状态。美国田纳西州最高法院最后支持了巡回法院的决定。最高法院指出："虽然事实证明 Ward 确实患有精神病，但是精神病不能成为被告逃脱责任的正当性根据。" 20 年后，法院第一次在过失侵权案——Williams v. Hays 案②中适用了这一规则。此案中，原告主张遇难船只的船长存在过失，因为在暴风雨中，船长没有认识到船舵已经失去控制，并拒绝向过往船只求救，最后导致船只被暴风雨推翻，给其他共有人造成了损失。在诉讼中，船长提出抗辩，他指出连续 48 小时不间断的抢救工作使他的精神出现了错乱，因此他在精神错乱的状态下失去了判断能力。但是，Williams 案的法院最后做出判决：即使行为人患有精神病，他也要为自己的过失决定或过失行为承担责任。

Ward 案和 Williams 案的法院判决形成了一项法律规则。这项法律规则是指，在侵权诉讼中，被告不能以精神病为由提出抗辩。不管是故意侵权案，还是过失侵权案，法院大都适用这一规则对案件做出判决。甚至在 1992 年的 Delahanty v. Hinkley 案③中，哥伦比亚特区的联邦地方法院仍然适用这一规则对案件做出了判决。但是，从 20 世纪开始，学者就对这一规则提出了批判。学者指出这一规则违反了过失侵权制度的过错原则。

---

① 63 Tenn. 64 (1874).
② 38 N. E. 449 (N. Y. 1894).
③ 799 F. Supp. 184 (D. D. C. 1992).

学者的观点在1934年的《美国侵权法复述》（第一版）中有所体现。美国法学会对《美国侵权法复述》（第一版）做出解释时，没有就过失诉讼中精神病人的侵权责任表达明确的立场。实质上，当时的法学会倾向于免除精神病人的侵权责任。但是，1948年的《美国侵权法复述》附录删除了法学会对283条的解释。1965年，《美国侵权法复述》（第二版）明确指出精神病人和精神能力欠缺者也要为自己的行为承担责任。随后，一些州就将《美国侵权法复述》确立的规则写入了他们的制定法中，此后的法院也遵循 Ward 案和 Williams 案确立的普通法规则对案件做出判决。

三、普通法规则的适用

现行规则不允许被告在任何案件中以精神病为由提出抗辩。无论被告的精神病是否对其行为产生影响，他都不能以精神病为由提出抗辩。即使被告的精神病使他无法达到一般理性人的标准，法院也不承认此类抗辩。对精神病人来说，现行规则的这一做法是非常残酷的。

通常情况下，被告在两类案件中以精神病为由提出抗辩。这两类案件是指机动车交通事故和袭击案。在 Banks v. Dawkins 案[①]和 Polmatier v. Russ 案[②]中被告向原告开枪，给原告造成了很大的伤害。在案件的审理中，两被告都以患有精神病为由提出了抗辩。虽然两则案件的事实不同，但是法院最后都否定了被告的抗辩。在 Gossett v. Van Egmond 案[③]和 Johnson v. Lambotte 案[④]中，患有精神病的被告驾驶车辆发生了交通事故，给原告造成了损失。法院也适用同样的规则否定了被告以精神病为由提出的抗辩。

（一）故意侵权案

在 Banks v. Dawkins 案中，由于 Dawkins 的不当行为，原告将他

---

① 339 So. 2d 566（Miss. 1976）.
② 537 A. 2d 468（Conn. 1988）.
③ 155 P. 2d 304（Ore. 1945）.
④ 363 P. 2d 165（Colo. 1961）.

逐出了夜总会。① Dawkins 声称在双方的打斗中他的头部受了伤，他不知道接下来发生了什么事。事情的真相是 Dawkins 回到家后，他的妻子就发现他开始胡言乱语、语无伦次。然后 Dawkins 带着猎枪又回到了夜总会，他透过窗户向 Banks 开了枪。在诉讼中，Dawkins 坚持主张他的面部受到了伤害，但是 Dawkins 没有向法院提供证据证明他的脑部也受到了伤害。

陪审团认为，被告射杀 Banks 时处于精神错乱或神志不清的状态，因此不需要承担责任。但是陪审团没有对此做出具体的解释。其实，从案件的事实本身只能看出被告在生气的状况下实施了射杀行为，因此，被告应该为自己的行为承担责任。在随后的上诉审中，密西西比州最高法院否定了初审法院的裁决。虽然如此，但是，密西西比州最高法院做出否定的原因并不是初审法院的判决与事实证据相矛盾，而是精神错乱不能作为侵权责任的抗辩事由。密西西比州最高法院指出：初审法院的错误之处在于，对 Dawkins 的赔偿责任做出确定前，引导陪审团证明 Dawkins 的行为是"故意"的。但是即使事实证明 Dawkins 行为时处于精神错乱的状态，以至于他认识不到自己实施的行为是不正当的，自己的行为会给他人造成损害，Banks 也应该获得赔偿。法院不能用完全无限制的主观规则对类似 Dawkins 的侵权责任做出判决。

在 Polmatier v. Russ 案中，Polmatier 是被告的岳父，被告和他只有两个月的女儿到 Arthur Polmatier 家拜访。但是当天晚上 Polmatier 的家人发现被告骑在 Polmatier 身上，并用啤酒瓶不断地抽打 Polmatier，Polmatier 大声地叫喊着。随后被告在房间里找到了步枪和弹药，他转身回到客厅，向 Polmatier 开了两枪，将 Polmatier 杀死。五个小时后，人们发现被告在离 Polmatier 家半英里的一个树桩上坐着，他赤裸着身体，手里拿着枪，怀里抱着用血衣包裹着的女儿。

虽然被告对其行为做出了解释，但是从其解释来看他的精神状况出现了问题。实施谋杀行为的那天晚上，被告被送进了医院。在医院里，被告告诉警察他的岳父经常酗酒，他想让岳父为自己的坏习惯吃点苦头，这样岳父才能知道自己酗酒的行为是不对的。他还告诉警察

---

① Banks, 339 So. 2d at 567.

他是超人，他有能力改变世界的命运。当他与精神病医师 Dr. Borden 交谈时，他告诉医师岳父是来自某个国家的间谍，岳父想伤害他的女儿，因此，为了自卫他不得不将岳父杀掉。

在刑事诉讼和民事诉讼中，精神病医师 Dr. Borden 证明被告实施射杀行为时患有严重的妄想型精神分裂症，他经常幻想自己有非凡的力量和影响力，别人总是想害他。Dr. Borden 指出从法律上来说，Russ 是精神病人，他无法像一般人一样作出理性的选择。

在刑事审判中，法院认为 Russ 的行为不构成犯罪，因为行为时 Russ 处于精神错乱的状态，但是在民事审判中，法院认为 Russ 要为 Polmatier 的不正常死亡承担民事责任。随后，Russ 对此提起了上诉，在上诉审中，Russ 主张他的行为不符合《美国侵权法复述》对故意侵权的要求。

Russ 主张：第一，他在精神错乱的状态下实施的行为不属于《侵权法复述》所称的"行为"。第二，他在精神错乱的状态下实施的行为不具备"引起损害发生的目的"或"损害的故意"。他根据《美国侵权法复述》第 14 条做出了解释：纯反射性的身体运动或癫痫症患者的抽搐不属于《美国侵权法复述》的行为。同样，熟睡状态下的行为或其他无意志的行为也不是《美国侵权法复述》所说的"行为"。内心意志的外在表现对被告责任的确认是必要的。①

Russ 主张如果他的行为"是非理性的和不受控制的思想的外在表现"，那么法院就不能责令实施这种行为的被告承担袭击或殴打的侵权责任。

美国康涅狄格州最高法院否定了 Russ 的主张，法院认为只要精神病人有侵害他人的目的，即使形成这一目的的原因和动机是完全非理性的，他也要承担责任，行为人的理性选择不是侵权责任所必需的。法院还驳回了被告的另一主张，被告主张《美国侵权法复述》规定的行为必须具备"引起损害发生的目的"或"损害的故意"。但是法院认为"行为人的侵害意图不必精确到具体的损害后果上。"②

与 Banks v. Dawkins 案不同，Polmatier 案的事实证据证明被告的

---

① Restatement of Torts section 14, comment b.
② Id. [quoting Alteiri v. Colasso, 362 A. 2d 798, 800 (Conn. 1975)].

精神病对其行为产生了重大的影响。[①] 实质上，被告的精神病使他的认知与现实发生了偏离，他无法辨别什么是正确的，什么是错误的，精神病还使他失去了控制自己行为的意志力。但是 Polmatier 案依然责令无法避免损害发生的被告承担侵权责任。

（二）过失侵权案

在过失侵权诉讼中，不管被告的精神病对其行为产生了怎样的影响，法院都拒绝被告以精神病为由提出抗辩。即使被告的精神病使其失去了认知能力和控制能力，这一抗辩事由也不能成立。

在 Gossett v. Van Egmond 案中，虽然 John Van Egmond 是 20 岁的成年人，但是他的精神能力不健全。事故发生时，他驾驶的私家车与停在公路一边的汽车相撞。案件讨论的焦点在于 John 的父亲 Mr. Van Egmond 是否存在过失。Van Egmond 知道 John 的精神能力不健全，因此不适合驾驶车辆。John 幼年时有一次从树上摔下来，从此以后，他的精神就出现了问题。John 只念到六年级就辍学在家。"身体强壮的 John 在父亲 160 英亩的农场上工作。"John 不止一次地未经父亲允许就驾车外出，Mr. Van Egmond 也没有责备 John 而是对此表示了默许。对此 Van Egmond 作出了解释：他以为 Mrs. Van Egmond 也在车里，所以，他才会允许 John 驾车外出。

法院认为：John 既没有驾照，也未经监护人允许，就在无人监督的情况下超速行驶，最后导致交通事故的发生，John 显然存在过失。并且交通事故发生时，John 的精神病没有起到任何作用。虽然 John 知道他必须征得父亲的同意才能驾驶车辆，但是他没有这样做。John 也知道自己没有驾照，他的驾驶行为会给他人造成危险。因此，同一般的过失驾驶案一样，John 对交通事故的发生存在过失。最后，法院依据案件事实责令 Van Egmond 承担了侵权责任。

与 Van Egmond 案的案件事实不同，在 Johnson v. Lambotte 案中，被告的精神病直接造成了交通事故的发生。此案中，被告 Dorothy Johnson 患有慢性的妄想型精神分裂症，他在科罗拉多州综合医院接受看护和治疗。经过 20 次的电痉挛治疗后，被告的病情仍然没有好

[①] Polmatier, 537 A. 2d 468.

转。于是，医师让 Johnson 服用高剂量的氯丙嗪（thorazine）。事故发生的那天，Johnson 悄悄地离开了医院。在路上，她看见一辆汽车引擎已经发动，但是车里却没有人。于是她坐进汽车里，开着它向前行驶。由于无法控制车辆，她与原告驾驶的车辆相撞。之后车子顺着公路一直往下滑，最后与第三辆车相撞。不久，被告就被法院判定为精神病人，并被强制到州医院接受治疗。

虽然法院认为"被告是精神能力欠缺者，他无法实施任何意志行为，当她驾驶车辆时，她无法认识到自己或他人存在潜在的危险"，但是法院也只是简单地适用现行规则对案件做出了判决。法院判决被告应该为自己的过失行为造成的损害负责。

从案件事实可以看出，Johnson 的精神病对其驾驶行为产生了直接影响，从而造成了交通事故的发生。在不同的案件中，精神病对被告的行为产生了不同程度的影响。由于受到精神病的影响，行为人无法达到一般理性人的标准。现行规则根本不考虑这一点，它对所有的案件都适用同样的规则。即使案件事实表明患有精神病的行为人不具备遵循理性人标准的能力，法院也不会对此作出考虑，法院会一致认为精神病人存在过失。

尽管如此，法院仍然遵循判例法规则责令患有精神病的成年人为自己的行为负责。法院从不考虑现行规则是否具有正当性。在 Vosnos v. Perry 案[1]中，法院竟然说："虽然现行规则的正当性受到质疑，但是这一规则在侵权法的地位很坚固，以至于法院无法打破这一规则作出相反的判决。"[2] 法院对现行规则的盲目遵循是这一问题的最大症结。法院应该重新审视陈旧规则的不当适用，并建立新的适用规则，以实现过失侵权制度的统一。

四、现代医学的发展

现行规则将精神病和生理疾病区分开来，并对他们适用不同的规则。但是，随着近几十年神经学和精神病学的发展，人们逐渐发现精神病和生理疾病不是完全分开的，它们之间具有某种内在的联系。虽

---

[1] 357 N. E. 2d 614 (Ill. App. Ct. 1976).

[2] 357 N. E. 2d at 615 [引自 McIntyre v. Sholty, 13 N. E. 239, 240 (Ill. 1887)].

然某些精神病的具体病因尚处于争论之中，但是医学界普遍认同：几乎所有妨碍行为人达到一般理性人标准的精神病及其并发症都与生理异常有关。

著名的 Phinneas Gage 案就揭示了脑部生理组织与思维、情感之间的联系。此案中，Gage 是铁路工头，他的下属和其他工人都很尊敬他。1848 年 9 月 13 日，发生了交通事故，一根木棒从 Gage 前额的头骨穿过。虽然最后 Gage 获救了，但是他的性格发生了很大转变。John Harlow 医师指出交通事故后，Gage "变得不尊敬他人，有时还出言不逊（这种情形在以前从来没有出现过）……固执倔强，并且反复无常，优柔寡断……他的智力和行为像一个孩子一样"[1]。

20 世纪 30 年代，精神病学界对生理疾病能否引起精神错乱展开了激烈的讨论。众所周知，脑部损伤或脑部肿瘤会导致病人的性格发生重大转变。举例来说，Mark Larribas 近来变得十分暴力，并且时常有自杀和自残的倾向。医师对 Mark Larribas 做了脑部扫描后发现，他的右颞叶上有一个很大的肿块。这一区域的功能是通过脑电波排除攻击性的行为。当肿块被切除后，病人又恢复了原来的性格。

在这方面，最著名的案例可能是 Charles Whitman 案。Charles Whitman 的行为举止在几个月内发生了重大转变。在自杀前，Whitman 爬到得克萨斯州一座塔的顶部向下面的行人扫射。尸检显示 Whitman 的脑部有肿瘤。但是那时，医师还不想承认 Whitman 的暴力行为与他脑部的肿瘤有关。

现代医学研究和类似于 Phinneas Gage 的案件表明脑部额叶的损伤可能导致病人性情的转变，病人会变得自我陶醉、冷漠，社交能力下降，记忆力下降，很难集中精力，抑制性本能或其他本能的能力下降。脑部颞叶的损伤也会导致病人个性的转变，病人往往有实施暴力的倾向。而大脑皮质的基底节区出现问题，就会导致病人的思维紊乱和运动机制损伤。例如，亨廷顿氏舞蹈症（Huntington's Chorea），其症状主要表现为妄想性思维、精神沮丧、行为冲动、痴呆等；帕金森氏病（Parkinson's disease），其症状主要表现为意志丧失和轻度的痴

---

[1] Richard Restak, M. D. The Brain 147-49 (1984). See also Nancy C. Andreasen, M. D. Ph. D. & Donald W. Black, M. D. Introductory Textbook of Psychiatry 103 (1991).

呆。大脑其他部位的损伤也会引起记忆力丧失，妄想，精神分裂，说话不清，情感障碍和其他问题的出现。

Andreasen 和 Black 在精神病学的入门教材中对精神错乱或精神障碍的病因进行了讨论。他们指出生理学或神经学几乎可以对每一种精神病做出部分解释。精神发育缓慢或智力迟钝可能由多种因素造成，这些因素对病人的大脑造成损害，并进一步影响大脑的发育。这些因素包括唐氏综合征（Down's Syndrome），脆性 X 染色体综合征（"fragile X" Syndrome）和各种产前因素，例如，母亲滥用药物、接触有毒物质或放射性物质、患有其他疾病等。产期或产后因素也可以造成智力迟钝，例如外伤、营养不良、传染病等。阿尔茨海默症（Alzheimer's Disease）是痴呆症的一种，它是由大脑皮层和突起的损伤引起的。对此类患者的大脑进行检查就会发现，他们的神经原纤维纠结在一起，神经突出现异常，胆碱乙酰转移酶的数量减少。[1] 精神分裂症是由大脑中多巴胺能神经传递过量引起的。神经学的研究成果显示神经紊乱也是由大脑结构的异常造成的。其他的精神病或精神错乱也经常与生理原因有关，包括外伤、肿瘤、传染病、代谢异常、维生素不足、中毒、药物反应等。人们通常认为抑郁症是神经传递异常的表现，具体是指去甲肾上腺素和血清素的异常，以及下丘脑的神经分泌功能出现了问题。

在侵权领域外，法院逐渐开始认可：精神病实质上是由生理原因引起的。在 Szimonisz v. United States 案[2]中，原告主张医院没有诊断出病人的脑部有肿瘤，因此导致了病人的死亡。法院经过调查后发现，除了身体不协调、头痛、昏睡等症状外，"肿瘤引起的大脑组织的变化还会导致病人的行为或态度发生重大转变，并且是向坏的方面发生转变……这也是 Szimonisz 自杀的最直接的原因"。其他有关头部损伤的案件中也出现了类似的情况；但是这种情况却很少在精神病人的侵权责任案件中出现。很多案件中法院都只是将精神病人的侵权责

---

[1] William Paul Skelton, III, M.D., Nadine Khouzam Skelton, M.D., Alzheimer's Disease: Recognizing and Treating a Frustrating Condition, Postgraduate Medicine, Sept. 15, 1991, at 33, 38-39.

[2] 537 F. Supp. 147, 150 (D. Or. 1982), at 343.

任看做是一个法律问题，根本没有对被告的精神病进行调查。实际上，现行规则的适用使法院不可能对精神病的病因产生争议，因为法院根本不需要对这些问题进行讨论，也就无所谓争议了。

现行侵权法仍然坚持将精神病和生理疾病区分开来。这种二分法的观点认为精神疾病与生理疾病对病人产生的影响是不同的。这种二元概念在早期肯塔基州的一则遗嘱案件中有明确的表达：我们不承认瘫痪会对其身体和精神产生同样的影响，除非人的精神和智力是纯生理性质的……精神的本质，精神与物质身体的神秘联系同样是难以理解的。我们可以了解人体组织的具体构成，可以了解精神病的具体症状。但是身体上的瘫痪怎样以及在多大程度上对病人的智力产生影响，没有人能够给出答案……精神和身体对人体的作用不能等同起来。这种区别既是无形的，也是很明显的。当人的身体感到疲倦时，人的大脑不会停止运转，人同样可以思考、推理。精神健全的人时常也会感到昏昏欲睡。口齿不清，手脚不协调的人也可以是精神健全的人，他们能够控制自己的意志不去做不该做的事。[1]

现代医学界已经抛弃了关于精神残疾的陈旧观念。几十年来，医学界对精神疾病，记忆能力和痴呆症状的研究，使神经学得到了飞速的发展。医学家发现所有的精神或智力活动都可以用大脑活动来解释。"精神或智力不过是我们用来描述大脑的某些功能的词语"，[2] 而大脑也只是人体的一种器官。虽然法院不明确依赖 19 世纪关于精神错乱的解释对案件做出判决，但是现行规则相对于医学成果来说已经落后了几十年了。虽然法院已经抛弃了一度盛行的精神病错乱是"鬼神缠身"和"上帝惩罚"的理论，但是他们还没有放弃二分法的观点，他们仍然坚持将精神病和生理疾病区分开来。

很明显，侵权法不是区分了精神病和生理疾病，而是将脑部疾病和其他疾病进行了区分。侵权法的做法实际上是将影响病人认知能力和情感能力的生理性疾病与其他疾病，比如听力或行走障碍区分开

---

[1] M'Daniel's Will, 25 Ky. 331 at 338, 339（J. J. Marsh. 1829）Milton D. Green, Public Policies Underlying the Law of Mental Incompetency, 38 Mich. L. Rev. 1189, 1199 (1940), at 1199.

[2] Richard Restak, M. D. The Brain 147-49 (1984).

来。侵权法将癫痫症看做是身体疾病的一种就证明了这一点。癫痫症是脑电波的传输受到了阻碍而产生的一种疾病,这种阻碍往往使病人失去意识,有时还可能在短时间内破坏病人的正常身体机能。因此,癫痫症没有影响病人的认知能力和情感能力。

从上文的论述可以得知,脑部损伤能够产生多种影响,包括个性的转变、身体失去控制等。脑部的损伤还会阻碍脑部血液的流动,同样会影响到病人的认知能力、意志能力和情感能力。按照现在的分类,影响病人认知、情感、意志,抑制或记忆能力的生理损伤被看做是"精神"病;影响病人的视力、听力、嗅觉或控制身体的能力的损伤是生理上的疾病。

上述分类与现代医学和精神病学的研究成果产生了冲突。当然,侵权制度不一定要受到责备。但是,当法院依据这种分类将精神病人单列出来,并对他们适用特殊的责任规则时,法院就必须对其正当性进行证明。

五、对现行规则的批判

(一) 以过错为基础的侵权体制

传统侵权制度的目的有两个,一是减少危险行为的发生,二是赔偿受害人遭受的损失。但在以过错为基础的侵权体制下,转移损害负担的目的也同样重要。损害负担的转移是责令有过错的人承担损害赔偿的经济负担。以这一原则为根据,当被告无法达到侵权法要求的注意标准时,法院不能要求被告承担责任。法院判断被告的侵权责任时,不能只看被告的行为是否偏离了一般标准,还要考虑被告能否达到这一标准。[1] 法院和《美国侵权法复述》都将这一原则适用于残疾人的侵权案件中。如果被告的生理残疾使他无法遵守一般理性人的行为标准,法院就应该接受被告以生理残疾为由提出的抗辩。同样,"遵守能力"这一限制条件也应该允许被告在侵权诉讼中以精神病为由提出抗辩。因此,如果法院和侵权法拒绝以过错原则对精神病人提供保护,他们就要给出正当的理由。

---

[1] See generally, W. Page Keeton et al. Prosser and Keeton on the Law of Torts section 8, (West Pub. Co., 5th ed., 1984).

美国侵权法建立了以过错为基础的过失制度。在这种制度下，只有当行为具有可责难性时，行为人才需要承担侵权责任。可责难性是指行为人对他人造成损害危险时存在故意或过失。

1. 故意侵权

故意侵权是指行为人实施侵权行为时以损害他人利益为目的。在故意侵权中，虽然行为人不必对损害后果的严重程度作详细的打算，但是他必须有实施侵害行为和产生损害后果的意图。后一种意图的满足要求行为人以特定的损害后果为目的，或者行为人坚信损害后果必定会发生。如果损害后果发生的可能性较低，那么行为人可能只存在过失。故意侵权以行为人的意愿为必要，并且"行为人的意愿必须通过某些外在形式表现出来"[1]。

根据过错原则，法院不能要求被告对其反射性行为或癫痫抽搐行为造成的损害承担责任，因为被告实施这些行为时处于无意志状态。根据《美国侵权法复述》的规定，如果被告在"无意志的熟睡状态中实施的行为"对他人造成了损害，那么法院应该免除被告的侵权责任。《美国侵权法复述》这样规定：人们不可能在无意志的状态下实施侵权行为。因此，人们在外力作用下作出的反射性动作……或癫痫症患者的抽搐行为都不是侵权行为。同样，人们在无意志的熟睡状态下实施的行为也不是侵权行为……行为人的意愿必须通过某些外在形式表现出来。[2]

2. 过失侵权

一般来说，如果行为人没有遵循侵权法要求的统一标准，那么他就存在过失。行为人必须遵循相同或类似情形下理性人的标准。通常情况下，人们将这一标准称为客观标准。但是这一称谓是不准确的。因为侵权法并不是对所有人都采取客观标准。在例外情况下，侵权法会考虑行为人是否具有遵循客观标准的能力。只有那些有能力遵循却又没有遵循客观标准的人才应该承担侵权责任。过失制度应该以个人能力为限制条件，适用客观标准对被告的侵权责任作出判断。

行为人"个人能力"的考虑不只是侵权法作出的让步，也不只

---

[1] Restatement (Second) of Torts section 2, comment a.

[2] Restatement of Torts section 2 (comment a).

是客观标准的例外适用，它还是以过错为基础的侵权制度所必需的。奥利弗·温德尔·霍姆斯（O. W. Holmes）说："人们应该避免自己的行为对邻人造成损害，这是基本原则。但是这一原则也存在例外。如果行为人没有能力防止损害的发生，那么他也不需要对自己的行为造成的损害承担责任。一般来说，侵权责任以道德责难性为基础。"①因此，如果被告的残疾使他无法遵循一般的行为标准，那么法院就应该放弃客观标准的适用，并根据被告的个人特征对案件做出判决。引用霍姆斯的话来说："如果某种明显的精神病使被告无法遵守侵权法规则，那么最好的判决就是允许被告以精神病为由提出抗辩，并在此基础上减轻或免除被告的责任。"

（二）过错原则的运用

法院适用过错原则或有限的客观标准对残疾人的侵权责任做出判决。在以残疾人为被告的案件中，法院没有盲目适用理性人的标准，而是在考虑被告个人因素的基础上，要求他达到合理期望下应该达到的行为标准。同样，在以儿童或患有精神病的儿童为被告的案件中，法院也遵循过错原则对案件做出判决。法院抛弃了客观的理性人的标准，转而考虑儿童的个人因素对其行为产生的影响。正如法院在共同过失案 Doriais v. Paquin 案②中做出的解释一样，对儿童适用主观标准的原因是："要求儿童遵守他根本无法达到的标准，并以此断定儿童存在过错是不公正的。通常情况下，儿童没有能力像一般的理性成年人一样认识到危险的存在，更无法采取措施避免损害的发生。"③

客观理性人的标准是为那些能够理性行为的一般人设立的。对于那些智力迟钝或无法预见损害的人来说，他们很难达到客观理性人的标准。预见能力较强的人只要花费较少的时间和精力就可以保证他们的行为符合理性人的标准。让一般社会公众承受更重的负担并不意味着残疾人必须承担侵权责任。一般社会公众有能力达到理性人的行为

---

① O. W. Holmes Jr. The Common Law (1881): negligence liability is based on acts involving foreseeable danger that cause harm. at 109.
② 304 A. 2d 369 (N. H. 1971).
③ Id.

标准，因此他们可以避免实施有损害风险的行为。

（三）过错原则在精神病案例中的运用

在诉讼案件中，当被告以精神病为由提出抗辩时，法院应该怎样适用过错原则呢？在 Polmatier v. Russ 案中，患有精神病的被告将其岳父杀害。最后，法院判决被告的精神错乱不能成为故意侵权责任的考虑因素。[1] 在 Johnson v. Lambotte 案中，虽然法院认可被告的精神病使她无法预见和防止损害的发生，但是最后法院还是判决被告的驾驶行为存在过失，他需要承担侵权责任。[2]

如果在类似于 Polmatier 的案件中适用过错原则，法院就会断定被告在"无意志"的状态下实施了侵权行为，那么法院就会免除被告的侵权责任。被告在精神病的影响下无法认识到损害可能发生，也无法控制自己的行为，因此其行为不具有可责难性。法院不能说被告实施了故意侵权行为，因为被告不具有损害意图。虽然如此，但是在司法实践中，法院却没有这样做。法院对"意志行为"界定的范围过于广泛，法院认为即使被告处于精神错乱或幻想的状态，被告实施的行为也是"意志行为"。法院不考虑被告是否患有严重的精神病，仍然责令无"过错"的被告承担责任。精神病人无法辨别什么行为是允许的，什么行为是不允许的，也无法控制自己做出正确的选择。但是现行规则不考虑这一因素仍然责令精神病人承担侵权责任。

同样，适用客观标准来判断精神病人的侵权责任也是不合适的，因为精神病人根本无法达到这样的标准。患有严重精神病的 Dorothy Johnson 无法更加谨慎地行为，也认识不到危险的存在。因此，一般理性人的标准与精神病人的个人因素相矛盾。对精神病人适用客观标准违反了侵权制度中的过错原则。霍姆斯指出："行为人避免损害发生的能力是责任判断中应该考虑的因素。"[3]

法官也逐渐认识到，责令精神病人为他们无法改变的行为承担侵

---

[1] Polmatier v. Russ, 537 A. 2d 468 (Conn. 1988).
[2] Johnson v. Lambotte, 363 P. 2d 165 (Colo. 1961).
[3] O. W. Holmes Jr. The Common Law (1881): negligence liability is based on acts involving foreseeable danger that cause harm. at 95.

权责任不符合过失制度的基本原则。在 McGuire v. Almy 案①中，法院认可现行规则"对精神病人的适用不符合现代侵权法关于民事责任的根本原则"。法院必须以公共政策为依据，才能责令精神病人承担侵权责任。法院不能要求精神病人的行为必须符合一般理性人的标准，因为现代过失制度以过错为基础，如果精神病人没有过错，即使他造成了损害，法院也不能要求他承担责任。因此，现行规则与过失制度的不协调促使早期法院对现行规则的正当性进行了讨论。法院列举了各种理由来证明现行规则的正当性。虽然这些理由被现代法院所接受，但是法院没有对它们作任何的分析。并且许多学者都对这些正当性理由提出了质疑。文章的下一部分将对这些理由和学者的质疑进行分析。

六、政策基础的分析

法院提供了各种理由来证明，现行规则责令精神病人承担侵权责任是正当的：①在两方无辜当事人中，造成损害发生的那一方当事人要承担损害赔偿。②侵权法的目的是对受害人进行赔偿。③当精神病人有能力承担损害赔偿时，不要求精神病人承担损害赔偿对受害人来说是不公平的。④如果"心智缺陷的人"想像其他人一样在世界上生存，那么他们就要为自己造成的损害承担赔偿责任。⑤如果不要求精神病人承担侵权责任，就会有很多侵权者在诉讼中伪装成精神病人。⑥法院允许犯罪嫌疑人以精神错乱为由提出抗辩，导致刑事审判出现了混乱。因此允许被告在民事诉讼中以精神病为由提出抗辩也会产生同样的问题。⑦在很多案件中，允许被告以精神病为由提出抗辩会带来极其困难的证明问题。⑧法院很难将精神病与性情、能力的变化区分开来。⑨责令精神病人承担侵权责任有利于减少社会公众对精神病人的抵制，有利于实现社区治疗的目的。⑩责令精神病人承担侵权责任将促使监护人或监管人对精神病人实施更良好的照顾。

可以将上述理由归结为四个不同的方面。第一，"无辜者"理论。①～④项主张在被告精神病人和原告受害人之间，被告应该承担损害赔偿责任，虽然被告也是无辜的，但是他造成了损害的发生，因

---

① McGuire v. Almy, 8 N. E. 2d 760 (Mass. 1937).

此他要承担责任。法院经常援引这一理论对现行规则进行支持。这似乎也是法院责令精神病人承担侵权责任的真正原因。第二,"法院的负担"理论。⑤~⑧项列举了适用主观规则的法院承受的负担,包括证明负担,区分真正的和伪装的精神病的负担。第③及第⑨项理由指出:否定精神错乱的抗辩可以保护精神病人免受社会公众的抵制,以实现社区治疗的目的。第三,第⑩项理由认为责令精神病人承担侵权责任将激励监护人或监管人对精神病人实施更良好的照顾。这一理论已经被先前的学者所抛弃,直到法学和经济学学者再次提出。

但是,无论是激励理论,法院的负担理论,还是"有利于精神病人"的理论,都不能使法院区别对待精神病人和残疾人的做法正当化。实际上,这些原因反而显示出现行规则的产生是源于社会公众对精神病人的偏见和惧怕。虽然法院根据"无辜者"理论对精神病人适用现行规则,但是"无辜者理论"并不能证明现行规则的正当性。

(一) 激励理论

1. 传统观点

早期法院责令精神病人承担侵权责任的原因之一是激励监护人对精神病人实施更好的照顾。① 但是,现代法院和学者已经抛弃了这一理论,其原因有以下几点:

首先,激励监护人提供更好照顾的最好办法是责令监护人直接承担侵权责任。在许多案件中,法院都责令监护人为疏忽照管精神病人的行为承担责任。因此,这一理论不具有说服力。

其次,这一理论假设监护人能够认识到潜在的责任,并在此基础上谨慎行为。但是事实上,非法律专业的监护人往往认识不到自己的行为会产生什么法律后果,更不用说精神病人了。(学者指出甚至大多数律师都不知道在过失诉讼中精神病人适用的是一般理性人的标准。)

再次,现代医学对精神病人的治疗与该理论形成时精神病人接受的治疗截然不同。今天,大多数精神病人都不住在社区内,他们不同

---

① See Thomas M. Cooley, A Treatise on the Law of Torts 117 (2d. ed., 1888).

家人一起生活，也不受其他人的监管。只有当社会对精神病人的看护采取较苛刻的态度时，激励理论才有意义。

最后，学者提出激励理论的诚意令人怀疑。在过去，法院没有激励看护人实施较好看护的意图，因为法院并不要求精神病人的监护人为自己的行为承担责任。在很多案件中，法院都没有责令精神病人的看护人承担责任。法院的这一做法与激励理论产生了冲突。

2. 法学和经济学观点

法学和经济学的学者再次提出激励理论来证明现行规则的正当性。这些学者从经济效率方面对侵权规则进行了解释。但是，同传统观点一样，兰德斯和波斯纳提出的经济效率理论也不能证明现行规则的正当性。学者对传统观点提出的质疑也适用于经济效率理论。

立法者可以在多种侵权制度中做出选择，这些侵权制度包括过失标准、过失原则、严格标准和严格原则。本文不可能对每一种侵权制度的经济效率作具体的分析。本文只对侵权法规定的一般过失标准作具体的经济分析。学者主张法院不应该考虑精神病人的个人能力而应该适用一般过失标准对精神病人的侵权责任做出判断。因为法院适用一般过失标准只需要花费较少的司法资源，并且一般过失标准的适用可以激励行为人达到适当的注意标准。

侵权法拒绝将精神错乱作为理性人规则的例外情形，因为对精神病人适用理性人规则可以节省信息成本，还可以促使行为人提高注意水平。

在个人标准和一般标准之间做出选择就如同在过失责任和严格责任之间做出选择一样。支持严格责任的论证在某些情况下也适用于一般注意标准。因此，普通法可以依据严格责任拒绝对精神病人适用较低的注意标准。

虽然严格责任或一般过失标准的适用可以节省司法资源的支出，但是这并不意味着对精神病人适用严格责任或一般过失标准是正当的。为什么法院不对残疾人和儿童适用较低成本的法律规则？为什么在精神病人不承担主要过失的情况下，法院可以考虑精神病人的个人因素？并且，在以过错为基础的过失制度下，对精神病人适用他无法达到的注意标准也不可能实现经济效率的目的。

关于注意水平的激励作用，兰德斯和波斯纳指出："同在危险作业案件中适用严格责任一样，法院在精神病人的侵权案件中适用严格责任也可以激励行为人提高注意水平。"① 学者对这一段话做出了不同的解释。一种解释是，现行规则激励精神病人采取最佳的预防措施避免损害的发生，或者努力抑制侵害行为的实施。另一种解释是现行规则激励精神病人的监护人采取最理想的预防措施避免损害的发生，或者阻止精神病人实施侵害行为。但是，这两种解释都是有问题的，下文将逐一做出分析。

责任规则的选择不可能对精神病人的行为产生影响。如果一个人认识不到自己的行为会给他人带来危险，也无法控制自己的行为，那么适用哪一种责任规则对行为人来说区别不大。选择哪一种责任规则都不会激励精神病人提高注意水平。

不管精神病人有没有意识到自己的行为会给他人带来危险，责任规则的选择都不会激励精神病人提高注意水平。因为当精神病人意识不到自己的行为会给他人带来危险时，适用哪一种规则都不会改变精神病人的认知能力，因此也不会对精神病人的注意水平产生影响。即使精神病人能够意识到自己的行为会给他人带来危险，责任规则的选择也起不到激励作用，因为这种情况下，法院将拒绝承认行为人以精神病为由提出的抗辩。即使我们认可经济学家的假设，也就是说即使行为人了解相关的法律规则，不同的责任规则也会对行为人的注意水平产生影响，行为人也能意识到自己的行为会给他人带来危险，某一责任规则的选择也不会使行为人更加频繁地实施侵害或者更加谨慎地行为。因为不管我们选择哪一种责任规则，法院对精神病人适用的注意标准都是一样的。

责任规则只对那些容易受到影响的人产生激励作用。即使法院适用的规则考虑了精神病人遵守一般过失标准的能力，这一规则也不会激励精神病人提高注意水平。相反，如果法院适用的规则能给精神病人的监护人或看护人带来好处，那么这一规则就会激励监护人或看护人提高注意水平。但是现行规则不可能激励精神病人和监护人采取预防措施或提高注意水平。尽管如此，如果法院适用的规则允许行为人

---

① See William M. Landes & Richard A. Posner, The Economic Structure of Tort Law at 85 (1987). at 128.

以精神病为由提出抗辩，并在某些情况下让受害人自己承担损失，那么这一规则就会激励潜在的受害人采取预防措施或购买保险。在著名的 McGuire v. Almy 案①中，精神错乱的被告用衣橱腿击打护士的头部。根据普通法规则，精神病人要为自己的行为承担侵权责任。因此普通法规则不会激励受害人采取预防措施，即使在两方当事人中，受害人是较容易受到影响的，也是可以采取措施减少损失的那一方当事人。但是，如果法院适用主观标准对精神病人的侵权责任作出判断，那么受害人就会更加谨慎行事，必要时还会采取预防措施避免损害的发生。

学者对激励理论做出的另一种解释是现行规则可以适当激励监护人采取措施防止精神病人对他人造成伤害。这一理论是兰德斯和波斯纳明确提出的，尽管法学和经济学学者只是对精神病人的侵权责任作了简略的分析。但是，兰德斯和波斯纳的激励理论假设，通常情况下，那些没有能力避免损害发生的精神病人都被拘禁在专门机构，并且这种拘禁对精神病人来说是"最好的看护"。

经济学者假设拘禁是对"危险的精神病人""最好的看护"，并以此假设为前提对现行规则进行了支持。但是他们没有对拘禁成本和拘禁效果进行讨论。如果将严重的精神病人都拘禁起来，政府要花费多大的成本，这一成本的付出是否有价值，有多少精神病人会因为被拘禁而痊愈？对此，经济学者没有做出分析。并且，他们也没有分析现行规则对精神病人适用严格责任是否适当，因为普通法不要求精神病人以外的其他人承担严格责任的负担。因此，除了经济效率之外，必须有其他正当性理由才能对精神病人适用严格责任。但是，迄今为止，激励理论的倡导者还没有提出其他的正当性理由。

（二）"法院负担"理论

"法院负担"理论由两部分组成：①法院很难将行为人以精神病为由提出的合法抗辩和伪装的抗辩区分开来；②法院无法很准确地划分有价值的抗辩和没有价值的抗辩，某些情况下，法院可以根据行为人患有精神病的状况免除他的侵权责任，而某些情况下，行为人的异

---

① 8 N. E. 2d 760 (Mass. 1937).

常只是其性情或能力发生了改变，而不是他的精神状况出现了问题。如果没有对侵权领域的其他案件事实进行调查，这些论断听起来似乎都是合理的。但是经过调查我们发现，法院在合同、遗嘱、医疗和离婚案件中也面临同样的问题，法院都能处理得很好。

通常情况下，法院都有能力将合法的抗辩和伪装的抗辩区分开来。这也是大多数案件审理中法院必须面临的问题。并且，随着 DSM-III-R 诊断技术的发展和现代医学对精神病的生理显示的认可，这一问题也越来越简单。因此不管怎样，都没有理由认为这一问题是法院无法克服的。事实上，大多数法院对共同过失的主张进行判断时都会考虑原告的精神状况。

就像 Mochen v. State of New York 案[①]的判决一样，法院不可能为了回避困难的事实调查就拒绝考虑被告的精神状况。Mochen 案的审判法院认为：根据现有的医学知识，法院有能力对当事人的精神、智力水平进行判断，并将判断的结果与行为人的法律责任联系起来。医学上所称的精神病的范围很广，包括各种种类的和各种程度的精神病。在具体的案件中，如果原告患有中等程度的精神病，并导致原告的认知能力和判断能力产生了偏差，那么法院就不应该要求原告为自己的损害承担责任。

后来纽约州和其他州的法院都引用了上述论断对共同过失案件做出了判决。尽管这些法院都因为困难的事实调查而拒绝在主要过失案件中考虑被告的精神状况。但是，不管共同过失案件中对方当事人是健康的还是患有精神病的，是儿童还是老人，法院都会对原告的精神状况进行考虑。

在某些主要过失案件中，法院也会对被告以精神病为由提出的抗辩做出评价。例如，当案件以儿童为被告时，《美国侵权法复述》要求法院在审理中考虑儿童的精神状况。那么为什么法院对成年人的精神状况进行考虑就会面临如此大的困难呢？这是一个令人费解的问题。有的学者指出如果案件的审理需要对被告的特定意图，比如恶意进行证明，那么法院就应该考虑被告的精神状况，从而判断被告是否有能力形成特定的侵害意图。同样，法院对故意侵权案中保险合同的免责条

---

① 352 N. Y. S. 2d 290 (N. Y. 1974).

款做出解释时，必须判断精神病人是否能够理解行为的性质及其产生的后果。

在侵权领域外，法院也经常对当事人的精神能力做出评估。例如，当法院判断当事人对合同、遗嘱、财政管理业务和医疗的文字表达是否理解时，法院就必须考虑当事人的精神状况。在 Simpson v. Simpson 案①中，法院对被告患有的精神病程度和特征进行了仔细分析。法院主张如果离婚案件中被告以精神病为由对其粗鲁行为提出抗辩，那么被告就必须证明行为时他处于精神错乱的状态，他无法认识到自己的行为是非法的，更不能控制自己的行为。这种情况下，法院也必须对被告的精神病进行调查。因此，法院面临的困难不能成为现行规则的正当性根据，人们只是以此来掩盖现行规则的真正目的。

"法院负担"理论的第二部分是指法院无法很准确地划分有价值的抗辩和没有价值的抗辩，某些情况下，法院可以根据行为人患有精神病的状况免除他的侵权责任，而某些情况下，行为人的异常只是其性情或能力发生了改变，而不是他的精神状况出现了问题。法院担心这种划分会危及客观标准在过失制度中的统一。有学者指出，"法院负担"理论"显示出人们对这一问题的态度，比起更适当的判决结果，人们更乐意接受简便的解决方法。"当然，必须对此类抗辩进行限制。但是，法院的负担不能成为拒绝此类抗辩的理由，尤其是当法院在其他相关的案件中也面临此类问题时。

除了上文列举的各类案件，包括共同过失案件、儿童或老人的责任案件、合同案件和离婚案件，法院在残疾人侵权案件中也会对有价值的抗辩和没有价值的抗辩进行区分。在这类案件中，法院不会担心客观标准在过失制度中的统一。相反，法院会考虑被告的生理残疾是否对其行为产生了影响。在某些情况下，法院还会免除被告的侵权责任。例如，如果盲人因为看不见在路上撞到了行人，他无需承担责任。但是在 Masters v. Alexander 案②中，一个视力低下的人需要为他的驾驶行为造成的损害承担责任。法院主张被告 Masters 应该在驾驶前对其白内障进行治疗或者在驾驶时戴上眼镜。法院对被告的生理残

---

① 716 S. W. 2d 27 (Tenn. 1986).
② See Masters v. Alexander, 225 A. 2d 905 (Pa. 1967).

疾产生的影响作出了判断。残疾人必须采取相同生理条件下理性人应当采取的预防措施。实质上，这种相同生理条件下理性人的标准也是一种客观标准，因此不会破坏客观标准在过失制度中的统一。

将主要过失案件中的"法院负担"理论与其他案件中个人因素的分析相比较，就会发现"法院负担"理论是站不住脚的。如果法院愿意在各种案件中对一方当事人的精神状况进行分析，那么法院以何种理由拒绝调查侵权案件中被告的精神状况呢？

（三）"有利于精神病人"理论

这一理论主张对患有精神病的被告适用客观标准可以减少去机构化运动（Deinstitutionalizatio）[①] 给社会带来的负担。现行规则可以"促进社会对精神病人的接受"，并鼓励精神病人更加自信，成为负责任的社会成员。这一理论是在1983年《耶路法学杂志》的一篇学生笔记中提出的。在 Delahanty v. Hinkley 案中，法院引用这一理论作为"现行规则的正当性根据"。[②] 但是，这一理论也不能证明现行规则区别对待精神病人的做法是正当的。

很久以前，学者们就对"有利于精神病人"的理论提出了批判。这一理论不仅没能证明现行规则的正当性，相反，它更加凸显了现行规则对精神病人存有的偏见。这一理论的目的就是使社会公众对精神病人的偏见合法化。社会公众认为精神病人比一般人更具有危险性，他们更容易实施侵权行为和犯罪行为。虽然这是社会公众的普遍看法，但是没有人提出证据来证明这一观点是正确的。实际上，它只是社会公众对精神病人的误解。因此，以此为基础建立的理论也是有问题的。

"有利于精神病人"的理论还主张现行规则可以鼓励精神病人更

[①] 西方社会的早期，将精神病人安置在疗养院里的治疗模式，称为机构化。但是在这种模式下病人可能一住就是十几年甚至直到死亡。机构化的结果将使病人退缩、自闭、社交能力退化、工作能力减退等问题更加严重。20世纪60年代，英美法通过重要法案，主张逐步关闭大规模的封闭管理式的精神病医院，将患者送回家，在家人与社区设施的照顾下在正常的环境中疗养，帮助他们回归家庭和社区。这就是所谓的去机构化运动。

[②] Note, Tort Liability of the Mentally Ill in Negligence Actions, 93 Yale L. J. 153 (1983). at 163; Delahanty v. Hinkley, 799 F. Supp. 184, 187 (D. D. C. 1992).

加自信，并成为负责任的社会成员。支持者称这一目标是可以实现的，因为许多精神病人都能遵守法律并控制自己的行为。他们指出：行为人患有精神病并不意味着他们不能达到理性人的标准。但是，他们忽略了一点，只有那些"无法达到理性人标准"的被告才能受益于以精神病为由提出的抗辩。

为了使现行规则区别对待精神病人的做法正当化，法院必须将患有精神病的被告和其他被告区别开来。但是，不管是《耶路法学杂志》的学生笔记，还是 Delahanty v. Hinkley 案，它们都没有解释为什么法院对儿童或残疾人不适用相似的规则。

（四）"无辜者"理论

这一理论是指患有精神病的被告造成了损害的发生，因此他要承担赔偿责任。这一理论似乎暗示着法院继续适用现行规则的原因是将受害人的损失转移到患有精神病的被告身上。哥伦比亚特区的地区法院在 Delahanty v. Hinkley 案中指出："现行规则的主要目的是对受害人的损失进行赔偿。"[①] 法院在主要过失案件中对精神病人适用现行规则的真正原因是将受害人的损失转移到患有精神病的被告身上。在共同过失案件中，大多数法院判断原告的行为是否合理时都会考虑原告的精神状况如何。在上文的论述中，学者根据"法院负担"理论拒绝对主要过失案件中被告的精神状况进行考虑。但是如果在共同过失案件中对原告的精神状况进行考虑，法院也将面临同样的负担和难题，包括区别合法抗辩和伪装抗辩，划分有价值抗辩和无价值抗辩的负担。主要过失和共同过失的唯一不同之处在于前者面临的是两方无辜的当事人，患有精神病的被告和受损的原告都是无辜的。后者面临的是无辜的原告和明显存在过失的被告。因此，在共同过失案中，"无辜者"理论得不到适用，法院应该对当事人的精神状况进行考虑。

学者频繁使用"无辜者"理论对现行规则的正当性进行证明，这就暗示着"无辜者理论"是法院继续适用现行规则的真正原因。并且，相关调查显示"无辜者"理论是法院和学者证明现行规则的

---

① Id. at 186. See also Goff v. Taylor, 708 S. W. 2d 113 (Ky. 1986).

正当性时最经常使用的理由。但是，这一原因也具有强迫性，它只是法院和学者为了拒绝对患有精神病的被告适用过错原则而提出的一个结论性观点。

尽管现代法院经常根据"无辜者"理论对精神病人适用现行规则，但是这一理论无法证明现行规则的正当性。为什么法律只对患有精神病的被告施加负担，对其他被告人却采取宽容的态度呢？"无辜者"理论对此无法作出解释。并且这一理论已经被现代侵权法所抛弃。现代侵权法的一般原则是过错原则，如果行为人不存在过错（包括过失、不顾后果或故意），那么只能由受害人来承担损失。转移损失不能成为现行规则的正当性理由。"侵权法的一项任务是将行为人承担责任的情形同行为人不承担责任的情形区分开来。"仅仅因为被告造成了损失就要承担责任的主张在过失侵权制度中是站不住脚的。"无辜者"理论不过是严格责任披上了节日的盛装。它只是重新表述了现行规则的观点，不管精神病人是否有能力达到理性人的标准，只要他的行为不符合客观标准，他就要承担责任。

法院经常援引 Jolley v. Powell 案[1]作为"无辜者"理论的根据。该案的审判法院指出，"我们不必判断谁存在过错，我们只需决定社会意图让谁承担损害赔偿的负担。"[2] 最后法院判决患有精神病的被告承担损害赔偿责任。但是法院没有解释当精神病人没有过错的时候，为什么还要将损失转移到精神病人身上。有一位学者指出："很难想象法院怎样将这一已经被抛弃的理论作为现行规则的根据……"[3] 在过失侵权制度下，不能仅因为被告对原告造成了损害就断定被告应该承担责任。以被告的行为造成了损害为根据重新分配损失不符合过失侵权制度的基本原则。用霍姆斯的话来说，这种分配损失的方法严重违反了正义的法律理念。

侵权法的严格责任也无法对"无辜者"理论作出解释。侵权法在某些情形下责令被告承担严格责任。在某些特殊的案件中，法院也

---

[1] 299 So. 2d 647 (Fla. App. 1974).

[2] Id. at 648.

[3] Francis H. Bohlen, Liability of Infants and Insane Persons, 23 Mich. L. Rev. 9 (1924); at 17–18.

适用严格责任做出判决。但是现行规则责令患有精神病的成年人承担侵权责任的做法并不属于侵权法上所说的严格责任。侵权法要求缺陷产品的生产者或危险活动的组织者承担严格责任的原因是因为这些人都存在一定的主观过错。并且，严格责任有独立的政策基础作支撑。侵权法建立严格责任的政策根据是让更多更广的消费群共同承担受害人的损失，将降低风险的成本最小化，也就是"最少的风险回避成本"。但是，这些政策根据还不足以证明严格责任的正当性，更重要的是"遵守能力"这一限制因素。严格责任并不违反过失侵权制度中的过错原则。因为适用严格责任的当事人都是从高度危险的活动中获益的人。他们为了自己的利益组织危险的活动，因此，应该为他人从事这项活动时受到的损害承担责任。

但是，严格责任的政策根据不适用于精神病人。患有精神病的被告没有因为精神错乱而获益。与残疾人不同，在大多数情况下精神病人甚至不能作出一项有意义的选择。并且患有精神病的被告对受害人进行赔偿后，也无法让消费者承担他的损失。并且，精神病人多半都需要保存好自己的有限财产，因为他们要向别人支付看护费用。因此，无法通过类推得出侵权法对精神病人适用的是严格责任的结论。并且，侵权法对残疾人、儿童或患有精神病的儿童也没有适用严格责任。

因此，到现在为止，所有的政策基础都无法证明，现行规则彻底背离过错原则的做法是正当的。事实上，在上文列举的几项理由中，现代法院经常援引的"无辜者"理论是最不符合过失制度的。因此，现行规则的继续适用没有任何合理的根据。

（五）真正原因

侵权法将患有精神病的被告和其他类似的被告区别开来，并对他们适用不同的法律规则。侵权法的这一做法需要有正当性根据的支持。但是学者或法院提出的每一项理由都不能证明现行规则可以继续使用。因此，现行规则的批评者得出结论：现行规则根本不是任何正当政策的考虑结果，相反，它反映了社会公众对精神病人的误解和偏见。但是这种误解和偏见在当今社会已经不存在了。在现行规则的发展过程中，社会公众对精神病人的态度和看法已经发生了转变。

Ellis 教授对精神病人备受虐待的历史做了总结。他指出：直到

19世纪末，社会都十分关注精神病人的行为是否受到了有效的控制。那时，人们将精神病人视为社会的威胁，不仅因为他们实施了违法行为和犯罪行为，还因为他们的"精神能力不健全"可能使社会陷入困境之中。19世纪早期，随着优生学运动的发展，人们对精神病人的恐惧与日俱增。优生学运动倡导只有将精神病人与社会隔离，才能避免灾难的发生。[1]

虽然人们惧怕和误解精神病人的时代已经过去，但是用来限制精神病人生活的法律，连同少许的恐惧和不安却遗留了下来。从这段历史可以看出，侵权法在没有任何正当性根据的情况下对精神病人适用现行规则的真正原因是，人们对精神病人还存有恐惧和偏见。

七、建议

既然现行规则明显不符合过失侵权制度中的过错原则，那么为什么这一规则可以在普通法法院盛行几个世纪，却没有人提出质疑呢？部分原因在于，法院对适用了几个世纪的传统规则进行否定时有些迟疑。另一部分原因是人们对精神病人还存有恐惧和偏见，毕竟这种思想情绪存续了几个世纪，不可能很快消除。Ellis教授还提出了现行规则得以适用的另一原因，那就是法院没有其他更好的选择。这一说法是可以推翻的。虽然对残疾人适用的法律规则不宜适用于精神病人，但是法院还是有其他选择的。在其他侵权领域，法院适用过失侵权的基本原则——过错原则对案件做出判决，因此法院也可以将过错原则扩展适用于以精神病人为被告的案件中。当被告因为精神病而无法遵守客观标准时，法院就可以免除被告的侵权责任。这样，法院就可以将应该免除精神病人责任的案件和不应该免除精神病人责任的案件区分开来。这一扩展将精神病人的侵权责任与以过错为基础的侵权制度统一起来。

现行规则主张虽然被告可以以生理残疾为由进行抗辩，但是这并不意味着被告可以以精神病为由进行抗辩。虽然被告可以以生理残疾为由进行抗辩，但是法律也要求残疾人像理性人一样行为，只是这种

---

[1] James W. Ellis, Tort Responsibility of Mentally Disabled Persons, 1981 Am. B. Found. Res. J. 1079 (1981), at 1085.

情况下的理性人不同于一般的理性人。侵权法要求残疾人的行为符合同等生理条件下理性人的标准。也就是说，盲人必须像同样丧失视力的理性人一样行为。某些法院还要求残疾人运用其他能力弥补自身的缺陷，从而使其行为达到一般的注意标准。例如，盲人过马路时必须仔细聆听周围发生的事情。但是这种方法显然不适用于精神病人。因为患有精神病的人通常都缺乏认知能力，在这种情况下，病人的其他能力，比如视力、听力等根本起不到作用。即使病人充分利用其他健全的能力也无法避免损害或损害危险的发生。

但是，生理残疾作为一项抗辩事由，其背后隐藏的原则对精神病人也是适用的。这一原则是指被告"遵守客观标准的能力"，也就是被告的个人因素。共同过失诉讼中，法院对精神病人适用的法律规则也考虑了精神病人的个人因素。大多数法院允许当事人在共同过失诉讼中以精神病为由提出抗辩。实际上，这种做法在主要过失诉讼中也可以得到很好的运用。因此，法院应该改变先例的做法，在主要过失案件中对精神病人的个人因素做出考虑，这也是法院抛弃传统规则时应当采取的最谨慎的方式。

在共同过失诉讼中，法院会考虑原告患有的精神病是否对其履行自我保护义务的行为产生了影响。在 Cooper v. County of Florence 案[1]中，法院认为原告患有的精神分裂症对其过失行为没有产生任何影响，因为"从医学记录中可以看出 Cooper 能够认识到为了自己的安全他有履行一般注意义务的需要，他也不缺乏履行一般注意义务的能力"[2]。在 Sherry v. Asing 案[3]中，法院也做出了相似的判决，法院指出智力迟钝的原告过马路时存在过失，原告的智力迟钝并没有对其履行一般注意义务的能力产生影响。但是 Galdino v. TMT Transport Co. 案[4]的案件事实恰恰相反，该案中，原告的精神病明显地对其行为产生了影响。患有偏执型精神分裂症的原告是亚利桑那州医院的病人，在回医院的路上，原告突然从车上跳下来，并奔跑起来。原告在

---

[1] 385 S. E. 2d 44 (S. C. Ct. App. 1989)
[2] Id. at 47
[3] 385 S. E. 2d 44 (S. C. Ct. App. 1989)
[4] Galdino v. TMT Transport Co. 733 P. 2d 631 (Ariz. Ct. App. 1986).

"非理性和思想混乱的状态下"与行驶的卡车相撞并导致原告的死亡。

法院在无数的共同过失诉讼中,适用过错原则对案件做出了判决。在主要过失案 Horton v. Niagara Falls Medical Center 案[1]中,法院也适用了过错原则,法院指出患有精神病的被告是否能履行注意义务关键在于"被告能否认识到危险的存在,被告是否具有认知能力"[2]。或者,法院也可以采取 Mochen 案的标准来判断精神病"对被告的认知能力和判断能力的影响是否达到了免除其侵权责任的程度"[3]。实际上,过错原则在主要过失案中的适用绝不像想象中的那么困难。

法院可以遵循以下标准对过错原则进行适用:如果被告因为精神病①无法认识到他的行为会产生损害和损害危险,②无法理解实施侵害行为时的具体情形,③无法做出不同的选择或阻止自己实施侵害行为,④无法达到法律要求的注意标准。那么,法院应该免除被告的侵权责任。

在共同过失诉讼中,原告患有精神病并不能保证他不存在过失。同样,被告患有精神病也不表示法院必须免除他的侵权责任。从上述标准可以看出被告不仅要证明他真实地患有精神病,还要证明他的精神病对其行为产生了真实的影响,被告或者证明精神病使他无法认识到危险的存在和行为的损害后果,或者证明精神病使他无法理解实施侵害时的具体环境,或者证明精神病使他无法控制自己的行为。当然,在共同过失案、离婚案、民事拘禁案,刑事案或判断契约能力的案件中,精神病对行为人的影响很难判断。但是也有一些相对容易的案件。

在 Gossett v. Van Egmond 案和 Johnson v. Lambotte 案中,法院很容易就能判断被告是否应该承担责任。在 Gossett 案中,被告在父母的农场上生活和工作。虽然被告已经20岁了,但是他的智力较其他成年人来说比较迟钝,因此当他申请驾驶执照时,政府拒绝了他。但是

---

[1] Horton v. Niagara Falls Medical Center, 380 N.Y.S.2d 116, 121-22 (N.Y. App. Div. 1975).

[2] Id

[3] Mochen v. State of New York, 352 N.Y.S.2d 290, 293-94 (N.Y. 1974).

他依然有自己的车,并时常独自驾车外出。事故发生的那天晚上,他也是独自驾车外出,在路上,他与停在公路一旁的汽车相撞。在该案中,没有证据证明被告的智力迟钝使他无法认识到自己的行为会给他人带来危险。被告也清楚地知道他必须得到父亲的允许才能驾车外出。因此,被告的智力迟钝并没有使其责任得以免除。

在 Johnson 案中,被告 Dorothy Johnson 患有妄想型精神分裂症,事故发生的那天,Johnson 悄悄地离开了医院。在路上,她看见一辆汽车引擎已经发动,但是车里却没有人。于是她坐进汽车里,开着它向前行驶。最后,她与驾车的原告相撞。于是车辆顺着公路一直往下滑,最后与第三辆车相撞。很明显,在驾车的过程中,被告无法控制自己的行为。她不知道自己在干什么。也认识不到自己的行为会给他人带来危险。在这种情况下,法院就可以免除被告的侵权责任,因为根据过错原则,被告对其在精神错乱的情况下实施的行为不承担责任。

并不是所有的案件都是这么简单的。在 Mitchell v. Allstate Ins. Co. 案①中,19 岁的 David 智力有些迟钝。他的父母将他送进专门机构进行看护,但是由于机构中需要看护的人太多,父母又将他领回家一起生活。由于他以前"偷"过父母的车并发生了交通事故,因此家人将车钥匙藏了起来。一天晚上,David 偷偷溜进哥哥的房间,将车钥匙从哥哥的裤兜里拿走了。显然 David 无法安全地驾驶,但是没有证据显示 David 能否认识到自己的行为会给他人带来危险。David 似乎不理解为什么父母不让他独自驾驶。那么,在这种情况下,David 能否以他不知道自己的驾驶会带来危险提出抗辩呢?事实上,法院只肯定了 David 的父母存在过失,对于 David 能否认识到自己的行为是不允许的和危险的,法院没有做出太多的分析。实际上,在对抗性诉讼中,当事人应该对侵害发生时精神病人的实际状况进行讨论,陪审团在此基础上决定是否应该减轻或免除被告的责任。

还有两则袭击案也可以拿来对建议规则进行说明。在 Banks v. Dawkins 案中,Dawkins 在夜总会与原告发生了冲突,他回到家拿了一把猎枪,又返回到夜总会,在人群中找到原告,并把他杀害。在

---

① 534 P. 2d 1235(Colo. App. 1975).

诉讼中，被告主张侵害行为发生时他的精神出现了错乱，他根本不知道自己实施了侵害行为。但是法官认为案件的事实无法证明被告行为时处于精神错乱的状态，即使被告当时处于精神错乱的状态，他仍然要承担侵权责任。精神病或精神错乱与行为人是否承担责任无关。从案件的事实本身只能看出被告在生气的状况下实施了射杀行为。并且被告也没有提出任何证据或专家证词对其患有精神病进行证明。因此，该案不宜适用前文提出的建议规则。

Polmatier v. Russ案的案件事实充分表明，法院应该承认被告以精神病为由提出的抗辩。该案中，被告在拜访期间先是抽打其岳父随后用枪将其岳父杀死。后来，人们发现被告在离Polmatier家半英里的一个树桩上坐着，他赤裸着身体，手里拿着枪，怀里抱着用血衣包裹着的女儿。从被告对警察和精神病医师的陈述，以及专家证词来看，被告肯定患有精神病。由于患有精神病，被告产生了一些不切实际的想法，被告认为岳父是间谍，岳父想伤害他以及他的女儿。很明显，虽然被告知道自己向他人开了枪，但是由于他产生了幻觉，他无法对当时的具体情形产生正确的认识。因此，在现实世界中，患有妄想型精神分裂症的被告不可能产生给他人带来伤害的想法或者故意给他人造成损害。

如果被告"无法理解实施侵害行为时的具体情形"，或者"无法做出不同的选择或阻止自己实施侵害行为"，那么，以精神病为由提出的抗辩就可以成立。我们无需讨论被告在精神错乱的影响下怎样行为才是合理的。试想法院对精神病人或妄想症病人应该怎样理性行为进行讨论，例如，当病人认为中央情报局控制了自己的思维时，病人应该怎样抗争；或者病人应该怎样抵抗火星人的攻击，对这些问题进行讨论都是毫无意义的。只要被告能证明在精神病的影响下，他的认知与现实发生了严重的偏离，他对现实的反应也是在精神错乱的状态下作出的，那么法院就应该承认被告以精神病为由提出的抗辩。就像刑事案件中陪审团免除精神病人的责任一样，在民事案件中，如果Russ无法合理地做出其他选择，那么法院也应该免除Russ的侵权责任。

建议规则的适用似乎是侵权制度中"遵守能力"这一个人因素的要求。如果一个人患有的精神病使其世界观发生了扭曲，那么根据过错原则，法律就不能要求这个人像正常人一样行为。

与此不同，在另外一些案件中，被告患有的精神病是间歇性的。例如，在 Stuyvesant v. John Doe 案①中，患有精神分裂症的被告遵照医师的建议独自生活。每隔两个星期他就要到医院接受一次注射治疗。根据精神病医师的表述，如果被告十天内不接受一次治疗，他就会出现幻觉，产生脱离实际的想法，无法辨别对错，并对自己的行为失去控制。因此，他无法做出正常的理性的判断，只能依"内心的感觉"行事。该案中，被告没有按期到医院接受治疗，于是不久后，他的精神病就发作了，他在租住的公寓墙壁上喷漆并用锤子敲打隔壁客人的房门。法院最后裁决被告存在重大过失，并且允许房东将其从公寓中驱逐出去，因为该州有一项法规规定如果房客对其造成的损害存在重大过失，那么房东就可以通过诉讼将其驱逐出去。

在 Stuyvesant v. John Doe 案中，被告的过失并不在于他在精神错乱的状态下实施了侵害行为，而在于他没有按期到医院接受治疗。被告精神正常时应该知道如果他不按期接受治疗，他的精神病就会发作，那么在精神错乱的影响下，他就可能对他人造成伤害。尽管如此，被告还是做出了不到医院接受治疗的选择。因此，被告存在过失，该案的具体情形不符合上文提出的建议标准。这一案例与其他许多案例都十分相似，例如糖尿病患者或癫痫症患者在病情即将发作的情况下驾车行驶，并导致了交通事故的发生。在这些案例中，行为人的过错并不在于他的病情发作而在于他的驾驶行为。因为行为人应该认识到自己的驾驶行为会给他人带来危险，因此他应该避免驾驶或驾驶前避免服用药物。但是行为人在明知的情况下仍然选择驾车行驶，或在应该认识到的情况下没有认识到，因此行为人存在过失。

在 Breunig v. American Family Life Ins. Co. 案②中，实施侵害的 Mrs. Veith 在驾车行驶的过程中，妄想症突然发作，她幻想汽车能飞起来。但是她的幻想只造成了交通事故的发生。在诉讼中，Mrs. Veith 主张她不需要为交通事故造成的损害承担责任，因为"交通事故发生前，她的精神突然出现异常，她产生了幻觉，而无法控制车

---

① 534 A. 2d 448 (N. J. Super. Ct. Law Div. 1987).

② 173 N. W. 2d 619 (Wis. 1970).

辆,并最终导致交通事故的发生"①。但是,法院认为精神病或精神错乱不能使 Mrs. Veith 的侵权责任得以免除,因为交通事故发生前有迹象显示 Mrs. Veith 患上了妄想症。实质上 Mrs. Veith 的精神病不是突然发作,她应该认识到自己的驾驶行为会给他人带来危险。

虽然 Mrs. Veith 对自己患有妄想症的情况有所了解,但是不同于 Stuyvesant 案,Mrs. Veith 不知道采取怎样的措施才能避免精神病的发作。当 Mrs. Veith 精神正常时,她可能知道自己的精神病会突然发作,因此不适宜驾驶车辆。但是,被告只能以不可预见的精神病发作提出抗辩。如果侵害发生前,被告能够认识到由于患有精神病,他无法达到理性人的标准,那么侵害发生时,被告以精神病为由提出的抗辩就不能成立。这就是说,精神病人在某些时候应该比正常人更清醒。但是,只有在某些时候处于理性状态的精神病人应该如何约束自己的行为,以保证精神病突然发作时不对他人造成损害呢?这种尤利西斯合同(Ulysses contract)② 只有在精神健全的人癫痫症突然发作或意识暂时丧失时才有意义。当精神病人意识清醒时,他可能做好了再也不驾车的打算,但是当他处于精神错乱的状态或妄想症突然发作时,他的决心和意志无法对其行为产生实质的影响。

Breunig 案没有为陪审员的判断提供足够的信息。当 Mrs. Veith 精神正常时,她本来可以将汽车卖掉,以避免妄想症发作时的驾驶行为给他人造成损害。但是,我们不知道她的精神病会持续多长时间,我们也不知道事故发生前医师对她提出了哪些医学建议。一方面,如果她只患有轻微的精神病,并且其症状最近才显现出来,那么法院就会得出结论,在这种情况下,要求精神病人对其将来的行为做出约束是不合理的,也是不切实际的;另一方面,如果她的精神病是间歇性的,她有时处于完全清醒的状态,有时处于精神严重错乱的状态,那么她就应该在意识清醒时采取措施将精神错乱时她可能给别人带来的危险降到最低。否则她就存在过失。

---

① Id.
② 尤利西斯合同是指当事人签订的对其将来的行为作出约束的合同。这一术语通常用于医学领域,尤其是有关预留医疗指示或生存意愿预瞩的领域。但是,病人在身体状况良好时所作的决定能否对其将来病情发作时或身体状况下降时的行为产生约束,学者们之间还存在争论。

现行规则对精神病人来说无疑是不公正的，但是它的不公正并不在于它拒绝免除精神病人的损害责任，而在于它拒绝对被告是否有能力履行注意义务进行个案分析。在精神病人侵权的案件中，法院应该对被告以精神病为由提出的抗辩作具体的分析。一方面，如果被告的精神病使他对现实认识产生了偏差，或使他无法认识到自己的行为会给他人带来损害，或使他无法控制自己的行为，那么法院就应该承认被告以精神病为由提出的抗辩，因为在这种情况下，被告没有能力作出其他选择。另一方面，如果被告的精神病在侵害的发生中只起到很小的作用，不管被告患有的精神病有多严重，法院也不能免除被告的侵权责任。

八、结论

侵权法允许被告在诉讼中以生理残疾为由提出抗辩。但是与此相反的是，侵权法不允许被告以患有精神病为由提出抗辩，或者说侵权法并不把精神病或精神错乱作为侵权责任的一项抗辩事由。Prosser指出："盲人、聋人、跛脚的人或其他残疾人，有权生活在这个世界上，其他正常人应该允许残疾人像他们一样生活，并且社会不能要求残疾人遵循他们无法达到的行为标准。"[①] 与此形成对比的是《美国侵权法复述》的表述，"如果精神能力欠缺者想要在世界上生存，那么他们就要为自己造成的损害承担赔偿责任。精神病人的财产应该用来对受害人进行赔偿而不是始终保留在精神病人的手中"[②]。

支持现行规则的法院或学者指出现行规则可以激励精神病人提高"行为水平"或"注意水平"。但是实践证明，现行规则并不能对精神病人的行为产生任何激励作用，也无法激励精神病人提高注意水平，因为不管现行规则怎样激励精神病人，他都无法达到正常人的行为标准。现行规则唯一的作用是激励那些易受精神病人行为影响的人为了自身的安全采取预防措施或购买保险。与精神病人有密切接触的看护人也需要购买保险来减少侵害发生时自己所受的损失。因此，现

---

① See generally, W. Page Keeton et al. Prosser and Keeton on the Law of Torts section 8, (West Pub. Co., 5th ed., 1984), at175 – 76.

② Restatement (2d) Torts, section 283B, comment b (3).

行规则根本不能对精神病人的行为产生任何激励作用，它更倾向于通过诉讼让精神病人对受害人进行赔偿，无论精神病人是否有过错。

虽然如此，但是法院仍然可以依据判例法承认精神病人以患有精神病为由提出的抗辩。长期以来，法院都允许精神病人在共同过失诉讼中提出此类抗辩。在许多其他类型的案件中，法院也会考虑当事人的精神能力对其行为产生的影响。实际上，法院对行为人的个人因素进行考虑才是符合过失侵权制度的做法。因此，根据先例和过失侵权制度的基本原则，法院应该对精神病人适用过错原则，并通过这种方式对精神病人提供适当的保护。

面对一个世纪以来学者们的批判，法院应该认识到现行规则不具有正当性，它只反映了社会公众对精神病人的惧怕、偏见和误解。并且，近几十年的医学成果显示，精神病与生理疾病之间有密切的关系。因此，法院应该抛弃现行规则区别对待精神病人和残疾人的做法，并允许被告像残疾人一样在诉讼中以患有精神病为由提出抗辩，只有这样才能使过错基本原则的适用得到统一。这种做法还可以显示出侵权法对待精神病人是人道的。因此，现行规则应该被抛弃，关于法院应该为每一个受害人提供救济的论断也应该被抛弃。这就是说人们必须承认，在这个拥挤又复杂的社会上生存，危险或损害是不可避免的，我们不能因为不想承受这些危险或损害就将它们简单地转移给他人。

精神病人的过失责任

伊丽莎白·J. 戈德斯坦[*]著　王丽锋[**]译

目　次

一、导论
二、客观标准的历史发展
三、现行法
四、客观标准的新理论：经济效率和医疗目的
五、过失法的调和
六、结论

一、导论

"由于疾病突然发作，被告对驾驶的车辆失去了控制。他记不起交通事故是如何发生的，但是他记得交通事故发生前离开信号灯的那一刻，记得交通事故发生后在原告的商店中被人从车中拖出来的那一刻。"[①] 在这种情况下，被告是否应该为自己的过失行为承担责任。在大多数的司法判例中，法院都根据被告所患疾病的不同做出不同的判决。如果被告患的是生理上的疾病，法院就可以免除他们的责任。但是如果被告患的是精神上的疾病，那么被告就要为自己的过失承担责任。在传统侵权法中，不管精神病人主观上是否存在过错，只要他们的行为不符合理性人的标准，他们就存在过失。

许多学者对这一规则提出了严厉的批评，他们认为17世纪确立的客观标准已经不符合现代社会对精神病人的看法了。法院应该适用主观标准对过失诉讼中精神病人的责任做出判断。但是也有许多学者

---

[*] 1991年宾夕法尼亚州大学学士，1994年美国东北大学法学院法学博士，现任职于美国哥伦比亚特区高等法院。
[**] 中山大学法学院助教。
[①] Hammontree v. Jenner, 97 Cal. Rptr. 739, 740 (Ct. App. 1971).

主张应该坚持适用客观标准，因为客观标准不仅实现了很重要的社会目的，而且更符合经济效率和治疗法学的要求。

本文对客观标准的相关理论进行了研究，事实上，本文提倡适用有限的客观标准来减轻精神病人的责任，因为精神病人不能控制自己的行为，也没有能力防止过失侵害的发生。文章的第二部分主要通过讲述一些判例法来说明侵权案件中适用客观标准的由来，这些判例法是客观标准得以建立的历史基础，也是法院对精神病人适用客观标准的根据，但是这些判例法自身是存在矛盾的，对此作者也做了相关论述。文章的第三部分介绍了现行法律的相关规定。在第四部分中，学者们提出了新的理论对客观标准的适用进行支持。在第五部分中，作者首先论述了儿童和患有生理疾病的人适用的过失标准，然后提出建议，法院应该适用主观标准对精神病突然发作的被告或精神病无法治愈的被告的侵权责任做出判决。

二、客观标准的历史发展

（一）早期历史发展

美国侵权法认为，法院决定精神病人是否承担侵权责任时，应该适用客观标准。这一规则最早源于17世纪英国的Weaver v. Ward案。[①] 此案中，被告在军事练习中不小心对原告造成了伤害。然后原告向法院起诉，要求被告承担侵权责任。法院最后支持了原告的主张。法院认为：如果一个人在国王面前将另一个人杀害，或者拳击比赛中一人将另一人杀害，我们不能说这些人实施了犯罪行为。同样，如果精神病人杀害了他人，也不能说精神病人实施了犯罪行为。因为犯罪的实施需要行为人存在主观恶意。但是在侵权中，法院以受害人的损失为根据来确定侵害人的赔偿。如果行为人对他人造成了损害，他就要承担责任。所以，即使给他人造成损害的人是精神病人，他也应该承担责任，除非法院能证明他完全没有过失。

但是在损害难以避免的情况下，行为人不存在过失。例如一人在被强迫的情况下对另一人实施了侵害行为，又或者被告开枪时原告突

---

① 80 Eng. Rep. 284 (K. B. 1616).

然跑到被告面前。在这些情况下,损害的发生都是行为人无法避免的,因此行为人不存在过失。①

其后的法院大多以 Weaver 案为根据,在侵权诉讼中对精神病人适用客观标准。但是法院根据 17 世纪的 Weaver 案进行推理是不合理的。因为:第一,Weaver 案的推理本身就存在矛盾。在 Weaver 案中,法院以行为人无过错就可以免除责任为前提进行推理。但是依据客观标准精神病人无论是否存在过错都要承担责任。因此,以 Weaver 案为基础推导出精神病人应该适用客观标准是不合适的。第二,如果法院依据 Weaver 案进行推理,就会得出对精神病人适用严格责任的结论,这一结论无论怎样都是不合理的。

Williams v. Hays 案②是美国第一个适用客观标准对精神病人的责任作出判断的案例。在 Williams 案中,被告是遇难船舶的船长及共有人。在一次航行中,船舶遇到了暴风雨的袭击,其他人要求被告在甲板上多逗留两天。但是不久后被告就感到了疲惫,于是他回到住处,服了几片奎宁就睡下了。后来,在暴风雨的侵袭下船舵失去了控制,其他人要求被告回到甲板上,但是被告返回甲板后,拒绝使用拖轮对船只进行营救,因为他并不认为船只处于危险之中。最后,暴风雨将船只彻底推翻,给其他人造成了损失。保险公司在支付了保险金之后向法院提起了诉讼,保险公司认为,被告也就是船舶的船长没有尽到注意义务,存在经营不善的过失。

在案件的审理中,被告主张在此次的航行中他患有精神病,因此不需要承担责任。初审法院的法官建议陪审团支持原告的主张,除非他们能够证明被告在航行中确实处于精神错乱的状态。但是陪审团最后做出了有利于被告的认定,于是原告提起了上诉。纽约上诉法院推翻了初审法院的判决,上诉法院认为被告不能以精神错乱为由对过失提出抗辩,这样的抗辩事由是得不到认可的。法院主张:"根据传统规则,精神病人同精神正常的人一样也要为自己的侵权行为承担责任……即使行为人的目的是善意的甚至是值得称赞的,他也要为自己

---

① Weaver, 80 Eng. Rep. at 284 (emphasis added).
② 38 N. E. 449 (N. Y. 1894), rev'd, 52 N. E. 589 (N. Y. 1899).

的行为造成的损害负责……"① 但是，法院做出了进一步的解释：如果被告由于实施营救而出现了精神错乱，那么就要对案件做出不同的处理。在这种情况下，被告并不对暴风雨造成的损害承担责任。如果被告在营救的过程中变得精神不正常或身体受到损伤，就不能认为他没有履行注意义务，也不能说他存在过失。②

随后，纽约上诉法院将此案发回下级法院重新审理。在初审中，法官赞同陪审团对原告的支持。依照初审法院的观点，即使"被告因为营救船舶而筋疲力尽，并服用了奎宁片，"也不能"对上诉法院适用的传统规则形成例外，精神失常的人同精神正常的人一样也要为自己的过失负责，如果相同情况下精神正常的人存在过失，那么精神失常的人也存在过失"。③

但是上诉法院否定了原告的主张，海特法官对法院的主张作出了解释：被告一定要尽到合理的注意义务和谨慎义务，就像一般人对自己的船只尽到的注意义务和谨慎义务一样，但是除此之外，没有人想要尽更多的注意义务，以至于自己筋疲力尽。因此，要求行为人尽更多的注意义务是不可能的……行为人对不可能的事情不承担责任。

之后的美国法院根据 Williams 案建立了明确的规则，即在过失诉讼中适用理性行为人的标准对精神病人的责任作出判断。但是与此稍有不同的是，在 Williams 案中，法院允许陪审团对被告精神错乱的原因作出判断。另外，在案件的推理过程中，法院将源于繁重工作的精神错乱同其他无关过错的精神错乱进行区分，并认为两种情况下精神病人承担的责任不同，但是法院没有对其原因作出解释。同纽约上诉法院一样，侵权法复述对精神病人过失责任的推理也令人难以捉摸。

（二）《美国侵权法复述》的发展

从上文可以看出，早期的案例并没有明确，过失诉讼中应该适用怎样的标准对精神病人的责任作出判断。因此，也没有为精神病人的责任提供适当的评价标准。它只是这样表述：对行为人是否存在过失进行判断时应该遵循相同或相似情形下理性人的行为标准，除非行为

---

① Id. at 450.

② Id. at 452.

③ Williams v. Hays, 52 N. E. 589, 591 (N. Y. 1899).

人是儿童或精神病人……美国法学会对《美国侵权法复述》的这部分作出说明时，称：社会为了满足其他人的利益需求，为精神病人设定了行为标准，那么精神病人是否应该遵循这样的行为标准，对此法学会不发表任何意见。①

1948年，《美国侵权法复述》附录不仅删除了第283条"或精神病人"的表述，也一并删除了美国法学会对283条作出的解释。对此，学者有不同的看法。有的学者认为，《美国侵权法复述》支持法院对精神病人适用主观标准；相反，有的学者则认为，《美国侵权法复述》拒绝适用主观标准，除非有足够的判例证明主观标准的适用是合理的和有价值的。实际上，后一种观点更符合《美国侵权法复述》附录的主张，因为附录中有这样的表述："法学会最初对第283条作出的说明是合适的，因为还没有足够的判例可以使客观标准对精神病人的适用成为一项基本规则。"②

《美国侵权法复述》只根据极少数的判例就做出了适用理性人标准的决定。事实上，《美国侵权法复述》只引用了一则案例对精神病人承担过失责任进行支持。与此不同的是，它列举了十则案例对精神病人应该承担故意侵权责任进行说明。《美国侵权法复述》对精神病人应该承担过失责任作出了解释，它主张如果精神病人应该为故意侵权行为负责，那么他们也应该为过失侵权行为承担责任。因为精神病人的故意侵权和过失侵权之间没有实质的差别。例如，精神病人故意实施了纵火行为，或者精神病人的过失行为导致了火灾的发生。在这两种情况下，精神病人都意识不到行为的严重性，也不知道自己的行为会给他人带来怎样的伤害。由此可见，两种情况下精神病人的主观心理状态是一样的，都是不应该受到道德谴责的。并且两种情况下精神病人的行为造成的损害也是一样的。因此，法院应当明确不管是故意侵权还是过失侵权，只要精神病人的行为造成了同样的损害，他就要承担同样的侵权责任。

《美国侵权法复述》将精神病人的故意侵权行为和过失侵权行为等同起来是不合理的。在故意侵权诉讼中，被告的行为是否合理根本

---

① Restatement (First) of Torts 283 (1934).
② Restatement of Torts 283 (ii) (Supp. 1948).

就不是一个值得争议的问题。传统的故意侵权诉讼中原告无需证明被告行为的不合理性,除非被告以其行为是合理的提出抗辩。

William J. Curran 对《美国侵权法复述》作出这样的解释:过失侵权是一种较少见的侵权形式,也是较容易确立责任的侵权形式。但是我认为过失侵权行为在很大程度上扩展了严格责任的适用范围。法院要求精神病人承担故意侵权责任时,会对侵权行为开始时精神病人是否具有控制能力进行调查。但是在过失侵权诉讼中,法院倾向于适用客观理性人的标准对精神病人的行为作出判断。也就是说,在过失侵权诉讼中,法院没有对侵权行为发生时精神病人的精神状态进行调查,而是依据理性人的标准对精神病人的行为作出判断,这就有效地扩展了严格责任的适用范围。[①]

另外,《美国侵权法复述》的类推还逃避了一个重要问题,实践中很多法院还是以严格责任为前提对侵权案件做出判决,这一前提与过失侵权中的过错基础产生了冲突。因此,理论的推理并不能保证客观标准在过失诉讼中的适用,《美国侵权法复述》没有认识到这一点。法院更多地将《美国侵权法复述》的观点看做是一种公共政策,就像 Yancey v. Maestri 案的审判法院作出的解释一样:精神病人不承担侵权责任,这种观点听起来似乎很合理。如果惩罚不当行为者是侵权法的主要目的,那么这种观点听起来就近乎完美了。但是,当我们发现损害赔偿是侵权法的首要目的时,这种观点的合理性就不存在了。尽管如此,但是要求精神病人对他无法控制和避免的事情承担责任,也会带来很多问题,甚至会出现不公正现象;精神病人已经遭受了难以形容的灾难,在这种情况下还责令精神病人承担责任是否合适……同其他案件一样,这类案件中的责任问题也是公共政策的问题;以公共利益为代价免除无能力人的侵权责任能否得到支持……如果精神病人因为精神错乱而被拘禁,并在拘禁的过程中对他人或他人的财产实施了侵害行为,那么让精神病人的邻居或其他社会公众承担损害

[①] William J. Curran, Tort Liability of the Mentally Ill and Mentally Deficient, 21 Ohio St. L. J. 52 (1960), at 65.

后果，既是不公平的也是不公正的……①

《美国侵权法复述》（第二版）要求法院适用理性人的标准对精神病人的行为作出判断。虽然美国法学会也支持这一理论，但是它没有提供任何政策基础对其进行分析。

《美国侵权法复述》（第二版）第283条第二款重申了这一严格规则"除了儿童之外，任何人的行为都应当遵循相同或相似情形下理性人的行为标准，精神错乱者或精神能力欠缺者也不例外，否则他们就要为自己的行为承担责任。"② 另外，在第283条的注释中，美国法学会列举了对精神病人适用客观标准的四个原因：①在民事诉讼中，形成一个精神病的判断标准是非常困难的；②精神错乱或精神病很容易被伪装；③当两个无辜者都受到损害时，导致损害发生的那一个无辜者要承担责任；④客观标准能激励精神病人的监护人或财产管理人"照看好精神病人，使他们保持良好的精神状况，并阻止他们实施侵害行为"③。因此，法院根据1965年《美国侵权法复述》（第二版）的推理主张侵权案件中应该适用客观标准对精神病人的责任做出判决。但是大多数学者都不同意《美国侵权法复述》（第二版）的这一观点。

（三）早期学者的观点

早期的学者认为，美国法学会提出的上述原因是不成立的，法院应该抛弃传统理论上客观标准的适用。下文将对法学会列举的原因逐一进行分析。

1. 两个无辜者中，导致损害发生的无辜者要承担责任

1956年，学者对美国法学会的推理做出了解释。学者认为："美国法学会的推理只不过是给严格责任披上了节日的盛装。在以精神病人为被告的案例中，我们不应该再次陷入不道德的深渊之中！"④ 要求精神病人承担严格责任是极其不公平的，因为一般情况下法院只要

---

① Yancey v. Maestri, 155 So. 509, 515 (La. Ct. App. 1934) [引自 Thomas M. Cooley, Cooley on the Law of Torts 65 (4th ed. 1932)].
② Restatement (Second) of Torts 283B (1965).
③ Id. at 283B cmt. b.
④ See, e.g. Robert M. Ague, Jr., The Liability of Insane Persons in Tort Actions, 60 Dick. L. Rev. 211 (1956), at 222.

求有过错的被告承担责任。实际上，如果侵权法的首要目的是对受害人进行赔偿，那么任何案件中法院都不能适用过失理论免除或减轻被告的责任。因此，不能以赔偿理论来证明客观标准的适用是正当的。

2. 精神病容易被伪装

美国法学会列举的适用客观标准的第二个原因是精神病容易被伪装，如果在侵权诉讼中对精神病人特别对待，就会有很多被告伪装成精神病人而逃避责任。但是这一理论也是不成立的。在刑事案件中，如果犯罪行为发生时，精神病人正处于发病期，不能控制自己的行为，那么法院就可以减轻或免除精神病人的刑事责任。这是得到司法界和理论界认可的。因此，按常理来说，被告更容易在刑事诉讼中伪装成精神病人。但是调查结果显示，在刑事诉讼中，被告很少以患有精神病为由提出抗辩。只有1%或者2%的刑事案件中被告以患有精神病为由提出抗辩。这一统计数据与美国心理卫生研究所的分析结果是一致的，美国心理卫生研究所推算在美国大约有1%的人口长期患有精神病。此外，以精神病为由提出抗辩的被告中，90%的人已经被诊断出患有精神病，大多数患有严重精神病的已经在医院接受过治疗。在这些被告中，大约有55%的人被诊断出患有精神分裂症或其他严重的精神病，有84%的人因为患有精神病而免予刑事处罚。因此，在刑事案件中，以精神病为由提出抗辩的被告大多数都真实地患有精神病，其中被免除责任的被告都患有严重的精神病。

刑事案件中，被告不轻易伪装成精神病人是有原因的。法院对被告是否患有精神病进行调查时，有可能引入民事拘禁令程序或无能力听证程序。因此，在过失诉讼中，以精神病为由提出的抗辩可能会对被告的行动自由产生间接影响。另外，如果被告以精神病为由提出抗辩，那么在诉讼程序结束后，被告就有可能被拘禁，因为人们普遍认为精神病人是社会的耻辱，他们应该被拘禁起来，否则他们会对社会或他人造成伤害。

3. 民事诉讼中很难形成和适用主观标准

虽然法院不愿将刑事诉讼中判断精神错乱的主观标准适用于民事诉讼中，但是在民事诉讼的很多领域，法院判断当事人是否患有精神病时已经运用了主观标准，例如在共同过失、监护人的责任、民事拘禁和遗嘱效力等问题上法院都适用了主观标准。

在 Mochen v. State 案①中，17 岁的精神病患者试图通过病房的窗户逃离州立的精神病院，但是他最后失败了。不仅如此，在逃跑的过程中他的双腿还受了重伤，最后导致了瘫痪。随后，精神病人向法院起诉了州政府。初审法院主张精神病人存在共同过失。但是上诉法院推翻了初审法院的这一主张。上诉法院认为，应该适用主观标准对精神病人的注意义务作出判断，因为客观标准的适用以行为人有能力预防损害的发生为前提。法院对此做出了解释："除了保护自己的安全外，精神病人不应该承担更多的注意义务，即使要求精神病人承担更多的注意义务，他们也无法做到。"② 法院主要通过医院的医疗记录和专家的证词对原告的精神病进行了判断。医院的医疗记录显示，原告曾经攻击过他的母亲，并试图对他的父亲实施侵害。并且原告的私人医师诊断出原告"有极端的反社会意识，并患有精神分裂症"③。原告的私人医师在初审中作证原告确实患有精神病。医师还指出，虽然原告能够意识到私自逃跑具有一定的危险性，但是他的精神状况使他无法抵抗逃跑的诱惑。"不公平的拘禁使原告产生了强烈的挫败感，这一挫败感使原告产生了逃跑的念头，并且他认为他的逃跑行为才是适当的和合理的。"④ 因此，法院适用主观标准得出结论，原告对损害的发生不存在过失。

Mochen 案证明了法院能够在过失诉讼中成功地运用主观标准。法院通过调查原告的医疗记录，分析专家的证词，对原告承担何种程度的注意义务作出了判断。另外，在 Breunig v. American Family Insurance Co. 案⑤中，法院也适用主观标准对当事人是否存在过失作出了判断。法院指出，"如果没有人提前警告当事人，他可能突然遭受精神错乱或精神病突然发作"⑥，那么法院就应该适用主观标准对当事人的行为作出判断。也许有人会担心法官不可能对精神病的专业知识有相当的了解，因此没有能力适用主观标准做出判决。实际上，

---

① 352 N. Y. S. 2d 290 (App. Div. 1974).
② Id. at 293.
③ Id. at 294 – 95.
④ Id. at 295 (emphasis added).
⑤ 173 N. W. 2d 619 (Wis. 1970); see also infra notes 89 – 98 and accompanying text.
⑥ Id. at 623.

刑事诉讼中的法官都知道如何适用主观标准对当事人的精神错乱作出判断。法官处理其他案件时，也必须了解该领域的专业知识，例如修建桥梁或接生小孩的正确方法。如果法官能够了解这些领域的专业知识，那么法官同样有能力对精神病的相关知识有充分的了解。

4. 客观标准的适用将增强监护人或财产管理人的责任心

过去人们普遍认为，监护人保护精神病人的目的是为了保持精神病人财产的完整性，但是这种观点早就过时了。因为：第一，许多精神病人根本没有可供保护的财产。大量的精神病人完全依靠政府的援助，还有一些依靠救济品生活。在美国，有25%~30%的流浪者患有严重的精神病。第二，如果法院确实要增强监护人的责任心，那么法院就应该要求监护人承担直接的损害赔偿责任。第三，必须保证监护人对侵权法的这种激励目的有所了解。但是，大多数监护人都认为精神病可以作为侵权责任的抗辩事由，正如刑法中所规定的一样。

三、现行法

1970年以前，除了路易斯安那州以外，美国其他州的法院没有对过失诉讼中客观标准的适用表示过怀疑，在以精神病人为被告的侵权案件中，法院也适用客观标准对案件做出判决。客观标准成为法院判断过失是否存在的一般规则。虽然法院运用多种方式表达这一规则，但是当谈到适用客观标准的原因时，法院给出的答案同《美国侵权法复述》（第二版）列出的原因都十分相似。

1970年，威斯康星州最高法院在Breunig v. American Family Insurance Co. 案[①]中首次暗示对精神病人的注意义务进行判断时应该适用主观标准。在Breunig案中，被告Veith夫人驾驶车辆横穿高速公路，并在此时与原告驾驶的敞篷小型货车相撞，随后原告向法院提起了诉讼。在诉讼中，被告投保的责任保险公司向法庭提供了专家证词，专家证词表明被告患有精神分裂症和严重的妄想症，所以交通事故发生时被告没有控制车辆的"清醒意识"。精神病医师还证明：Veith始终相信上帝控制着车辆，当她看到原告的卡车驶来时不仅没有减速反而加速，因为她想像蝙蝠侠一样飞起来。并且，Veith意识

---

① 173 N. W. 2d 619 (Wis. 1970).

不到这种病会突然发作,医师进一步解释道:1965年8月,Veith 开始显现出精神病的症状。8月份,Veith 夫人拜访了 Necedah 神殿,Veith 说是圣母玛利亚将她送到了神殿,她必须祈求生存,因为有迹象显示世界末日即将来临,上帝给了她生还的机会。她还想象着上帝怎样对人们作出判断并把他们送进天堂或地狱;她应当帮助蝙蝠侠拯救世界……①

Breunig 案的初审法院做出了有利于原告的判决。随后被告提起了上诉。在上诉审中,Veith 强调交通事故发生时她患有精神病,法院应该适用主观标准对她承担的注意义务作出判断。但是法院否决了 Veith 的主张,因为陪审团认为 Veith 能够预见到精神病可能发作。尽管法院否决了 Veith 的主张,但是在注意义务的判断上,法院反对建立明确界限的适用规则。

在具体的案件中,法院应该对被告所患精神病的种类或本质进行调查,然后再决定精神病人的责任问题。被告的精神病、精神幻想或精神错乱必须影响到她对谨慎驾驶这一注意义务的理解,或者影响到她以谨慎方式控制车辆的能力。并且,必须保证交通事故发生前,没有人就病情突然发作或突然遭受精神错乱向被告提出警告。否则,被告就不能以患有精神病为由提出抗辩。

威斯康星州最高法院对上述观点表示支持,如果被告突然遭受了精神错乱或者精神病突然发作,被告不能预见到这种情况的发生,那么法院就不应该运用理性人的标准对精神病人的行为作出判断。

Anicet v. Gant 案②对 Breunig 案的结论做出了回应,Anicet 案的审判法院认为如果被告不能预见到损害可能发生,那么他就没有过错,因此也不需要承担责任。在 Anicet 案中,23 岁的被告(也就是上诉人)Edgar Anicet 被强制在精神病院接受治疗已长达两年之久,因为他长期患有精神病,并且不能控制自己的暴力行为。原告(也就是被上诉人)Preston Gant 是精神病院的工作人员,他负责对 Anicet 病房的病人实施看护,在 Anicet 病房里接受治疗的都是医院最危险和生理机能最差的病人。侵害行为发生的那天,原告看见被告向另外一

---

① Id. at 625.
② 580 So. 2d 273 (Fla. Dist. Ct. App. 1991).

个病人实施暴力，于是原告就威胁被告如果他不够冷静就把他隔离起来，想以此使被告平静下来。但是当原告离开病房时，被告拿起烟灰缸向原告投来，原告为了避免被烟灰缸砸到，重重地摔倒在地上，并受到严重的伤害。

在案件的审理过程中，法院指出佛罗里达州法律明确规定精神病人"与相同情形下的一般人一样，要为自己实施的故意侵权行为或过失侵权行为"承担责任。但是法院没有要求 Anicet 承担责任，因为当侵害人是被医院拘禁的精神病人时，传统规则得不到适用，法院不能根据传统规则要求精神病人承担侵权责任。

法院应该适用主观标准对该案中精神病人的责任作出判断。因为：第一，传统规则的基础理论——赔偿理论在本案中不能适用。赔偿理论是指"如果两个无辜者中必须有一人承受损失，那么必然是导致损害发生的人来承受"。在本案中，社会公众能够预见到原告 Gant 可能受到伤害，因为原告的工作是对患有精神病的被告进行看护，医院也为原告的看护支付了费用。法院根据"消防员规则"进行类推。法院认为，社会已经通过工资制和劳工制度对看护人遭受的损害进行了赔偿。看护人无权要求其他任何形式的救济。第二，法院主张强加于 Anicet 以侵权责任，不利于 Anicet 的家属对其他人进行保护：原告的家属和社会将精神病人送进约束最多的专门机构进行看护，他们已经尽了最大的努力来控制精神病人的行为，因此，不应该要求精神病人再承受额外的经济负担。并且，要求不能控制自己行为的精神病人承担侵权责任也是不公平的、不公正的，就像赔偿理论所说的精神病人同受害人一样也是无辜者。

虽然佛罗里达州上诉法院将上述主张的适用对象限定为被拘禁的精神病人，但是只要过失诉讼中看护人能够事前预防损害的发生，不管精神病人是否被拘禁，他都不需要承担侵权责任。因此，佛罗里达州上诉法院的推理对其他类型的精神病人同样适用。

新泽西州初审法院在 Stuyvesant Associates v. Doe 案[①]中却做出了相反的判决。法院主张，如果精神病人对可预见的精神病发作没有采取预防措施，并导致损害的发生，那么精神病人就应该承担全部过

---

① 534 A. 2d 448（N. J. Super. Ct. Law Div. 1987）.

失。在该案中，41岁的被告患有精神分裂症，从1980年起，每隔两个星期，他就要到医院接受注射治疗。但是侵害行为发生前，被告没有按照规定时间到医院接受注射治疗。因此，在精神错乱的影响下，被告在租住的房间到处喷漆，并用锤子敲打另一名房客的房门，给原告房主的财产造成了损害。于是房主提起了驱逐诉讼，要求法院根据新泽西州驱逐法将被告驱逐出自己的房屋，因为新泽西州驱逐法规定如果房客对房主遭受的财产损失负有主要过失，那么房主就可以将房客驱逐出去。

被告的精神病医师在初审中证明如果被告不按期接受治疗，一个星期或十天之内，他的精神病就会发作。医师还证明被告精神状态的转变是逐渐的缓慢的，他甚至意识不到这一转变的发生。病人"虽然收到了医师的警告，但是他根本意识不到不接受治疗可能产生的严重后果"[1]。医师还向法院解释被告在妄想症或精神错乱的影响下，根本不能控制自己的行为，也分辨不出什么是正确的什么是错误的。

尽管如此，法院还是否决了被告以精神病为由提出的抗辩，法院主张：理性人在相同情形下会按时到医院接受治疗。但是被告精神正常时，却没有按时接受注射治疗，这才导致精神病发作，并进而导致损害的发生。因此，被告应该为自己的非理性行为负责，应该为自己的非理性行为导致的损害承担责任。虽然精神错乱不是被告想要经历的，损害结果也不是被告意图达到的目的，但是被告的非理性行为直接导致了损害的发生，被告在可预见的情况下仍然允许损害发生，因此，被告应该承担侵权责任。

法院得出结论，被告对可预见的精神错乱状况没有采取预防措施，因此，违反了理性人的行为标准，被告需要为自己的非理性行为承担责任。

从上述案例可以看出，如果侵害行为发生前精神病人能够控制自己的病情发作，那么，法院就应该适用理性人的标准对精神病人的责任做出判断。在精神病突然发作或病人无法控制病情的情况下，法院应该适用主观标准对案件做出判决。

---

[1] Id.

四、客观标准的新理论：经济效率和医疗目的

虽然客观标准的传统基础备受怀疑，但是学者又提出了两种新的理论对客观标准的适用进行论证，这两种新理论是指经济效率理论和治疗效果理论。如果精神病人能够预见和控制病情的发作，就可以根据这两种理论适用客观标准；但是如果精神病突然发作或病人无法控制病情的发作，那么这两种理论就不能成立。

（一）经济效率

威廉·M. 兰德斯和理查德·A. 波斯纳在《侵权法的经济结构》一书[①]中主张，普通法上客观标准的适用可以促进经济效率的实现，从而使意外损失和预防花费降到最低。兰德斯和波斯纳将他们的理论称为侵权法上的实证经济理论。这一理论认为经济效率就是财富最大化，也就是说"赢者从某一变动中获得的收益能够补偿输者的损失，不管实际中是否存在补偿，只要赢者从变动中获得的收益大于输者的损失，这一变动就是具有经济效率的。"[②]

兰德斯和波斯纳主张普通法上关于精神病人侵权责任的规定促进了经济效率的实现。但是，经济效率这一目的只能在部分案件中实现。具体是指，当精神病人能够预见和控制病情的发作时，适用客观标准可以实现经济效率的目的。但是，当精神病突然发作或病人无法控制病情的发作时，适用客观标准就会得出相反的结果。理解兰德斯和波斯纳的推理之前，首先必须对客观标准和主观标准进行经济分析。

兰德斯和波斯纳对客观标准和主观标准进行权衡后，得出以下结论：

（1）如果法院对当事人应当尽到的注意水平进行判断的成本较低，那么当事人背离理性人的标准就更容易被允许。法院的判断成本反映了当事人的注意水平在多大程度上背离了理性人的标准。当事人尽到的注意水平与理性人应该尽到的注意水平相差越大，就越容易被

---

① See William M. Landes & Richard A. Posner, The Economic Structure of Tort Law 312 – 13 (1987).

② Id.

发现，法院作出判断的成本就越低。

（2）如果当事人能较容易地采取其他替代方式降低应尽的注意义务水平，那么侵权法就不太可能允许当事人背离理性人的行为标准。[1]

下面以盲人为例对客观标准和主观标准进行权衡。法院判断当事人是否是盲人的信息成本很低，因为盲目或失明是很容易确定和证实的。那么，在过失侵权诉讼中，法院是否应该适用客观标准对盲人的行为作出判断呢？兰德斯和波斯纳认为侵权行为发生时，盲人从事的活动不同，适用的标准就不同。一方面，如果盲人从事的活动是日常活动，例如在大街上行走或乘坐公共汽车等，那么，法院就不应该对盲人适用一般理性人的标准。因为在上述情况下，盲人很难找到其他既低风险又不花费大量成本的选择。举例来说，如果盲人避开日常活动成为一个隐居者，他就可能失去工作和社会交往，他还必须承担额外的经济负担，比如雇用人帮他购物的花费。推测起来，成为一个隐居者的边际成本远远高于事故减少的边际利益。因此，如果侵害行为发生在盲人上下班的路上，法院就能很容易地得出结论：盲人的注意义务标准低于一般理性人的标准。因此，根据侵权法的实证经济理论，法院应该适用主观标准对盲人的行为是否存在过失作出判断。另一方面，如果存在其他更安全的替代选择，法院就应该适用客观标准对侵害人的行为作出判断。例如，如果盲人在驾驶公共汽车而不是乘坐公共汽车的过程中给他人造成了损害，法院更可能适用理性人的标准。

兰德斯和波斯纳将精神病人的注意义务标准和儿童的注意义务标准进行了对比。[2] 他们认为，法院判断当事人是否是精神病人的成本远远高于确定儿童身份的成本。他们还主张不能控制自己行为的精神病人是非常危险的，因此，社会拘禁精神病人的成本低于精神病人对社会造成的损害。但是不同的是，社会阻止儿童参加日常活动（比如骑脚踏车或在操场上玩耍）的成本高于事故减少带来的收益。这是因为儿童的日常活动普遍带有一定的危险性，社会只有排除儿童的所有活动才能减少危险事故的发生。但是，这种排除行为所花费的成

---

[1] Id. at 126.
[2] Id. at 128-129.

本是很高的。因此，兰德斯和波斯纳认为："同危险的精神病人一样，当持续的限制行为是对儿童最好的照看时，客观标准的适用才有意义。"①

兰德斯和波斯纳主张当精神病突然发作或病人无法预见精神病的发作时，要求精神病人承担理性人的注意义务是不恰当的。他们认为，Breunig 案对主观标准的适用是正确的。兰德斯和波斯纳对此作出了解释："同一般的精神错乱不同，Breunig 案中被告的精神病是突然发作的，被告没有机会采取预防措施防止损害的发生。"② 但是兰德斯和波斯纳没有认识到即使被告能够预见到和控制精神病的发作，主观标准的适用也是适当的。他们没有认识到这一点是因为以下两点错误的假设：

第一，他们假设患有严重精神病以致不能达到理性人标准的病人都是被拘禁在专门机构的。但是这一假设忽视了民事拘禁法的规定。最高法院在 O'Connor v. Donaldson 案③中主张："在违背病人意愿的情况下，政府将精神病人长期拘禁在专门机构，并只对他们实施简单的看护，这种做法是不正当的，仅仅一项精神病的裁断不能证明政府强制拘禁的行为是正当的。"④ 大多数下级法院都以 O'Connor 案为先例，主张只有当精神病人对自己或他人构成危险时，政府才能对精神病人实施强制拘禁。政府不能仅因精神病人有侵权的倾向就对他实施强制拘禁。研究表明，大多数严重的精神病患者都没有被拘禁。有一学者对此作出了解释："现代社会为精神病人建立的许多机构都有露天的活动场所，比如公园、小巷、空地等。"⑤ 从 1963 年非机构化运动开始到今天，精神病院的住院人数一直都在下降，从 1952 年的 552150 人下降为今天的 68000 人。这就解释了为什么只有少部分精神病人长期住在精神病院，却有两倍以上的精神分裂症患者和躁狂症患者住在收留所或在大街上游荡。一项具有里程碑作用的研究证实：在美国，

---

① Id.
② Id.
③ 422 U. S. 563 (1975).
④ Id. at 575.
⑤ Rael J. Isaac & Virginia C. Armat, Madness In The Streets: How Psychiatry & The Law Abandoned The Mentally Ill 1 (1990).

有170万至240万人长期患有精神病，其中只有90万人是任何时候都呆在精神病院的，大约有150万精神病人是住在社区的。

第二，兰德斯和波斯纳假设对精神病人实施拘禁是最佳的选择。但是，社会通过民事拘禁法和向精神病治疗机构提供资金的相关规定表达了不同的看法，社会公众普遍认为只有当精神病人对自己或他人构成危险时，拘禁才是最佳的选择。精神健康领域的专业人员也对兰德斯和波斯纳的假设提出了质疑，他们认为完全的拘禁不是治疗精神病人的最好办法。

总之，只有当精神病人能够预见和控制精神病的发作时，理性人标准的适用才能实现经济效率。在其他的案件中，行为人不能预见损害的发生，当然也不能采取事前措施防止损害的发生。因此，在这种情况下，强加于精神病人以侵权责任并不能实现经济效率。

（二）治疗法学①

治疗法学主张：立法机关应当参照心理健康学对精神病人的侵权责任做出界定，并以此促进积极治疗效果的实现。这一主张主要关注实体规则、法律程序、法官和律师的角色能否促进积极治疗效果的实现。② 治疗法学的根本目的是凭经验确定法律能否实现积极的治疗效果。

Stephanie Splane 坚持适用客观标准对精神病人的侵权责任做出判断。对 Stephanie Splane 来说，③ 理性人标准就像是精神病人的治疗药剂一样。她主张客观标准的适用能够鼓励社区接受精神病人，提高精神病人自给自足的能力。对精神病人适用客观标准可以鼓励社会公众向精神病人提供住房、工作、许可证或执照等，因为社会公众知道实施了侵害行为的精神病人也要承担侵权责任。这一主张试图将精神病人融入主流社会中，它过于理想化地认为精神病人和主流社会的融合将改变社会公众视精神病为耻辱的看法。"相反，如果允许精神病人

---

① Therapeutic Jurisprudence is an interdisciplinary approach to law that focuses on the impact of legal rules, processes and institutions on people's emotional lives and psychological well-being.
② David B. Wexler & Bruce J. Winick, Essays In Therapeutic Jurisprudence (1991), at 8.
③ Stephanie I. Splane, Note, Tort Liability of the Mentally Ill in Negligence Actions, 93 Yale L. J. 153 (1983). at 153.

逃脱侵权责任,社会公众就会被激怒,因为他们认为得不到赔偿的无辜受害人遭受了不公正的待遇。"①

很明显,上述融合理论存在不合理之处。这一理论假设,如果人们可以确定损害能够得到赔偿,他们就愿意遭受侵权损害。但是理性的行为人往往会选择远离精神病人以避免损害的发生,因为与精神病人接触遭受损害的可能性比正常情况下遭受损害的可能性大。融合理论以不太可能发生的事实为基础必然是不合理的,因为人们只会极力避免损害的发生,而不会愿意先遭受损害再获得赔偿。

然后,Stephanie Splane 又指出统一适用客观标准可以鼓励精神病人对社会承担责任。她引用一项调查指出精神病人都很害怕出现在法庭上。所以,Splane 假设客观标准的适用能够鼓励精神病人更加谨慎行为,以免出现在法庭上。但是客观标准只对能够控制自己行为的精神病人产生威慑作用。当精神病人不能预见和控制病情的发作时,客观标准根本起不到威慑作用。因此,Splane 的这一分析也是不成立的。

综上所述,Splane 对客观标准的适用做出了两点分析,第一点分析建立在不能成立的假设条件上,第二点分析只能得到有限的适用。实际上,Splane 的分析更适合对另一条规则进行支持,这一规则是指当精神病人能够控制自己的行为时,法院应该适用客观标准对精神病人的责任做出判断,这种情况下客观标准的适用才能对精神病人产生威慑作用。

Daniel W. Shuman 也支持治疗法学在侵权案件中的适用。Shuman 主张有限的客观标准能够提高精神健康的治疗效果。Shuman 对有限客观标准的适用作出了解释:客观标准使精神病人认识到,法院并不会因为他们患有精神病而免除他们的侵权责任。为了鼓励精神病人接受治疗,Shuman 建议对侵害行为实施前已经开始接受治疗的精神病人适用主观标准。Shuman 指出:"如果接受治疗是精神病人意识到自己患有精神病后做出的理性反应,那么当法院对被告行为是否合理作出判断时,精神病人接受治疗的行为也应该成为法院的考虑因素。"②

---

① Id. at 167(footnote omitted).
② Id. at 425.

Shuman 设想，精神病人的行为必须符合以下两项因素才能适用主观标准：第一项因素是指侵害行为发生前精神病人必须出于善意到医疗机构接受了治疗，如果侵害行为发生前，被告并没有开始接受治疗，法院还应该遵循传统上客观标准的适用对精神病人的行为做出判断。没有对精神病的治疗做出努力的被告不能适用特殊标准。法院调查案件事实必须考虑的第二项因素是："以被告的精神问题，情绪问题和接受的治疗为根据，对被告能否控制自己的行为进行判断。"[①]如果侵害行为发生前被告主动接受了治疗，并且从各种迹象看，被告已经能控制自己的行为了，那么法院就应该适用客观标准；如果侵害行为发生前被告主动接受了治疗，但是被告还不能控制自己的行为，那么法院就应该适用主观标准对精神病人的责任作出判断。

  Shuman 还引用判例法对他的有限客观标准进行了论证。例如，在 Breunig 案中，法院适用主观标准对精神病人的侵权责任作出了判断。但是 Shuman 引用 Breunig 案对自己的理论进行论证存在很大问题。因为 Breunig 案中法院适用主观标准的原因是，被告预见不到也不能控制精神病的突然发作。但是有限客观标准认为，如果被告实施侵害行为前还没有开始接受治疗，即使被告的精神病突然发作，法院也应该适用客观标准。Shuman 没有对精神病突然发作的情况下仍然要适用客观标准作出解释。并且依照 Shuman 的理论，对患有无法治愈的精神病的被告，法院也要适用客观标准。如果 Shuman 的目的是鼓励精神病人接受治疗，那么，为什么对无法治愈的精神病人也要实施处罚呢？[②] 这是不合逻辑的。因此，应该对 Shuman 的有限客观标准进行修正，最好的修正办法是去除事实检验中的第一项因素，只保留第二项因素。也就是说法院应该"以被告的精神问题、情绪问题和接受的治疗为根据，对被告能否控制自己的行为进行判断"，从而确定有限的客观标准能否得到适用。

[①] Id. at 428.

[②] Judith Belliveau Krauss, R.N. & Ann T. Slavinsky, R.N. The Chronically Ill Psychiatric Patient And The Community 83 (1982), at 131.

五、过失法的调和

(一) 儿童

法院对儿童和突然遭受生理疾病的人采取比较宽容的态度,法院并不要求他们的行为符合一般理性人的标准。但是法院却要求精神病人的行为必须符合一般理性人的标准。这是难以理解的。一般情况下,法院适用主观标准对过失诉讼中儿童的行为作出判断,也就是说,法院以同等年龄、智力和经历下理性儿童的行为为标准来判断被告儿童是否存在过失。在 Dorais v. Paquin 案[1]中,美国新罕布什尔州最高法院指出:"通常情况下,理性成年人能够意识到危险的存在,并尽快采取措施避免损害的发生,但是儿童却不具备这样的能力。"[2]因此,法律应该以此类推,当精神病人无能力履行合理的注意义务时,法院就不应该以客观标准为根据要求精神病人承担损害赔偿责任。

(二) 突然的生理疾病

如果行为人突然遭受了生理疾病,并且在这种情况的影响下对他人造成了损害,那么法院就不应该完全适用客观标准对行为人的责任做出判断。例如,在 Hammontree v. Jenner 案[3]中,患有癫痫症的被告在驾驶中受到药物的影响,从而发生了交通事故,并对他人造成了伤害。但是法院没有要求被告承担侵权责任[4],法院作出的推理与奥利弗·温德尔·霍姆斯对严格责任提出的批评十分相似。霍姆斯在他的《普通法》一书中指出:"我们法律的一般规则是,意外事件之损害,应停留在它发生的地方。即使行为人遭遇了生理上或精神上的不幸,并在此影响下对他人造成了损害,这一规则也不会发生变化……否则,任何损害都足以使行为人承担侵权责任,即使行为人在生理损伤的影响下实施了侵害行为……为什么侵害行为或原告的损害不足以使被告承担责任呢?因为实施侵害必须是行为人自己做出的选择,也就

---

[1] 304 A. 2d 369 (N. H. 1973).

[2] Id. at 371 (citations omitted).

[3] 97 Cal. Rptr. 739 (Ct. App. 1971).

[4] Hammontree, 97 Cal. Rptr. at 742.

是说如果行为人有能力作出不实施侵害行为的选择，但是行为人却选择了实施侵害行为，那么行为人就应该承担侵权责任。引入这一道德因素的目的是为了鼓励有能力作出选择的行为人作出不实施侵害行为的选择。但是如果行为人不能预见损害的发生，或不能控制自己的行为，行为人就没有能力作出选择。"[1]

很难想象法院为什么区别对待突然遭受生理疾病和精神病突然发作的被告。并且，很多精神病医师都认为：从生物学的角度来看，精神病也是以生理疾病为基础的。因此，如果被告在精神病突然发作的情况下实施了侵害行为，法院不应该适用客观标准对被告是否尽到了注意义务进行判断。

六、结论

传统上，侵权法以严格责任为原则。虽然十八九世纪严格责任被过错责任取代，但是 17 世纪后期，法院仍然适用严格责任对精神病人的侵权责任做出判断。即使被告在精神病的影响下或精神病突然发作的情况下实施了侵害行为，被告也存在过失。也就是说，即使精神病人无能力避免损害的发生，他也要承担侵权责任。针对这种情况，本文提出建议，如果被告在精神病的影响下实施了过失侵害，并且被告无能力避免损害的发生，那么，法院就应该适用主观标准对案件做出判决。很明显，在精神病突然发作或精神病无法治愈的情况下，被告无法防止损害的发生，因此不应该受到谴责。

---

[1] O. W. Holmes, Jr. The Common Law 94-95 (1881).

精神病人过失侵权责任的评析

威廉·R. 卡斯图[*]著 黎晓婷[**]译

目　　次

一、导论
二、法律背景
三、精神病抗辩理由
四、结论

一、导论

在普通法系国家，精神病作为一项刑事抗辩理由已经由来已久，但它能否构成一项民事侵权的抗辩理由，至今尚无定论。在古老的 Weaver v. Ward 一案[①]中，普通法首次谈到了民事诉讼中的精神病问题。在该案中，名声显赫的审判法庭评论道："倘若一位拳击手在与对手竞夺桂冠之时，错手将对方击毙，他的行为不构成重罪；如果一名精神病人杀害了其他人，又或者其他类似的情况，行为人都无需受重罪处罚，因为重罪的构成要求行为人必须有实施重罪的故意（animo felonico）。而侵权法则应另当别论，它仅仅是为了对伤害或者损失情况给予损害赔偿……因此，任何人都不应被免除民事责任……除非法院认为行为人没有任何过错。正如有人抓着我的手来打你一样……"

Weaver 一案的判决理由是奠基于严格责任制度的基础之上。尽管在现代的过失侵权法中，古老的严格责任制度早已销声匿迹，但是 Weaver 一案有关精神病人的法官意见却依然行之有效。本文将探讨

---

[*] 美国得克萨斯技术大学（Paul Whitfield Horn University）法学教授，美国法学会成员。
[**] 中山大学法学院助教。
① 80 Eng. Rep. 284 (C. P. 1616).

过失侵权法上的精神病抗辩理由。虽然本文讨论的重点在于美国的侵权法，但偶然也会涉及其他普通法系国家的判例。

二、法律背景

在探讨精神病抗辩理由以前，我们必须首先讨论两个基本问题：过失与与有过失。本文对过失与与有过失的讨论将不会做到面面俱到，而只是针对那些与精神病抗辩理由紧密相关的问题进行研究。

（一）过失

在普通法中，过失是一个相对新颖的概念。即便如此，过失侵权已经成为侵权诉讼的主要来源。过失制度的基本理念是，如果行为人对自己非故意地造成的损害结果存在某种程度的过错，行为人就应当承担法律责任。所谓的"过错"并不是指行为人存在主观上的不足（subjective deficiency）。现行的趋势是从社会公共利益的角度来定义过错问题。

美国法学会（American Law Institute，简称"ALI"）在《美国侵权法复述》（第一版）第281条提出，过失侵权诉讼的诉因由以下四个基本要件构成："一是行为人所侵害的利益，是法律禁止第三人非故意地侵害的利益；二是行为对于受害者或受害者所属阶层而言，存在过失；三是行为是导致损害结果发生的法律上的原因；四是受害者的行为并未使自己丧失提起侵权诉讼的权利。"[1]

对于本评论而言，第二个要件显得尤其重要。虽然以上《美国侵权法复述》（第一版）的规定只是简单地提到行为人应存在过失，但要准确地定义"过失"一词却绝非易事。一份法律调查研究报告显示，过失并不等于疏忽大意（carelessness）。

美国法学会在《美国侵权法复述》（第一版）第282条将过失定义为："行为不符合法律所确定的、为保护他人免受不合理损害的标准。"[2] 由于人与人之间的关系如此纷繁复杂，引发的案件类型也是数之不尽。因此，为了使过失的概念囊括所有的案件情形，我们只能使用抽象的措辞。

---

[1] Restatement (Second) of Torts § 281 (1964).
[2] Restatement (Second) of Torts § 282.

当然，对过失的定义也不能过于抽象，以免它变得难以捉摸甚至神秘古怪。普通法为了建立统一的行为标准，使用了"理性人"的概念。所谓的"理性人"，只是一个概念——无论是过去还是将来，他都不是真实存在的。这一虚构人物的使用，主要是为了向法律提供一个客观的行为标准，防止法律采用主观的行为标准。虽然"理性人"被描述成一个时刻保持冷静、谨慎和小心的人，但是他也会犯那种竭尽小心谨慎也无法避免的错误。

陪审团在审查被告是否存在过失的时候，会将具体案件情形下的被告的行为与相同情形下的"理性人"的行为进行对比。如果被告的行为符合"理性人"标准，则被告不存在过失；如果被告的行为低于"理性人"标准，则被告存在过失。美国法学会和美国的法律对"理性人"标准做出了两个例外规定：当被告是未成年人，或者被告身体残疾时，不适用"理性人"标准。

如果被告是未成年人，他将适用"同等年龄、同等智力以及具备同等情形下的经验的理性人"标准。① 法律之所以对未成年人做出例外规定，是因为"公共利益给予他们（未成年人）福利与保护"。与此同时，这种规定还有充分的事实基础作依据，因为未成年人缺乏必要的经验来遵守成年人的行为标准，因此，强求未成年人遵守这种过高的行为标准是有失公允的。不仅如此，数目庞大的未成年人口有助于我们了解未成年人被期待实施什么样的行为。因此，智力迟缓或者聪明过人的未成年人应当适用较低的或者较高的行为标准。

如果被告身体残疾，他将适用"具有同等残疾状况的理性人"标准。② 这一例外规定的依据是，被告的身体残疾对于原告所声称的过失行为而言，是具有决定性作用的环境因素之一。被告在决定如何行为的时候，应当将自己的身体缺陷考虑在内。

与身体残疾人士适用例外规定相比，精神病人则无权享受这种待遇。其主要原因是，我们无法将人类千差万别的心智水平一一考虑在内。

---

① Restatement (Second) of Torts § 283A.
② Restatement (Second) of Torts § 283C.

（二）与有过失

"与有过失（contributory negligence）"和"过失"一样，也是较为新颖的侵权法概念。与有过失制度的作用在于阻止原告获得损害赔偿，即便被告也存在过失。美国法学会在《美国侵权法复述》（第一版）第463条将与有过失定义为："原告的行为低于为保护自己所应当遵守的标准，并且构成共有原因，与被告的过失共同导致了损害的发生。"①

与有过失与过失的不同之处在于，与有过失用于描述原告的行为，而过失则针对被告的行为而言。另外，与有过失是关于原告对自身的保护，而过失则是指被告懈怠履行自己向他人承担的义务，而非被告向自己承担的义务。因此，"他（原告）为保护自己所应当遵守的标准，是同等情形下的理性人标准"②。除了部分特殊的案件以外，同一种行为如果能够构成过失，一般也能构成与有过失。当然，与有过失理论和过失理论一样，也认为未成年人和身体残疾人士应适用例外规定。

大多数人认为，与有过失是一个过于苛刻的制度，因为它不让原告获得分文的损害赔偿。也正因如此，许多法院都尽可能将与有过失问题交由陪审团来裁决，或者适用其他侵权法律制度，如最后明显机会原则（last clear chance doctrine）或者与有过失的远因原则（remote contributory negligence），防止与有过失原则产生残酷的结果。

三、精神病抗辩理由

（一）过失侵权案件中的精神病抗辩理由

1. 美国法学会的态度

在1934年，《美国侵权法复述》（第一版）第283条明确地将精神病人排除在"理性人"标准的适用范围之外。③ 但与此同时，美国法学会又在该条的注释中补充道："对于精神障碍者是否需要遵守精神正常人为保护他人利益所应当遵守的行为标准，本协会暂不发表任

---

① Restatement (Second) of Torts § 463.
② Restatement (Second) of Torts § 464.
③ Restatement of Torts § 283 (1934).

何意见。"①

美国法学会的规定之所以如此模棱两可,是因为相关的案件实在寥寥可数。有权威学者提出,精神病人不应适用"理性人"标准。毫无疑问,他们对美国法学会采取早期的态度产生了重要的影响。

但是在1948年,美国法学会抛弃了原来的立场,删除了侵权法复述中明确将精神病人排除在"理性人"标准之外的规定。② 1965年出版的《美国侵权法复述》(第二版)还针对精神病人做了特别的规定。《美国侵权法复述》(第二版)第283B(以下简称第283B条)条写道:"如果行为不符合同等情形下的理性人标准,除非行为人是未成年人,否则,他的精神障碍或其他心智缺陷都不能豁免他的法律责任。"③

美国法学会还针对这个规定进一步提出四点不同的政策性因素:第一,法律难以准确阐明法院在判断过失问题时应考虑哪些类型的精神障碍。第二,在许多案件中,有关心智缺陷的证据都存在着一定缺陷,并且这些证据容易被伪造,陪审团在审查行为人是否存在心智缺陷及其性质、程度与影响的过程中常常是举步维艰;此外,还有人担心,这种做法会将刑法上的精神障碍抗辩理由的难题引入侵权法领域。第三,具有心智缺陷的人应当为自己造成的损害负责,而不能将这些损失推卸到无辜的受害者身上。第四,法律责任的施加能敦促精神病人的监护人"约束他们(精神病人)遵守法律规定"。在这四个理由当中,美国法学会显然最重视第三个理由。随后的有关与有过失的规定正好体现了这一点。该规定允许法院考虑原告具有精神障碍。美国法学会在第246条官方评论中指出:"第283B条的官方评论b讲述的政策性因素,尤其是精神病人的财产应用于补偿受害者的损害的观点,对于与有过失而言或许就没有那么大的说服力了。"④

美国法学会对精神病人适用"理性人"标准的主要理由,在司法界获得了广泛的认同,并且成为一种发展趋势。法院认为,既然精

---

① Restatement of Torts § 283 caveat, at 744.
② Restatement of the Law 654-58 (Supp. 1948).
③ Restatement (Second) of Torts § 283B.
④ Restatement (Second) of Torts § 464 comment g.

神病人几乎被一致认为应当为自己的故意侵权行为承担法律责任,那么,他们的过失侵权行为也应当适用相同的规则。第283B条实际上就是对现行有关精神病人故意侵权的判例法的类推适用。但这并不等于说美国法学会在判断精神病人的侵权责任之时,全然不顾被告具有精神障碍。原告大概是无法从精神病人那里获得惩罚性损害赔偿的,因为"惩罚性损害赔偿的目的……在于惩罚不当行为人,并且遏制行为人及其他人实施类似的行为"①,由于精神病人不具有可谴责性,并且精神病人本身无法被遏制实施类似的行为,因此,对精神病人适用惩罚性损害赔偿是有失偏颇的。判例法也证明了这一点。

2. 对第283B条的评析

除了以上四个政策性因素以外,美国法学会还将一系列有关精神病人故意侵权的案例作为第283B条的依据。然而,仅仅这五个理由是否足以支撑起整个第283B条,这是值得怀疑的。下文将逐一评析这五个理由。

(1)边界的划定问题。美国法学会的第一个理由是:"行为人的性格、智力与情绪的变化,并不能成为陪审团在考虑损害责任之时所予以考虑的事实问题。要在心智缺陷与性格、智力或者情绪的变化之间划定一条令人满意的界限,是十分困难的。"②"精神病"一词拥有如此丰富的含义,以致许多法院都不愿意在侵权法语境下对精神病进行定义。但是,即便部分精神病的严重程度还不足以使行为人免于适用苛刻的"理性人"标准,仍然会有足够严重的精神病能够左右法院对侵权责任的认定。全盘否定精神病抗辩理由,就是以剥夺那些本应受到保护的人行使抗辩的权利为代价,确保那些不应受到保护的人不能利用此抗辩权来逃避法律责任,显然这是有失公允的。而这种结果可以予以避免。

为了解决这个问题,法律可以规定,精神病人在完全丧失理智的时候,无需履行"理性人"的义务。这类被告理应不适用"理性人"标准。另外,这种标准的优点还在于,它与刑法上的"南顿(M'Naghten)"测试相类似,因此法院在适用这个标准的时候能获得丰富

---

① Restatement of Torts § 908, comment a (1934).
② Restatement (Second) of Torts § 283B, comment b (1).

的参考资料。

（2）举证问题。美国法学会的第二个理由是："在许多案件中，有关心智缺陷的证据都存在着一定缺点，并且这些证据容易被伪造，陪审团在审查行为人是否存在心智缺陷及其性质、程度与影响的时候常常会举步维艰；此外，还有人担心，这种做法会将刑法上的精神障碍抗辩理由的难题引入侵权法领域。虽然随着精神病医学的不断发展，这种考虑因素的重要性正在逐渐消减，但时至今日，它仍然是阻挠法律允许有心智缺陷的人不适用'理性人'标准的主要障碍。"①

以上解释的最后一句证明，第283B条的假设前提是，现阶段的科学水平还不足以对精神病做出准确的诊断。这一逻辑推理过程是不尽如人意的。人们对精神病医学的不信任，与其说是因为人们怀疑现代科学能否准确诊断重症精神病，还不如说是因为人们正在不断扩张精神病的医学定义。在这里，美国法学会再次为了确保那些不应受到保护的人不能利用此抗辩权来逃避法律责任，而剥夺了那些本应受到保护的人行使抗辩的权利。如果说，特定案件中的证据存在着一定缺陷，那绝对不是一个特殊的问题——正如被告无法证明自己患有精神病一样，他也可能无法证明有其他抗辩理由的存在。

有人担心当事人可能会假装患有精神病。这种顾虑看似有理，实则不然。我们还无法确定，有多大比例的当事人成功伪装成精神病人。况且我们在任何情况下，都不能为了阻止少数的骗子规避法律制度，而让大量的精神病人接受法律的惩罚。再者，那些认为当事人会假装精神病人的人完全忽略了精神病所带来的巨大羞耻感。在我们传统的中产阶级社会里，一个人被贴上精神病人的标签，简直是一种奇耻大辱。这种情感能够大大抑制当事人冒充精神病人。

（3）保护无辜的受害者。美国法学会的第三个理由是："我们感觉到，有心智缺陷的人要生存于世界上，就必须为他们造成的损害承担法律责任，并且如果他们拥有财产，这些财产就应当用来补偿无辜的受害者所遭受的损害，而不能白白地留在他们的手中。"② 法院对精神病人适用"理性人"标准的时候经常引用这个理由。它可能是

---

① Restatement (Second) of Torts § 283B, comment b (2).
② Restatement (Second) of Torts § 283B, comment b (3).

第283B条最强而有力的理由。然而，这种理由不过是古老的Weaver v. Ward一案中法官意见的现代版。法律的进步已经使17世纪的严格责任制度成为历史。如果法律的主要目的在于补偿无辜的受害者，那么过失的概念就应当从法律上消失，并且各种侵权行为法都应当建立在严格责任制度之上。另外，这种观点还忽略了精神病人的财产需要被用来支付昂贵的精神病治疗费用与看护费用。

精神病人本身无法满足"理性人"标准。对他们适用"理性人"标准，无异于让他们为自己的行为承担严格责任。因为他们没有能力预防这种责任的发生。公共政策不仅要求我们补偿无辜的受害者，而且还要求法律不强求行为人为力所不能及的事。我们理应平衡这两种公共政策。

时至今日，严格责任制度正逐步走向复兴，但是它的基础已不再是中世纪的侵权学说，而是其他公共政策。新的严格责任制度的基本理念是，损失应被分配给最能承受这些损失的人。因此，如果行为人从事危险的经营行为，他就能够预见，他需要为自己造成的损害承担严格责任。这是一项经营成本。类似地，商品生产商比消费者更善于分配损失。法院在适用这种新制度的时候，"倾向于强调，被告为了个人目的实施行为，并从中谋取了个人利益或者利润；不仅如此，被告还能将突发风险转嫁给社会公众，因此，他比无辜的受害者处于更有利的位置来管理这些风险"[1]。

现行有关严格责任制度的学说并不同意美国法学会的观点。其理由有二：第一，由于精神病人并非自愿地造成自己的精神病，因此，法律不应要求精神病人遵守"理性人"标准；第二，美国法学会所采用的方法并不能更好地分配损失，因为大多数精神病人比受害者还要贫困，而且他们没有任何途径将损失平均分配给社会公众。事实上，他们可能更需要这笔钱来支付精神病的治疗费用与看护费用。

(4) 敦促监护人适当履行监护义务。美国法学会的第四个理由是："我们相信，向他们（精神病人）施加侵权责任，将鼓励那些负责管理病人或者病人财产的人更加有效地看管病人、约束病人遵守法

---

[1] Prosser § 75, at 495.

律规则并且确保病人不伤害其他人。"① 然而，这种解释不过是协会一厢情愿的想法。绝大多数精神病人的监护人和那些对精神病人的财产享有利益的人都对精神疾病一无所知。他们大多以为，既然精神病是一项刑事抗辩理由，因而它也是一项过失侵权之诉的抗辩理由。即便监护人通晓法律，我们也很难相信，由于精神病人可能会在将来的某个时间承担侵权责任，因此监护人会比以往履行监护义务尽更多的注意，以约束他们的精神病人"遵守法律规定"。

(5) 有关精神病人故意侵权的案例。美国法学会为了解释第283B条提出的第五个理由是："一般而言，精神病人需要为自己的故意侵权行为承担法律责任。"② 这并不构成第283B条的合理性依据，而只是美国法学会对有关精神病人故意侵权的判例的认可。然而，所有关于精神病人故意侵权的案例都是以前述四个让人怀疑的政策性因素为依据的。本文对这四个因素的批判，无论是对于精神病人的故意侵权案件而言，还是对于精神病人的过失侵权案件而言，都同样适用。

至少有一位法律评论家反对美国法学会将精神病人故意侵权规则扩张适用于精神病人的过失侵权行为。他的理由是，在涉及故意侵权的案件中，"法院可以审查（被告精神病人）行为的基础（rudiments），尽管它可能是无法控制的。（但如果）法院要向被告施加过失侵权责任……就必须盲目地适用客观的理性人标准"③。

3. 评析有关精神病人过失侵权的判例法

在美国，Williams v. Hays一案④是第一个有关精神病人过失侵权的案例。在该案中，一艘帆船的船长在一场狂风暴雨中连续两天坚守岗位、与惊涛骇浪进行殊死搏斗。在第三天，他终于受不住精神的重压并且精神失常。船长在精神失常以后实施的行为导致帆船被吞噬于大海之中。保险公司的委托人对此提起了过失侵权之诉。

在一审期间，船长以精神病为由提出抗辩，并获得了一审法院的

---

① Restatement (Second) of Torts § 283B, comment b (4).
② Restatement (Second) of Torts § 283B, comment c.
③ Curran, Tort Liability of the Mentally Ill and Mentally Deficient. 21 OHIO ST. L. J. 52 (1960).
④ 143 N. Y. 442, 38 N. E. 449 (1894).

支持。在上诉期间,上诉法院认为精神病人也需要遵守"理性人"标准。但是上诉法院提出了例外的情形:"倘若被告精神失常的唯一原因,就是因为被告努力挽救狂风暴雨中的帆船,那么,这个案件就应另当别论了。被告对暴风雨的发生毫无责任,而且在风吼海啸之际,被告仍然坚持不懈地尽力挽救帆船,如果被告因此失去了其身体上的能力和精神上的能力,以致无法对船只继续履行注意义务,那么,即使他没有履行注意义务,也不存在任何过错。"

审理 Williams 一案的法院面临着一个两难的抉择。"毫无疑问,法院难以以行为人没有履行控制义务为由,强迫行为人为自己没有能力避免的结果承担法律责任,这样做甚至是有失公允的。"① 但与此同时,先例要求精神病人为他们的故意侵权行为承担法律责任。对此,法院做出了一个模棱两可的判决。法院一面吹捧先例的做法,一面提出了不适用先例的例外情况,让被告免受苛刻的"理性人"标准的束缚。

如果说,精神病人应适用"理性人"标准,那么,Williams 一案提出的不适用"理性人"标准的例外情况并无多大实际意义。法院声称该案被告对狂风暴雨造成其精神失常并无任何责任,然而在一般情况下,精神病人对诱发其精神疾病的环境因素都没有任何责任。因此,这种例外规则的唯一合理性依据就是,精神病人对自己的精神疾病并无任何责任,因此也不应当为此而受到任何惩罚。

大部分精神病人过失侵权案件都涉及交通事故。在 Sforza v. Green Bus Lines, Inc. 一案②中,一名公共汽车司机突然精神失常并且导致汽车失控,致使汽车撞向了一辆停泊在路边的卡车。案发时,原告正在卡车上分割冰块。市法院引用 Williams 一案并认定,公共汽车公司不得以汽车司机患有精神病为由提出抗辩。

在 Johnson v. Lambotte 一案③中,一名患有"妄想型精神分裂症"的被告正在医院接受治疗。在案发当天,她"哭闹着要马上离开医院回家"。她跑出了医院,并且偷开了一辆小汽车,随后发生了交通

---

① 143 N. Y. at 447, 38 N. E. at 450.
② 150 Misc. 180, 268 N. Y. S. 446 (N. Y. Mun. Ct. 1934).
③ 147 Colo. 203, 363 P. 2d 165 (1961).

事故。法院援引《美国法律释义》(corpus juris secundum)并认定，被告必须遵守"理性人"标准。

上述案例及其他类似案例都符合第283B条的规定，但它们未必是要求被告精神病人遵守"理性人"标准的合适先例。Sforza一案的特别之处在于，公共汽车公司提出了汽车司机所享有的抗辩理由，而非汽车司机本人提出了此种抗辩理由。再者，由汽车公司承担法律责任，能够合理地分配损失，并将损失转嫁给社会公众，而汽车司机则没有能力这样做。不仅如此，相关的案件证据并未涉及司机所患有的精神病的严重程度，以及司机还能否履行注意义务。Johnson一案也是一个有缺陷的先例，因为该案的法官意见缺乏充分的理由作依据——法院并未讨论任何政策性因素或相关案例，就直接轻率地以《美国法律释义》为依据。其他案例也是有所不同的，它们的判决依据都是成文法而非普通法。

加拿大的Buckley & Toronto Transportation Com'n v. Smith Transport, Ltd.一案①提出了较好的观点。在该案中，被告的卡车撞毁了原告的汽车。案发时，卡车司机的突然妄想症发作，以为被告正在卡车公司总部通过无线电波远程控制他的卡车。法院引用加拿大的早期判例，认定被告不负有任何责任，因为"原告为了向没有恶意和故意的，而仅仅存在过失的行为人施加责任，必须证明被告是在神志清醒之时违反了法律义务"。法院提出，它的判决仅适用于精神病"是如此严重……以致被告在实施原告所起诉的行为时无法真心而为之……"

最近在威斯康星州发生的Bruenig v. American Family Insurance Co.一案②，与Buckley一案有着惊人的相似之处。在Bruenig一案中，被告的被保险人在驾驶小汽车的过程中，脑海中突然闪过一个念头：上帝控制住了汽车的方向盘。当被告看到一辆卡车正迎面驶来，她使劲猛踩油门，准备从卡车上方飞过去。"她知道自己能够翱翔于天际，因为蝙蝠侠也能够这样做。"法院说道："让她吃惊的是，自己在撞上卡车以前居然没能飞起来，而是在猛烈的撞击之中被撞飞车外。"法院讨论了复述的规定，并表示了反对的态度："复述的有关

---

① [1946] 4 D. L. R. 721. Dean Prosser引用并赞同这一案例。Prosser § 135, at 1002.
② 45 Wis. 2d 536, 173 N. W. 2d 619 (1970).

精神病不能成为抗辩理由的规定实在是过于宽泛，尤其在本案中，司机没有受到任何昭示，而突然精神病发作或者突然丧失了理智，她根本无法遵守同等情形下的理性人标准。"法院引用 Buckley 一案并表示认同该案的判决。法院解释道，既然人们一般无需为突发的疾病——如癫痫症——所引发的后果承担法律责任，那么他们也无需为突发的精神病所造成的结果负责。

虽然 Bruenig 一案并没有照搬 Buckley 一案，但是二者的论证逻辑是相同的。依据 Bruenig 一案，如果行为人明知自己患有间歇性的精神病，他就应当采取措施防止损害的发生，例如不驾驶汽车。但如果行为人事先没有受到任何提醒而突然精神病发作，他就无需承担任何法律责任。这种观点的实质是，只有那些有能力实施合理注意的人才有遵守"理性人"标准的义务。一个濒临精神失常的人根本无法预见自己将实施过失行为，并防止自己实施这些行为。同理，如果医生告诉间歇性精神病人他已经完全康复，那么，他就没有义务预防自己因精神失常而实施过失行为，至少在近期他不负有这种义务。

（二）与有过失

1. 美国法学会的观点

对于患有精神病的原告的与有过失问题，美国法学会在两部侵权法复述中都采取了相同的观点："除非原告是……一名精神病人，否则，原告的行为必须符合同等情形下的理性人标准。"[①] 美国法学会在其早期的有关精神病人过失侵权的规定中，曾模棱两可地指出："对于精神病人是否需要遵守社会要求精神正常人为保护他人利益所应当遵守的行为标准，本协会不发表任何意见。"美国法学会对此注意事项发表的官方评论指出，有关精神病人的与有过失的案件实在是寥寥可数，而且第 283B 条背后的政策性因素也许不能适用于精神病人存在与有过失的情况。当然，如果患有精神病的原告显然是无辜的并且心智正常的被告被认定为存在过失，侵权行为人就应当赔偿无辜的受害者所受到的损害。

2. 判例法的态度

与美国法学会模棱两可的观点相比，判例法则显得更为彻底。所

[①] Restatement of Torts § 464 (1) (1934); Restatement (Second) of Torts § 464 (1).

有案例几乎一致认为,精神病人不适用"理性人"的自我保护行为标准。Noel v. McCraig 一案①说明了这一点。在该案中,原告是一名正在精神病院接受治疗的病人。案发时,他漫无目的地游荡在马路中央,并被被告所有的一辆卡车撞倒在地。法院认为:"当一个人如此彻底地丧失了理智,以致没有能力理解明显的危险并避免这种危险的发生,我们就不能说这个人存在过失。"

法院之所以区别对待精神病人的过失问题与精神病人的与有过失问题,其原因是多种多样的。正如美国法学会所说,要求精神病人遵守"理性人"标准的政策性因素不太适用于精神病人的与有过失问题。再者,与有过失原则所导致的残酷结果广为人们所诟病,法院常常为了改变这种结果而绞尽脑汁。

四、结论

随着人类的心理知识日益增长,精神病等概念也在不断变化。人们不断扩张精神病的定义,以致法律制度有点措手不及。50年前,我们可以轻易地说,精神病人对他们的行为没有任何责任。但在今天,有科学家声称,有关责任的概念已经不合时宜,人类的行为应当由环境来决定。若果真如此,侵权法的理论基础就应当改弦更张,并赋予严格责任制度以前所未有的重要地位。但时至今日,这种环境决定理论仍未赢得科学界的普遍认同,更不用说是法学界了。因此,有关责任与过错的概念应当被保留下来。

尽管美国法学会也认为,患有精神病的侵权行为人应为自己的行为承担法律责任,而且判例法也在某种程度上支持这种观点,但它忽视了有关责任与过错的概念。对精神病人而言不幸的是,这种观点在故意侵权领域是如此根深蒂固,以至于现在并不能迅速地加以改变。但这并不能成为我们在过失侵权领域重复犯错的理由,对于精神病人,我们不能适用他们力所不及的行为标准。

要准确地判断何种程度的精神病才足以使行为人免于遵守"理性人"标准,是十分困难的。对于精神病人,我们不能一律适用"理性人"标准,而应当运用某种测试来保护那些于特定环境中明显

---

① 174 Kan. 677, 258 P. 2d 234 (1953).

丧失了理智的人。笔者并不认为"南顿"测试优于其他测试。笔者只是提出,在现代精神病学的帮助下,我们有必要而且有能力创设出一种新的规则,用以区分严重的精神病人与其他精神病人,因为后者并未完全丧失履行合理注意义务的能力。由于《美国侵权法复述》(第二版)第283B条缺乏充分的政策性理由作为依据,因此,我们应废除这种规定。另外,美国法学会针对精神病人的与有过失问题的规定,应放宽其对重症精神病人的限制,这不仅是为了与现行的判例法保持一致,而且更是为了创设出一个清晰、合理并且富有人情味的规则。

侵权法上看护关系对精神病人责任的影响

莎拉·莱特[*]著　王丽锋[**]译

目　　次

一、导论
二、传统规则分析
三、侵权法和看管下的精神病人
四、现代理论的转变
五、精神病人的义务分析
六、赔偿问题的解决
七、结论

一、导论

Milton D. Green 在1944年发表的一篇论文中引用临床精神病医师的话指出："一个长期从事精神病治疗并获得成功的医师认为精神病人和普通人之间最大的差别就是精神病人长期被关在医院的高墙之内。"[①]

当代侵权法明确支持对精神病人实施拘禁。这一做法鼓励家属将精神病人送进专门机构，并阻止精神病人重返社区。正是因为当时的观点倾向于对精神病人实施拘禁，侵权法主张精神病人应该为自己的侵权行为承担责任。本文对这一主张提出了质疑，因为很多情况下拘禁并不能给精神病人带来最大利益，实施拘禁也不是治疗精神病人的最好方法。也许家属为了避免精神病人的侵权行为带来的经济赔偿，会对精神病人实施拘禁。不管拘禁能给家属挽回多大的经济损失，但

---

[*] 身份不详。
[**] 中山大学法学院助教。
[①] Milton D. Green, Proof of Mental Incompetency and the Unexpressed Major Premise, 53 Yale L. J. 271, 271 (1944).

是在现代社会任何人都不能对精神病人实施不必要的拘禁。拘禁理论已经不符合现代美国社会对精神病人的看法了。法院、律师和学者应该重新考虑拘禁理论的可适用性。虽然侵权法仍然固守它以前的观点，但是自20世纪早期以来，美国民权法就彻底转变了它对精神病人的看法。本文认为法院判断精神病人的过失责任时，不应该将焦点放在被告是否被拘禁上，而应该更加关注当事人之间的关系，当事人获得的信息，当事人的期望和当事人防止损害发生的相对责任。

正文共分为五部分。第二部分指出传统上侵权法根据"理性行为人"这一客观标准要求精神病人为自己的侵权行为承担责任。法院也要求精神病人承担责任，因为这样做可以对患有精神病的家属实施拘禁，并进一步防止精神病人对其他无辜的陌生人乃至整个社会造成伤害。第三部分论证在1991年之前，以精神病人为被告的案例中只有四则案例对看护关系进行了讨论，大多数法院还没有认识到看护关系在判断被告侵权责任上的重要性。这一部分分析了为什么传统上法院要求精神病人为自己的侵权行为承担责任，甚至当受害人是看护人时也要承担责任。很多情况下家属已经采取了一定的措施对精神病人进行看护，他们或者将精神病人送进专门机构，或者在家为精神病人雇用看护，为什么这种情况下精神病人还要为侵权行为承担责任。但是1991年前，学者们都不怎么重视拘禁理论，再加上只有极少数案件的被告是被拘禁的，因此当时的学者并不认为拘禁理论可以作为精神病人承担侵权责任的原因。

但是，在1991年之后出现的大量案件中，拘禁理论受到越来越多的重视。在第四部分中，作者列出了几则案例，这些案例对精神病人承担责任的一种例外情形进行了认可。在这些案例中，看护人对他或她看护的精神病人提起了故意侵权诉讼或过失侵权诉讼，虽然根据一般规则精神病人应该为自己的侵权行为承担责任，但是法院没有这样做，法院认为精神病人承担侵权责任存在例外情形，住在专门机构的精神能力欠缺者对其看护人不承担注意义务。法院认为要求这类精神病人也承担侵权责任，不利于激励家属对精神病人实施拘禁。但是这些案例判决都将精神病人承担责任的例外情形限定在较狭窄的范围内，所以将来法院也只能在这一范围内适用例外。法院对拘禁理论的关注，再加上越来越多的案件以住在专门机构的精神病人为被告，使人们形成一种观念，那就是应该对精神病人实施适当的拘禁，并且这种观念越来越强烈。

第五部分主要讲述1991年之后，法院审理以精神病人为被告的案件时，适用无义务规则免除了精神病人的责任。作者指出法院的这种做法是正确的，并且法院不是依据拘禁理论，而是依据看护关系做出了这样的判决。法院依据看护关系得出的无义务规则将鼓励家属为精神病人寻求恰当的专业看护，而不是将精神病人拘禁起来。那么对特定关系中是否存在注意义务进行判断时，应该考虑哪些因素呢？在这一部分中作者提出了自己的建议。最后，作者在第六部分中主张通过侵权体系之外的制度对受到伤害的看护人进行赔偿。虽然法院适用无义务规则免除了精神病人的责任，但是看护人受到的损害还是应该得到赔偿。因此，必须建立一种制度保证合格的看护人员愿意继续看护精神病人，而不必担心受到的伤害得不到赔偿，不管看护人是任职于大型的州立机构还是被私人家庭雇用。这一制度还要保证专业看护人员在最小的约束环境下为了精神病人的利益实施看护，保证精神病人在无需担心侵权责任的情况下寻求最恰当的治疗。

二、传统规则分析

（一）传统规则

美国侵权法传统上认为精神病人不能以精神障碍为由对故意侵权或过失侵权提出抗辩，法院应该适用理性行为人的客观标准对精神病人的责任作出判断。这一传统规则最早可以追溯到英国的 Weaver v. Ward 案[①]。法院对该案进行审理后认为："如果一个精神错乱的人伤害到他人，那么他就应该为自己的侵害行为负责……除非可以证明此人完全没有过错。"[②] 随后在英国的 Cross v. Andrews 案[③]中，法院要求未履行安全保障义务的旅馆主人承担责任："虽然旅馆主人是记忆力不健全的人，但是这并不能表明他无需承担侵权责任，也不能表

---

① 80 Eng. Rep. 284 (K. B. 1616).
② Id. see also Francis Bohlen, Liability in Tort of Infants and Insane Persons, 23 Mich. L. Rev. 9, 16 (1924).
③ 78 Eng. Rep. 863 (Q. B. 1598).

明他不需要承担损害赔偿。"① 这一传统规则不仅得到许多法院判决的支持,例如,Oliver Wendell Holmes 案的判决,还被美国普通法引入。虽然如此,其他人仍对精神病人承担的无过错责任提出了批评。

(二) 复述法的发展

《美国侵权法复述》的发展见证了传统规则的形成。1934 年出版的《美国侵权法复述》(第一版)暗示精神病人可以对过失诉讼提出抗辩:"对行为人是否存在过失进行判断时应该遵循相同或相似情形下理性人的行为标准,除非行为人是儿童或精神病人。"② 美国法学会对复述法的这部分进行说明时称:"社会为了满足其他人的利益要求,为精神病人设定了行为标准,那么精神病人是否应该遵循这样的行为标准呢,对此法学会不发表任何意见。"③ 因此,还不能确定应该遵循怎样的标准对精神病人的行为作出评价。

《美国侵权法复述》(第二版)则明确了精神病人的行为标准,它删除了前版对精神病人适用例外情形的规定,并主张适用理性行为人的客观标准对精神病人的行为作出评价。修正后的条款规定:"除了儿童之外,任何人的行为都应当遵循相同或相似情形下理性人的行为标准,即使是精神错乱者或精神能力欠缺者也不例外,否则他就要为自己的行为承担责任。"④ 与此相比,《美国侵权法复述》(第二版)却适用有限的主观标准对残障人员的行为进行判断,也就是残障人员的行为应当遵循"遭受相同或相似伤残的理性人的行为标准"⑤。

20 世纪的许多学者对客观标准提出了批评。他们认为侵权制度中普遍以过错作为侵害人承担赔偿责任的前提,因此,无过错的精神病人不需要承担责任,并且对精神能力欠缺者和身体残疾者适用不同的行为标准也是不合理的。如果法院适用客观标准判断被告的行为,那么法院就不可能对被告的精神状况或智力缺陷等细节有充分的了

---

① Id. (emphasis added).
② Restatement of Torts 283 (1934).
③ Id. at 744; see also William R. Casto, Comment, The Tort Liability of Insane Persons in Negligence: A Critique, 39 Tenn. L. Rev. 705, 710 (1972).
④ Restatement (Second) of Torts 283B (1965).
⑤ Id. 283C.

解。大多数学者建议法院采取主观标准对不同被告之间的差别进行了解,因为不同精神状况的被告理解和控制行为的能力不同。

(三) 传统规则的政策基础

在传统规则的适用过程中,法院明确指出:基于几项公共政策的考虑,精神病人的行为应当遵循理性行为人的客观标准。法院没有对被告的精神状况等事实细节进行调查,反而以政策为导向展开了广泛的分析。法院指出的几项政策之间是相互联系的,该部分将依次对它们进行分析。

1. 赔偿理论

法院主张:"如果两个无辜者中必须有一人承受损失,那么必然是导致损害发生的人来承受。"① 这一理论从哲学的角度看待赔偿,如果侵权制度完全关注于对受害人的赔偿,而不是对侵害人的责难,那么对精神病人的行为适用客观标准就比较适当了。一些学者提出质疑如果要求没有过错的精神病人也承担责任,那就证明过错这一道德概念并不是侵权责任成立的基础。但是赔偿理论可以激励家属对精神病人实施拘禁。对精神病人适用客观标准可以迫使精神病人远离社区和其他人,因为只有这样精神病人才能保证不对其他人造成伤害,从而避免责任的承担。正如一名学者所说:"除非将盲人与其他人完全隔离,否则我们不能要求盲人像其他能够看见的人一样行为……因为如果盲人或聋人想要过体面的生活,他也必须使用街道……"② 同盲人一样,法院对精神病人适用客观标准也会将精神病人与其他人隔离开来。但是相比较而言,法院对盲人的生活有较多的关注,法院认为应当允许盲人在社区内过着"体面的生活"。但是对于精神病人,法院却没有这样的考虑。法院明确并积极鼓励社会对精神病人实施隔离。

堪萨斯州最高法院对赔偿理论和拘禁理论的联系进行了分析:"如果精神病人因为精神错乱而被拘禁,并在拘禁的过程中对他人或他人的财产实施了侵害行为,那么让精神病人的邻居或其他社会公众

---

① Seals v. Snow, 254 P. 348, 349 (Kan. 1927); cf. Beals v. See, 10 Pa. 56, 61 (1848).
② See Warren A. Seavey, Negligence-Subjective or Objective? 41 Harv. L. Rev. 1, 12 (1927). at 13 – 14, 27.

承担损害后果既是不公平的也是不公正的,正如要求精神病人自己承担责任一样,因为要求被拘禁的精神病人承担损害赔偿责任也是不公平的和不公正的。"

但是有学者对这一理论提出了批评,他们认为不管是"无辜者中的一人",还是赔偿理论,都不过是严格责任的另一种表述而已。不管是什么时候,对精神病人适用严格责任都是不公正的。并且赔偿理论也是在侵权体系的范围内进行讨论的,因此学者们并没有提出一种非侵权体系内的社会保障制度来对受害人进行赔偿。

2. 证明/假装理论

证明理论是法院支持客观标准的第二个政策基础。法院暗示适用客观标准可以避免对被告的精神状况进行判定和证明,因为被告可能是假装的精神病人。但是对证明理论提出批评的学者指出法院忽视了很重要的一点,那就是被告以患有精神病提出抗辩会使他的名誉下降,这在很大程度上降低了被告假装精神病人的可能性,因此很少有人会假装自己是精神病人。

虽然对被告的精神状况进行判定存在困难,但是这并不能成为法院放弃主观标准的适用并逃避事实调查的理由。虽然否定精神病这一抗辩事由使法院避免了费时又费力的调查,但是这些调查并不会使法院陷入混乱。因为法院适用合同法和刑法审理案件时,也经常对当事人复杂的精神状态进行司法分析。"在解决监护人的责任,合同或遗嘱的效力,或其他领域的问题时都需要对当事人的精神状况进行判定,因为法律对待不同精神状况的当事人的方式不同……"[①] 这些事实调查不会给法院带来很大的困难,证明理论扩大了判定工作的难度。甚至在侵权法中法院也需要对当事人的精神状况作出判定,例如,当法院认为作为原告的精神病人存在过失时,法院就会适用主观标准对原告的精神状况作出事实判定。

证明理论和拘禁理论也存在联系,但是,法院通常都意识不到这一点。如果被告实施侵害行为时正被专门机构拘禁,那么法院就不必担心被告是否是假装的精神病人。但是,如果被告在专门机构外实施

---

① James W. Ellis, Tort Responsibility of Mentally Disabled Persons, 1981 Am. B. Found. Res. J. 1079, 1089 (1981).

了侵害行为，那么法院仍然会适用客观标准对被告的行为作出判断。

3. 拘禁理论或拘禁逻辑

虽然学者提出的赔偿理论和证明理论推动了客观标准的适用，但是拘禁逻辑也开始发挥其同等重要的影响作用了。法院明确指出："为了激励家属对精神病人的行为进行限制，公共政策要求法院适用客观标准对精神病人的行为作出判断。"[1] 美国法学会对《美国侵权法复述》（第二版）第283条第二款进行解释时称"心智有缺陷的人要想在世界上生存，就必须赔偿他们造成的损失"[2]，"这种责任的承担将激励心智缺陷者的监护人或财产管理人对他们实施良好的照顾，以防止损害的发生"[3]。社会要求心智缺陷者承担赔偿责任，并鼓励家属对精神障碍者实施拘禁的做法表明一种观念已经形成，那就是应该将"心智缺陷者"与整个社会隔离。Milton D. Green在一篇文章中明确指出："应当将精神病人送进专门机构照看，使他们远离社会人群，这样才能保证他们的行为不对其他人的生活造成干扰，这和对传染病人实施的隔离检疫是十分相似的……"[4]

如果精神病人居住在社区中，那么法律就必须强加于精神病人额外的负担，并以此迫使精神病人远离社会。

这种社会观念也影响到法院的判决，人们普遍对精神病人产生了惧怕心理，并将他们与巫术、罪恶等联系起来。马歇尔法官在克里本市诉克里本生活中心案[5]中对这一现象做出了认可："精神存在障碍的人遭受了'长久的与悲惨的'隔离和歧视，他们只能被称为怪物……近年来，随着达尔文进化论、优生科学以及陌生恐惧症的兴起，医学领域的权威人士也开始将'精神能力欠缺的人'视为'文明社会的威胁……视为很多社会问题的罪魁祸首'。社会普遍对精神病人

---

[1] Polmatier v. Russ, 537 A. 2d 468, 471 (Conn. 1988); see also Jolley v. Powell, 299 So. 2d 647, 648 (Fla. Dist. Ct. App. 1974).

[2] Restatement (Second) of Torts 283B cmt. b (3) (1965).

[3] 同②cmt. b (4) (1965). see also William R. Casto, Comment, The Tort Liability of Insane Persons in Negligence: A Critique, 39 Tenn. L. Rev. 705, 710 (1972), at 711 & n. 43.

[4] Milton D. Green, Proof of Mental Incompetency and the Unexpressed Major Premise, 53 Yale L. J. 271, 271 (1944), at 271.

[5] 473 U. S. 432 (1985).

产生了痛恨和敌对的情绪，不久之后政府也对精神病人采取了隔离措施，实际上，精神病人遭受的待遇同黑人遭受的一样恶劣。大型的看护机构建了起来，存在精神障碍的人终身都被安置在那里……州立法还将精神存在障碍的人视为'不合格的公民'……偏见一旦形成就很难受到约束。"①

就像最高法院在 Buck v. Bell 案②中的态度一样，许多州都通过制定强行法对精神病人进行规制，这些法律明确鼓励人们对精神病人实施隔离，它们认为这样做不仅可以减少社会受到的伤害，并且对精神病人自己也是十分有益的。

但是，拘禁理论的法学分析很难获得专业人士的一致赞同，大多数专业人士都认为应当在社区内为精神病人提供约束最少的治疗环境。这种治疗方式可以为精神病人提供可靠的收入、住房选择、社会福利服务、专业医疗服务和临床服务。虽然在 20 世纪早期对精神病人实施拘禁是有意义的，但是随着非机构化运动的兴起和现代医疗政策的改革，拘禁理论已经不符合现代社会的理念了。现在民权法的规定同侵权案例中普通法关于精神病人的法律分析有很大的不同。法律关于精神病人的观念在 20 世纪后期发生了重大的变化，现在人们已经认识到让精神病人在约束最少的环境下与其他人接触是非常重要的，这种观念的转变在美国残疾人法案中也有所体现。

最高法院在 Olmstead v. L. C. 案③中指出："不合理的隔离行为……被认为是对残疾人的歧视。"④ 这一主张反映了法院作出的判断"将精神病人拘禁在特定的机构中使精神病人各方面的日常活动都大大减少，包括家庭关系，社会接触，工作选择，经济独立，教育发展和文化充实"⑤。法院主张对精神病人实施拘禁意味着歧视，因为"为了接受必需的医疗服务，精神障碍者就要放弃社会生活的参与，

---

① 473 U. S. 432 (1985), at 461-64.
② 274 U. S. 200 (1927).
③ 119 S. Ct. 2176 (1999).
④ 同②, at 2185.
⑤ 同②, at 2187.

但是其他没有精神障碍的人接受医疗服务就不必作出这样的牺牲"①。不同法律关于精神病人的观点产生了严重的分歧,民权法偏向于为精神病人提供约束最少的治疗环境,而侵权案件中法院的推理更乐意对拘禁进行支持。James W. Ellis 在《精神病人的侵权责任》一文中否决了拘禁理论,他指出:"新的制定法和判例法对精神病人的看法已经发生了转变,主要体现在义务的承担,监护人的职责,保密性,病人的同意和医疗机构条件等方面……"② 因此,侵权法应该遵循民权法的做法,承认精神病人具有完全的公民身份,法院也不应该固守过去的理论,而应当考虑现代医学和社会对精神病人的看法,从而做出公正合理的判断,否则就会陷入理论僵化的泥沼之中。

4. 对拘禁理论的质疑

学者从多个角度对拘禁理论提出了质疑:①很难确定传统侵权体系的设计能否对精神病人产生激励,因为这一问题的回答必须依赖经验的证明。立法者制定侵权法时假设人们可以通过法律的规定认识到自己享有的权利和承担的义务,并遵照法律的规定行事。但是这一假设对于精神病人来说是不成立的,因为精神病人不可能认识到行为的法律后果,更别说控制自己的行为了,因此要求精神病人控制自己的行为根本就是无稽之谈,侵权法不可能对精神病人产生激励。即使侵权法可以对精神病人产生激励,但是人们对法律的误解会将这种激励产生的积极效果抵消。人们可能会对法律产生误解,因为刑事诉讼中允许被告以精神错乱为由提出抗辩,因此一些人就认为民事侵权诉讼中精神错乱也可以作为一种抗辩事由提出。②拘禁理论假设监护人能够控制精神病人的行为,但是事实可能并非如此。③有证据证明精神病人往往是依靠政府援助来维持生计的,一个无所失的人是不会改变自己的行为的,即使法律要剥夺他们的财产,他们也无所畏惧。④只依靠侵权体系的激励而不考虑其他因素对相关当事人的影响是不现实的,例如关爱、担心、剧变、困窘、害怕或看护费用等都可能对当事

---

① See also Brief for United States as Amicus Curiae Supporting Respondents at 6 – 7, 17, Olmstead (No. 98 – 536).

② James W. Ellis, Tort Responsibility of Mentally Disabled Persons, 1981 Am. B. Found. Res. J. 1079, 1089 (1981), at 1079 – 80.

人的行为产生更直接的影响。

但是学者 Splane 却提出：客观标准的适用可以促进非机构化的实现，并使精神病人重返社区。她认为客观标准可以将社区非机构化的负担降到最低，并鼓励社区接受精神病人，使精神病人获得充分的自主。[①] 但是 Splane 的分析忽略了一种很特殊的情况，那就是当精神病人和受害人之间存在看护关系时，适用客观标准对精神病人来说是不公平的。在这种情况下，人们更容易接受非侵权体系内的赔偿方式。

不管传统侵权法能否对精神病人产生真正的激励，拘禁理论都是得不到认可的。首先，拘禁行为能否带来直接的积极效果很难确定，如果拘禁对精神病人来说只是不必要的约束，那么法院就不应该对精神病人实施拘禁。其次，精神病人的公民身份已经得到了完全的认可，他们要求法律和社会给予他们同等的关注和尊重。拘禁理论对精神病人的态度已经不符合现代社会的理念了。因此，拘禁理论应该被抛弃。

文章的下一部分对 1991 年前涉及看护关系的案例进行了分析，通过分析，作者指出当时的法院并没有认识到看护关系在精神病人责任问题上的重要性。

三、侵权法和看管下的精神病人

在 1991 年之前，只有少数法院对看护关系下精神病人的侵权责任进行了讨论。在这些案例中，看护人主张精神病人对其实施了故意侵权行为或过失侵权行为，精神病人则以精神能力欠缺和看护关系为由提出了抗辩。但是法院对这两项抗辩都进行了否决，法院坚持遵循传统规则，并认为即使当事人之间存在看护关系，精神病人也要承担侵权责任。在这些案例中，首次讨论看护关系的案例涉及的原告主体是家庭看护而不是在专门机构工作的专业看护。因此，当侵权行为发生在专门机构中时，法院没有任何先例可循，因此法院认为精神病人需要为看护人受到的损害承担责任。

---

① See Stephanie I. Splane, Note, Tort Liability of the Mentally Ill in Negligence Actions, 93 Yale L. J. 153, 163 – 69 (1983).

(一) 1991年之前的案例

1. McGuire v. Almy 案

首次对看护关系下精神病人的侵权责任做出判决的案例是McGuire v. Almy 案。① 在该案中，原告是经过培训并持有有效证书的护士，被告的家属雇用原告对被告进行照顾。当原告知道被告时不时会有暴力或不友好的倾向时，就将被告关在房间里，除非她和被告待在一起时才将被告放出来。当被告威胁原告和女仆要将她们两人杀害时，原告进入被告的房间进行劝阻，但是原告刚进入房间内，就遭遇了严重的伤害。马萨诸塞州最高法院认为精神病人应该对他实施的人身攻击承担责任。

初审法院对案件进行审理时，产生了一个疑问，那就是能否基于被告是精神病人的考虑而做出有利于被告的判决。通过对先前案例进行分析，初审法院作出了总结：法院通常都依据传统规则主张精神病人应该为自己的行为负责。不管是在故意侵权诉讼中，还是在过失侵权诉讼中，这一传统规则都没有发生任何变化。即使法院为了判断被告的理解能力或做出合理的判决，而对不同类型和不同程度的精神病造成的影响进行了讨论，传统规则也不会发生变化，虽然传统规则有时不要求无能力的精神病人承担侵权责任。

先前的法院主要以公共政策为基础对这类案件做出判决，而不是对被告的精神能力或当事人之间的关系等事实细节作详细的调查。认识到这一点之后，Almy 案的初审法院拒绝适用主观标准对精神病人的行为作出判断。法院也没有考虑到可以运用侵权体系以外的制度对受害人进行赔偿。最后，法院依据几项公共政策对客观标准进行了适用，法院首先表明"判断侵权责任的规则应当激励监护人对精神病人行使更良好的照顾……"②

尽管法院意识到客观标准招致了很多学者的批评，但是法院还是遵循了传统规则。法院首先对传统规则的政策基础进行了分析，接着法院对原告知道的或同意的事实细节进行了调查，最后法院主张被告为他有能力知道并且事实上期待发生的故意侵权行为承担责任。法院

---

① 8 N. E. 2d 760 (Mass. 1937).

② Id.

还断言客观标准适合于对被告的过失责任作出评价。

在案件的审理过程中，被告以存在看护关系为由提出了抗辩，被告主张原告同意与他建立看护关系，就表明原告同意承受可能的损害。被告指出："因为原告在知道被告患有精神病的情况下愿意承担起照看被告的义务，原告在被告的威胁下仍然自行走进被告的房间，因此就表示原告同意承受可能的损害或风险，原告受到的伤害是原告经过合同自愿同意承受的。"[1] 对此法院作了更深入的事实分析。

法院认为原告对损害的同意并不成立，当然也不能作为被告的抗辩事由。法院将原告同意照看和同意承受损害进行了区分：

虽然原告在明知被告患有精神病的特殊情况下同意对被告进行照顾，但是我们认为这并不代表原告也自愿承受可能的损害。任何人都不可能对故意的侵害或明知的危险表示同意。

对原告的同意这一抗辩进行分析时，法院没有找到任何证据可以证明被告之前袭击过或威胁过原告，也没有证据可以证明"原告进入被告房间之前有遭受损害的危险"[2]。但是，法院没有对被告是否有能力控制自己的行为或履行注意义务进行分析。通过以上的分析，我们可以看出法院最根本的考虑是保证受害人获得赔偿。虽然这一案例在看护关系的分析上开了先例，但是它并没有涉及精神病人的位置问题，因为本案中精神病人是在家，而不是在专门机构中接受看护的。

2. Van Vooren v. Cook 案

第二个对看护关系进行讨论的案例是 Van Vooren v. Cook 案[3]。在该案中，被告服役后患上了抑郁症，并到精神病院住院接受治疗。原告是一个没有经过培训的看护，他只负责服侍病人吃饭，整理床铺和清洗地板。在工作期间，有人告诉他这里的很多病人包括被告 Cook 都很难相处，有时会被工作人员锁在房间内，因此最好不要单独进入 Cook 的房间。但是原告不管别人对他的忠告，仍然独自进入

---

[1] Id.
[2] See David E. Seidelson, Reasonable Expectations and Subjective Standards in Negligence Law, 50 Geo. Wash. L. Rev. 17, 19-20 (1981). at 45 n. 106.
[3] 75 N. Y. S. 2d 362 (App. Div. 1947).

被告的房间，随后原告就遭到了被告的攻击。法院认为，原告没有对被告的攻击行为表示同意，被告应该承担侵权责任。法院依据传统规则的政策基础对案件做出了判决；但是，法院没有对拘禁理论作出详细的分析，也没有对拘禁理论提出质疑。

同 McGuire 案一样，本案中被告也以原告同意为由提出了抗辩。但是法院否决了被告的抗辩，具体原因有两个：一是不存在任何先例。二是"即使原告的同意可以作为一项抗辩事由，但是被告对原告的身体攻击也不能超过同意的范围。"① 在本案中，法院认为原告在明知的情况下进入被告的房间并不表示原告同意承受侵害，而且原告并没有意识到被告的异常情绪。法院将被告平常的暴力倾向和实施侵害行为前的易怒情绪进行了区分。法院认为后者在案件分析中更为重要，也就是说，后者更能体现出精神病人的侵害倾向。

但是，有两个法官对上述观点提出了反对意见，他们首次提出精神病人和看护人之间的看护关系可以减轻精神病人的责任，并且原告能够意识到侵害行为可能发生。他们认为："虽然精神能力欠缺者应该同正常人一样为自己的暴力行为承担责任；但是，如果受害人自愿承受不可避免的伤害，那么就不存在所谓的暴行或攻击了。"② 实际上这种观点对传统规则的政策基础也提出了质疑：传统规则要求精神病人承担侵权责任的最主要的理论基础是激励看护人在毫无顾虑的情况下对精神病人实施看护。但是，这一基础在本案中显然不能成立。并且要求专门机构的精神病人也承担侵权责任对精神病人来说过于苛刻，这种做法无异于允许精神病人离开专门机构，在大街上闲荡。

虽然这种意见也认为专门看护机构是精神病人最适当的处所，但是这种意见对拘禁逻辑提出了质疑。这种反对意见主要关注精神病人和看护人之间的看护关系，并由此对拘禁逻辑提出了质疑。这种观点在1991年后的案例中得到了支持。

3. Mullen v. Bruce 案

在 Mullen v. Bruce 案③中，被告是住在疗养院并具有长期酗酒习

---

① Id. at 366.

② Id. at 367 (Taylor, J., dissenting).

③ 335 P. 2d 945 (Cal. Dist. Ct. App. 1959).

惯的病人，他对照看他的护士实施了侵害行为。在案件的审理过程中，被告也以原告同意承担损害或损害风险提出了抗辩。因为侵害行为前有人已经对原告提出了警告：被告现在神志不清，有"暴力倾向并难以控制"，"晚上跟他待在一起会很恐怖"。① 显然，原告不仅掌握了被告的日常情况，还对侵害行为前被告的情绪状态有所了解。但是加州地方法院认为即使被告是住在疗养院的病人，他也要为自己的侵害行为承担责任。

法院主张虽然原告自愿承担起照看被告的义务，但是这并不等同于原告同意承担损害或损害风险。《加州民法》第 41 条这样规定："未成年人或精神不正常的人都要为他的违法行为承担民事责任。但是他们不必承担惩罚性的损害赔偿，除非实施侵害时他有能力知道自己实施的是违法行为。"② 法院对这一条款作出了解释，不管是在故意侵权诉讼中，还是在过失侵权诉讼中，法院都应该依据传统规则要求精神病人为自己的违法行为承担责任，法院不支持被告以原告同意承担为由提出抗辩。原因如下：一是可能存在这样的情况，看护人并非完全自愿地与精神病人建立看护关系，看护人可能迫于经济压力才接受这份工作；二是看护人可能没有意识到看护工作存在风险，因为看护人对其他有暴力倾向的病人进行看护时，并没有遭受任何侵害。但是针对上文两法官对拘禁逻辑提出的异议，法院没有发表任何意见。

4. Burrows v. Hawaiian Trust Co. 案

最后一个案件是 Burrows v. Hawaiian Trust Co. 案。③ 在本案中，法院也否决了被告以看护关系为由提出的抗辩，法院认为被告应该为自己的侵害行为承担责任。在此案中，酗酒的病人对他的私人看护实施了侵害行为。在案件的审理过程中，被告以原告同意承担风险为由提出了抗辩。初审法院的陪审团认为被告的主张是有根据的。但是夏威夷州最高法院主张不管被告怎样对原告的同意作出说明，它都不是一个值得考虑的法律问题。相对于初审法院来说，最高法院更加关注

---

① Id. at 946.
② Cal. Civ. Code 41 (West 1982) (amended 1992).
③ 417 P. 2d 816 (Haw. 1966).

病人和看护人之间的合同关系。法院指出因为看护人是具有完全行为能力的成年人，并且独立实施了缔约行为，因此"依照本案的情形，她必须运用专业人员掌握的技术、知识对病人实施看护"[①]。最后，法院总结出"如果看护人尽到注意义务，就能避免损害的发生；或者某种风险的承担对看护人来说是不合理的，但是看护人仍然签订了合同"[②]，那么被告提出的原告同意承担风险的抗辩就能成立了。因此，法院既不关注激励理论，也没有认可非侵权赔偿制度的重要性，比如劳工赔偿的重要性。实际上，虽然1991年之前的案件都非常注重对受害人的赔偿，但是它们都没有提出运用侵权体系之外的制度对受害人进行赔偿。

（二）1991年前案件的共同主题

1991年前涉及精神病人侵权责任的案件有许多共同的主题。

第一，尽管法院都再三声明：案件适用的侵权规则应当激励人们对精神病人实施拘禁，以防止损害的发生，但是它们都没有对精神病人的处所进行关注。当精神病人的处所发生变化时，精神病人承担的责任是否发生变化？没有法院对此做出回答。法院没有区分家庭看护下和机构看护下精神病人的不同责任。这就表明虽然早期法院引用拘禁理论对判决进行支持，但是它们没有认真考虑拘禁理论所隐含的真正意义。到1991年之后，拘禁理论才在案件的审理中真正发挥了重要的作用。但是这种情况的出现也是有原因的，因为在1991年前的案例中，只有两则案例的被告是看护机构中的精神病人，其他两则案例中的被告是在家接受看护的精神病人。四则案例中只有一则既涉及看护机构中的精神病人，又涉及经过培训的专业看护。所以，这些案例与1991年之后的那些案例有很大不同，1991年之后的案情大多都是疗养院或州立精神病院中的精神病人对专业看护实施了侵害行为，并且与1991年前的案件涉及的抑郁症或酗酒相比，老年痴呆或严重的精神病倾向更能引起法院的重视。

第二，这些案例中的原告都对被告的暴力倾向有大致的了解，某些案例中，原告还知道侵害发生前被告存在异常激动的情绪。尽管如

[①] Id. at 821.

[②] Id. at 821-22；

此，法院还是否决了被告提出的原告同意承担损害的抗辩。法院认为，即使原告对一切情况都了如指掌，只要侵害发生时原告不愿意受到损害，被告的抗辩就不能成立。

第三，法院对政策理论的分析都没有超出侵权体系的范围。审判法院的首要目的是对受害人进行赔偿，但是在实现这一目的的过程中，法院都只将焦点放在被告身上，而没有考虑运用其他社会保障制度对受害人进行赔偿，比如劳工赔偿或其他非侵权制度。法院也没有认识到要求精神病人对看护人承担侵权责任会导致很多消极后果的产生。尤其是当事前的提醒或警告也不能排除精神病人的赔偿责任时，家属就不敢将精神病人送进看护机构或为精神病人雇用看护。

四、现代理论的转变

1991年之后，法院开始在传统规则之外对精神病人的侵权责任做出判决。下文讨论的每一则案例中原告和被告之间都存在看护关系。法院一致认为，精神病人对看护人不承担控制过失侵害的注意义务，因为传统规则的政策基础不能适用于看护关系，不能适用于看护机构中的精神病人。虽然法院也赞同对精神病人实施拘禁，使精神病人远离社会，但是它们并不支持对看护关系下的精神病人适用传统规则，因为这样只能导致精神病人无人看护。尽管如此，法院认为与其推翻传统规则建立一种主观标准，不如在传统规则内形成有限的例外。

对1991年前的案例和1991年后的案例进行对比就可以发现，法院对看护关系的态度已经发生了转变。1991年之后，法院认为不能适用传统规则对看护关系下精神病人的侵权责任作出判断，因此对传统规则形成了一种例外情形。虽然同之前一样，法院也认为精神病人应当远离社会，但是不同的是，这一例外情形主要关注原被告之间的关系以及被告的义务问题。

（一）1991年之后的案例

1. Anicet v. Gant 案

对传统规则形成例外的案例是 Anicet v. Gant 案[①]。该案中，被告

[①] 580 So. 2d 273 (Fla. Dist. Ct. App. 1991).

是佛罗里达州立医院的精神病人,原告是负责治疗被告的专科医师。侵害行为发生前,原告意识到被告 Anice 有暴力倾向,于是原告就将被告关在了病房。不久后,被告对另一病人进行威胁,于是原告就进入病房内劝阻,但是原告刚一进入病房,就遭到了被告的袭击。于是,原告向法院提起了侵权诉讼。

法院主张,虽然传统规则认为精神病人应该为自己的故意侵害行为或过失侵害行为负责,但是当传统规则的政策基础不适用于具体案件时,精神病人不必承担侵权责任。法院指出:"我们应该遵循侵权法的基本规则,没有过错就没有责任"。① 但是这一表述是不准确的,因为法院只是对传统规则形成了一种例外情形,而不是推翻传统规则建立了一种主观标准,并且法院形成这一例外情形也是为了巩固传统规则的政策基础。事实上,传统规则的例外只在极少数的情形下才能适用。法院主张例外适用的关键在于:①法院作出推理,原告知道侵害发生前被告有暴力倾向,因此原告不是完全的无辜者。②被告 Anicet"不能控制自己的行为,因此对无意识状态下实施的违法行为不承担责任"②。最后,法院指出可以运用劳工赔偿制度对受害人进行赔偿。

法院认为精神病人对看护人不承担注意义务:我们并不想将"自愿承担风险"的理论适用于本案中。所谓"自愿承担风险"理论是指原告表示同意的行为将精神病人的损害行为排除在侵权行列之外。精神病人不能控制自己的行为,因此他对看护人不承担控制暴力行为的义务;相反,控制精神病人的行为正是看护人的职责所在。

法院没有将重点完全放在拘禁理论上,而是对另一个关键的可变因素进行了讨论,这个关键的因素就是精神病人能控制自己的行为。谈到"两个无辜者"理论时,法院提起了 Kaczer v. Marrero 案③。该案的审判法院"支持无辜的雇工从无约束的精神病人那里获得赔偿"④。但是 Anicet 案的精神病人是被拘禁的,这一要素将对精神病

---

① Id. at 277.
② Anicet, 580 So. 2d at 277, 276.
③ 324 So. 2d 717 (Fla. Dist. Ct. App. 1976).
④ Anicet, 580 So. 2d at 275.

人的责任产生影响。法院认为,事实的拘禁不仅能够证明精神病人的能力,它还决定了原告获得的信息以及原告的期望。Gant 的工作就是对精神病人实施看护,精神病人向 Gant 支付了看护费用,因此,Gant 就必须"承担精神病人可能实施侵害的危险"[1]。

Anicet 案法院主张:"原告的家属和社会将精神病人送进约束最多的专门机构进行看护,他们已经尽了最大的努力来控制精神病人的行为,因此,不应该要求精神病人再承受额外的经济负担。"这一主张是法院类推消防员规则得出的。消防员规则是指:"作为社会的一员,作为消防员的雇主之一,其他社会公众不必为消防员的损害承担责任,即使他在火险的发生中存在过错也不需要承担责任。因为他已经承担了雇用消防员的费用,而消防员的职责是对火险进行营救,在此过程中,消防员必须承担可能的风险。"

法院将 Anicet 案和 Mullen 案、Van Vooren 案、McGuire 案的具体情形进行了区分。法院指出:"Mullen 案涉及的原告是精神病人的私人看护。因此该案中并不涉及激励拘禁的政策目。"由此可以看出,虽然 Anicet 案法院没有明确主张拘禁理论,但是拘禁理论却隐藏在它的推理中。

法院最后主张:"精神病人不对看护人承担控制暴力行为的义务,因为精神病人不能控制自己的行为,控制精神病人的行为反而是看护人的职责。"法院对 Mullen 案和拘禁理论进行讨论时,暗示精神病人的处所不同对精神病人的责任将产生影响。这一主张为以后同类案件的审理提供了一个关键的立足点。之后的法院突破了传统规则,为看护关系下精神病人的侵权责任建立了一项新的规则。传统规则不能适用于看护关系,但是需要对看护关系这一具体事实做出限制。传统规则的例外情形只包括专门机构中精神病人对看护人的责任,而不是所有看护关系下精神病人对看护人的责任。也就是说,家庭看护中精神病人对看护人仍然承担侵权责任。

2. Mujica v. Turner 案

在接下来发生的 Mujica v. Turner 案[2]中,法院只在一个段落中简

---

[1] Id. at 276.
[2] 582 So. 2d 24 (Fla. Dist. Ct. App. 1991).

单说明了上述规则。该案中，被告是住在疗养院的老年痴呆症患者，原告是治疗中心管理病人"日常生活"的看护人员。在阻止被告自杀的过程中，原告受到了伤害，虽然原告最后没能阻止病人的死亡。随后原告向法院提起了过失诉讼。法院最后否决了原告的主张。法院认为，该案的法律事实是被告是住在疗养院的老年痴呆患者，原告是病人的看护人，因此被告对原告不承担注意义务。虽然一般情况下精神病人应该为自己的侵权行为承担责任，但是，这一规则不适用于看护机构中的精神病人对看护人的责任。因为侵害人是没有能力控制自己行为的精神病人，受害人是专门照顾精神病人的看护人，更重要的是侵害行为发生在专门看护精神病人的机构中。

不同于 Anicet 案法院对看护关系的讨论，Mujica 案的审判法院主要将焦点放在拘禁这一事实上。

3. Gould 案

在 Gould v. American Family Mutual Insurance Co. 案[①]中，威斯康星州最高法院明确拒绝适用主观标准对精神病人的过失责任做出判断。法院主张："一个被拘禁的精神病人，没有能力认识或控制自己的行为，因此不对看护人受到的损害负责。看护人正是被雇用来承担损害危险或经济损失的。"在这一案件中，被告患有老年痴呆症，他的家属将他送进卫生医疗中心，原告 Gould 是负责看护被告病房的护士长。当 Gould 试图带领被告返回病房时，被告将 Gould 推倒在地，Gould 因此受到了伤害。

在案件的审理过程中，Gould 引用《美国侵权复述法》（第二版）和 Weaver v. Ward 案重申传统规则，要求法院适用理性人的标准对被告的行为做出判断。Gould 指出，传统规则的政策基础要求精神病人为自己的侵权行为负责，尽管它突破了侵权体系中的过错原则。虽然法院认可传统规则在有限的范围内存在例外，例如突然的精神能力丧失。但是法院既没有推翻传统规则，也没有质疑拘禁理论的相关性和实用性，而是认为"精神病人的责任可以依据公共政策得以排除"[②]。

法院通过分析当事人之间的关系，指出 Gould 能够认识到被告的

---

① 543 N. W. 2d 282 (Wis. 1996).

② Gould, 543 N. W. 2d at 286.

精神健康状况。根据消防员规则进行类推，法院主张："社会公众预料和期望看护人员来承受精神病人的侵害，在本案中，Gould 是被雇用来照顾老年痴呆患者的看护人员，她必须承受与此相关的危险"。

虽然法院谈到了拘禁理论，但是，对简单地依靠拘禁理论是否有意义，法院没有发表看法。

被告的家属尽最大努力对被告实施了限制，他们将被告送进卫生医疗中心，在那里，被告的行动自由受到了很大的限制。传统规则最大的理论基础就是激励社会对精神病人实施拘禁，也就是拘禁理论，但是当精神病人已经被送进疗养院时，长期的看护中心，卫生保健中心，或其他限制精神病人的机构就不需要这样的激励了。①

法院还将事实上的拘禁看做是被告患有精神病的有力证据，因为被告不可能为了逃避过失责任而伪装成精神病人并在限制行为自由的机构中生活很多年。

Gould 案法院对其他法院的判决做出了认可。例如，Mujica 案和 Anicet 案的法院都"拒绝适用普通法的规则对精神病人的责任作出判断，基于公共政策的考虑，在机构接受专门看护的严重的精神病人对看护人不承担侵权责任"。但是，Gould 案的法院也过于强调拘禁理论在排除精神病人责任中的重要性，而忽视了精神病人和看护人之间的看护关系。

4. Herrle v. Estate of Marshall 案

最后一个案件是发生在加州的 Herrle v. Estate of Marshall 案。② 在该案中，被告是患有老年痴呆症的精神病人，原告是获得合格的护士，法院主张被告对原告不承担任何义务，因为被告和原告之间存在看护关系。与先前的法院不同，Herrle 案的法院并不十分关注拘禁这一案件事实，而是将主要焦点放在经济政策、看护关系和"以最少的成本预防损害发生"上。法院担心要求精神病人承担责任会"导致相反结果的发生，例如在传染病治疗单位工作的护士会向法院提起诉讼，要求传染给她肺结核的病人承担责任。传统上应该由卫生保健

---

① Id. at 287.
② 53 Cal. Rptr. 2d. 713 (Ct. App. 1996).

业承担的风险就会被转移到精神病人和他们的家属身上"①。法院经过推理得出结论：护士遭受的损害不应该由精神病人承担，而应该由护士的雇主或卫生医疗机构承担，因为它们没有尽到照管精神病人的职责。法院主张："医院的首要义务是对精神病人和那些可能受到精神病人攻击的人进行保护。"法院还认可运用劳工赔偿制度对受害人进行赔偿，因为这样可以分散赔偿的负担。

　　法院只简单地提到了拘禁理论，法院指出"事实上的拘禁是被告患有精神病的有力证据"②，因此没有必要在精神病的真实性上花费大量的时间和精力。被告"借助家属的帮助采取各种措施对自身进行保护，并尽量防止对他人造成损害，例如，进入疗养院寻求照管"③。虽然法院提到疗养院可以作为潜在危险的承担者，但是从观点的表述来看，法院也认可精神病人的家属采取其他措施解决看护关系下精神病人的责任问题。法院主张："因为双方当事人之间的关系和看护人对精神病人的看护义务，精神病人对看护人不负法定的义务，精神病人没有义务保护看护人免受可能的侵害。"④

　　Herrle 案没有对精神病人的处所进行讨论，而是将焦点放在当事人之间的关系上。后来的法院根据 Herrle 案确立的规则将家庭看护也纳入无义务的范围之内。如果在以后的案件中精神病人对他的家庭看护实施了侵害行为，法院就可以以 Herrle 案为判例免除精神病人的责任，即使精神病人不是居住在看护机构。Herrle 案法院的主张和推理符合现代社会的一般理念，应该得到广泛适用。现代社会认为，不必要的拘禁和限制不仅不利于精神病人的康复，还会使精神病人遭到歧视。相比较而言，家庭看护更有利于精神病人的康复，因此侵权制度不应该强迫家属将精神病人送进精神病院，不管是家庭看护还是精神病院的看护，精神病人对看护人都无需承担义务。

　　法院明确指出加州 Mullen 案的推理是过时的和不恰当的。Mullen 案通过调查原告是否知晓等事实细节来分析"同意承担风险"理论。

---

① Herrle, 53 Cal. Rptr. 2d at 719.
② Id. at 717.
③ Id. at 716–17.
④ Id. at 719.

但是 Herrle 案对"同意承担风险"理论和注意义务进行分析时，将焦点主要放在当事人之间的关系上："法定义务不是通过案件事实显示出来的，它只是特定的案件类型中实施侵害行为应该承担的责任而已。"① 法院指出没有哪一类判例法"支持卫生医疗机构因为病人的疾病受到的损害提起诉讼，而治愈病人的这种疾病正是医疗机构的经营目的"。法院根据最低成本规则主张："卫生医疗机构是防止危险发生的最佳人选，因为医疗机构本身的职责就是对病人的疾病进行治疗从而减少这类危险的发生。"病人已经向医疗机构支付了看护费用，因此不能要求病人承担赔偿责任，否则病人就要为自己的就医行为支付两次费用，这将加重病人的经济负担。

但是也有学者对 Herrle 案法院的推理提出了批评。虽然法院将问题的主要焦点放在看护关系上是恰当的，但是它误解了 Herrle 案中当事人之间的关系。在 Herrle 案中，原告的主要工作不是照看病人，而只是一些清洁和整理工作，预防老年痴呆患者实施侵害行为不是原告被雇用的唯一目的。并且，不管病人家属与康复医院签订了多么详尽的合同，看护人受到的损害还是要获得赔偿的。

学者提出的批评主要关注当事人之间的关系和原告的责任。虽然法院通过调查原告是否知晓来分析"同意承担风险"，但是判断被告是否负有义务时法院应该更加关注当事人之间的关系。虽然 Herrle 案的法院也将焦点放在当事人之间的关系上，但是法院下意识地将无义务规则的适用背景设定为专门机构中的看护关系。在专门机构中被拘禁的精神病人对看护人不承担义务；但是，它没有回答专门机构之外的精神病人是否对看护人承担义务。

Herrle 案明确了无义务规则和公平之间的矛盾。也就是说，法院一方面运用无义务规则免除了精神病人的责任，另一方面又要对受害人进行赔偿。加州精神病学协会的一项提议指出，现在的大多数规则都鼓励卫生医疗提供者对精神病人实施拘禁和隔离，但是，很多州法规或联邦规章都禁止医院或疗养院对病人实施过度的和不必要的拘禁。例如，疗养院改革法案的执行条例②就规定疗养院的病人有权

---

① 引 Christensen v. Superior Court, 820 P. 2d 181, 190 (1991)).
② 42 U. S. C. 1396r (1994).

"拒绝任何形式的人身拘禁或医学拘禁,医院也不能强制对病人进行治疗"。违反州法规或联邦规章的医疗机构将受到处罚,包括吊销或撤销营业执照,民事罚款。一些州还将不当的拘禁行为作为"虐待老人"来看待,并处以刑事处罚。同时,遭受不必要拘禁的病人还可以对医疗机构提起侵权诉讼。尽管如此,无义务规则仍然面临着很大的挑战,那就是法院必须在适用无义务规则的同时保证遭受损害的看护人获得赔偿。

(二) 1991 年后案件的共同主题

1991 年之后的此类案件有很多共同的主题。

第一,这些案件都是过失侵权案。从理论上说,法院判断当事人之间是否存在注意义务时,都考虑到当事人之间关系的本质、当事人的相对能力和期望,在一些案件中法院还考虑到劳工赔偿制度的可适用性。但是它们都没有对以下两个关键问题进行分析:第一个问题是法院是否应当鼓励精神病人接受看护或与看护人建立看护关系;第二个问题是法院是否应该在诉讼中广泛应用无义务规则。文章的第五部分将对这些问题进行讨论。

第二,法院在审理案件时都展开了广泛的政策分析,因为法院对注意义务进行判断时需要关注公共政策的倾向。法院不仅对传统规则的政策基础进行了分析,还对此提出了建议。法院认为,传统规则的政策理论,包括赔偿理论、证据理论和拘禁理论,在精神病人被专门机构拘禁的案件中得不到适用。根据 Van Vooren 案的反对意见进行推理,公共政策不要求被专门机构拘禁的精神病人对看护人承担侵权责任。但是没有法院提出质疑:侵权制度的设计是否应该激励人们对精神病人或精神能力欠缺者实施拘禁。法院只对拘禁状态下应该适用哪一种规则进行了讨论。

第三,法院的主张在适用范围内不断地发生着变化。一些法院比较注重拘禁理论的分析,一些法院则将焦点放在当事人之间的关系上。持后一种主张的法院围绕家庭看护,或社区看护展开了分析。法院认为,侵权制度的第一个目的是保证受害人获得赔偿,第二个目的是激励人们从事适当的行为,比如说鼓励精神病人寻求适当的照顾或看护,这两个目的必须同时得到满足。如果我们认可精神病人应该接受更多的家庭看护或社区看护,那么我们就应该将看护关系,而不是拘禁理论，作为无义务规则的依据。法院应该通过分析当事人之间的关系，当事人的期望和非侵权赔偿制度的可适用性，得出精神病人对看护人不承担注意义务的结论。虽然根据拘禁理论和看护关系都可以得出无义务的结论，但是两者之间存在细微的差别，看护关系更侧重于表达这样一种观点：拘禁不是治疗精神病人的最佳选择。

五、精神病人的义务分析

（一）分析标准

法院对拘禁逻辑提出的质疑还远远不够。法院在精神病人机构化的假设背景下对传统规则的政策基础进行分析，法院将过时的政策理论引进现代案件的推理过程中，对这种做法提出怎样的批评都不为过。在以精神病人为被告的案件中，法院应该意识到它们的假设已经过时，精神病人机构化已经不是现代社会的理念了。在现代案件的审理中，法院应该将焦点放在注意义务和当事人之间的关系上。那么看护关系中精神病人对看护人是否承担注意义务呢？应该遵循何种标准对注意义务作出判断呢？这一部分对此提出了建议。作者认为，应当遵循以下标准对特定案件中是否存在注意义务作出判断：在其他类型的案件中，例如，在运动员伤害案件中，法院也需要判断当事人之间是否存在抑制过失侵权的注意义务。基于相同的考虑因素，法院可以对运动员伤害案件中的判断标准进行改善，并用改善后的标准对看护关系中是否存在注意义务作出判断。法院应该考虑以下几项重要的因素，对过失诉讼中当事人之间是否存在注意义务作出判断：①损害的可预见性；②活动（例如看护或足球比赛）中"当事人或参与人的正常期望"；③在不危及安全的情况下"鼓励人们参与活动或建立关系的公共政策"；④能否避免诉讼的发生；[1] ⑤是否存在其他可供选择的赔偿方式。有一个学者指出无义务规则"也反映了现代社会的价值判断，现代社会认为可以通过其他制度的安排实现侵权体系意图实现的目标。"也就是说，某些情况下侵权救济方式对受害人来说是多余的。[2]

---

[1] See, e. g. Knight, 834 P. 2d at 708 - 12; Jaworski, 696 A. 2d at 336 - 37.

[2] Stephen D. Sugarman, Assumption of Risk, 31 Val. U. L. Rev. 833, 846 (1997).

通过对以上五种因素进行分析，可以得出结论，即精神病人对看护人不承担注意义务。也就是说，法院应该遵循无义务规则对看护关系中精神病人的责任作出判断；并且法院可以运用其他赔偿制度对看护人进行赔偿，这一结论是从前四项因素的分析中得出的。本文将在第六部分单独对赔偿制度做出分析。

（二）上述标准的适用分析

运用上述五因素标准对看护关系进行分析，可以得出结论：看护关系中精神病人对看护人不承担注意义务，精神病人不承担避免过失侵害发生的法定义务。

第一，看护人受到的损害是可预见的。就像其他类型的侵权案件一样，最初，损害的可预见性是学者赞成精神病人承担责任的有力依据。但是当案件以精神病人为被告时，法院应该作出不同的考虑。精神病人正是预见到了他可能会对自己或其他人造成损害，所以才同看护人建立看护关系的。原告的职责就是防止可预见损害的发生。并且，被告是不能控制自己行为的精神病人，而原告可以通过调整自己的行为来避免损害的发生。因此损害的可预见性不能成为精神病人承担侵权责任的依据；相反，它正是无义务规则得以成立的原因之一。[1]

第二，在此类案件中，原告的正常期望包括获得损害赔偿，但是精神病人的期望是接受适当的看护，而不是因为某些过失行为被起诉，并且不能控制自己的行为正是精神病人寻求看护的原因。因此，要求精神病人承担侵权责任不能同时满足精神病人和看护人的期望。而无义务规则可以解决这一矛盾。无义务规则运用非侵权制度对受害人进行赔偿，可以同时满足双方当事人的期望。这一规则不会对精神病人寻求看护和看护人提供看护产生消极的激励作用。并且，大部分看护人都可以通过劳工赔偿制度获得赔偿。对这些看护人来说，获得损害赔偿的期望能够得到满足。因此，对无义务规则来说，第二项因素至少是中立的。但是还有一些看护人是无法通过劳工赔偿制度获得赔偿的，比如家庭看护等独立与精神病人订立契约而不是被看护机构

---

[1] See Colman, 968 F. Supp. at 813.

雇用的看护人。但是，这些人与其他看护人一样是期望获得损害赔偿的，因此就需要建立其他的赔偿制度。文章的第六部分将对几种非侵权赔偿制度进行讨论。

第三，法院适用的规则应该鼓励精神病人和看护人继续维持看护关系。这一要素是十分重要的。但是，要求精神病人对看护人承担责任只会产生消极的激励作用，特别是当不能控制自己的行为是精神病人寻求看护的首要原因时。因此，对精神病人应该适用无义务规则。但是，无义务规则的重点是拘禁理论呢还是看护关系呢？经过分析可以发现，拘禁理论只会激励家属对精神病人实施拘禁，即使拘禁对精神病人来说是不必要的。但是如果无义务规则将焦点放在看护关系上，就会激励精神病人的或其家属寻求最少约束的看护，而不是在一个"完全封闭"的机构中接受照管，并且精神病人也不必担心侵权责任的承担。无义务规则只是将赔偿负担简单地从被告身上转移到了非侵权体系上。

无义务规则的反对者指出适用无义务规则将促使卫生机构实施更严重的拘禁行为。反对者的这种担心是没有依据的。首先，存在其他制度对医疗机构或精神病医师的不当拘禁行为进行规制。[1] 其次，存在非侵权形式的制度对精神病人造成的损害进行赔偿（例如劳工赔偿或社会保险）。[2] 无义务规则运用与侵权体系不同的体制来决定谁必须对谁进行赔偿。最后，无义务规则将在一定程度上减少诉讼的发生。虽然精神病人不能控制自己的行为，并且这种控制能力的丧失正是精神病人寻求看护的首要原因。如果法院认可精神病人对看护人承担注意义务，那么，看护人遭受了精神病人的侵害都会向法院提起诉讼。这就会给法院造成不必要的恐慌。因此，法院应该对精神病人适用无义务规则。

因此，根据双方当事人之间的看护关系，不管精神病人是否被拘禁，法院都应该对精神病人适用无义务规则，法院不应该要求精神病

---

[1] See Marshall B. Kapp, Nursing Home Restraints and Legal Liability, 13 J. Legal Med. 1, 16 – 22 (1992), at 16 – 22.

[2] See Orin Kramer & Richard Briffault, Workers Compensation: Strengthening the Social Compact (1991).

人对看护人承担注意义务。

六、赔偿问题的解决

无义务规则面临的最大挑战是受害人的赔偿问题。因为想要维持看护关系就必须赔偿看护人受到的损失，但是无义务规则使侵权救济方式得不到适用。因此，需要建立其他类型的赔偿制度对受害人进行赔偿。文章的第四部分提到法院可以运用劳工赔偿制度作为替代选择对精神病人进行赔偿。这就是说如果侵权体制的首要目的是赔偿原告遭受的损失，那么不管原告能否证明精神病人对他实施了侵权行为，她都可以通过劳工赔偿制度获得赔偿。[1] 所以，无义务规则不会完全排除受害人获得赔偿的可能性。

有学者认为，运用劳工制度进行赔偿，会激励人们对精神病人实施拘禁。因为劳工赔偿制度只适用于医疗机构中的看护人，而不适用于家庭看护人等独立的合同缔约人。因此，如果能否获得赔偿是看护人求职时考虑的关键因素，那么，看护人就会选择被大型的医疗机构雇用，而不会选择在精神病人的家里充当家庭看护。在1991年之后的案件中，法院都没有认识到这一问题，也可能是因为这些案件涉及的原告主体都不是家庭看护人。学者还指出适用劳工赔偿制度可能会对法院产生不当的激励作用。因为缺少可适用的赔偿制度对家庭看护人进行赔偿，因此，法院就可能继续要求精神病人对家庭看护人承担侵权责任。

除了劳工赔偿制度之外，还有其他可供选择的解决方案：

第一个解决方案，是指通过缔约的方式解决赔偿问题。这一方案是根据"兽医规则"提出的。"兽医规则"是指兽医对其在工作过程中遭受的动物侵害无法获得赔偿。也就是说动物的主人对兽医不承担注意义务。不管兽医在哪里对动物进行治疗，他都必须承担不可避免的"职业风险"。同样，在看护关系中精神病人对看护人也不承担注意义务，法院不能要求精神病人为看护人明知的职业风险支付两次费用。尽管如此，兽医还是有其他的救济方式的，他可以在合同中就报酬或其他利益与动物的主人达成协议。因此，有学者认为这一解决方

---

[1] See, e.g., Anicet v. Gant, 580 So. 2d 273, 276 (Fla. Dist. Ct. App. 1991).

案也适用于看护关系中，看护人可以就将来可能受到的损害跟精神病人的家属达成协议。但是这一解决方案有很多不足之处，首先它看起来不怎么受欢迎，并且要求当事人独立承担负担是不公平的，因为看护关系的建立不仅有助于精神病的治疗，它也能给社会带来总体利益，因此不能要求当事人为整个社会的保险费用买单。另外，即使其他社会公众能够减轻当事人的经济负担，市场失灵或当事人缔约地位的不平衡也会导致这一方案的失效。除此之外，看护病人与治疗动物不具有可比性，两者存在很大差别，其中很重要的一点是兽医可以控制或限制动物的行为。但是这对于病人来说是不可接受的。

　　第二个解决方案，是建立在现有的劳工赔偿制度之上的。它要求立法机关将家庭看护归入工人之列。如果家庭看护人不能通过劳工赔偿制度获得赔偿，那么人们就会选择在医疗机构中对精神病人实施拘禁，这不利于精神病人的康复，也不符合现代社会的观念。如果立法机关能够将工人的范围扩展至家庭看护，就会避免这种不当激励的产生。这一方案也解决了法院的一个难题，法院无需再判断什么情况下看护人应该获得赔偿，什么情况下看护人得不到赔偿。但是这一方案也存在瑕疵。虽然这种赔偿方式既保证了公平，又避免了多种不当激励的产生，但是还存在另一个问题，那就是损害赔偿的来源。劳工赔偿制度的运作机制是由雇主为雇员购买保险，然后雇主再将这种支出算入经营成本中，最后转嫁给消费者承担。但是，这种机制能够正常运行的条件是消费者不是雇员潜在的被告。但是不同的是，在看护关系中，精神病人既是"看护服务"这种产品的消费者，又是看护人潜在的被告。家庭看护中，精神病人对看护人的赔偿无法转嫁给他人，最后还是由精神病人或其家属承担。因此，现有的劳工赔偿制度在家庭看护关系中无法运用。虽然法院在该类案件的审理中并不对损害赔偿的来源作出判断，但是看护人的损害赔偿必须由受益的人群共同承担，否则就会对看护关系的建立产生消极的激励作用。

　　第三种方案，是指建立一种公共赔偿的制度，让社会公众共同承担损害风险和保险费用。这一解决方案也是本文极力提倡的。这一方案的潜在原理是"消防员规则"。"消防员规则"禁止消防员对过失引起火灾的公众个人提起诉讼。法院主张社会公众对消防员不承担注意义务，因为社会公众已经承担了税收，他们无需为消防员可能遭受的损害风险支付两次费用。一些州运用这一规则解决公共安全人员在执行公务的过程中遭受的损害问题。依此类推，也可以建立公共赔偿的制度对看护人受到的损害进行赔偿。但是，这一类推是存在缺陷的。特别是当受害人是家庭看护人而不是公共医疗机构的看护人时，这一类推似乎难以实现。但是，公共赔偿制度本来就是为了保护某一类人免受可能的风险，因此建立一种公共赔偿制度对看护人进行赔偿还是极有可能的。法院审理这两类案件时遵循的基本原则是相似的，法院支持消防员规则的原因部分是因为：如果公众个人对火灾的发生存在过失，无义务规则不会打消他向消防局求救的积极性，因为他不需要对消防员可能受到的损害承担责任。同样，侵权制度也不应该打消精神病人寻求看护和建立看护关系的积极性。因此，作为看护服务的受益主体，社会整体应该确保精神病人在无所顾忌的情况下寻求和接受适当的看护。

七、结论

本文主张现代社会对精神病人的观念已经发生了重大转变，精神病人不应该受到严格的限制，疗养院也不是精神病人的最佳去处。但是，当遇到精神病人侵害看护人的案件时，许多法院仍然根据拘禁理论对案件做出判决。本文对这种做法提出了质疑。本文认为法院审理此类案件时，应当将重点放在对注意义务的分析上，也就是对看护关系中精神病人是否承担注意义务进行分析。法院应该认识到看护关系对精神病人的侵权责任产生的重要影响。经过分析后，作者得出结论：法院应该依据看护关系而不是拘禁逻辑对精神病人的侵权责任作出判断，看护关系中精神病人对看护人不承担注意义务，也就是无义务规则；但是，无义务规则与损害赔偿之间存在矛盾。对此，作者提出了几种可能的解决方案，虽然这些解决方案都存在缺陷，但它们都试图鼓励精神病人和看护人建立看护关系。侵权法不应该要求精神病人承担不必要的负担，相反，它应该鼓励精神病人寻求和接受适当的和必要的看护。

老年痴呆病人损害责任制度的公共政策研究

爱德华·P. 理查兹[*] 著　黎晓婷[**] 译

目　次

一、导论
二、老年痴呆病的病理生理学分析
三、侵权责任原则与老年痴呆病
四、作为受害者的专业看护人员
五、有关消防员规则的案例
六、作为受害者的非专业看护人员
七、专业看护人员的侵权责任
八、非专业看护人员的侵权责任
九、结论

一、导论

美国和其他发达国家的人口已经越来越长寿了。时至今日，绝大多数老年人都比数十年前的老年人更加健康，并且在日常生活中扮演了积极的角色。而医学界对老年人疾病的关注也集中在那些无法被有效治疗的慢性疾病。其中，危害性最大的慢性疾病或许要数老年痴呆病。它是一种渐进性痴呆病，会导致病人丧失能力乃至死亡。诚如其他学者所说，老年痴呆病引发了一系列法律难题。现行法律严格区分意思自治的普通公民和能力缺陷者，后者被法律认定为具有能力缺陷，并且公共安全部门依法授权其他机构对能力缺陷者实施控制。而老年痴呆病对这种区分法提出了严峻的挑战。

---

[*] 美国密苏里大学堪萨斯分校法学院教授，公共健康法律中心主任，休斯顿法律研究中心法律博士，得克萨斯州大学公共卫生学院公共卫生硕士，莱斯大学学士。
[**] 中山大学法学院助教。

本文将讨论老年痴呆病人侵权责任规则的政策性依据，以及看护人员侵权责任规则的政策性依据。前者是指老年痴呆病人因伤害看护人员或一般社会成员而承担侵权责任的规则；后者是指看护人员因未能阻止病人伤害一般社会公众而承担侵权责任的规则。本文的讨论基础是预防性法学与治疗性法学，而不是老年痴呆病人或其受害者的主张。讨论的目的是为了在行为人的侵权责任与豁免权之间寻求一个合理的平衡点，并且建立一种非侵权诉讼方式来解决老年痴呆病人的侵权问题，如建立公共健康报告及管理制度。笔者认为，过度扩张老年痴呆病人的侵权责任，可能会迫使保险人和病人家属限制老年痴呆病人的行动自由；而过度限制老年痴呆病人的侵权责任，又可能会导致那些本应受到保护的人无法获得损害赔偿，从而引起社会公众的不满，最终导致老年痴呆病人受到过于广泛的或过于严格的限制。最糟糕的是，现行侵权义务原则产生了一些反作用。例如，侵权法规定，一个人一旦承担了义务，便应当毫无过失地履行义务。因此，一名家庭看护人员本没有义务阻止自己所看护的老年痴呆病人驾驶汽车，但如果他曾试图阻止病人驾驶汽车，并因为某些原因半途而弃，看护人员就可能需要承担侵权责任。

本文并没有为老年痴呆病的侵权法律问题提供确切的解决方法，而是意在引导人们研究这些问题。本文讨论了相关法律原则的发展历程以及现行的趋势。笔者发现，各州采用了迥然不同的解决方法，并且我们无法确定，在如今各种行之有效的方法当中，哪一种才是最好的解决方法。作者提议修改现行有关公共健康的侵权法律制度以及预防性法律制度。最重要的是，笔者希望鼓励人们深入研究这些问题，并借助实证资料研究侵权法对老年痴呆病人、看护人员及其他接触到老年痴呆病人的人所产生的影响。

二、老年痴呆病的病理生理学分析

尽管老年痴呆病为人类所认识已将近百年，但直至最近，人们才从那些未被发现有其他具体病因的人身上，发现老年痴呆病会对病人的精神状况造成严重的损害。在过去，除非老年痴呆病人出现了严重的精神障碍，以致所有人——也许受害者除外——都清楚知道病人已严重到不宜从事那些可能会对他人造成危险的行为，否则，医生都无法诊断出病人患有老年痴呆病。由于老年痴呆病人已严重到无法驾驶汽车或从事其他冒险行为，因此他们除了会伤害到他的看护人员，几乎不对社会公众构成任何重要的威胁。也正是因为老年痴呆病人在被确诊之时，都已明显丧失了驾驶汽车的能力，因此法院在这一历史时期设立普遍性规则，规定所有被确诊的老年痴呆病人都应被吊销驾驶执照，并不会招致任何争议。

然而，随着新的诊断方法的出现，老年痴呆病在影响病人的行为之前就可以被及早发现；不仅如此，人们还认识到，痴呆症状不专属于老年痴呆病，而且还是其他疾病——如艾滋病——的重要病症。因此，痴呆症状的法律地位也在逐渐发生变化。时至今日，人们已经可以在老年痴呆病损害病人的驾驶能力，或影响病人致使其实施不当行为之前，正确诊断出老年痴呆病。医生通过借助基因测试等新测试技术，或许能在老年痴呆病首次显现出病症以前，提早数年甚至数十年诊断出老年痴呆病。依据现行的观点，一个人一旦被诊断为老年痴呆病人，就注定要逐渐衰退至完全丧失能力，并最终因老年痴呆病诱发了其他致命性疾病而死亡。但是，这一过程高度因人而异，有的病人会急速衰退，有的病人则会经历相当长的一段时间才完全丧失能力。一个有老年痴呆症状的人却依然驾驶汽车，固然会对他人造成重大危险，但这也不足以证明，我们应运用普遍性规则禁止所有被确诊的老年痴呆病人驾驶汽车，因为这种规则会在病人尚未对他人构成任何威胁之时，不恰当地限制了病人的行动自由。

法院在审理老年痴呆病人的案件时，会运用与精神障碍有关的法学理论与规则体系。但这些分析通常发生在刑事审判的过程中，并且它们所分析的精神障碍是那些表现出典型的精神病况与精神病行为模式的精神疾病，如妄想型精神分裂症，以及那些本身即具有违法性质的精神状况，如恋童癖。本文的论点是，由于老年痴呆病与传统的精神障碍法律概念存在重要的不同之处，因此老年痴呆病人不适用精神障碍规则。这些特征是基于老年痴呆病的病理生理学分析而提出的，虽然它们不专属于老年痴呆病，但却以一种独一无二的方式结合成为老年痴呆病。其重要特征有以下三个：

第一，患病人口众多。老年痴呆病的普遍程度远高于其他致残能力相当的精神疾病，并且随着人的年龄增长而迅速提高。因此，老年痴呆病势必会引发大量与痴呆病状有关的故意侵权案件与意外事故，促使社会公众要求法律限制痴呆病状患者的自由，并责令病人赔偿受害者的损失。

第二，渐进性。老年痴呆病人的病情总是会逐渐恶化，并在一定的时间内致使病人完全丧失能力并最终导致死亡。而法律规则应当反映这个动态的过程。但是现行的精神障碍规则以及有关行为人能力的理论却采用两分法来判断行为人的能力，即行为人要么具有完全的能力，要么没有任何能力。从法理上讲，大多数精神障碍法律规则都衍生自刑事法律规定，而刑事法律不追究没有能力行使抗辩权的人和死者的刑事责任。侵权法则不然。它既不考虑被告是否存在能力缺陷，也不理会被告是否依然在世。侵权法只是在被告丧失了能力或者死亡的时候，要求行为人的法定代理人代替行为人参加诉讼。因此，对于侵权诉讼而言，即便被告在案发之时具有完全的能力，但如果在审判程序甚至在证据开示程序中，被告丧失了能力，被告就无法亲自行使抗辩权。

第三，看护的无组织性。绝大多数老年痴呆病人仅在患病后期，才能获得家庭成员的照顾，或者被送进疗养院及其他看护机构。而且大部分老年痴呆病人都未能获得系统的精神能力评估，尽管这些评估能够帮助病人和看护人员判断，病人的行为是否需要受到必要的限制。此外，看护人员必须一天24小时地看护老年痴呆病人，工作压力异常巨大。而且他们几乎不能从社区里获得任何支持，常常要为资金问题而烦恼，并且还缺乏足够的专业知识来照顾病人。这一切的不幸，都导致看护人员难以保证老年痴呆病人获得准确的诊断与适当的照顾，并且大大限制了看护人员阻止老年痴呆病人伤害他人的能力。

三、侵权责任原则与老年痴呆病

（一）历史基础

刑法在其发展初期即依据行为人的精神能力创设了可谴责性理论。而侵权法则是由侵害侵权令状制度发展而来。由于侵害侵权制度在判断行为人是否应承担侵权责任之时，不要求原告证明行为人的动机，因此在侵权判例中，法院并不细究各行为人精神障碍之间的细微差别，而使用一般性的术语来予以描述，如"疯狂"、"愚蠢"或者

"精神障碍"等。如果被告因故意或过失伤害了原告,被告就必须承担法律责任,除非他能证明自己享有豁免特权,或者损害是不可避免的。Weaver v. Ward 一案①的法官意见为这一理论提供了经典的论述。在该案中,一名士兵伤害了他的战友。法院认为,除非被告能证明损害是由正式的军事行动或者军事演习所引起的,否则,被告即应承担法律责任。不仅原告无需证明被告存在伤害故意,而且被告也不得以自己的主观状态为由提出抗辩。法院在法官意见中指出:"如果一名精神病人伤害了其他人,他必须承担侵权责任……"

在早期的刑法与民法中,故意扮演了不同的角色。大多数普通法法院都认同,精神障碍者应当为自己的侵权行为承担法律责任。另外法院还认为,如果精神障碍者构成与有过失,他就需要为自己的行为承担法律责任。因此,当精神障碍者因自己的精神状况而受到他人的伤害,他就无权要求行为人承担侵权责任。但是,在现行已知的判例中,原告或被告的精神能力鲜有对案件的判决结果产生关键性的影响。因此,我们必须重新考虑,这种规则究竟是一个重要的法律原则,还是只是一个经常为法院所援引却鲜获适用的规则。有人认为,如果一个人的精神障碍已如此严重以致会引发意外事故,那么,这些精神障碍者大概也不会有足够的财产来让诉讼变得有利可图。即便被告有充足的财产,这些财产大多也会处于监护人或者法院的控制之下,从而增加了原告获得损害赔偿的困难。

随着过失侵权理论的发展,注意标准与合理行为等抗辩事由终于得以降生。这些抗辩事由虽然也不考虑主观状况,但却依赖于行为人的精神状况:精神障碍者通常无法知晓或者履行合适的注意标准,而且在许多情形下也无法实施合理的行为。但是,法律针对精神障碍者作出的特别规定非常有限。Holmes 在《普通法》一书中为这一原则书写下经典的论断:"法律标准是一种一般性的标准。同一种行为由不同的人来实施,行为的内部特征会因每个人的脾性、智力水平和受教育程度而各不相同。然而,法律不能将这些无穷无尽的差异逐一考虑在内。法律并不奢求自己如上帝般评判每个人的行为。这样做至少有两个充分的理由:一是与无法确定行为人是否知悉法律相比,法院

---

① 80 Eng. Rep. 284 (1616).

显然更加无法准确评估行为人的能力与缺陷,而前者是人们假设所有人都通晓法律的理由;二是为了维护社会公共利益,社会上每一个人都必须使自己的行为符合一般标准,并且放弃超过一定程度的个性。这一理由更加充分。例如,如果一个人天生愚钝、性情急躁,而且总是惹麻烦并对自己和邻人造成伤害,那么,他的先天缺陷无疑能获得上帝的宽恕。然而,他给邻人带来的麻烦,丝毫不逊于他因可谴责的过失行为而带来的后果。因此,邻人会要求他遵守邻人的标准,并且邻人所设立的法院也会拒绝将行为人的个人特征纳入考虑范围之内。"①

Holmes 承认,年纪较轻的未成年人以及身体残障者应适用例外规定。这些例外规定是普遍性的例外规则,但是它们的基础依然是特定能力缺陷者的合理行为标准。因此,如果一个盲人驾驶马车穿街过巷,并对路上的旁观者造成了损失,盲人就需要承担法律责任;但如果盲人因未能及时躲避一匹横冲直撞的脱缰野马而受到了伤害,他并不会构成与有过失。而且至少在早期的有关未成年人的案件中,法院会将看护人的过失归咎为未成年人本人的过失,即认为,即便未成年人因年龄太小而不知道不应当在马路中央行走,法院也会将看护人疏于看管未成年人的过失视为是未成年人自身的过失。此外,当原告明知被告存在精神障碍,却依然与之共事,并因此受到伤害之时,法院反对精神障碍者以原告承担了损害风险为由提出抗辩。这种做法符合 Holmes 的观点,即侵权法的规定并不是专为每一位具体的被告度身定做的,原告有权利推定所有人都会实施合理的行为。

Holmes 关于精神障碍的观点是从传统理论对愚人、极端愚蠢的人与精神病人的区分规则发展而来,这种规则几乎不承认各种精神障碍之间存在任何细微的差别。时至今日,我们已经认识到精神疾病、痴呆症与智力障碍有着多种多样的种类。但是在 19 世纪,人们却不加区分地将这些概念混淆在一起,并且依据它们的持续时间以及是否会导致行为人严重丧失能力,重新分门别类。Holmes 承认,虽然大多数精神障碍者仍然可以从事日常事务并且为自己的侵权行为承担法律责任,但是,某些精神障碍者则是如此严重,以至于应被免除侵权

---

① Oliver Wendell Holmes, The Common Law 108 (1881).

责任。这种观点在现代的某些判例中已有所反映，它们将具体的侵权故意作为侵权构成要件。在被告存在精神障碍的案件中，被告会因为精神障碍而无法存在侵权的故意，因此，法院允许被告提出精神障碍的抗辩理由。这种抗辩理由又派生了突发性能力缺陷抗辩理由。如果被告的精神疾病或生理疾病突然发作，致使被告无法尽到合适的注意，那么，被告就可以以突发性能力缺陷为由提出抗辩。这种抗辩理由早就隐含在古代的判例法当中。古代的法院认为，如果损害不是由被告所造成的，被告就无需为这些损害承担法律责任。从这层意义上讲，古代的判例法并没有采用严格责任原则，而是依据被告是自愿实施该行为，责令被告承担法律责任，即便他是基于精神障碍性的妄想实施了这一行为。这种规则通常被表述为："如果意外事件是由'超人类的或者不可抗拒的原因'——即'上帝的行为'——所造成的，被告就无需承担法律责任；作为一项一般原则，任何人都无需为不受人类控制的结果承担法律责任……"① 因此，在涉及"上帝的行为"的特殊情况下，法院会免除行为人的侵权责任。这种规则构成了英美法律制度的基础，并在早期的案例中获得广泛适用。它不仅能免除当事人的合同义务以及越狱犯人的严格责任，而且还豁免了普通承运人的一般保证义务。不仅如此，法院还将上帝行为例外规则扩张至突发性生理缺陷的火车驾驶员身上，甚至扩张到后来的所有突发性生理缺陷的汽车驾驶员身上。

（二）新发展

一项研究结果显示，早年的民事判例大多涉及精神障碍者的合同缔约能力、意思表示能力以及从事各种商业投资活动的能力，而鲜有涉及民事侵权。但这种状况正随着科学技术的进步而有所改变。现代的人身伤害法在很大程度上都是科学技术进步的产物，其中以汽车技术的影响最为重要。一方面，汽车驾驶员必须具备敏捷的思维能力以及快速的反应能力；另一方面，汽车事故的致命性远远超过了马匹或者马车事故的致命性。随着汽车驶进千家万户，存在精神障碍的驾驶员可能会对社会公众构成严重威胁。不仅如此，汽车事故也是大多数

---

① Rodgers v. Central Pac. R. Co. 8 P. 377, 377 (Cal. 1885).

老年痴呆病人的深重顾虑之一，因为依据传统的侵权法，老年痴呆病人不能以精神障碍或者生理障碍为由，提出过失责任的抗辩。法院认为，如果驾驶员的能力障碍已经如此严重，以致他无法恰当地控制汽车，那么，驾驶员就不应驾驶汽车。它的唯一一个例外规则就是突发性能力缺陷规则。该规则能够解决现行汽车事故所引发的特殊法律问题。

有的法院将汽车司机的精神障碍状况认定为突发性的能力缺陷，其中以 Breunig v. American Family Ins. Co. 一案[①]尤为典型。在该案中，被保险人 Erma Veith 驾驶汽车高速撞向原告 Phillip Breunig 的汽车尾部。案发之时，Erma Veith 正沉迷于"精神障碍性的妄想"，无法自拔。被告保险人认为，Veith 无需承担侵权责任，因为 Veith 在精神病突然发作之前，并未得到任何人的提醒，因此，Veith 的情况理应属于突发性能力缺陷。原告则提出，所有先例都反对被告将精神病作为其过失侵权诉讼的抗辩理由。法院首先分析了原告的主张，即精神疾病不能成为侵权责任的豁免理由。原告在其主张之初就提出以下三个政策性理由，证明精神障碍者应承担侵权责任，尽管他们无需为与精神疾病有关的犯罪行为承担刑事责任："一是如果在两个无辜的人中必须有一个人来承担损害结果，那么，就应当由造成损害结果的人来承担损害责任；二是如果精神障碍者被要求承担侵权责任，这将鼓励那些与精神障碍者的财产有利害关系的人积极约束并控制精神障碍者的行为；三是有人担心精神障碍抗辩理由会引诱精神正常的被告伪装成精神病障碍者来规避法律责任。"

法院全盘采纳了原告的政策性理由。但法院认为，本案并不同于以往先例，因为在先例中，被告都是长期的精神障碍者。长期的精神障碍固然不能成为侵权诉讼的抗辩理由，但突发的致残性精神障碍则未必然。无需法院明确道明，我们也可以论证，虽然一般原则要求精神障碍者为自己的侵权行为承担法律责任，但我们免除突发的致残性精神障碍者的侵权责任，却不会违背这个一般原则。首先，由于行为人在精神病突然发作以前，并未受到任何人的提醒，因此，他是秉承善意从事着危险的活动，从这个意义上讲，行为人是无辜的，法院不

[①] 173 N. W. 2d 619 (Wis. 1970).

能认为行为人将他人置于危险之中。其次，法律并没有规定，行为人在精神病发作以前，即应受到他人的控制，更何况这是一种不合理的限制性规定。最后，至少在本案中不存在行为人伪装成精神障碍者来规避法律责任的问题，因为行为人的精神障碍是一种持续性的精神障碍。法院允许被告传唤专家证人就其突发性精神障碍抗辩理由作证，并要求原告针对被告的抗辩理由进行反驳。虽然法院反对将所有的精神病都视为被告的抗辩理由，但它至少认可了突发性精神病能作为抗辩理由。只是在随后的审判中，原告证明 Veith 在案发以前有过精神病征兆，进而成功推翻了被告的抗辩理由。

在 Bashi v. Wodarz 一案①中，加利福尼亚州的法院讨论了精神障碍者是否可以适用突发性能力缺陷原则。该案的被告 Wodarz 在短时间内引发了两起交通事故。原告 Bashi 针对第二起交通事故向被告提起了侵权之诉。被告向法院提出了直接裁判动议，理由是被告在案发之时因突然精神病发作才实施了侵权行为，所以依法无需承担法律责任。一审法院支持了被告的动议。原告不服，提起上诉。二审法院承认，加利福尼亚州长期将突发性生理疾病视为被告拒绝承担交通事故责任的抗辩理由，但它从未就 Bruenig 一案中的突发性精神障碍问题作出判断。加利福尼亚州与大多数州不同，它通过颁布成文法确立了普通法的精神障碍者责任规则，规定精神障碍者应为自己的侵权行为承担法律责任。法院进一步指出，这部成文法的 1994 年 1 月 1 日修正案也只是将未成年人排除在适用范围之外，而原封不动地保留了其余所有规定。法院认为，这一举措恰恰是公共政策的重要体现，而且这种公共政策还得到了《美国侵权法复述》（第二版）的官方评论的支持。复述的官方评论表明，复述并不认为突发性的紧急医疗事故原则已经被扩张至精神病领域。② 综上，法院反对将突发性精神障碍作为过失侵权诉讼的抗辩理由，并驳回一审法院的裁决。

在涉及突发性能力缺陷乃至更广泛的老年痴呆病的案件中，法院碰到的最棘手的问题莫过于判断病人何时才注意到自己的精神障碍已如此严重，以致应当自觉地限制自己的行动自由。Word v. Jones ex

---

① Cal. Rptr. 2d 635 (Cal. Ct. App. 1996).
② Restatement (Second) of Torts § 283C cmt. b (1965).

rel. Moore 一案①中正好体现了这个问题。在该案中,被告驾驶员请求法院针对原告主张的被告在驾驶过程中存在过失的问题,给予陪审团以有关突发性能力缺陷的指引。一审法院答应了被告的要求。原告认为,法院给予的陪审团指引是不恰当的。因为法院没有在指引中要求陪审团判断被告是否已经失去了意识。上诉法院支持了原告的主张,认为一审法院使用的"精神混乱"和"精神错乱"等用语过于模糊不清,并发回一审法院重新审理案件。但是,最高法院又推翻了上诉法院的裁决,认为"丧失意识"一词会严重限制突发性能力缺陷抗辩事由的适用范围。法院直接批驳了原告的主张,认为被告可以以患有老年痴呆病为由提出突发性能力缺陷抗辩理由,并确立了相关的判断标准:"在一审期间,被告提出了三项医学理由来确立突发性能力缺陷抗辩理由:老年痴呆病、短暂性脑缺血和心律失常。这些理由都直接证明,被告具备突发性能力缺陷的构成要件。对于被告的两位专家证人针对抗辩理由提供的证言,原告都未能提出任何反驳理由甚至反对意见。例如,被告证明,她不仅从未被诊断为有上述三种精神病状之一,而且从未表现出这些精神病状。这一切都表明,被告符合突发性能力缺陷抗辩理由的第二个要件,即其能力缺陷是不可预见的。因此,一审法院应当将案件交给陪审团,由陪审团判断,被告是否出现了突发的、不可预见的能力缺陷,致使被告失去了对汽车的控制并引发了这起交通事故。"

这个案例表明,老年痴呆病虽然不会完全妨碍被告行使突发性能力缺陷抗辩理由,但至少在那些不要求原告证明被告已丧失意识、即可责令被告承担侵权责任的州中,一旦被告曾被诊断为老年痴呆病人,无论他的病况是多么的轻微,被告都无法证明他的突发性能力缺陷是不可预见的。一旦这种能力缺陷是可以预见的,原告就能证明被告驾驶汽车的行为存在过失。法院不仅会认定被告对交通意外存在具体的过失,而且还会依据被告明知自己可能会因无法控制汽车而对原告和其他人造成危险却依然驾驶汽车,引导陪审团认定被告的惩罚性损害赔偿责任。从诉讼技巧上看,这种主张非常有利,因为它充分利用了老年痴呆病的渐进性特点以及庭审以前审判程序的长期性。无论

---

① 516 S. E. 2d 144 (N. C. 1999).

被告在案发之时是处于何种精神状态，陪审团最后在被告席上看到的，都很可能是一个严重精神错乱的被告。除非有人将被告在案发之时的精神状态详细记录，供法院日后参考；否则，被告都难以让陪审团相信，他被诊断为老年痴呆病人以后驾驶汽车的行为依然是合理的。

（三）作为受害者的看护人员的诉权

有的老年痴呆病人在精神混乱或者精神错乱之时，会对周围的人表现出攻击性与危险性，有的病人甚至会持续地表现出暴力倾向。这就对看护人员造成极大的危险，而且还会引发病人虐待配偶的问题以及相应的侵权责任与刑事责任。老年痴呆病人对看护人员的责任规则本应既能适用于专业看护人员，又能适用于非专业看护人员，但现有案例仅仅涉及专业看护人员。

四、作为受害者的专业看护人员

在早期的案件中，法院运用传统的方法来分析案件，即认为只要精神障碍者具备了实施侵权行为的故意，就需要为自己的故意侵权行为承担法律责任。最重要的是，法院反对被告以精神障碍性妄想为由提出抗辩。其中以 McGuire v. Almy 一案[①]为典型。在 Almy 一案中，原告是一名护士，她负责一天 24 小时地看护被告。而被告是一名被反锁在自己房间里的病人，除非有原告或其他看护人员的陪同，否则都不得迈出房门半步。不仅如此，被告还曾威胁要伤害原告。在案发之时，被告在房间内大吵大闹，并且大肆破坏家具。原告立即跑进被告的房间查看究竟。她看见被告疯狂地挥舞着一根木棍，于是急忙向其他看护人员请求支援。其他看护人员赶往现场并试图制服被告。其间，被告打伤了原告的头部，致使原告遭受重伤。陪审团认为被告具有侵权故意，因此，法院进一步讨论了被告的主张，即判断原告是否承担了因看护病人所带来的风险，并且注意到被告当时所造成的危险。

法院否定了这种风险承担抗辩理由，认为在争议事故发生之前，

---

① 8 N. E. 2d 760 (Mass. 1937).

被告未曾表现出任何危险倾向。法院也承认，被告挥舞着木棍确实会使原告注意到有危险的存在，但法院认为，案发当时情况非常紧急，而原告有义务尽力帮助被告。我们可以理解，法院不愿意创设法律规则来打击看护人员帮助精神障碍者的积极性，以至于在精神障碍者可能会伤害自己之时，看护人员会拒绝施予援手。法院的分析符合雇员不承担工作场所风险的公共政策。然而，这种分析方法却违背了精神障碍者承担侵权责任的主要政策性依据：精神障碍者的侵权责任制度应能鼓励看护人员确保自己所看护的精神障碍者受到必要的限制，从而保护社会公众的安全。看护人员的职责是保护病人，以及防止病人对他人造成危险。如果他们能起诉精神病人，那么，病人的亲属就会急于为了保护家庭财产而限制病人的行动自由。如果病人住进了疗养院，疗养院很可能会对病人实施严格的限制，甚至对病人施予拘禁，从而防止病人伤害疗养机构的工作人员。果真如此，精神病人就很难获得符合人道主义精神的看护。

五、有关消防员规则的案例

在 Anicet v. Gant 一案[①]中，一位精神病人在自愿住院期间，因无法控制自己的行为而伤害了看护人员。传统的规则仅仅依据精神障碍者自愿实施了伤害行为，而不顾病人受到其妄想病状的影响，一律要求病人承担故意侵权责任。法院认为，这种规则不过是法院依据公共政策断案的幌子，而不是旨在遵守行为人应当为自己的行为承担法律责任的传统观点。作为原告的看护人员，并不同于其他无辜的社会公众，后者才是公共政策的保护对象。如果消防员的诉权没有受到任何限制，那么，社会公众就可能因为惧怕承担侵权责任，而急于向消防人员或其他紧急事故人员救助。法院认为，这种理由也同样适用于医疗机构里的看护人员。否则，医疗机构就会限制病人与看护人员的身体接触，并对病人的人身自由施予更多的约束乃至拘禁。法院反对，由病人向看护人员承担侵权责任能鼓励病人家属更好地保护社会公众免受精神障碍者的伤害。因为无论病人是否需要向看护人员承担侵权责任，病人及其家属都会尽一切努力保护社会公众的安全。

---

① 580 So. 2d 273 (Fla. Dist. Ct. App. 1991).

将医疗机构的看护人员类比成公共安全服务人员的做法是相当具有吸引力的，因为我们可以借助消防员规则来解决病人对看护人员的侵权责任问题。Herrle v. Estate of Marshall 一案①的法院运用第一性风险承担原则（primary assumption of risk）和第二性风险承担原则（secondary assumption of risk）概括消防员规则的基本理念，并将这些规则适用于疗养院的看护人员。涉及第一性风险承担理论的案件以体育锻炼事故为典型。在 Knight v. Jewett 一案②中，加利福尼亚州的法院就原、被告双方在足球比赛中发生的身体接触性犯规，阐述了第一性风险承担原则和第二性风险承担原则。如果原告所从事的活动一般会涉及某种已知的风险，那么，原告从事该活动的行为便构成了第一性的风险承担；而如果原告明知相关的案件事实会使自己遭受特定的危险，那么，原告的行为就构成了第二性的风险承担。法院一旦认定了第一性风险承担，被告就无需证明原告知道这种风险，而且被免除了预防或消除危险的义务。总之，区分第一性的风险承担与第二性的风险承担有着重要的法律意义。在涉及第一性风险承担的案件中，原告就难以提出其他理由要求法院将被告的侵权责任交由陪审团来审理。

Herrle 一案意义重大，因为在该案中，被告因患有老年痴呆病而被拘禁于疗养院，并且长时间表现出攻击性："病人在入院之时的诊断结果显示，'她有时会表现得相当具有攻击性'。不仅如此，看护人员的观察记录也表明，'（病人）……在某些时候表现得喜好攻击，并（对他人）具有高度的伤害危险性。'"在医护人员将被告从轮椅转移到病床上的时候，原告负责保护被告的身体，使其免于跌倒在地上。但就在这一过程中，被告猛击原告的头部，致使原告遭受重伤。在传统的有关风险承担的案件中，即今天我们所说的第二性风险承担案件中，被告必须证明原告明知有危险的存在，并且实施了不合理的行为，致使自己遭受了危险。例如，原告不存在 McGuire v. Almy 一案中的紧急事故抗辩理由。然而，被告依然可以一般性地证明，看护人员所接受的培训是旨在让看护人员识别并处理病人的暴力倾向，并

---

① 53 Cal. Rptr. 2d 713 (Cal. Ct. App. 1996).
② 834 P. 2d 696 (Cal. 1992).

且所有与被告具有类似精神状况的病人都会表现出暴力倾向,因此疗养院的看护人员应当知道这类病人的危险性,即便他们未必知道被告具有特殊的暴力倾向。一旦被告成功证明了以上事实,法院就会认定被告不向原告负有任何责任。

　　Herrle 一案的法官反对意见指出,该案原告难以适用第一性风险承担规则。消防员规则专门适用于专业的公共安全服务人员,他们所接受的培训正是让他们有能力处理该职业带来的特定危险。最重要的是,对于他们可能因他人的过失行为甚至故意行为而遭受的危险,公共安全服务人员显然已经获得了相应的补偿:"绝大多数火灾都是由人的过失所引起的,如果要求所有人为自己因疏忽大意而引发的火灾或者未能预防的火灾向消防人员承担损害责任,司法系统将会不胜负荷。公共财政资助消防人员接受专业训练,让他们能够处理这些无法避免的意外事故,即便这些事故是由于人为的过失所造成的。由于消防员为社会公众服务,因此他们所遭受的危险应从社会公众那里获得适当的补偿。社会既应就消防员的损害事实赔偿损失,还应针对社会公众的紧急求救所隐含的损害风险向消防员支付相应的工作补贴。"

　　在大多数州里,消防员和警察都能获得其他公务员所不享有的残疾补偿金、退休金和工作补贴。这些丰厚的福利不仅数目可观,而且申请门槛低下。相反,许多疗养院的工作人员,如 Herrle 一案的原告,都仅仅接受过简单的医疗职业培训,如助理护士培训。不仅如此,这些职位工资微薄、福利低下,并且具有高度的不稳定性。医疗机构雇佣和培训这些员工的目的,并不是为了让他们管理那些有暴力倾向的病人,而是从事简单的看护工作。这些人员仅在偶然的情况下,或者在紧急情况下需要帮助其他医护人员保护病人免受伤害的时候,如 Herrle 一案中,才有机会接触那些有暴力倾向的病人。在 Herrle 一案中,原告支付的医疗费用已逾 20 万美元,我们无法确定其中有多少费用能够由工作补贴来支付。面对这些工资低微、安全保障措施不足的看护人员,我们不能说他们应当能够如专业的公共安全服务人员一般处理危险事故。不仅如此,法院的反对意见还主张,即便是消防员规则,在危险事故与灭火行动无关之时,也不能予以适用;因此,我们更不能认为所有疗养院的工作人员都承担了被病人伤害的风险。

更重要的是，法院依据公共安全服务人员的性质来论证消防员规则的合理性。他们认为，包括私人的安全服务人员在内的私人雇员都不具备公共雇员的特点。因此，法院也质疑疗养院的工作人员是否具有这些特点。有人引用了 Neighbarger 一案①并主张，问题的关键不在于公共雇员与私人雇员之分，而在于原告和被告之间是否存在服务合同。纳税人与政府存在合同并依此享受消防服务，而住院病人与疗养院存在住院合同并据此获得医疗照顾，这两种合同的服务提供方都会遭受一定的危险。但是，在 Neighbarger 一案中，被告是合同的第三方，与原告不存在合同关系。如果法院在判断风险承担问题的时候，能从看护人员的角度来思考，将更有利于问题的解决。依据先例，雇员承担了损害风险，因此无法获得损害赔偿。但看护人员对风险的承担则有所不同。他们只能从工作补贴金中获得微薄的损害赔偿。疗养院的住院病人或其法定代理人利用了医疗服务合同，将自己向看护人员的损害赔偿责任转嫁到看护人员的雇主身上。这些分析具有重要的意义：风险承担理论会彻底导致受害者丧失获得损害赔偿的权利，而不是通过合同对损害赔偿的方法与形式进行重新分配；更重要的是，这种观点将导致法院没有必要判断病人的能力，病人也因此无需成为侵权诉讼的被告。

六、作为受害者的非专业看护人员

绝大多数老年痴呆病人都未能进入正规的医疗机构，而只能在家里接受家庭成员或其他人的照顾。这些非专业的看护人员与专业看护人员面临着相同的暴力危险，却很少能像专业看护人员那样接受有效的职业培训，并且缺乏足够的资源来处理这些危险情况。在危险发生之时，他们唯一能够做的，就是向警察机关或紧急医疗人员寻求帮助。他们无法获得任何工作补贴，甚至无力购买健康保险。如果他们所照顾的病人购买了责任保险，非专业的看护人员也许可以如其他侵权诉讼的原告那样，依据相同的侵权理论提起侵权之诉。但是保险公司很可能会提出，非专业的看护人员已经承担了损害风险，依据有关专业看护人员的判例所确立的政策性理由，非专业看护人员不应获得

---

① Neighbarger v. Irwin Indus. Inc. 882 P. 2d 347, 352, (Cal. 1994).

损害赔偿。而如果老年痴呆病人没有购买责任保险，非专业看护人员就会被暴露于损害风险之中，他们几乎无望获得任何损害赔偿。这一切都会给非专业的看护人员照顾病人造成困难。不仅如此，法院还认识到，非专业看护人员的照顾能为病人带来许多益处，并且能为政府减轻财政负担。因此，政府或许应当扩张部分残疾保险与健康保险的保险范围，从而将非专业看护人员纳入保护范围之内。

如果非专业的看护人员向警察求救，或者紧急医疗人员发现非专业看护人员受到伤害，并依据大多数州的有关虐待配偶的法律规定通知警方，那么，看护人员就会因为警察要带走老年痴呆病人而面临许多难题，即便这种结果常常是他们所希望的。依据某些州的关于虐待配偶的法律规定，警察有义务逮捕行为人。警察在逮捕了老年痴呆病人之后，应当有合适的设施来安置并照顾这些老年痴呆病人。这就需要我们建立一种制度来既保护看护人员，又保护老年痴呆病人。这种制度包括建立24小时不断运作的看护中心。在看护中心，老年痴呆病人可以得到警察或紧急医疗人员的照顾。非专业看护人员有权将病人紧急转送至该中心。但是，我们在建立这种制度的时候，必须反复思考有关家庭暴力的法律，因为依据这些法律，看护人员无权要求法院以刑罚制裁病人的危险行为。因此，看护人员一般会怠于请求警察或者紧急医疗人员提供帮助，个别的极端情形除外。

非专业的看护人员所引发的法律问题及公共政策性考虑因素，并不同于专业的看护人员所引发的法律问题及公共政策性考虑因素。非专业的看护人员通常是病人的家庭成员，他们自愿照顾病人，却几乎得不到社区给予的任何帮助。而大多专业看护人员需接受政府的管理，他们不仅能从私人保险公司那里获得损害赔偿，而且还能获得州政府和联邦政府支付的工资。从保护社会公共安全的角度上讲，专业看护人员与非专业看护人员都有义务阻止他们所控制的老年痴呆病人伤害原告以及其他一般社会公众。但是，这种责任制度的成本异常高昂，它会产生高额的保险费用，并对看护人员的财产构成严重威胁，不仅如此，它还浪费了医疗资源，导致老年痴呆病人得不到应有的照顾。许多法院考虑到这些政策性考虑因素，对非专业看护人员与专业看护人员适用了不同的侵权责任制度。

七、专业看护人员的侵权责任

专业看护人员，尤其是提供全面看护服务的机构，有义务保护病人，并受一般的医疗人员侵权先例的调整。如果专业看护人员的行为不符合法律的标准，并致使老年痴呆病人受到了伤害，看护人员就需要承担损害责任。至于看护人员的行为是否符合法律的标准，法院应依据专家证言和相关材料进行判断。如果看护人员向特定第三人负有特定的义务，或者向社会公众承担了一般的注意义务，包括防止其他人受到伤害，看护人员也需要为第三人受到的损害承担侵权责任。在历史上，相关的先例都鲜有直接涉及疗养院与老年痴呆病人的看护中心，而多数是关于精神病院释放了精神障碍者，并且病人在出院以后实施了谋杀或者其他故意侵权行为。这些案例可以被分为警告义务的不履行案例，以及过失释放行为或过失监管行为的案例。但即便是在这些案件中，法院也不愿意在缺乏具体证据证明危险的存在之时，某些州的法院还不愿意在受害者无法证明自己具有具体可识别性之时，责令医疗人员承担侵权责任。

审理 Garrison Retirement Home Corp. v. Hancock 一案[①]的法院进行了精彩的分析。该案涉及的问题是，当病人可能患有老年痴呆病的时候，养老院是否有义务阻止病人驾驶汽车。原告是一名承包商的雇员，他负责检查养老院的屋顶是否有漏水情况。案发之时，原告正站在自己的汽车旁边，一名病人突然驾驶汽车撞倒了原告，并导致原告身负重伤。原告向养老院提起诉讼，声称养老院因没有阻止病人驾驶汽车而存在过失。法院援引了《美国侵权法复述》（第二版）第 315 条分析案件："行为人没有义务控制第三人的行为，以防止第三人对他人造成人身伤害，除非存在以下两种情况之一：一是行为人与第三人之间存在特殊关系，致使行为人有义务控制第三人的行为；二是行为人与其他人之间存在特殊关系，以致其他人有权获得保护。"[②]

法院认为，本案的关键在于被告有没有权利，以及有没有能力控制自己所管理的人的行为。这一标准也同样适用于非专业看护人员。

---

① Garrison Ret. Home Corp. v. Hancock, 484 So. 2d 1257 (Fla. Dist. Ct. App. 1985).
② Garrison Ret. Home, 484 So. 2d at 1261.

在本案中，被告已采取重要措施来阻止病人驾驶汽车，只是由于病人非常狡猾，才躲过了看护人员的限制。法院认为，这一切正好证明被告控制病人的能力十分有限。法院基于被告有限的控制能力以及被告未能成功实施控制的事实，认为原告本身也负有一定义务。但诚如法院所述，本案涉及"特殊的事实"，因此无法抽象出一个一般的规则："当然，养老院对其住院者承担的义务，并不同于精神病院或其他医疗机构向其住院病人承担的义务。但是在 Garrison 居住的病人大部分是年老体弱的长者。这些老人一旦出院，便无法料理好自己的生活；因此，Garrison 一直紧锁大门，以保护好这些老人。有的老人还存在生理障碍，如 Egan。Tom 已无法独立行走，但他拒绝使用步行辅助器，而只愿意使用拐杖行走。他曾出现过'激怒反应（rage reaction）'并产生过幻觉。依据养老院的主管 Rush 所言，Egan 的驾驶执照和车牌都已经过期了。他必须坐在枕头上才能看到汽车的正前方。Rush 作证指出，她相信 Egan 一旦驾驶汽车，就会对他人造成危险。养老院的管理人员担心 Egan 会偷偷驾驶汽车，于是拿走了 Egan 的汽车钥匙并取出汽车电池；不仅如此，他们还给 Egan 的汽车轮胎放气，并且在 Egan 的汽车前方放置障碍物，让 Egan 的汽车完全无法移动。"

法院或许会认为，养老院既然对住院者施予了控制，它显然有义务控制如 Egan 一样有严重障碍却依然试图驾车的人。依逻辑推断理应如此。但我们也可以依据这种观点推断，看护人员虽然没有一般义务阻止病人驾驶汽车，但一旦他们承担了这种义务，就必须毫无过失地予以履行。法院提出，法律规则虽然没有授权养老院限制病人的自由，但却规定了养老院不得纵容那些对他人造成危险的病人逗留在养老院内。因此，法院实际上暗示了被告负有作为义务，只是被告可以通过简单地将病人移送至更加安全的机构来履行义务。

这个判例并未解答，如果法律不禁止这些病人居住在养老院，是否只要养老院没有自愿承担起阻止病人驾驶汽车的义务，就无需向原告承担侵权责任。从养老院保护住院者的义务来看，答案是否定的。本案的养老院及其他类似疗养院都通过封锁疗养院来保护病人，防止他们走出院门并对自己造成伤害。这些预防措施表明，院方已自愿承担了义务，防止病人在病院外无意中伤害到自己。如果说这些病人会因出走而遭受危险,那么,他们显然会因驾驶汽车而遭受到更大的危险,显然,养老院有义务阻止病人驾驶汽车。虽然养老院对病人的义务并不会自动赋予社会公众以相应的法律利益,但是,公共政策支持我们将养老院对病人的义务也看成是养老院对社会公众的义务,因为二者是相辅相成的。

八、非专业看护人员的侵权责任

家庭成员豁免权被废除以后,法律已不再阻止人们起诉非专业看护人员,要求后者就与看护行为有关的侵权行为承担法律责任。由于老年痴呆病人依赖于家庭成员的照顾,并且具有严重的能力障碍,因此他们一般不会独立地对非专业看护人员提起诉讼。在更多情况下,法院所指定的或者病人亲属所担任的病人财产的法定代理人提起侵权诉讼。在这些诉讼中,主要的法律问题是,如何确立非专业看护人员的注意标准,以及非专业看护人员享有何种程度的能力和权利,来阻止老年痴呆病人驾驶汽车或者从事其他危险活动。虽然已知的案例都没有谈及这些理论,但这可能是因为人们将所有的案件都当成是关于虐待配偶的案例,或其他不涉及看护人员责任的案例。

有关非专业看护人员的案例常常涉及看护人员对第三人的侵权责任。法院之所以要求精神障碍者为自己的侵权行为承担法律责任,其中一个理由是,这样做可以鼓励病人的家人将病人拘禁起来,从而防止病人伤害到其他人。但是,这仅仅是一项间接的激励措施,因为它依赖于精神障碍者的财产可以为原告所主张,并且他的家庭成员对这些财产享有利益。或许我们可以料想,当病人实施了侵权行为,法院会责令家庭成员亲自为病人的侵权行为承担法律责任,从而落实这一政策性理由。但是,法院一边声称应鼓励家庭成员承担起照顾病人的责任,一边却不愿意责令家庭看护人员为精神障碍者的侵权行为承担直接的法律责任。

Emery v. Little John 一案[1]的法院较好地评述了 1915 年的法律规则,体现了传统的非专业看护人员承担第三者侵权责任的观点。在该案中,被告的儿子已经成年,并且曾经入住精神病院。被告自其儿子

---

[1] 145 P. 423(Wash. 1915).

被释放出院以后,一直照顾着儿子的起居饮食。一天,被告的儿子开枪打伤了原告。原告随即以行为人的父母为被告提起诉讼,声称被告在保护原告方面存在过失,其部分依据是被告把儿子带回家照顾之时,承担了相应的法律责任。法院假设,即便存在一般的注意义务,但除非被告儿子的暴力行为是可以预见的并且有充分证据证明儿子有杀人的倾向,被告才向社会公众承担了这种一般义务。法院审视了当时的法律制度并提出:"尽管被告聘请了名声显赫的律师为其出谋划策,然而他们未能证明,曾有法院判例要求行为人为自己疏于注意或约束精神障碍者的行为承担法律责任。美国联邦上诉法院第八巡回法庭曾恰当地指出:'如果我们无法找到已知的案例和判决来证明,行为人应在特定事实情况下承担原告所称的法律责任,那么,我们就有理由推断,这种法律责任根本是不存在的。'我们并不是说,在任何情况下,一个私人即便已在法律上拘禁并控制了有杀人倾向的、暴戾的精神障碍者,并且没有恰当地约束精神障碍者,以致精神障碍者对他人造成了损害,他都无需承担法律责任;但是,我们还没有发现有任何极端的判例,要求私人承担法律责任。"

随后大部分案件都做出了类似的判决结果。然而,有相当一部分法院在必须保护公共利益,使社会公众免受非专业看护人员的病人的损害风险的情况下,提出了例外的规则。这些判例是有关看护人员存在过失,或者看护人员具体地承担了照顾亲属的义务。在现代,法院不要求被告为自己成年的家庭成员承担替代责任。他们认为,被告仅在自愿地承担了法律义务,才有义务照顾成年的家庭成员。虽然大多数案件都没有明确道明,但我们可以清楚看到,仅当非专业看护人员有实际能力控制能力障碍者,看护人员才可能负有法律责任。

为了回答这个问题,最重要的考虑因素是看护人员是否注意到精神障碍者的危险性。Alva v. Cook 一案[①]是一个广被援引来说明这个问题的先例。在该案中,两名姐妹照顾着她们 62 岁的哥哥。哥哥是一名"二战"时的老兵,已有较长的精神病史,但从来没有实施过危险行为。他收藏了一支来福枪。一天,哥哥在驾驶汽车的时候,原告超车并挡在他的车前。哥哥没有提出任何警告,便直接用来福枪把原

---

① 123 Cal. Rptr. 166 (Cal. Ct. App. 1975).

告打死。原告的代理人声称，由于被告允许哥哥收藏来福枪、使用来福枪并且没有将哥哥拘禁起来；因此，被告存在过失。法院认为，由于加利福尼亚州允许精神障碍者拥有枪支，因此被告允许哥哥收藏并使用枪支的行为并没有违反任何法律义务。更重要的是，法院明确地指出，由于哥哥没有实施过明显危险的行为，因此，仅仅哥哥的精神障碍状况并不会使被告注意到她们应当将哥哥拘禁起来，或者至少应限制哥哥的行为："如果我们欠缺关键的事实，证明 Malcolm 对自己和其他人构成了危险，并至少足以合理地推断，法院会依据 Lanterman-Petris-Short 法案准予原告请求对 Malcolm 进行精神评估或者拘禁，那么，我们不能将被告对道德义务的承担，等同于被告同意了为 Malcolm 在其不动产之内或之外的行为提供任何保证和赔偿，这就像是将 Malcolm 视为一条狗，并将被告看成是狗的管理人，并对 Malcolm 的行为承担法律责任。"

虽然其他法院也认同，Alva 一案提出的家人应当相互照顾的公共政策十分重要，但是他们还是认为在某些情况下，原告可以提出充分的事实证明，法院应将案件交由陪审团判断，被告是否充分地注意到危险的存在。他们的依据是《美国侵权法复述》（第二版）第319条。部分法院质疑，仅仅行为人向其患有精神病的、危险的亲属提供住宿之所的事实，是否可以满足第319条的条件："无论是被告还是我们所做的调查都显示，没有任何先例依据第319条的立法目的，认为父母亲把患有精神病的成年子女接回家的行为，'承担了照顾第三人的责任'。"①

法院在判断非专业看护人员的第三者责任的时候，所遇到的典型的问题是，非专业看护人员是否会因为允许老年痴呆病人驾驶汽车而存在过失。如果看护人员将自己的汽车借予精神错乱者使用，那么，这便是一个传统的信赖过失（negligent entrustment）问题。更常见的情况是，老年痴呆病人拥有自己的汽车。这时，法院就要判断，看护人员是否有义务阻止老年痴呆病人驾驶汽车，以及这种义务的边界。Irons v. Cole 一案②处理了一个类似的法律问题：在哪些情况下，父母

---

① Kaminski v. Town of Fairfield, 578 A. 2d 1048, 1052 (Conn. 1990).
② 734 A. 2d 1052 (Conn. Super. Ct. 1998).

负有义务阻止成年的孩子使用枪支。法院认为，家庭成员应当为儿子的杀人行为承担侵权责任，因为他们明知儿子可以使用家里的枪支，而且儿子精神错乱并长期表现出暴力倾向。Irons一案判决的依据是被告的不动产责任，例如，由于儿子是在被告的不动产之内实施了谋杀行为，因此被告作为不动产权人应承担侵权责任。但是，本案的核心问题是，被告是否控制了儿子对有形财产的使用，而不是控制了儿子本身。法院小心翼翼地限制了判决的内容，使其仅仅针对行为人对被告的财产实施的行为，而没有认定被告向社会公众承担了一般义务。但是法院仅仅依据一般侵权义务规则来进行分析，而不是普通法有关不动产权人责任的传统规则。法院的判决扩张了看护人员的侵权责任，使其适用于病人于看护人员的不动产之外使用汽车而造成的交通事故，并且病人不存在伤害故意，因此法院也愿意将侵权责任扩张至直接行为人之外的第三人身上。因此，这个判决是在看护人员的侵权责任制度上向前迈出的一小步。

九、结论

侵权法在赔偿受害者的损失并阻却危险行为的同时，也不能打击合理的行为。一般而言，法院会要求老年痴呆病人为自己的侵权行为承担法律责任。尽管有部分学者主张精神障碍者不应为自己的侵权行为承担法律责任，部分人却要求警察机关拘禁或控制精神障碍者的危险行为，无论这些行为是否构成侵权行为。这是一种不公平的做法，因为它剥夺了老年痴呆病人的行动自由，即便他们仍然能在疗养机构以外的地方独立生活。虽然在一般情况下，老年痴呆病人都应对自己的侵权行为承担法律责任，但这种规则在适用于病人伤害专业医疗人员的情况之时，却产生了意料之外的后果。医疗机构之所以拘禁病人或对病人实施恰当的看护，正是因为病人已无法照顾好自己。如果要求病人向看护人员承担侵权责任，似乎会导致不公的结果。

与此同时，侵权法不要求看护人员为病人对他人造成的损害承担侵权责任，除非存在以下两种例外情况：一是当看护人员注意到他所看护的病人具有危险倾向，并且承担了控制病人行为的义务；二是当看护人员试图阻止病人从事危险活动并因此承担了法律义务，却未能成功阻止损害的发生。但这些规则都不足以促使非专业的看护人员采取措施保护社会公众免受老年痴呆病人的伤害，甚至会阻却看护人员采取这些措施，因为法院可能会认为看护人员因采取预防措施而承担了自己本来没有的法律义务。因此，我们更应责令没有采取任何措施的看护人员承担侵权责任，而对于那些曾试图阻止损害发生，却未能成功的看护人员，应给予类似于豁免权的权利。

诚如其他学者所指，老年痴呆病为律师的法律规划与法律咨询服务带来了许多难题。在侵权法中，律师们所碰到的最主要的问题是，客户的痴呆状况会在侵权事故发生之后不断恶化，甚至导致客户在出庭之日无法亲自行使抗辩权。法院应当通过制定程序性规定，消除痴呆状况给被告带来的不利影响。保险人自侵权事故发生之日即可参与到诉讼当中。他们应当尽可能在事故发生之后立即以法律认可的方式记录病人的精神状况与精神能力。这样做能帮助保险人向陪审团证明，被告在事故发生之时是具有精神能力的，只是这种能力在举证和审理阶段已严重消减。

我们要创设适用于老年痴呆病人的责任规则，其中一个主要障碍是，我们缺乏足够的信息判断痴呆状况与第三人遭受过失侵权或故意侵权之间的关系。例如，我们或许可以要求汽车驾驶员定期接受驾驶资格的审核，从而在驾驶员出现严重能力障碍以前识别出他们的问题。而且我们或许还可以要求驾驶员在超过一定年龄以后更加频繁地接受驾驶资格的审核，或许任何人在超过特定年龄以后，一旦发生了交通事故，即应被视为可能存在能力障碍，要求他们接受相应的检查。这些制度都旨在以对老年痴呆病人的最小限制，来保护社会公共安全。然而，政府要建立这些制度，就必须系统地研究被确诊的老年痴呆病人或其他精神病人的精神状况，分析他们引发意外事故的概率，并将这些概率与一般公众以及未成年人等已知危险人群的概率进行对比。我们只有通过仔细对比老年痴呆病对病人和社会大众的影响，以及侵权法对老年痴呆病人及其看护人员的影响，才能创设出一项有效的、符合人道主义精神的侵权规则，以满足老年痴呆病人与社会大众的需要。

第三编　父母对未成年人子女承担的侵权责任

父母对其未成年子女的侵权行为承担侵权责任的性质

张民安*

目　　次

一、导论
二、父母对未成年子女承担的过错侵权责任
三、父母对未成年子女承担的严格责任
四、父母对未成年子女承担的侵权责任的性质

一、导论

当未成年子女在其父母监护期间实施了致害行为并因此导致他人遭受了损害，其父母应当就其未成年子女实施的侵权行为对他人承担侵权责任；前提条件是未成年子女的父母符合法律规定的责任构成条件。但问题在于，未成年子女的父母就其未成年子女的侵权行为对他人承担的侵权责任究竟是什么性质的侵权责任。对此问题，两大法系国家的侵权法作出的回答基本相同，认为未成年子女的父母就其未成年子女实施的侵权行为对他人承担的侵权责任是过错推定责任，以未成年子女的父母在监督未成年子女的行为父母存在过错作为构成要件。如果未成年子女的父母能够证明自己没有过错，那么，他们将不就其未成年子女的侵权行为对他人承担侵权责任。不过，一些大陆法系国家的司法判例逐渐偏离了过错推定理论而采取严格责任理论，认为一旦未成年子女对他人实施了侵权行为，未成年子女的父母不得通过证明自己没有过失的方式来免责。在我国，学说对未成年子女的父

---

* 中山大学法学院教授，博士生导师，法学博士。

母就其未成年子女的侵权行为对他人的侵权责任性质存在争议，某些学说认为，未成年人的父母就其未成年子女的侵权行为对他人承担的侵权责任是过失推定责任，当未成年人对他人实施了侵权行为时，法律就推定未成年人的父母存在监督过失，除非未成年人的父母能够反证证明自己在监督其未成年子女的行为父母没有过失，他们应当就其未成年子女实施的侵权行为对他人承担侵权责任。而另一些学说认为，未成年子女的父母就其未成年子女的侵权行为对他人承担的侵权责任是严格责任，不以其未成年子女的父母在监督其未成年子女的行为父母存在过失作为条件，只要未成年人在其父母监督期间实施了侵权行为，其父母作为监护人就应当对他人承担侵权责任。那么，未成年子女的父母所承担的侵权责任究竟应当是过错推定责任还是严格责任？

本文作者认为，未成年子女的父母就其未成年子女的侵权行为对他人承担的侵权责任只能是过错责任，而不是严格责任；因为以未成年子女的父母在监督、教育其未成年子女的行为中父母存在过失作为条件，或者以未成年子女的父母在控制其未成年子女的行为中父母存在过失作为条件。如果未成年子女的父母在监督、教育或者控制其未成年子女的行为不存在过失，那么，他们就其未成年子女的侵权行为不对他人承担侵权责任。

不过，无论两大法系国家和我国学说对未成年人的父母承担的侵权责任存在怎样的争议，他们都承认，未成年人的父母就其未成年子女的侵权行为对他人承担的侵权责任是直接侵权责任而非间接侵权责任，此种责任在性质上属于未成年人父母的个人责任，该种责任建立在未成年人父母自己违反对他人承担的监督义务、控制义务的基础上或者建立在未成年人父母的侵权行为同他人损害之间的因果关系基础上。一旦未成年人实施了致害行为并因此导致他人遭受损害，法律即推定未成年子女的父母存在监督过失、控制过失或者教育过失，或者推定未成年子女的父母的侵权行为同他人遭受的损害之间存在因果关系。因此，父母就其未成年子女的侵权行为对他人承担的侵权责任不属于严格意义上的替代责任，同雇主就其雇员的侵权行为承担的侵权责任存在差异。因为，根据两大法系国家的侵权法，只要雇员实施了侵权行为并因此导致他人遭受损害，法律即责令雇主就其雇员的侵权行为对他人承担侵权责任，雇主承担的此种侵权责任被认为是建立在雇员的过失行为基础上而非建立在雇主自己的过失行为基础上，雇主的侵权责任是严格意义上的替代责任而非个人责任，是间接责任而非直接责任。

二、父母对未成年子女承担的过错侵权责任

(一) 父母承担的侵权责任性质

在大陆法系国家和英美法系国家，法律都认为父母就其未成年子女的侵权行为或者非法行为对他人承担的侵权责任在性质上属于过错责任，该种责任不是建立在实施致害行为的未成年人的过失基础上，而是建立在未成年人的父母个人过失基础上，这就是，未成年人的父母在监督、教育其未成年子女方面没有尽到一个有理性的人在同样或者类似情况下应当尽到的注意义务。未成年人的父母的此种过失被称为监督过失、教育过失。如果未成年子女的父母本身没有过失，则即便他们的未成年子女在被他们监护期间实施了致害行为，他们也不就其未成年子女的侵权行为对他人承担侵权责任。在大陆法系国家，传统侵权法认为，父母就其未成年子女的侵权行为承担的侵权责任在性质属于过错推定责任，即一旦未成年子女对他人实施了侵权行为并应当导致他人遭受损害，法律就推定未成年子女的父母在监督或者教育其未成年子女的行为方面存在过失，法律就要求未成年子女的父母就自己的监督过失、教育过失对他人遭受的损害承担侵权责任；但是，如果未成年人的父母能够提出相反的证据证明自己在监督或者教育其未成年子女父母不存在过失，则未成年人的父母将不就其未成年子女的侵权行为对他人承担侵权责任。因此，大陆法系国家传统侵权法认可的过失推定理论属于能够被反证推翻的过失推定理论。而在英美法系国家，传统侵权法认为，父母就其未成年子女的侵权行为对他人承担的过失侵权责任同一般的过失侵权责任相同，法律要求遭受未成年子女侵权行为损害的原告在要求未成年子女的父母就其过失行为对自己承担侵权责任时要承担举证责任，证明未成年人的父母存在监督过失或者教育过失，法律不实行过失推定规则，如果受害人不能证明父母存在监督过失或者教育过失，则他们不得要求未成年子女的父母就其未成年子女的侵权行为对自己承担侵权责任。

（二）大陆法系国家的过失推定责任制度

在法国，主流学说都认可过失推定理论，认为父母就未成年子女的侵权行为对他人承担的侵权责任是过错责任，以未成年子女的父母在监督、教育其未成年子女父母存在过失作为条件，如果父母在监督、教育其未成年子女父母没有过失的话，则他们将不对受害人承担侵权责任。Roland 和 Boyer 指出，根据法国民法典的规定和法国司法判例的说明，父母就其未成年子女的侵权行为对他人承担的侵权责任在性质上是过错责任，此种过错责任建立在父母的监督过错（faute de surveillance）或者教育过错（faute d'éducation）的基础之上。一旦未成年子女引起他人损害，法律就认定未成年子女的父母存在监督过错或者教育过错或者同时存在监督过错和教育过错。此种认定实际上表明，法国法对未成年子女的父母采取了过错推定（présomptiaon de faute）的制度。① Roland 和 Boyer 还指出，在法国，法律对父母就其未成年子女的侵权行为对他人承担的侵权责任虽然采取了过错推定的制度，但是，此种推定也仅仅是一种简单的法律推定（juris tantum），也就是，未成年子女的父母可以通过证据来证明自己在监督或者教育其未成年子女的行为方面没有过错来推翻法律做出的过错推定。《法国民法典》第1384（7）条和法国司法判例对此种简单的法律推定做出了规定和说明："如果父母能够证明自己在监督或者教育其未成年子女的行为方面没有过错，则他们不就其未成年子女的侵权行为引起的损害对他人承担侵权责任。"② Aynès 和 Malaurie 指出，在法国，父母根据《法国民法典》第1384（4）条就其未成年子女的行为承担的侵权责任的根据是过错推定。其理由在于，一旦未成年人实施了侵权行为并因此导致他人遭受损害，法律就推定未成年人的父母没有对其未成年子女尽到足够的监督或者没有进行良好的教育。③ 法国 Lambert-Faivre 教授指出："受害人为了使未成年子女的父母就其子女的行为对自己承担责任，无需证明未成年子女的父母已经实施了过错

---

① Henri Roland et Laurent Boyer, Responsabilite délictuelle, litec, p. 411.
② Henri Roland et Laurent Boyer, Responsabilite délictuelle, litec, pp. 411 – 412.
③ Laurent Aynès et Philippe Malaurie, Les Obligations, 2e édition, éditions Cujas, p. 74.

行为（在教育或监督未成年子女方面）：此种过错是法律所推定的。"①

在大陆法系国家的德国，其法律也规定，父母就其未成年子女的侵权行为承担的侵权责任在性质上属于过错推定责任。这就是，一旦未成年子女实施了致害行为并因此导致他人遭受了损害，法律就推定未成年人的父母存在监督过失或者教育过失，推定未成年人父母的监护过失或者教育过失同原告遭受的损害之间存在因果关系，未成年子女的父母即应对他人承担侵权责任，除非未成年子女的父母能够反证证明自己不存在监督过失或者教育过失。Wagner 指出，在一般侵权法中，要求侵权行为人承担侵权责任的举证责任应当由原告承担。但是，作为一种例外，《德国民法典》第832条规定，原告仅仅证明自己遭受的损害是由未成年的非法行为引起的，他们无需证明未成年子女的父母存在监督过失或者教育过失，因为，一旦原告证明了自己遭受的损害是由未成年人非法引起的，法律即推定未成年子女的父母作为法定监护人违反了所承担的监督义务和推定父母的监督过失和其未成年子女实施的非法行为之间存在因果联系。② 当然，根据《德国民法典》第832（1）条的规定，法律对未成年人父母的过错推定也是可以通过反证证明加以推翻的。这就是说，如果父母能够证明自己在监督或者教育其未成年子女的行为方面不存在过失，未成年子女的父母将不用就其未成年子女的非法行为对他人承担侵权责任。

（三）英美法系国家的一般过失理论

除了大陆法系国家的侵权法规定父母的过失侵权责任之外，英美法系国家的侵权法也规定，父母就其未成年子女的侵权行为对他人承担的侵权责任是过失侵权责任；该种责任是建立在父母本身的过失行为基础上而非建立在其未成年子女的过失行为基础上。这一点同大陆法系国家的侵权法相同。但是，在英美法系国家，侵权法并不采取过失推定理论，不会仅仅因为未成年子女对他人实施了损害行为而推定

---

① Yvonne Lambert-Faivre, Droit du dommage corporel systémes de indemnisation, Dalloz, p. 478.
② Gerhard Wagner, Children as Tortfeasors under German Law, Miquel Martín-Casals (ed), Children in Tort Law, Springer Wien New York, p. 236.

父母存在监督过失、教育过失并因此责令未成年子女的父母就其未成年子女的侵权行为对他人承担侵权责任。英美法系国家的侵权法认为，如果遭受未成年子女侵权行为损害的受害人要求未成年子女的父母就其未成年子女的侵权行为对自己承担侵权责任，他们应当承担举证责任，证明未成年子女的父母在履行其监督义务、教育义务父母没有尽到合理的注意义务，其行为存在过失。如果受害人无法证明未成年子女的父母存在监督过失或者教育过失，则他们无权要求未成年子女的父母对自己承担侵权责任。Lockwood 指出，父母就其未成年子女的侵权行为对他人承担的侵权责任也可以建立在父母的个人过失行为基础上。例如，如果父母因为过失将其危险工具交给其未成年子女使用，当未成年子女使用该种危险工具实施侵权行为时，未成年子女的父母可能要就其过失行为引起的损害对他人承担侵权责任；如果父母因为过失将某一个物件交给其未成年子女，当该未成年子女因为其危险趋向而将该物件用来从事对他人人身、财产有危险的活动并因此引起损害时，父母可能要就其过失行为引起的损害对他人承担侵权责任。为了证明未成年子女的父母要承担侵权责任，原告应当证明，未成年子女的父母对自己承担了某种注意义务，未成年子女的父母违反了所承担的此种义务；未成年子女父母的义务违反行为同原告遭受的损害之间存在因果关系。①

侵权法不得推定未成年子女的父母存在监督过失的规则在英美法系国家得到司法判例的遵行，法官在父母就其未成年子女的侵权行为对他人承担侵权责任的案件中要求原告证明作为被告的父母存在监督过失，不允许事实自证规则的适用，这在 Mastland, Inc. v. Evans Furniture, Inc.② 一案中得到说明。在该案中，被告仅有两岁零九个月大的小孩在玩耍打火机时遭受了严重的损害；原告的房屋和绝大部分个人用品都被毁损。原告向法院起诉，要求被告就其未成年子女使用打火机引起的损害对自己遭受的损害承担侵权责任。原告无法提出证据，证明未成年子女的父母在存放引起火灾的打火机的时候存在过

---

① Lisa Lockwood, Comment: Where are the Parents? Parental Criminal Responsibility for the Acts of Children, (2000) 30 Golden Gate U. L. Rev. 497, 503.

② 498 N. W. 2d 682 (Iowa1993).

失,因此,主张适用事实自证规则。法官认为,当原告要求被告就其未成年子女的侵权行为对自己承担侵权责任的时候,他们必须提出证据证明,父母在监督其未成年子女方面存在过失,法律不允许在这样的领域适用事实自证规则;法官不得仅仅因为未成年子女使用打火机而引起火灾就推定其父母在监督其未成年子女的行为父母存在过失。法官指出,普通经验告诉我们,2~3岁的小孩充满好奇,活泼好动,经常调皮捣蛋,因此,谚语说,两岁的孩子很可怕……即便未成年子女的父母做出一切努力,尽到一切合理的注意义务,他们也无法阻止2~3岁的孩子做出调皮捣蛋的行为。

当然,为了保护受害人的利益,减轻原告在举证责任方面的困难,英美法系国家的某些学者也认为,至少在某些情况下,法律应当对未成年子女的父母采取过失推定责任,认为一旦未成年子女实施了某些侵权行为,法律即推定未成年子女的父母存在过失,除非未成年子女的父母能够证明自己在监督或者教育其未成年子女的行为没有过失,法律即应当责令未成年子女的父母就其未成年子女的侵权行为对他人承担侵权责任。例如,Barton指出,如果未成年子女实施了故意侵权行为,如果未成年人是年龄不超过7岁的人,或者如果未成年人引起的损害是人身而非财产损害,或者如果未成年人实施的行为是严重的犯罪行为,则可以考虑适用过失推定规则,认为这些未成年子女的父母在监督或者控制其未成年子女的行为方面存在过失。[①]

三、父母对未成年子女承担的严格责任

(一)父母严格责任在侵权法中的地位

在当今两大法系国家,虽然大多数国家的侵权法都认为,父母就其未成年子女的侵权行为承担的侵权责任在性质上属于过失责任,但是,某些国家的法律仍然认为,未成年子女的父母就其未成年子女的侵权行为对他人承担的侵权责任在性质上不是过失责任而是严格责任,该种责任不以未成年子女的父母在监督、控制其未成年子女的行为存在过失作为条件,即便未成年子女的父母没有监督过失、教育过

---

① Valerie D. Barton, ibid, p. 901.

失，只要其监护、控制的未成年人实施了对他人人身或者财产利益有损害的行为，未成年子女的父母就应当就其未成年子女的致害行为对他人承担侵权责任，但是，如果他们存在法律规定的免责事由，则他们无需就其未成年子女的侵权行为对他人承担侵权责任。严格责任仅仅在少数国家得到认可，包括法国司法判例的认可和美国少数州的制定法的认可。

（二）法国司法判例认可的严格责任

《法国民法典》关于未成年子女的父母就其未成年子女的侵权行为对他人承担的侵权责任有两条，这就是《法国民法典》第1384（4）条和第1384（7）条。其中，《法国民法典》第1384（4）条规定，没有剥夺亲权的父母应当就其未成年子女的侵权行为对他人承担连带责任；《法国民法典》第1384（7）条规定，如果父母能够证明他们无法阻止其未成年子女实施侵权行为的，则他们将无需承担《法国民法典》第1384（4）条承担的侵权责任。在法国，学说长期以来都认为，《法国民法典》第1384（4）条和第1384（7）互相配合，共同构成父母过失推定责任的完整体系，就是法国司法判例也采取类似的态度，认为这两个条款表明，未成年子女的父母就其未成年子女的侵权行为对他人承担的侵权责任是过失责任。因为法国学说和司法判例认为，《法国民法典》第1384（4）条首先规定了父母承担的过失推定责任，之后在《法国民法典》第1384（7）条规定了父母的反证推翻过失推定的制度。直到今天，法国主流学说仍然坚持其规定，认为《法国民法典》第1384（4）条和第1384（7）条规定的父母侵权责任仍然是建立在过失推定基础上的侵权责任制度。但是，法国司法判例在20世纪80年代以来逐渐放弃了它们所坚持的传统观点，对未成年人的父母强加更加严格的侵权责任。

在1984年的司法判例中，法国最高法院认为，如果受害人要求未成年子女的父母就其未成年子女的侵权行为对自己承担侵权责任，他们只要证明未成年人直接引起其损害即可，无需像传统侵权法那样证明未成年子女在实施侵权行为时存在过失。法官指出："尽管未成年子女的父母根据《法国民法典》第1384（4）条对与其共同生活的未成年子女的行为所承担的法律责任是一种过错推定责任。但是，只要未成年子女所实施的行为是受害人所遭受的损害的直接原因，则未成年子女的父母即应对受害人承担侵权责任。"① 学者对此案的意义做了高度评价。学者认为，该案实际上废除了建立在对未成年子女的监督与教育基础上的过错侵权责任，而仅仅根据纯客观的和因果关系的标准责令未成年子女的父母对其子女的行为所导致的损害承担侵权责任。"此种重要的判决是极其公正的。未成年人虽然时常成为事故的受害人，但是，他们也时常引起各种事故的发生……无论是对他们本人而言还是对其他人而言，都会造成各种损害，因此，人们应当将受害人的必要的和公平的损害赔偿和未成年人必要的不承担个人责任原则协调起来。"②

到了 1997 年，法国最高法院对《法国民法典》第 1384（7）条作出新的解释，认为该条的含义不是要求父母通过证明自己在监督或者教育其未成年子女没有过失来免责，该条的含义是，如果未成年子女的父母不能够证明其未成年子女实施的侵权行为是由于不可抗力引起的，则未成年子女的父母应当就其未成年子女的侵权行为对受害人承担侵权责任。这就是法国最高法院在 Bertrand 一案中确立的新规则：父母就其未成年子女的侵权行为对他人承担严格责任的规则。③自此以后，父母不再就其未成年子女的侵权行为对他人承担过错责任，他们不得通过证明自己在监督、教育其未成年子女的行为方面已经尽到了合理注意义务而拒绝对他人承担侵权责任，他们只能通过证明其未成年子女实施的侵权行为是由于不可抗力引起的来免除所承担的侵权责任。

法国最高法院为什么放弃它长期以来坚持的过失侵权责任规则而责令未成年子女的父母就其未成年子女的侵权行为对他人承担严格责任？对此，法国学说认为，其根据有二：其一，危险理论。法国学者 Jourdain 认为，法国司法判例之所以要求未成年人的父母就他们实施的侵权行为对他人承担严格责任，一个主要的理由在于，未成年人常常因为其经验和孱弱而从事某些危险活动并应当使他人遭受人身或者

---

① Ple. 9 mai 1984（Fullenwarth）；张民安：《现代法国侵权责任制度研究》（第二版），前引书，第 215 页。
② Yvonne Lambert-Faivre, p. 478；张民安：《现代法国侵权责任制度研究》（第二版），前引书，第 215 页。
③ Arrêt Bertrand, Cass. Civ. 2e, 19 février 1997 in Bull. civ. II, no. 56.

财产损害的客观危险。未成年人实施的危险行为证明了未成年人的父母承担严格责任的正当性。① 其二,《法国民法典》第482条。法国学者Pohé指出,法国最高法院之所以责令未成年子女的父母就其未成年子女的侵权行为对他人承担严格责任,其重要原因在于《法国民法典》第482条的规定。《法国民法典》第482（1）条规定,已经解除监护的未成年人不再处于其父母监护权的监督之下。第482（2）条规定,当未成年子女的监护已被解除时,未成年子女的父母不得仅仅因为他们的父母身份而要被责令就其未成年子女引起的损害对他人承担严格责任。对《法国民法典》第482（2）条作出反面解释,可以使我们得出这样的结论：在未成年子女的监护被解除之外,未成年子女的父母应当就未成年子女引起的损害对他人承担严格责任。②

（三）美国制定法规定的严格责任

在美国,虽然大多数州的制定法或者普通法规定未成年子女的父母就其未成年子女的侵权行为对他人承担的侵权责任是过失侵权责任,但是,美国仍然有少数州的制定法或者普通法认为,父母就其未成年子女的侵权行为对他人承担的侵权责任不是过失侵权责任而是严格责任,即便未成年子女的父母在监督、教育其未成年子女的行为方面不存在过失,他们也应当就其未成年子女的侵权行为对他人承担侵权责任。其中,以美国路易斯安那州的制定法和判例法为代表。《路易斯安那州民法典》第2318条规定,未成年子女的父母应当就其未成年子女引起的损害对他人承担侵权责任,如果未成年子女同其父母生活在一起,如果未成年子女的父母将其未成年子女委托给其他人来照管,他们仍然要就其未成年子女实施的侵权行为对他人承担侵权责任,他们承担侵权责任之后能够要求其他人对自己存在侵权责任。根据该条的规定,当未成年子女同其父母生活在一起时,如果未成年子女实施了侵权行为并因此导致他人遭受损害,未成年子女的父母应当对他人承担侵权责任,他们不得通过证明自己没有监督过失或者教育

---

① P. Jourdain sous Ass. Plen. 13, décembrd 2002, [2003] D. jur. 234.
② Jurisclasseur Responsabilité civil et assurance, Fasc. 141, no. 11.

过失的方式来免责。这在 Turner v. Bucher①一案中得到说明。在该案中，一名6岁的小孩在街道上骑自行车时从后面撞上了另外一名6岁大的小孩，导致该小孩受伤。该受伤小孩向法院起诉，要求撞伤自己的小孩父母就其未成年子女的侵权行为对自己承担侵权责任。法官认为，被告应当就其小孩实施的撞伤行为对原告承担侵权责任，就像精神病院就其照管的精神病人实施的侵权行为对他人承担的侵权责任一样。法官指出，如果存在承担侵权责任的经济能力，一个无辜的受害人应当获得损害赔偿。因此，一个未成年人的父母就像一个精神病人的监护人那样，应当对被他们监护的未成年人或者精神病人实施的侵权行为承担侵权责任，如果他们被看做未成年人或者精神病人的法定监护人而要对这些无法照管自己的人进行监护。法官还指出，一旦未成年人的父母要就他们实施的侵权行为对他人承担侵权责任，他们只能通过证明损害是由于受害人的行为、第三人的过失或者偶然的事件引起的来免除所承担的侵权责任，不得通过证明自己没有监护过失的方式来免责。

四、父母对未成年子女承担的侵权责任的性质

（一）我国学说有关监护人侵权责任性质的论争

《中华人民共和国民法通则》（以下简称《民法通则》）第133条规定："无民事行为能力人、限制民事行为能力人造成他人损害的，由监护人承担民事责任。监护人尽了监护责任的，可以适当减轻他的民事责任。有财产的无民事行为能力人、限制民事行为能力人造成他人损害的，从本人财产中支付赔偿费用。不足部分，由监护人适当赔偿，但单位担任监护人的除外。"我国《侵权责任法》完全重复了我国《民法通则》第133条的规定，其第33条规定："无民事行为能力人、限制民事行为能力人造成他人损害的，由监护人承担侵权责任。监护人尽到监护责任的，可以减轻其侵权责任。有财产的无民事行为能力人、限制民事行为能力人造成他人损害的，从本人财产中支付赔偿费用。不足部分，由监护人赔偿。"在我国，《民法通则》第

---

① 308 So. 2d 270，273.

133条和《侵权责任法》第32条虽然规定了监护人就其被监护人实施的致害行为对他人承担的侵权责任，但是，该条并没有规定监护人就其被监护人的致害行为承担侵权责任的性质。作为父母的监护人就其未成年子女实施的致害行为对他人承担的侵权责任究竟是严格责任还是过失责任，我国学说存在很大的争议。某些学说认为，父母就其未成年子女的致害行为对他人承担的侵权责任在性质上属于严格责任，因为，一方面，我国《民法通则》第133条规定，一旦无民事行为能力人、限制民事行为能力人造成他人损害的，监护人应当承担侵权责任；另一方面，该条同时规定，即便监护人已经尽到了监护职责的，监护人仍然要承担侵权责任，其侵权责任不得免除而只能减轻。这些学说认为，我国《民法通则》第133条之所以责令父母就其未成年子女的致害行为对他人承担严格责任，一方面是基于监护关系的需要，因为，民法设立监护制度的目的除了保护被监护人的利益之外，还包括保护他人利益；另一方面是基于公共政策的考虑，要平衡受害人利益和监护人的利益，在对因为未成年人的致害行为遭受损害的他人进行保护的同时，也对已经尽到监护职责的父母提供一定程度的保护，防止他们承担全部损害赔偿责任。[①] 某些学说认为，父母就其未成年子女的致害行为对他人承担的侵权责任是过错推定责任，只要未成年子女实施了侵权行为，法律就推定未成年子女的父母存在监督过失，法律即要责令他们就其未成年子女的致害行为对他人承担侵权责任。未成年人的父母认为自己没有监督过失时，他们应当举证证明自己没有过失。[②]

（二）《民法通则》和侵权责任法规定的严格责任

那么，我国《民法通则》第133条规定的侵权责任究竟是严格责任还是过失责任？本书作者认为，将《民法通则》第133条规定的监护人侵权责任解释为过失侵权责任或者过失推定责任违反了立法机关的旨意，同《民法通则》第133条的规定明显冲突。因此，根据我国现行《民法通则》第133条的规定，作为监护人的父母就其

[①] 王家福主编：《民法债权》，法律出版社1991年版，第528页；张新宝：《中国侵权行为法》（第二版），前引书，第158页。

[②] 杨立新：《侵权法论》（第三版），人民法院出版社2005年版，第436页。

未成年子女的侵权行为对他人承担的侵权责任不是过失侵权责任或者过失推定责任；我国《民法通则》第133条的确将父母或者其他监护人就其被监护人的致害行为对他人承担的侵权责任看做是严格责任，这一点从《民法通则》的有关条款可以清楚地看出来。《民法通则》第133（1）条的前半段规定，无民事行为能力人、限制民事行为能力人造成他人损害的，由监护人承担民事责任。《民法通则》第133（1）条的前半段如何理解？监护人根据《民法通则》第133（1）条的前半段承担的侵权责任究竟是过失责任还是严格责任？对此问题，如果不结合《民法通则》第133（1）条的后半段，其前半段可以作出两种解释：其一，《民法通则》第133（1）条的前半段规定的侵权责任是过失责任。在我国，虽然过失侵权责任往往建立在行为人的过失行为基础上，但是，不能够说《民法通则》没有在其条款中使用过失责任这样就意味着行为人承担的侵权责任是严格责任。例如，《民法通则》第121条在规定国家就其国家机关或者机关工作人员实施的侵权行为承担的侵权责任的时候虽然没有要求国家存在过失，但是，该条规定的国家侵权责任仍然被理解为过失责任。因此，将《民法通则》第133（1）条的前半段解释为过失责任没有什么问题。其二，《民法通则》第133（1）条的前半段规定的侵权责任是严格责任，因为该条没有规定监护人在承担侵权责任的时候要存在过失，按照没有过失仍然要承担侵权责任的规则，法官完全能够将《民法通则》第133（1）条的前半段规定的侵权责任解释为严格责任。但是，如果结合《民法通则》第133（1）条的后半段，则其前半段只能作第二种意义上的理解，这就是，《民法通则》第133（1）条的前半段只能理解为严格责任。其后半段规定，监护人尽了监护责任的，可以适当减轻他的民事责任。如果说《民法通则》第133（1）条的前半段规定既可以解释为过失责任也可以解释为严格责任的话，那么其后半段规定只能解释为严格责任，不得解释为过失责任。因为，根据过失侵权责任原则，如果行为人在行为的时候存在过失，他们应当就其过失引起的损害对他人承担侵权责任，如果行为人在行为的时候没有过失，则即便他们的行为对他人造成损害，他们也不对他人承担侵权责任。只有在行为人承担严格责任的时候，他们才要就其致害行为对他人承担侵权责任，即便他们在行为的时候没有过失。而根据《民法通则》第133（1）条的后半段规定，即便监护人在监督其被监护人的行为方面没有过失，他们也应当就其被监护人的侵权行为对他人承担侵权责任，监护人没有监督过失不是他们免责的理由而仅仅是他们承担减轻责任的根据。

在我国，将包括父母在内的监护人就其被监护人的侵权行为对他人承担的侵权责任规定为其严格责任而非过失责任或者过失推定责任，其优点在于：

其一，规定父母就其未成年子女的侵权行为对他人承担严格责任可以强化父母的监护职责，确保他们不会懈怠其作为监护人的监督职责。我国《中华人民共和国婚姻法》（以下简称《婚姻法》）和《民法通则》对父母承担的各种义务和责任做出了明确规定，要求父母对就其未成年子女履行保护、监督和教育义务。如果仅仅规定父母要承担这些义务而不规定父母就其违反保护义务、监督义务和教育义务的行为对他人承担侵权责任，则父母承担的这些义务将无法真正得到落实；如果仅仅规定父母就其违反保护义务和教育义务的行为对他人承担过失责任，则父母在监督和教育其未成年子女的行为方面将不会尽心竭力，他们将不会采取一起措施防止其未成年子女实施侵权责任。只有让父母承担严格责任，他们才会在监督其未成年子女的行为上尽心竭力，使《婚姻法》和《民法通则》规定的教育义务、监督义务和教育义务得到有效执行。因为，侵权责任往往成为民事职责得到履行的重要保障。行为人就其违反法定职责的行为承担的侵权责任越是严格，他们履行其法定职责的积极性就越高，履行其法定职责的动力越强；行为人就其违反法定职责的行为承担的侵权责任越是宽松，行为人履行职责的积极性越低，履行其法定职责的动力越弱。

其二，规定父母就其未成年子女的侵权行为对他人承担严格责任，可以更好地对他人提供保护，使他人遭受其未成年子女侵权行为的损害风险减小到最小的程度。从受害人的立场来看，规定父母就其未成年子女的侵权行为对他人承担严格责任而非过失责任对受害人更有利，因为，根据严格责任，即便未成年子女的父母在监督、控制、教育其未成年子女的行为方面已经尽到了合理注意义务，他们仍然要就其未成年子女的侵权行为对他人承担侵权责任，仍然要赔偿他人因为其未成年子女的侵权行为遭受的损害；而根据过失侵权责任，如果父母在监督、控制或者教育其未成年子女的行为方面已经尽到了合理注意义务，则他们无需就其未成年子女的侵权行为对他人承担侵权责任。

其三，规定父母就其未成年子女的侵权行为对他人承担严格责任，能够节省诉讼时间和成本。因为，如果法律规定父母就其未成年子女的侵权行为承担过失侵权责任，则父母为了逃避自己承担的侵权责任往往会大量举证，证明自己采取了各种适当教育措施、监督手段来监督其未成年子女的行为，防止他们对他人实施侵权行为。此时，法官要花费大量的时间和精力来调查未成年子女的父母是否真正尽到了监护责任，是否采取了监督措施，所采取的监督措施是否合理，等等。而如果规定父母就其未成年子女的侵权行为对他人承担严格责任，则父母无需举证证明自己在监督其未成年子女行为方面的措施，法官也无需调查父母是否采取了监督措施，所采取的监督措施是否适当；如果父母无法证明存在免责事由，则法官就可以轻易地责令父母就其未成年子女的侵权行为对他人承担责任。

其四，规定父母就其未成年子女的侵权行为对他人承担严格责任可以保护父母和其未成年子女的家庭隐私，防止其家庭隐私被泄露。在严格责任制度下，被起诉要求承担侵权责任的父母无需通过反证推翻其监督过失或者教育过失，只要其未成年子女在其监督期间实施了侵权行为，只要其未成年子女的侵权行为同受害人的损害之间存在因果关系，父母就应当对他人承担侵权责任，除非他们具备免责的法定事由，因此，父母在严格责任体制之下无需公开其家庭内部的有关信息和私隐，包括父母为了监督其未成年子女而在其家庭内部采取的各种约束措施、教育措施或者惩戒措施。但是，如果采取过失责任制度，则父母为了证明自己在监督其未成年子女的行为方面不存在过失，他们就必须在法庭上公开披露他们同其未成年子女之间的各种社会细节和生活隐私，包括父母对其未成年子女采取的各种教育手段、监督措施和教育方式甚至惩戒措施等。

(三) 我国未来侵权法应当规定的侵权责任性质

我国《民法通则》和《侵权责任法》将父母就其未成年子女的侵权行为承担的侵权责任规定为严格责任虽然可以有效的保护他人的利益，确保父母监督职责的有效履行，但是，父母严格责任的承担也

存在致命的弊端,包括:

其一,父母就其未成年子女的侵权行为对他人承担的严格责任对父母有失公允,使他们承担了过分沉重的侵权责任。为什么我国法律要责令未成年子女的父母就他们的侵权行为对受害人承担严格责任?这或许是因为我国在民法通则制定的时候仍然处于计划经济时期,社会保险制度和第三人责任保险制度阙如。当未成年子女实施了侵权行为并因此导致他人遭受损害的时候,国家或者保险公司无法就未成年人的侵权行为对他人承担侵权责任。为了对受害人提供保护,法律只能将某些原本应当由国家社会保障制度和第三人责任保险来承担的责任转嫁给父母来承担。这或者是因为家庭连带主义的反映,因为,虽然我国民法认为未成年人和其父母一样都是民法上的独立权利主体,但是,在侵权责任领域,我国民法仍然采取家庭成员责任连带主义,要求父母就其未成年子女的侵权行为对他人承担侵权责任。无论是基于什么理由,我国《民法通则》规定父母就其未成年子女的侵权行为对他人承担严格责任对未成年子女的父母过于严苛,使他们对他人承担的侵权责任过重,因为,根据我国《民法通则》的规定,只要是未成年子女实施了侵权行为,父母都要就其未成年子女的侵权行为对他人承担侵权责任。

其二,父母就其未成年子女的侵权行为对他人承担严格责任对未成年人的健康成长不利。未成年人天性好动,对世界上的各种事物充满好奇之心,他们往往缺乏足够的认识能力和判断能力去判断自己的行为是不是会对他人的人身或者财产构成危险,如果法律仅仅因为未成年人在其成长过程中实施了某种侵权行为并因此导致他人遭受了损害,就要求未成年子女的父母就他们实施的侵权行为对他人承担侵权责任,则父母可能会因为担心所承担的侵权责任而对其未成年子女采取最严厉的防范措施和最严格的纪律要求,严格限制其未成年子女的活动范围,坚决阻止他们的未成年子女同其他人一起玩耍、交往,防止他们从事一起有可能影响他人人身或者财产利益有损害的危险活动。父母采取的这类措施虽然最终会使他们就其未成年子女的侵权行为对他人承担的侵权责任减少甚至消灭,但是,这些措施对未成年子女的健康成长十分不利。因为,未成年子女在其成长中应当学会怎样同其他人打交道,应当学习怎样面对危险,应当学会怎样应付未来的风险。而这些知识的获得只有在未成年子女能够获得足够的自由和放任的时候才有可能。这也许就是两大法系国家的侵权法都认为父母仅仅就其未成年子女的侵权行为对他人承担过失侵权责任的重要原因。

  在我国，为了鼓励未成年人学会将来独立生活所需要的知识、经验，防止其未成年子女的父母基于严格责任的担忧而过分限制其未成年子女的活动自由，为了使我国侵权法关于父母就其未成年子女的侵权行为对他人承担的侵权责任同两大法系国家的侵权法保持一致，我国未来侵权法应当放弃民法通则规定的严格责任，使未成年子女的父母就其未成年子女的侵权行为对他人承担的侵权责任从严格责任变为过失侵权责任，如果父母在监督、教育或者控制其未成年子女的行为方面已经尽到了一般父母在同样情况或类似情况下尽到的注意义务，则他们就应该免除所承担的侵权责任。

美国侵权法上父母替代责任的"特定行为规则"
——Gissen v. Goodwill 一案评析

宋志斌[*]　郭钟泳[**]

目　次

一、Gissen v. Goodwill 一案的案情简介
二、法院对 Gissen v. Goodwill 一案做出的判决
三、对美国 Gissen v. Goodwill 一案的评析

一、Gissen v. Goodwill 一案的案情简介

在 Gissen v. Goodwill[①] 一案中，原告是佛罗里达州迈阿密海滩 Gaylord 酒店的一名职员。被告 Goodwill 夫妇到迈阿密进行商业访问，随行的还有他们年仅 8 岁的女儿 Geraldine Goodwill。Goodwill 夫妇在 Gaylord 酒店登记入住时，他们的女儿故意地并且很大力地转动酒店的旋转门，导致站在门边的原告的左手中指被掐在门缝里，并且一小截手指被截断。原告遂向法院起诉 Albert Goodwill 与 Albert 太太，主张他们明知其未成年女儿 Geraldine Goodwill 经常性地实施危险的行为、具有制造恶作剧的习性，却过失地没有对其女儿的行为加以控制。原告诉称，Albert Goodwill 与 Albert 太太清楚地知道其女儿曾经在酒店实施过类似这样的淘气行为，如撞倒和损坏酒店的陈设、骚扰酒店里的住客和职员等。被告 Geraldine Goodwill 也承认，其女儿之前实施过一些与本案不法行为性质相似的故意淘气行为，如撞倒 Gaylord 酒店内的住客和职员并造成对方损害。原告指出，即便被告女儿的类似淘气行为可能会使他人遭受损害，但被告一直没有采取措施对其女儿的鲁莽、恶作剧行为加以控制，这等同是准许、同意其女

---

[*] 广东南方福瑞德律师事务所专职律师、副主任、高级合伙人。
[**] 中山大学法学院助教。
[①] 80 So. 2d 701（Fla. 1955）.

儿对原告实施不法行为。初审法院做出了不利于原告的判决,原告遂向佛罗里达州最高法院提起上诉。上诉法院最终维持了初审法院的判决。

二、法院对 Gissen v. Goodwill 一案做出的判决

在本案中,我们遇到了佛罗里达州法院以往都未曾面临的问题——在本案的具体情形下,是否能责令父母对其未成年子女实施的涉诉不法行为承担侵权责任。法院不能仅仅因为父母与其未成年子女之间存在父母子女的关系就责令父母对其未成年子女的侵权行为承担责任,这是一个历史悠久的基本法律规则。① 但是,该一般性规则也存在例外,在以下情形下父母应就其未成年子女的侵权行为承担责任:一是父母将某种工具交付给未成年子女,由于该未成年子女的年龄、判断力和经验不足,未成年子女使用该工具会对他人构成危险;二是未成年子女在实施侵权行为时是其父母的雇员或代理人;三是父母知道其未成年子女实施的不法行为并且同意、允许或教唆其未成年子女实施该行为;四是父母已经知道或者尽合理的注意应当知道其未成年子女的行为可能损害他人,但仍然没有对其未成年子女的行为加以控制。②

对照上述的四种例外情形,我们认为,只有第四种情形可以适用于本案,况且本案原告的上诉依据也是上述的第四种情形。我们认为,原告不能成功地、充分地证明:被告没有履行其义务对其未成年女儿习惯性实施的并导致原告损害的行为加以监管和控制,被告没有履行其负有的控制义务是一个重大的错误,因而构成过失。《美国侵权法复述》(第二版)第316条对父母承担的控制未成年子女行为的义务规定如下:在符合下列情形时,父母负有控制其未成年子女行为的注意义务,以阻止其未成年子女故意损害他人或实施对他人身体造成不合理损害危险的行为:(a)父母知道或有理由知道自己有能力控制其未成年子女的行为,并且(b)父母知道或应当知道自己有必

---

① 39 Am. Jur. , sec. 55, p. 690; and 67 C. J. S. , Parent and Child, § 66, p. 795.
② 39 Am. Jur. , secs. 56, 57, 58, 59, pp. 692 - 697; 67 C. J. S. , Parent and Child, § § 67, 68, pp. 797 - 800; and Steinberg v. Cauchois, 249 App. Div. 518, 293 N. Y. S. 147.

要而且有机会对其未成年子女的行为加以控制。

要认定原告的上诉是否符合过失诉讼的诉因以及被告的答辩理由是否存在缺陷，我们有必要援引一些与本案同类的案件进行分析。在 Bateman v. Crim, D. C. Mun. App. ① 一案中，两名分别只有10岁和12岁的未成年男孩在人行道上踢足球时，撞倒了原告并致使原告受伤。原告遂对两名男孩的父母提起诉讼，主张被告父母没有对其未成年子女进行适当的监管。原告诉称，尽管没有证据证明两名男孩先前实施过这样的行为，但父母应当就其未成年子女实施的、原本采取合理监管即可避免的不法行为承担侵权责任，而对于父母是否采取了合理的监管这个问题，则应当交由陪审团裁决。审理该案的法院认为，要责令父母对其未成年子女的不法行为承担责任，必须证明父母没有对其未成年子女实施的、与涉案行为有关的特定行为加以控制，而在本案中，没有证据证明两名男孩之前曾经在人行道上踢足球或自身行为不检，故法院做出了有利于被告的裁决。在 Steinberg v. Cauchois② 一案中，被告的未成年儿子违反当地城市法令在人行道上骑自行车，并撞伤了未成年的原告，导致其受伤。原告诉称，被告已经知道其未成年儿子先前多次在人行道上骑自行车，但被告依旧故意地允许其未成年儿子这样做，被告没有采取措施阻止其未成年儿子在人行道上骑自行车，以至于原告遭受损害成为了可能。初审法院做出不利于被告的判决，但上诉法院推翻了初审法院的判决。上诉法院认为，本案的证据并不足以责令被告就其未成年子女的侵权行为造成的损害承担责任，而且，对于被告的未成年儿子经常在人行道上骑自行车，被告也没有获得充分的知悉。在 Condel v. Savo③ 一案中，原告的未成年小孩被被告的未成年小孩推倒在陡峭的路堤上，被告的未成年小孩平时经常性地恶意攻击、欺负比他年幼小孩，被告知道其未成年小孩具有这样的行为习性，也曾经收到他人的投诉和警告，但被告反而怨恨那些向他投诉的人，也没有对其未成年小孩的行为加以控制。审理该案的法院指出，在普通法上，法院不能仅仅因为父母与其未成年子女之间存在

---

① 34 A. 2d 257.
② 249 App. Div. 518, [*704]　293 N. Y. S. 147.
③ 350 Pa. 350, 39 A. 2d 51, 52, 155 A. L. R. 81.

父母子女的关系就责令父母对其未成年子女的侵权行为承担责任,但是,如果父母的过失导致了损害的发生,那么父母就可能被责令对该损害承担责任。法院还进一步指出,损害必须是父母的过失行为所引起的自然的、可能的结果,而且,该过失行为导致的损害后果,必须是在当时的整体环境下可以或应当合理预见到的损害后果。实际上,法院所言的是,如果原告仅能证明被告父母知道其未成年子女具有制造恶作剧的淘气习性,还不足以主张被告父母就其未成年子女造成的损害承担责任;只有当父母知道或尽合理的注意应当知道,其未成年子女对他人造成的损害是他(她)不对未成年子女加以监管控制的自然的、可能的结果(因为父母没有控制其未成年子女的行为,就等同是准许或同意其未成年子女实施该行为),原告才能强有力地起诉被告父母,才能充分地控告被告父母知道并批准其未成年子女的侵权行为构成过失,从而主张被告父母对其未成年子女的侵权行为造成的损害承担责任。

在 Norton v. Payne[①] 一案中,被告的 7 岁小孩用一枝小棍棒刺伤了原告的 5 岁小孩的眼睛,被告知道其未成年小孩平时经常性使用小棍棒敲打年幼小孩的脸,但并未加以阻止。初审法院驳回了原告提起的诉讼,原告不服遂提起上诉,上诉法院推翻了初审法院的判决。上诉法院明确说道,我们认为,当父母知道其未成年子女具有实施某种危险行为的习性,但没有采取任何措施纠正或阻止其未成年子女的危险行为,父母应对其未成年子女实施的不法行为承担侵权责任,即父母应对自己的过失承担责任。上诉法院还进一步指出,即便本案被告并不知道其未成年子女对原告实施的具体侵权行为,但被告也还是知道其未成年子女平时经常实施这种不法行为,而且被告没有采取任何措施禁止其未成年子女实施这种不法行为,这无疑是鼓励其未成年子女继续实施这种不法行为,故我们认为被告是同意其未成年子女对他人实施这种不法行为。

在 Martin v. Barrett[②] 一案中,被告的年仅 12 岁的小孩是一个粗心大意的、好斗的人,而且,他还不够成熟、缺少使用气枪的判断和

---

① 154 Wash. 241, 281 P. 991, 992.

② 120 Cal. App. 2d 625, 261 P. 2d 551.

经验，被告却过失地允许其未成年小孩使用气枪在屋内的走廊上进行射击。在射击过程中，该未成年小孩射伤了一个在后院玩耍的5岁小孩。受伤小孩的父母遂对被告提起诉讼，初审法院驳回了原告的诉讼请求，原告不服提起上诉，上诉法院维持了初审法院的裁决。上诉法院认为，原告起诉被告父母就其未成年子女的侵权行为承担责任，必须证明被告父母具体地知道其未成年子女经常性地对他人实施某种特定的、故意的不法行为，并且被告父母没有采取合理的措施阻止其未成年子女实施这种行为。在 Ellis v. D'Angelo① 一案中，被告第一次聘请原告担任保姆照看他们年仅4岁的儿子。被告知道其未成年儿子平时经常会大力地把自己的身体撞向他人的身体，并且会非常暴力地推倒他人，但被告没有将其未成年儿子的行为习性告知原告或对原告作出警告。当原告进入被告家提供保姆服务后不久，被告的未成年儿子就撞倒了原告并导致其遭受损害。原告遂向法院提起诉讼，初审法院驳回了原告的诉讼请求，原告不服提起上诉，上诉法院维持了初审法院的判决。上诉法院指出，在加利福尼亚州普通法上，"父母不对其未成年子女的侵权行为承担替代责任"是一般性的规则，但是，该规则存在例外情形，如果父母的过失导致其未成年子女可能造成涉案的损害，那么父母就可能会被责令就其未成年子女造成的损害承担侵权责任。在 Ryley v. Lafferty② 一案中，被告的未成年小孩经常故意地引诱那些比自己年幼的小孩到僻静的地方，对他们进行殴打和身体攻击。原告诉称，被告清楚地知道其未成年儿子具有这种恶意的行为习性，却仍然允许其未成年儿子继续实施这种行为；而且对于他人提出的投诉和警告，被告置之不理，这无疑是鼓励其未成年儿子继续实施这种不法行为，被告也没有采取措施保护其他小孩免受其未成年儿子行为的损害。审理该案的法院指出，如果父母知道其未成年子女习惯性地实施某种侵权行为，但没有采取任何措施阻止、控制其未成年子女行为继续实施该种侵权行为，那么，父母就要对其没有监管控制好其未成年子女行为的过失承担侵权责任。

---

① 116 Cal. App. 2d 310, 253 P. 2d 675, 679.
② D. C., 45 F. 2d 641.

在我们援引的上述判例中,法院在认定被告父母是否就其未成年子女的行为承担侵权责任时,都会考虑这样一个因素——涉诉的未成年人是否具有实施某种具体不法行为的习性,而该种不法行为与造成原告损害的涉诉侵权行为属于同种行为。而本案原告所控诉的被告父母监管过失,并非源于被告父母对其未成年子女经常性实施的,并导致原告损害的那种侵权行为表示批准和许可。本案中并没有任何证据可以证明,被告的未成年小孩具有不顾他人安全,用力摇门或大力关门的行为习性。如果未成年人实施的致害行为与该未成年人先前实施的行为不存在任何关联,那么,就不能仅仅因为父母与未成年子女之间存在血缘关系而责令父母就其未成年子女实施的致害行为承担侵权责任。如果未成年人实施的不法行为与其先前实施的不法行为相似,那么,该未成年人的父母就有可能被责令就其未成年子女的行为承担责任。也就是说,如果未成年人实施的行为完全是一种不可预料的行为反应从而具有不可预见性,那么,就不能责令父母就该行为所造成的损害承担责任。

因此,由于原告在其上诉申请中未能成功地证明,其所遭受的损害是被告监管过失的自然的、可能的结果,故我们决定维持初审法院的判决。

三、对美国 Gissen v. Goodwill 一案的评析

(一)"特定行为规则"的证据要求

审理本案的佛罗里达州最高法院在认定被告父母是否应就其未成年子女的致害行为承担侵权责任时,适用了父母替代责任中的"特定行为规则(the particular acts rule)"。所谓"特定行为规则",是指在起诉父母就其未成年子女的致害行为承担侵权责任的诉讼中,只有被告父母知道或尽合理的注意应当知道其未成年子女具有实施某种特定不法行为的习性,而且其未成年子女习惯性实施的这种不法行为与造成原告损害的不法行为是同一种行为,此时,父母才应对其未成年子女的不法行为造成的损害承担责任。

根据特定行为规则的含义,在起诉父母就其未成年子女的致害行为承担侵权责任的诉讼中,原告要想胜诉,其举证就必须包含以下几

个部分。① 第一，原告必须证明，被告父母的未成年子女所实施的侵权行为是导致原告遭受损害的直接原因。第二，在证明了原告遭受实际损害以及因果关系这两个要件后，原告还必须证明，被告父母的未成年子女具有实施与本案侵权行为相同的特定不法行为的习性，即该未成年人先前习惯性地对他人实施对本案原告实施的那一种侵权行为。要完成这一项举证任务，原告必须进一步证明，该未成年人明显地具有实施某种特定不法行为的习性，以至于该未成年人的父母知道或者应当知道自己有必要对其未成年子女的行为习性加以监管和控制。第三，原告还要证明，被告父母没有尽到在同样情形下一个合理谨慎的父母应当尽到的合理注意。根据《美国侵权法复述》（第二版）第316条的规定，衡量被告父母是否达到了一个合理谨慎的父母的注意标准，需要考察以下三个因素：一是被告父母是否知道自己有必要控制其未成年子女的行为；二是被告父母是否具有控制其未成年子女行为的能力；三是被告父母是否有机会履行控制义务。具体而言，原告需要证明，被告父母知道或应当知道自己有必要对其未成年子女的行为加以监管控制，而且被告父母有能力、有机会这样做，但被告父母没有对其未成年子女的行为加以监管和控制。

  可见，父母是否要就其未成年子女实施的致害行为承担侵权责任，在一定程度上取决于原告能否证明被告父母已经知道其未成年子女具有实施侵害原告的那种不法行为的习性；如果原告未能成功地证明被告父母知道其未成年子女具有实施侵害原告的那种特定不法行为的习性，那么，原告的主张就不能获得支持。也就是说，当原告在人行道上被一个骑自行车的未成年人撞倒在地并因此而受伤，原告只有证明该未成年人先前习惯性地在人行道上骑自行车，才可能成功地主张该未成年人的父母就其未成年子女的致害行为承担责任，原告不能通过证明该未成年人具有实施其他危险的淘气行为的习性，来主张被告父母承担侵权责任。又比如，原告在路上行走时被一个躲在草丛中的未成年人伸出的木棒绊倒在地，原告因此而受伤，该未成年人平时非常淘气、经常给他人制造恶作剧，如果该未成年人平时只是经常用

---

① Kimberly Lionel King, Liability of Parents for Negligent Superrvision of Their Minor Children, 12 Fla. St. U. L. Rev. 935.

弹簧向别人弹小石头、将别人的物品故意藏匿起来,却从来没有像现在这样躲在草丛中伸出木棒绊倒路人,那么原告就难以成功地主张该未成年人的父母就其未成年子女的致害行为承担侵权责任,因为原告不能证明该未成年人具有实施与侵害原告同种特定不法行为的习性。

(二)"特定行为规则"的政策考量

"特定行为规则"作为限制父母侵权责任的政策工具,主要作用在于将父母就其未成年子女的不法行为承担的侵权责任限制在一定范围内。在适用"特定行为规则"的案件中,被告父母只就其已经知道的、与其未成年子女的行为习性相符的那种特定不法行为承担责任,而不对其未成年子女不习惯性实施的不法行为承担责任。通过适用"特定行为规则"来限定父母承担的侵权责任,可以让父母对其可能承担的责任范围有一个合理的预期,也可以避免父母侵权责任的扩张。

"特定行为规则"为父母就其未成年子女的不法行为承担的侵权责任划定了一条清晰的界线,确保了法律的可预测性和稳定性;从这一角度而言,"特定行为规则"是公平的。由于"特定行为规则"将父母承担的侵权责任限定在"父母已经知道其未成年子女具有实施侵害原告的那种特定不法行为的习性"的情形,故适用该规则来认定被告父母是否应就其未成年子女的不法行为承担侵权责任,又是不公平的。对照"特定行为规则"的含义,如果一个积习难改的未成年人平时实施的不法行为多种多样,但每一种不法行为都未形成习性,那么,即便该未成年人的父母没有对该未成年人实施的各种不法行为加以监管和控制,该未成年人的父母也不会被责令就该未成年人的不法行为承担侵权责任。与之相反,如果一个未成年人在制造恶作剧上缺乏创新性,而总是经常性地实施某一种不法行为,那么,该未成年人的父母就可能会被责令就该未成年人经常性实施的那种不法行为承担侵权责任。[1] 这样,适用"特定行为规则"就有可能将那些不符合该规则的要件但事实上违反了监管义务的父母排除在侵权责任主体的范围之外。同时,也有可能错误地把那些虽符合规则的要件但实

---

[1] Murray, Domestic Relations, Second Survey of Florida Law, 10 U. Miami L. Q. 317, 352 (1956).

际上没有违反监管义务的父母纳入了侵权责任主体的范围。如前所述，根据"特定行为规则"的证据要求，原告要起诉被告父母就其未成年子女的致害行为承担侵权责任，就必须证明被告已经知道其未成年子女先前习惯性地实施侵害原告的那种特定不法行为；否则，原告就不能胜诉。但是，原告要完成这样的举证要求往往是相当困难的，即便原告确实遭到了未成年人的不法侵害，也可能由于无法达到举证要求而不能获得未成年人父母的损害赔偿。

美国父母责任法案的历史发展及其现状

杰弗里·L. 斯卡伦[*]著　许元昭[**]译

目　　次

一、导论
二、普通法的传统规则
三、普通法传统规则的例外
四、州立法机关创设的父母责任法案
五、北达科他州父母责任法案的现状
六、结论

一、导论

1999年4月20日，Eric Harris和Dylan Klebold全副武装地袭击了科罗拉多州的Columbine高级中学。在这场疯狂的暴行中，有12名学生和1名老师遇害，另有23名学生受伤，同时这两名暴徒也在该事故中毙命。这就是美国历史上最严重的校园枪击事件。惨案的发生不仅使整个社会弥漫着悲伤和愤怒的情绪，而且让美国社会公众对父母是否需要为未成年人枪击事件承担法律责任产生了争议。[①] 围绕此次灾难性事件，已至少发生了18起诉讼案件，许多人受到指控。其中，一些受害者的家长对枪击者的父母提起了诉讼，指控他们在其未成年孩子储备枪支弹药时不仅没有采取任何预防措施，而且给予了他们某种特权。本文主题就是围绕父母的此类责任展开介绍的。

关于父母责任的争议所引发的问题大多数情况下是这样的：一旦发生了某个不幸事件，比如Columbine惨案或其他类似事件，谁应当

---

[*]　美国北达科他州执业律师，2000年毕业于北达科他州大学法学院。
[**]　民商法学硕士，中山大学法学院助教。
① See generally Court Decisions, Second Judicial Department, U. S. District Court: S. D. N. Y. 222 N. Y. L. J. 5 (1999).

对此承担法律责任？因为孩子的不当行为责备父母，这是很正常的社会心理。然而，谨慎负责的父母可能会有一个惹是生非的孩子，而大大咧咧的父母也完全可能有个中规中矩的孩子。因此，判定父母是否需要对未成年子女的行为承担法律责任，不仅取决于父母所应承担的义务，还同样取决于孩子经遗传得到的秉性以及同伴和社会对其施加的影响。基于此，在判定父母是否需要对未成年孩子的行为承担侵权责任时，本文将对父母所承担的义务和孩子的暴力习性——进行分析，并探讨他们对父母责任法案的影响。

有关父母责任的规则，在美国历史上主要经历了三个阶段的变迁。① 第一阶段表现为传统的普通法论断居绝对支配地位，即父母无需对他们未成年孩子的侵权行为承担法律责任。在第二个阶段，司法实践开始对普通法的传统规则发展出一些例外情形，即由《美国侵权法复述》（第二版）第316条所列举的某些特定情形，在此情形下父母需要对他们未成年孩子的特定侵权行为承担法律责任。② 第三个阶段就是美国各个州纷纷制定父母责任法案的时期，这类法案大多要求父母对他们未成年孩子的故意、恶意的侵权行为承担法律责任。作者在本文将分别检视父母责任规则的每一个历史发展阶段，并介绍美国父母责任立法的现状，其中特别集中考查了美国北达科他州关于父母责任的普通法规则和制定法的具体规定。

本文的第二部分讨论了普通法的传统规则，即父母无需对他们未成年孩子的侵权行为承担任何法律责任。在第三部分，本文重新审视了制定法关于普通法规则的例外规定，并分析了这些例外是如何应用于司法实践中。在本文的第四部分，笔者介绍了关于父母责任的成文法，并检视了这些成文法的合宪性问题。在此基础上，作者还讨论了关于判断父母责任有无的制定法上的普通范式，进而阐释了由这些成文法所强加的损害赔偿责任的范围和程度。本文的最后一部分主要介绍了普通法传统规则、《美国侵权法复述》（第二版）和父母责任法

---

① See 59 Am. Jur. 2d Parent and Child 116 (1987).
② Restatement (Second) of Torts 316 (1965). 该法案所规定的"特定情形"包括：①父母知悉或者应当知悉他们有控制孩子行为的能力；②父母知悉或者应当知悉他们对孩子的行为有施加控制的必要性和可能性。

案对北达科他州的父母责任的影响。

二、普通法的传统规则

传统的普通法理论认为，仅仅有父母子女关系这一前提，并不构成父母承担侵权责任的充分条件，即父母无需对其未成年孩子的侵权行为承担任何法律责任。这一传统规则具有深刻的历史根源。[1] 普通法上的规则早在1877年就存在于《北达科他州修正法典》（Dakota Revised Codes）之中，[2] 现在还体现为《北达科他州世纪法典》（North Dakota Century Code）的第14-09-21条款。在1929年，北达科他州最高法院在解释 Miller v. Kraft 一案[3]时就判定父母无需对其未成年孩子的侵权行为承担法律责任。在 Miller 一案中，法院认为，除非孩子是在他父亲所从事的商业范围内使用汽车，否则孩子过失使用汽车给他人造成的损害，父母并不需要承担赔偿责任。

经过37年以后，北达科他州最高法院再次确认了这一规则，即父母对其孩子的侵权行为无需承担任何法律责任。[4] 有趣的是，最高法院也同时指出，如果未成年孩子的侵权行为造成了某种损害，并且其父母的过失是引起该种损害发生的近因，那么，父母就可能因他们自己的过失对受害人承担法律责任。

几乎每一个州的普通法都认可父母无需对其未成年子女的侵权行为承担法律责任的规则，俄克拉荷马州和南达科他州还在其成文法中正式废除了父母责任。不过，俄克拉荷马州的最高法院也认为，尽管父母并不需要对孩子的侵权行为承担法律责任，父母却有可能因他们自己的监管过失承担法律责任。这一观点对那些适用普通法传统规则判断父母责任的众多法院来说是正常的，要求父母对未成年子女的侵权行为承担法律责任。而如何判定父母的监管过失作为普通法传统规则的例外，司法实践大都是基于《美国侵权法复述》（第二版）第316条的相关规定。

---

[1] See Snow v. Nelson, 450 So. 2d 269, 271 (Fla. Dist. Ct. App. 1984).
[2] See Dakota Revised Codes 105, at 222 (1877). 该法规定："不管是父母还是孩子，对他人的侵权行为都不承担任何法律责任。"
[3] Miller v. Kraft, 223 N. W. 190 (N. D. 1929).
[4] See Peterson v. Rude, 146 N. W. 2d 555, 557 (N. D. 1966).

三、普通法传统规则的例外

虽然父母无需对其未成年子女的侵权行为承担法律责任的普通法传统规则作为判断父母责任的基本原则历经多年而不失其基础性地位，但随着该领域中法律的发展，该原则也经过了多次检视和修正，至此，普通法的这一规则已经发展出了四个例外情形，在这些例外情形下父母应当对孩子的侵权行为承担法律责任。[①] 不过，本文将着重关注这四个例外情形中的一个，即当父母知道或应当知道其未成年子女的行为可能对他人造成损害，却由于过失未能合理地控制孩子的行为时，父母就可能因其未成年子女的侵权行为而被判侵权责任。今天，美国很多州的法院都遵循普通法的这一例外，他们通过适用《美国侵权法复述》（第二版）第316条所确立的标准，在父母存在监管过失未能控制其未成年子女的侵权行为时，责令父母承担侵权责任。一般而言，法院依据《美国侵权法复述》（第二版）对父母强加的侵权责任是基于父母的监管过失，并且是按照两分法的判断标准进行分析认定的。

（一）两分法的判断标准

依照法律规定的字面含义，《美国侵权法复述》（第二版）明确地说明法院应依据两分法的判断标准判断父母责任的有无。《美国侵权法复述》（第二版）对强加父母侵权责任的分析思路是：首先，判断父母是否知道或者应当知道他们有能力控制其未成年子女的行为；其次，分析父母是否知道或者应当知道对其未成年子女的行为施加控制的必要性和可能性。为了更完整地理解《美国侵权法复述》（第二版）的含义，就非常有必要仔细检视该判断标准的每一部分的具体含义。

该判断标准的第一部分集中关注父母是否具有控制他们孩子行为

[①] See Wells v. Hickman, 657 N. E. 2d 172, 176 (Ind. Ct. App. 1995). 这四种例外情形分别是：第一，父母交付给孩子一项工具，但由于孩子年幼、缺乏识别能力和生活经验，该工具构成了对他人的威胁；第二，孩子以父母的仆人或代理人的身份从事了侵权行为；第三，父母或同意或认可又或指导了孩子的侵权行为；第四，父母知道或应当知道孩子的行为可能对他人造成了损害，但却由于过失未能合理地控制孩子的侵权行为。

的能力。《美国侵权法复述》（第二版）之下的官方评论指出，假定父母有这个能力，父母也有施加这种控制的可能性，并且父母也知道有必要控制孩子的行为，那么此时父母就负有控制他们未成年孩子行为的义务。该评论进一步指出，除此之外，父母无需对其未成年孩子的行为承担侵权责任，即便是孩子的行为严重到需要孩子自己承担法律责任。比如，孩子年纪太小了以至于其不可能不存在过失性的行为就是这种情形。同样，孩子年纪越小，父母就越有能力控制孩子的行为。该评论还指出，"能力（ability）"这个词意味着对身体的控制。事实上，如果孩子年纪很小，父母就更有必要控制他们未成年孩子的行为。由于年幼的孩子更需要父母对其行为施加控制，因此需要对《美国侵权法复述》（第二版）判断标准的第二部分——施加控制的必要性——这一要素展开进一步的分析。

《美国侵权法复述》（第二版）中判断标准的第二部分重点强调了父母对孩子行为施加控制的必要性和可能性。但是，《美国侵权法复述》（第二版）对该部分的官方评论同第一部分的官方评论是竟合的。该评论指出，如果父母对孩子的侵权行为存在施加控制的可能性，并且他们知道或应当知道有这样做的必要性，那么父母就应当施展对孩子的控制能力。复述的官方评论对这两个要素的如此解释，使得在实践中判断父母是否需要承担法律责任时，这些要素看上去似乎非常重要，但是彼此之间却相互印证解释。因此，从《美国侵权法复述》（第二版）或者它的官方评论中并不能清楚地看出这个判断标准的真实含义。

《美国侵权法复述》（第二版）第316条也似乎是三分法的判断标准，[①] 第一步仍然是判断父母是否具有控制其孩子行为的能力。但是原来的第二步可被分为两个相互独立的部分：①判断父母有没有对孩子行为施加控制的必要性。②判断父母有没有对孩子行为施加控制的可能性。这样修正后的判断标准就变成了：一是父母是否知悉或者应当知悉其有对孩子行为施加控制的能力；二是父母是否知悉或应当知悉其有对孩子行为施加控制的必要性；三是父母是否知悉或当知悉其有对孩子行为施加控制的可能性。

---

① Dinsmore-Poff v. Alvord, 972 P. 2d 978, 981 (Alaska 1999).

由于实践中难以真正地区分父母对孩子行为的控制能力和父母控制孩子行为的可能性，这使得即使把这个判断标准分为三部分，仍然难以理解。那些在司法实践中曾采用过《美国侵权法复述》（第二版）的法院也是以一种混淆的方式在使用这一术语。一些法院将"能力（ability）"一词等同于物理上的出现，判定当父母在场时父母就有能力控制孩子行为，① 可是，其他一些法院却曾解释说，父母的不在场使得他们不具有控制孩子行为的可能性。因此，依照这些先例的逻辑，如果父母在场，他们就有能力控制孩子的行为；相反，如果父母不在场，他们就没有控制孩子行为的可能性。而另一个法院却在判决中认为，不在场的父母并不能对孩子施加即时的控制。依此解释，法院并不能得出不在场的父母对控制他们孩子的行为是缺乏施加控制的可能性还是缺乏施加控制的能力，这使得对父母是否需要对未成年子女的侵权行为承担法律责任的判断标准的理解更加混淆。② "可能性（opportunity）"和"能力（ability）"这两个术语是如此的具有相关性以至于他们很有可能结合在一起创造出一个完全不同于《美国侵权法复述》（第二版）所意图表达的本意，即与"可能性"和"能力"两个术语简单结合起来的意思完全相反的含义。

《美国侵权法复述》（第二版）中的"父母是否具有控制孩子行为的必要性"这一要素也同样让人迷惑。法院对这一要素的理解是，如果未成年孩子从事了侵权行为，父母对孩子行为施加控制的必要性就要求其父母充分地意识到孩子的特定行为，接近于要求父母能够注意到那样的侵权损害事实上可能会发生的程度。如果父母真的具有这种信息，他们就非常有必要去控制孩子的行为。通过这样适用《美国侵权法复述》（第二版）的判断标准，法院将父母对孩子行为施加控制的必要性和父母知悉或者应当知悉孩子从事侵害他人的行为紧密地联系起来，并使得父母对孩子行为是否知悉的信息要素成了判断父母是否需要对孩子的侵权行为承担法律责任的首要标准。

当《美国侵权法复述》（第二版）按照另一种两分法的判断标准

---

① See Campbell v. Haiges, 504 N. E. 2d 200, 203 (Ill. App. Ct. 1987); see also Basler v. Webb, 544 N. E. 2d 60, 62 (Ill. App. Ct. 1989).

② See Seibert v. Morris, 32 N. W. 2d 239, 240 (Wis. 1948).

应用于司法实践时,《美国侵权法复述》(第二版)的真实含义和对其应用之间的混淆程度,比该判断标准的字面表述更加严重。事实上,在司法实践中,法院在判断父母是否需要对其孩子的侵权行为承担法律责任时,不是直接适用字面上的《美国侵权法复述》(第二版)的判断标准,而是首先考查父母是否具有这样的信息,即他们能否预见到他们孩子的行为可能产生案件中所争议的损害,接着法院会判定父母是否具有控制他们孩子行为的可能性。也许分析法院如何在司法实践中应用这些判断标准可以为认识美国父母责任法的现状提供一些导向性或助益性的信息。

(二)《美国侵权法复述》(第二版)第 316 条在司法实践中的应用

美国有一些州就是依据《美国侵权法复述》(第二版)的规定判断父母责任的有无,当观察这些州的普通法时,我们可以发现,由《侵权法复述》(第二版)所产生的混淆更加明显。最近,阿拉斯加州法院在 1999 年的 Dinsmore-Poff v. Alvord 一案[①]中检视了适用《美国侵权法复述》(第二版)第 316 条的复杂性。在此案中,一位名叫 Brian Hall 的青少年孩子谋杀了 Mickey Dinsmore。受害者的亲属和他的遗产继承人(统称为 Dinsmore)对很多人,包括 Brian Hall 的父母(统称为 Alvords 夫妇)提起了不当侵权致死诉讼,要求他们为自己的监管过失承担一定的侵权责任。低级法院依据《美国侵权法复述》(第二版)中的判断标准直接对 Alvords 夫妇做出了即时判决。然而,阿拉斯加州最高法院拒绝说明阿拉斯加州是否应该采用《美国侵权法复述》(第二版)第 316 条的规定。但是在判定低级法院所作的即时判决是否合适时,阿拉斯加州最高法院考察了其他州依据《美国侵权法复述》(第二版)第 316 条进行判决的先例。

阿拉斯加州最高法院特别分析了那些适用《美国侵权法复述》(第二版)第 316 条的各个州的普通法规则。法院注意到,很多法院并不是应用三分法的判断标准,而是首先检视"未成年孩子的父母是否知道孩子过去所做出的类似于争议中的行为,以及父母是否意识到有改正孩子危险性习性的必要"。如果法院发现父母知道孩子具有

[①] Dinsmore-Poff v. Alvord, 972 P. 2d 987, 981 (Alaska 1999).

从事类似于争议中的侵权行为的习性,法院一般都会接着分析父母是否存在对孩子行为施加控制的能力和可能性。然而,孩子是否具有从事争议中相类似行为的习性,以及父母是否存在控制未成年孩子行为的能力或可能性都并非能轻易地界定清楚。

1. 对从事相类似行为的习性的分析

由于在实践中很难清楚地划出相类似行为的界限,因此法院的判断标准就多少有点令人费解。① 因为,在司法实践中,《美国侵权法复述》(第二版)被狭隘地解释为,如果未成年孩子从事了侵权行为,若要求未成年孩子的父母承担一定的法律责任,原告必须证明父母知悉他们的孩子具有从事该种行为的习性。而父母是否具备这种知识取决于父母是否注意到孩子先前的特定行为举止。

如果孩子此前从事过与案件中争议相同的侵权行为,那么法院就极有可能判定父母具有孩子先前特定行为的充分事实信息,并且依据该信息可以证明对父母强加侵权责任是正当的。然而,如果孩子先前的恶习与其争议中的故意侵权行为并不相符,法院就会判定说,父母并没有这方面的信息。例如,在 1973 年,阿拉斯加州最高法院审理了 Parsons v. Smithey 一案。② 在该案中,被告的父母知道他们的孩子曾威胁一名陌生的女子说,如果她不脱掉自己衣服的话,他就会用石块砸她。这个孩子后来闯进了另一名女子的家中,用锤子敲打她的头以迫使她脱掉自己的衣服。法院在庭审中指出,虽然从证据上看对原告极为有利,但以此判定其父母知悉孩子具有从事这种行为侵害他人的习性并不充分。法院陈述说:"本案中没有充分且有力的证据能够证明 Smithey 夫妇应当具有合理的远见意识到他们的孩子有从事此类暴力行径的习性。"

同样地,在 1995 年,印第安那州上诉法院审理了 Wells v. Hickman 一案。③ 在此案中,被告的父母知道他们的孩子需要心理上的帮助,因为他曾故意敲打一只狗的头部直到把它打死,他还曾摔死过一只宠物仓鼠却欺骗其他人说它是自杀死亡的。但是,Wells 一案的法院仍

---

① See Wells v. Hickman, 657 N. E. 2d 172, 179 (Ind. Ct. App. 1995).
② Parsons v. Smithey, 504 P. 2d 1272, 1275 – 76 (Ariz. 1973).
③ Wells v. Hickman, 657 N. E. 2d 172, (Ind. Ct. App. 1995).

然判决说，尽管孩子此前从事过这类行为，但这并不能使其父母合理地预见到孩子和其他小朋友一起玩时他会将一位邻居打死。法院指出，这是因为这些孩子先前也曾在一起玩过，并且没有发生任何类似事故。因此，在本案中，父母对被害人和被害人所遭受到的伤害都是无法预见的，父母不应对此承担侵权责任。

1955年，佛罗里达州最高法院在 Gissen v. Goodwill 一案[①]中判决说，虽然被告的父母知道他们孩子具有袭击他们所居住的旅馆雇员的习性，然而，这种信息并不能充分地使父母预见到这样的事实，即他们的孩子会把雇员的手放在门缝中，然后用力地关上门来切断他的手指。法院指出，当孩子习惯从事于可以产生损害的特定行为时，就需要对父母的责任进行一番评析。在本案中，由于指控孩子具有利用关门试图对他人造成损害的习性事实上并不存在，因此，本案中雇员所遭受的伤害并不能认定为是由于父母过失所产生的结果。

在1985年，因被告的儿子用一根木棒袭击了另一个孩子，佛罗里达州最高法院通过确认一项对被告的直接裁决的命令，支持了对父母责任法例外情形［即《美国侵权法复述》（第二版）第316条的规定］的限缩解释。[②] 最高法院解释说，由于被告的未成年孩子此前曾经常挥舞着一根木棒试图伤害他人，初审法院对被告的直接裁定是正确的。而此案中的原告辩解说，父母责任法的例外适用条件是如此的严格以至于会产生不公平的结果。尽管原告对此有异议，法院依然认为在此案中没有理由去偏离这种狭窄性的例外情形。

在 Dinsmore-Poff 一案中，Brian Hall 的父母知道他们孩子有点精神错乱并且具有无法抑制的暴力倾向。Brian Hall 的父母也知道，在谋杀案发生的21个月前，孩子曾在争吵中用一把偷来的枪射伤了另一个孩子的手臂。然而，阿拉斯加州最高法院依然认为，父母所具有的上述信息并不能充分地使 Alvords 夫妇认识到，为保护任何可能的受害者或避免可预见的损坏有阻止孩子行为的必要。最高法院也认为"原告不能仅仅证明父母有理由知道或注意到孩子的危险性习性"，相反，还必须证明"孩子的父母基于孩子的某些特定行为，有约束

[①] Gissen v. Goodwill, 80 So. 2d 701, (Fla. 1955).
[②] See Snow v. Nelson, 475 So. 2d 225, 226 (Fla. 1985) (per curiam).

孩子所从事的迫近的、产生可预见损害的行为的现实可能性和必要性"。最高法院也同样驳回了原告提出的抗辩，即由于 Alvords 夫妇负有周期性地检查他们孩子财物的义务，所以他们应当知道他们的孩子拥有枪支这一事实。

从上文的讨论中我们可以很明显地看出，大多数法院都是站在父母利益的角度解决关于父母信息要素的争议：法院或者发现孩子先前不存在类似的行为，或者认为父母对孩子先前类似的行为并不知悉。然而，如果基于孩子过去类似的行为，法院认定父母确实具有他们孩子危险性习性的信息，法院会接着通过分析《美国侵权法复述》（第二版）中判断标准的另一部分，即父母是否具有控制孩子行为的可能性要素和能力要素，以判定父母是否做出了合理的努力阻止另一个类似事件的发生。

2. 父母对孩子行为施加控制的可能性和控制能力

一般而言，一旦法院认为父母知道其未成年孩子具有从事先前非法行为的习性，法院会接着检视父母是否具有控制他们孩子行为的能力和可能性。总的来说，在该阶段的分析中，法院尚未做出一个强制性的、细致的审查。在分析这种控制能力要素和控制可能性要素方面，法院经常仅仅质询父母在防止侵权行为的发生方面是否做出了合理的努力。这种类型的判例经常可以分为四类：一是依据《民事诉讼规则》（*Rule of Civil Procedure*）第 12（b）(6) 条或相关类似的规定被驳回诉讼请求的案件；二是判定父母承担侵权责任的案件；三是法院认为父母做出了充分的惩戒性努力并进而免除父母法律责任的案件；四是父母不具有防止损害发生的可能性的案件。

法院依据《民事诉讼规则》第 12（b）(6) 条或相关类似的规定对部分案件驳回了原告的诉讼请求，其原因在于原告未能证明其诉讼请求需要得到司法救济。因此，撤销这类驳回诉讼请求的判决仅仅表明原告的诉讼请求可以得到司法救济，并不能必然判定父母应对此承担法律责任，这就使得此类判例在本文分析下缺乏所应有的启示性意义。[①] 但是，其他三类案件，即法院判定父母承担侵权责任的判例、法院免除在约束孩子行为方面做出充分努力的父母承担法律责任

---

① Cf. Fed. R. Civ. P. 12 (b) (6).

的案件，以及父母不具有阻止损害发生的可能性的判例，对本文所进行的分析都是异常重要的。在这三类判例中，对第一类案件，即责令父母为未成年子女的侵权行为承担法律责任的案件，大多是因为父母具有其孩子危险性习性的真实性信息或者父母鼓励了孩子的危险性行为；对第二类案件，即在父母为改正孩子的恶习做出合理性的努力后，判定父母已经对孩子施加了充分的惩戒性约束的案件，表明法院也是宽大仁慈的；对第三类案件，即当父母不具有阻止损害发生的可能性时，判定免除父母侵权责任的案件取决于孩子在从事侵权行为时父母有没有控制孩子行为的能力。

正如上文所述，采用《美国侵权法复述》（第二版）的判断标准的法院在判断父母是否需要承担侵权责任时交叉使用了"可能性（opportunity）"和"能力（ability）"这两个术语。一些法院将"ability"等同于物理上的出现，因此不论何时，只要父母在场，就推定父母具有控制他们孩子行为的能力。[①] 而其他一些法院则简单地解释说父母的不在场使得他们没有控制孩子行为的"可能性"，因此，如果父母在场，法院就可能认定父母具有控制孩子行为的能力，如果不在场，就不具有控制孩子行为的可能性。还有一些法院只是简单地适用该判断标准，却并不说明不在场的父母在控制其未成年子女的行为方面是缺乏能力还是缺乏可能性。

法院可能倾向于不要求父母为他们未成年孩子的侵权行为承担法律责任。接近成年的孩子通常会从事一些令人发指的故意侵权行为，法院并不会因父母未能控制这类孩子的严重侵权行为积极地责令父母承担侵权责任。现在，在青少年从事的诸如强奸或谋杀等类严重刑事犯罪的情形中，至少有3个州的最高法院拒绝采用《美国侵权法复述》（第二版）的判断标准作为判断父母是否承担侵权责任的依据。[②] 如同其中一个法院所说的："虽然父母未能防止较大年纪孩子的严重违法行为，法院拒绝适用第316条的态度至少部分地反应了法院并不

---

① See Campbell, 504 N. E. 2d at 203; see also Basler v. Webb, 544 N. E. 2d 60, 62 (Ill. App. Ct. 1989).

② See Lanterman v. Wilson, 354 A. 2d 432, 433 (Md. 1976), J. L. v. Kienenberger, 848 P. 2d 472, 474 (Mont. 1993), Rodriguez v. Spencer, 902 S. W. 2d 37, 39 – 40 (Tex. Ct. App. 1995), Bell v. Hudgins, 352 S. E. 2d 332, 333 (Va. 1987).

情愿在此情形下强加父母以侵权责任。"也可能是，现行普通法中一直采用《美国侵权法复述》（第二版）判断标准的变形形式作为父母对其未成年孩子的故意侵权行为承担法律责任的基础，这使得法院并不愿意采用字面上的《美国侵权法复述》（第二版）的判断标准。

（三）《美国侵权法复述》（第二版）判断标准的一种可能性修正

解决《美国侵权法复述》（第二版）判断标准的歧义或误用的一种有效的方法就是对其予以修正。其中一种可能的修正性标准是，首先，判断父母是否知悉或者应当知悉控制孩子行为的必要性；其次，判断父母是否具有控制他们未成年孩子行为的能力和可能性。该提议将改变法院在 Dinsmore-Poff 一案中所明确阐述的三分法的判断标准并使其退回到两分法的判断标准。此外，通过强调控制的必要性要素的信息条款，以及将父母施加控制的能力要素和施加控制的可能性要素合二为一，该标准对原先的二分法的判断标准也进行了修正并使其更加合理。这种修正后的二分法判断标准和很多法院在司法实践中所采用的《美国侵权法复述》（第二版）判断标准的变形形式是一致的。

这种修正性判断标准的第一个部分，即判断父母是否知道或者应当知道控制其孩子行为的必要性，可以通过对未成年孩子先前的特定行为进行考查分析后得知。这种修正可能使得《美国侵权法复述》（第二版）与现行普通法相一致。假定法院判定，未成年孩子存在充分类似于本案中争议的事实行为并使得父母本应该有所察觉，对父母是否需要承担侵权责任的分析就会移到修正后的判断标准的第二个部分。

修正后的判断标准的第二个部分将术语"可能性（opportunity）"和"能力（ability）"合二为一，使其成为一个清楚的判断要素，有效地界清了围绕这两个术语所带来的混淆之处。"opportunity"可能关涉到父母物理上的在场，而"ability"可能关涉到父母是否具有某种手段或方法或身体上的能力去控制他们孩子的行为。[1] 如此对《美

---

[1] Cf. Lavin v. Jordon, No. 01 A01-9709-CV-00455, 1998 WL 557653, at *7 (Tenn. Ct. App. Sept. 2, 1998).

国侵权法复述》(第二版) 中的判断标准进行修正，不仅可以消除现行《美国侵权法复述》(第二版) 中的混淆之处，而且和普通法的司法实践保持了一致。然而，现在很多州纷纷通过立法机关的立法活动，制定成文法要求父母对其未成年子女的故意、恶意或非法行为所致损害承担侵权责任，以此促进父母责任法的发展。

四、州立法机关创设的父母责任法案

一些州的父母责任法规定，如果未成年孩子故意或恶意破坏他人的不动产或者私人财产，可以责令孩子的父母承担侵权责任。① 制定成文法存在两个问题，一是它的合宪性问题，二是它的有效性和适用范式问题。对于这两个问题，司法实践的一般操作经验是：①父母责任立法通常被认为符合宪法规定；②在那些制定了父母责任法的州，法院在适用时都遵循相同的范式。然而，通过包括或排除诸如此类的人身伤害、医疗支出、精神损害等赔偿项目，父母责任立法是严格地限制了抑或是扩大了损害赔偿的范围，立法的规定并不明确。

本文在下面的讨论将围绕这些争议和问题展开。

（一）父母责任法案的合宪性问题

通说认为，父母责任法案具有合宪性。但是，也有判例是持相反的意见，认为父母责任法案违反了宪法规定，并指出它实质性地违反了州宪法或联邦宪法中的正当程序条款。在 Corley v. Lewless 一案② 中，乔治亚州最高法院判定本州的父母责任法案违宪因而是无效的。法院的理由是："基于该法所产生的任何损害赔偿都是在缺乏正当程序的情况下剥夺了被告的财产，这会产生无责任的损害赔偿，也会产生无过错的强制性偿付。"然而，经过 11 年后，乔治亚州最高法院又认为该州修正后的父母责任法案是合宪的。

为达到实质性正当程序的要求，各州的制定法必须合情合理，而不能是武断或随意地制定的，其为达到立法目的所采用的方法也必须

---

① See N. D. Cent. Code 32 – 03 – 39 (1996); see also Ark. Code Ann. 9 – 25 – 102 (Michie 1998); Fla. Stat. Ann. 741.24 (West 1997); Miss. Code Ann. 93 – 13 – 2 (1999); Okla. Stat. Ann. tit. 23, 10 (1987 & Supp. 2000); Or. Rev. Stat. 30.765 (1997).

② Corley v. Lewless, 182 S. E. 2d 766 (Ga. 1971).

和其追求的目标具有客观且实质性的联系。佛罗里达州的父母责任法案规定父母对未成年子女故意损害他人财产所致的损害承担严格的替代责任，佛罗里达州地区上诉法院在 Stang v. Waller 一案①中分析了该法案的合宪性。Stang 一案的法院认为，通过责令父母承担侵权责任以减少青少年的违法犯罪行为既非武断的或不合道理的，也非随意的。法院进一步指出，州立法机关具有控制青少年犯罪的立法利益取向，并且控制青少年违法犯罪活动和强加父母以侵权责任之间存在合理的联系。因此，佛罗里达州地区上诉法院认为该项立法是合宪的。

同样地，新墨西哥州上诉法院在 Alber v. Nolle 一案②中也认为，如果父母责任法案具有"合理地防止明显邪恶的行为的必要性，或者合理地保护公共安全或社会总体福利的必要性"，那么该法案就可以视为是对治安权可以容忍的适当性行使。法院进一步指出，治安权的适当性行使即使可能影响到私人财产权，也并不违反正当程序原则。新墨西哥州上诉法院据此总结说："本州的父母责任法案并没有违反剥夺父母财产权的正当程序条款。"Alber 一案的法院在做出判决时说："责令父母对其未成年子女的故意侵权行为承担法律责任并不违反正当程序，原因就在于立法机关所规定的事项是在他们权限之内的，并且该法律责任和减少青少年违法犯罪以及保护公共安全的立法目的是一致的。"

因此，如果州立法机关的立法不是合情合理的，而是武断地或随意地制定的，又或者立法并非是达致政策目标的合理途径，那么父母责任法案就可能遭到正当程序的审查。北达科他州的父母责任立法并没有相伴而生的立法史，因此北达科他州的父母责任立法是否违宪现在并不清楚。父母责任法案的合宪性问题虽然在很多场合都曾被提及，但是，法院都认为该法案符合宪法的规定。此外，那些制定了父母责任法案的州在实际适用时都遵循相同的范式。因此，由于这些立法都遵循了相同的范式，并且法院认为这种形式的父母责任法案都是合宪的，北达科他州的父母责任法案通常也被认为是合宪的。

大多数制定父母责任法案的州都有一个共同的目标，即抑制青少

---

① Stang v. Waller, 415 So. 2d 123 (Fla. Dist. Ct. App. 1982).
② Alber v. Nolle, 645 P. 2d 456 (N. M. Ct. App. 1982).

年的违法犯罪活动以及其破坏财产和恶意侵害他人的行为。几乎所有的制定法都明确地规定，各个阶层团体，包括公司、社会组织、个人和政府机构都有可能成为原告。在责令父母承担侵权责任时，这些法案一般都要求未成年孩子和父母居住在一起。这些法案也规定了父母在被提起的民事诉讼中所承担的损害赔偿责任限额，但是，法案所规定的赔偿责任的最高限额在州与州之间互不相同。[1]

立法机关创立这样的法案有多种动因。一个原因在于让侵权孩子的父母为孩子的侵权行为承担法律责任对受害者进行赔偿，这比让无辜的受害者独自承担损失要公平的多。另一个原因是立法当局对普通法上父母责任豁免规则的不满，其试图通过立法阻止青少年犯罪、破坏财产和故意侵犯他人的行为。第三个相关的原因是州立法机关意图对从事了破坏行为的孩子的家长强加罚金，而非仅仅是对受损方进行赔偿。由于存在如此多的立法动因，依照各州的父母责任法案，父母对孩子的侵权行为承担损害赔偿责任的范围和程度在各州之间也不尽相同。

（二）父母责任法案的规制范围

除了会面临合宪性的审查，父母责任法案同样面临精确适用的难题。一般而言，可能对普通法造成负面影响的成文法必须得到严格地控制。由于父母责任立法通常是对普通法的反对强加父母以侵权责任规则的减损或抵消，因此，他们同样需要受到严格的控制。严格控制这些立法案或者使得父母需要对由未成年孩子造成的人身损害承担法律责任，或者使得父母无需对人身损害承担任何法律责任。要判定这些结果是否与立法的基本目标相一致，对个别州的父母责任法案的分析就显得非常有必要了。

一些州的父母责任法案明确规定，任何人，因未成年人的非法行为遭受到人身伤害，都有权利从未成年侵权人父母那里获得损害赔偿。比如，爱达荷州的父母责任法案允许经济损失可以获得赔偿，其中包括医疗费用支出，但其明确排除了对无形损害的赔偿，比如精神

---

[1] See Ariz. Rev. Stat. Ann. 12－661（West 1992 & Supp. 1999）（赔偿限额为 10000 美元。）; see also Cal. Civ. Code 1714.1（West 1998）（赔偿限额为 25000 美元。）. Compare N. D. Cent. Code 32－03－39（1996）（赔偿限额为 1000 美元。）.

损害和不当侵权致死的赔偿等。① 新墨西哥州的父母责任法案和其他大多数州的做法不一样,它将精神损害作为损害赔偿的内容之一。② 而按照马萨诸塞州和加利福尼亚州的父母责任法案的明确规定,只有未成年孩子的故意侵权行为给他人造成了伤害或者死亡的结果,该损害才可以获得赔偿。③ 因此,通过或包括或排除比如人身伤害、医疗支出或精神痛苦等损害类型,严格建构起来的每一个父母责任法案都或者严格限制了损害赔偿的范围,或者扩大了损害赔偿的范围。④

大多数父母责任法案都规定,父母需要对孩子的故意侵权行为承担严格责任。如俄克拉荷马州最高法院认为,本州的父母责任法案要求父母承担无过错责任。此外,佛罗里达州法院也认为,该州的父母责任法案规定父母对他们未成年子女故意损害财物的行为承担严格的替代责任。得克萨斯州的民事上诉法院判决说,得克萨斯州的父母责任法案在强加父母侵权责任时并不要求父母具有某种与侵权行为有关联的信息。亚利桑那州通过成文法规定,未成年孩子的故意不当行为将直接强加侵权责任于其父母,而不管其父母或监护人是否参与了该非法行为。

因此,从上文的讨论中我们可以合理地推断出,父母责任立法通常为父母创设了严格责任。有趣的是,这样的立法规定却直接和《美国侵权法复述》(第二版)中的规定相矛盾,因为《美国侵权法复述》(第二版)中规定,只有当父母知道孩子具有从事争议中的侵权行为的习性这一信息时才可以对父母强加侵权责任。于是,依照各个州的父母责任法案,父母有可能对未成年孩子侵犯不动产和私人财产的侵权行为承担严格责任,并且父母因未成年子女的侵权行为给他人造成的身体伤害承担的赔偿责任具有一定的限额。

---

① See Idaho Code 6-210 (1993); see also Fuller v. Studer, 833 P. 2d 109, 112 (Idaho 1992).
② See Alber v. Nolle, 645 P. 2d 456, 463 (N. M. Ct. App. 1982) (认为精神痛苦在该州父母责任法案之下可以得到偿付。), see also N. M. Stat. Ann. 32A-2-27 (Michie 1997).
③ See Cal. Civ. Code 1714.1 (West 1998); Mass. Gen. Laws Ann. ch. 231, 85G (West 1985).
④ See Ariz. Rev. Stat. 12-661; see also Cal. Civ. Code 1714.1; Conn. Gen. Stat. Ann. 52-572; Idaho Code 6-210; Mass. Gen. Laws Ann. ch. 231, 85G; S. D. Codified Laws 25-5-15.

五、北达科他州父母责任法案的现状

在讨论北达科他州的父母责任法的现状时，北达科他州的普通法、《美国侵权法复述》（第二版）第316条、北达科他州的父母责任制定法以及《北达科他州世纪法典》（North Dakota Century Code）第32-03-39条都扮演着重要的角色。父母无需对未成年子女的侵权行为承担法律责任的普通法的传统规则在北达科他州是根深蒂固的。虽然北达科他州并没有明确采用《美国侵权法复述》（第二版）中的判断标准，然而，在判断父母责任时北达科他州最高法院采用的标准和其他法院对《美国侵权法复述》（第二版）的解释标准类似。并且，依据北达科他州父母责任法案，父母所承担的侵权责任的范围也已由《北达科他州世纪法典》第32-03-39条款规定了。

（一）普通法规则的编撰

父母无需对未成年子女的侵权行为承担法律责任的普通法规则在北达科他州早就被编撰过了。该法首次出现于1877年的《达科他州修正法典》（Dakota Revised Code），并且它的原文和现在北达科他州世纪法典中的文字表述完全一样。[①] 正如前文所讨论的，父母责任豁免的普通法传统规则仅被北达科他州最高法院承认过两次，一次是在1929年，还有一次是在1966年。在1929年，北达科他州最高法院在 Miller v. Kraft 一案中首次认可了父母责任豁免规则。在此案中，Miller 陷入了一场在原告和被告的儿子之间发生的汽车事故。依据北达科他州的相关法律，Miller 一案的法院解释说，本案中父母并不需要对他们未成年子女的侵权行为承担法律责任。因为，只有这种侵权责任是基于代理关系或主仆关系发生时，Miller 一案的被告才会被判定应当承担法律责任。

1966年，北达科他州最高法院在 Peterson v. Rude 一案中又一次表达了对父母责任争议的看法。本案的事实是，当两个孩子争夺一把气枪时，Peterson 被该气枪发射的子弹击中了眼睛。Peterson 一案的法院同样认为，父母并不需要对他们孩子的侵权行为承担法律责任。

[①] See N. D. Cent. Code 14-09-21 (1997); see also Dakota Revised Codes 105 (1877).

因此，Peterson一案的原告若要求孩子的父母承担侵权责任，则必须证明孩子与其父母之间不仅仅存在父母子女关系。然而，Peterson一案的法院也同时指出，父母可能因他们自己的过失行为而承担侵权责任。

正如在Miller一案和Peterson一案中所显示的，北达科他州的父母责任豁免的普通法规则仍以它最严格的形式存在着。北达科他州的法院也一直坚持认为，强加父母以侵权责任必须是基于父母子女关系之外的其他关系情形。然而，这种强加父母以侵权责任所要求的除父母子女关系之外的其他关系情形，也可能被父母在具有孩子行为的相关信息下的父母过失规则所替代。

（二）北达科他州对《美国侵权法复述》（第二版）的判断标准的理解

北达科他州的法院在司法实践中并没有明确采用过《美国侵权法复述》（第二版）的判断标准，然而，北达科他州最高法院曾像其他法院解释和适用《美国侵权法复述》（第二版）的判断标准那样适用过复述中的父母责任标准。[①] 当Peterson的4岁的邻家女孩和他争夺一把气枪时，他被子弹伤及了眼睛。孩子的父亲是这把枪支的所有人，但事发之时他在住院。法院判决说，没有证据可以证明被告的儿子有任何恶习或者曾过失地使用过这把气枪。因此，法院认为："尽管陪审团拒绝做出驳回判决的裁定，裁判的动议也应赋予该案被告的父亲。"

Peterson一案在北达科他州确立了判断父母责任的现行检验标准。该判决指出："如果父母知道孩子先前曾从事过与争议行为类型相同的侵权行为，或者父母知道孩子具有从事其被指控行为的习性，又或者父母知道孩子即将从事该种侵权行为，却都未能采取合理的措施避免该种事故发生，父母就有可能被责令对其孩子的侵权行为所致损害承担侵权责任。"这种判断标准和伊利诺斯州上诉法院在Barth

---

① 比较Peterson v. Rude, 146 N. W. 2d 555, 557 (N. D. 1966)（本案说明如果父母知道自己的孩子即将从事某种特定的侵权行为，却由于过失没有阻止该种行为发生，父母就应当承担侵权责任）和Barth v. Massa, 558 N. E. 2d 528, 534 (Ill. Ct. App. 1990)（本案说明如果父母意识到自己的未成年孩子原先所从事的某种特定侵权行为，并且在此次侵权事件中父母有控制孩子行为的可能性，父母就应当承担侵权责任）。

一案中对《美国侵权法复述》(第二版)的解释类似。在 Barth 一案中,伊利诺斯州上诉法院解释说,依据《美国侵权法复述》(第二版)第316条强加父母以侵权责任,原告必须证明被告父母意识到孩子先前行为的特定事例,并且父母有控制孩子行为的可能性。因此可以认为,北达科他州最高法院可能默示地采用了《美国侵权法复述》(第二版)第316条的规定。

那些适用《美国侵权法复述》(第二版)第316条规定的州并没有遵循复述的字面含义,而是基于父母对孩子先前恶习的知悉和父母控制孩子行为的可能性创设了两分法的分析路径。因此,北达科他州采用《美国侵权法复述》(第二版)的判断标准要求父母对孩子的故意侵权行为承担法律责任可能不具有实用性价值。[1] 由于在司法实践中现行的《美国侵权法复述》(第二版)的判断标准并不像它字面所规定的那样被采用,适用本文前面部分所提议创设的修正性判断标准可能是一种更为合理的路径选择。因此,判定父母是否承担法律责任可能需要经过这样的步骤,即首先检查父母是否知悉或应当知悉控制孩子行为的必要性,其次判断父母是否具有控制他们未成年子女行为的可能性和能力。

Dinsmore-Poff 一案也许提供了判断父母责任的另一种分析路径。在此案中,由于父母知悉他们孩子从事此类行为的习性,阿拉斯加州最高法院采用了四分法的判断标准来认定父母是否合理地做出一定的行为。这个四分法的判断标准是如下几个方面:①判断父母对孩子先前的特定暴力行为是否恰当地作出反应;②判断父母是否做出实质性的努力合理地控制孩子的行为;③考察父母是否意识到防止此类特定事故的必要性;④如果父母意识到,父母是否做出合理的努力防止该种特定事故发生? 依据阿拉斯加州的四分法的判断标准,任何一步的回答对强加父母以侵权责任都不是决定性的。相反,对任何一个的积极回答都有助于发现父母的过失。基本上看,Dinsmore-Poff 一案所确立的考察父母是否需要对未成年子女的侵权行为承担法律责任的判断标准,将注意力集中于考察父母对孩子侵权行为反应的合理性程度。

或者是《美国侵权法复述》(第二版)判断标准的修正方法,或

---

[1] Cf. Peterson, 146 N. W. 2d at 557.

者是 Dinsmore-Poff 一案所确立的四分法的判断标准，都为北达科他州在判断父母责任时提供了更富有理解性和实用性的标准。两种判断标准所提供的方法都和现行的普通法相一致。由于对父母责任的认定不仅需要父母存在监管过失，而且需要依据精确的父母责任立法，因此，我们需要再对北达科他州父母责任法案进行一番评析。①

（三）对北达科他州父母责任法案的评析

北达科他州最高法院至今从未适用《北达科他州世纪法典》第32-03-39 条款审理过有关案件②，因此，若要合理地预测北达科他州普通法对该法案的解释，必须对具有与该法案相类似法典的其他州内发生的先例进行分析。③ 围绕该法案所产生的主要争议是：是否可以将该法案对父母强加的侵权责任理解为严格责任；该法案是否要求父母对其未成年子女对他人造成的人身伤害承担损害赔偿责任，还是只需对财产损害承担赔偿责任；以及当侵权事故的损失超过了立法规定的赔偿限额时，是否可以要求父母进一步予以赔偿等三个方面。

《北达科他州世纪法典》第 32-03-39 条可能会被解释为创设了严格的父母责任，因为印第安纳州最高法院将本州的父母责任法案解释为严格的父母责任，而印第安纳州的父母责任法案和北达科他州极为类似。④ 此外，对《北达科他州世纪法典》第 32-03-39 条款的仔细研究可以看出，该条并没有规定任何父母应受责罚的法定过错作为要求父母对其未成年子女的故意或恶意行为承担侵权责任的理由。因此，我们可以合理地推断说，北达科他州的父母责任法案对父母强加的是严格责任。

随后的争议就是《北达科他州世纪法典》第 32-03-39 条涵盖

---

① See N. D. Cent. Code 32-03-39 (1997).

② N. D. Cent. Code 32-03-39. 该法案的规定是，"父母对未成年子女侵权行为的损害赔偿责任及限额"：若孩子是和父母居住在一起，且其从事的故意或恶意侵权行为侵犯了他人的动产、不动产、人身或者造成了财产人身的混合损害，北达科他州的任何市政机关、县、镇、社区等政府机构，或任何个人、合伙、公司集团、有限公司、协会、宗教团体等法人和非法人组织，都有权向有管辖权的法院起诉，要求与孩子共同居住的父母对孩子的侵权行为承担不超过 1000 美元的损害赔偿责任。以上的损害只限于事实上的损害，包括诉讼费用在内，赔偿责任的限额为 1000 美元。

③ Compare N. D. Cent. Code 32-03-39, with Ind. Code Ann. 34-31-4-1 (West 1999).

④ See Wells, 657 N. E. 2d at 177 (Ind. Ct. App. 1995).

了哪些类型的损害。按照法条的字面含义,制定法要求父母对未成年孩子对他人动产、不动产、人身等分别造成的伤害或混合性的财产人身伤害都承担侵权赔偿责任。然而,有些州的父母责任法案明确要求对人身损害承担赔偿责任,北达科他州的父母责任法案却对此没有明确规定。① 它的条文内容具体是:"未成年人对他人的动产、不动产、人身分别或共同造成了损害,他人就有权对与孩子共同居住的父母向有管辖权的法院提出损害赔偿之诉,要求其承担不超过 1000 美元的赔偿责任。"该条规定的字面含义是指,如果一名未成年人故意向一个窗户扔掷了石块,由此而产生的他人的窗户玻璃等财产的损害可以予以赔偿,但是如果石块穿过开着的窗户击中他人并造成人身伤害,该人身伤害是否能够依据该法案获得赔偿则并不清晰。

新墨西哥州的父母责任法案和北达科他州的父母责任法案的规定极为相似。在 Ross v. Souter 一案②中,新墨西哥州上诉法院支持了下级法院所做出的对牙齿的损害赔偿的驳回诉讼判决。本案中涉及的是对一名孩子的父母提起的侵权之诉,因为其孩子殴打了原告的儿子,原告依据新墨西哥州的父母责任法案向该孩子的父母寻求损害赔偿。法院判决说,由于殴打所造成的牙齿损害并不是该法条的"动产、不动产、人身等分别的损害或混合性的财产人身损害"所能涵盖的损害类型,因此,父母无需对此承担赔偿责任。新墨西哥州的该条表述和北达科他州的父母责任法案的表述完全一样。③ 更重要的是,新墨西哥州创立了新的父母责任法案,其中明确要求因未成年孩子的恶意或故意侵害他人的行为而造成的人身伤害,其父母应当承担赔偿责任。因此,可以推断说,除了立法修正案所特别规定的人身损害赔偿外,北达科他州的父母责任法案也不要求父母对未成年人对他人的人身损害承担赔偿责任。

北达科他州的父母责任法案责令父母对未成年子女的侵权行为承担严格责任。然而,判例法却表明,该法案的内容被限制为仅对财产

---

① Compare Ariz. Rev. Stat. 12 - 661(West 1992 & Supp. 1999)(包括对人身损害的赔偿), with N. D. Cent. Code 32 - 03 - 39.
② Ross v. Souter, 464 P. 2d 911 (N. M. Ct. App. 1970).
③ Compare N. M. Stat. Ann. 13 - 8 - 53.1 (repealed 1972) [replaced by N. M. Stat. Ann. 32A - 2 - 27 (Michie 1993)], with N. D. Cent. Code 32 - 03 - 39.

损坏进行赔偿，对人身损害不承担赔偿责任。更有趣的是，普通法进一步表明，北达科他州的父母责任法案并没有排除因父母监管过失所承担的损害赔偿责任。因此，有必要再对北达科他州不同的父母责任判断标准之间的相互影响关系进行一番分析。

（四）北达科他州法律规则之间的相互关系

对北达科他州法律规则之间的相互关系进行评析需要对以下问题进行有益的探讨：首先，考察要求父母为未成年孩子对财产的故意损害行为承担严格责任的《北达科他州世纪法典》第32－03－39条，和要求父母对孩子的侵权行为不承担法律责任的《北达科他州世纪法典》第14－09－21条这两条是如何相互影响的；其次，考察上述两条是如何影响《美国侵权法复述》（第二版）也是非常重要的。

1.《北达科他州世纪法典》第14－09－21条和第32－03－39条

北达科他州关于父母责任领域的立法有两个，即规定父母对孩子的侵权行为不承担任何法律责任的第14－09－21条，和规定父母对未成年孩子对财产的故意损害行为承担严格责任的第32－03－39条。当与后者对照时，如何解释前款的规定现在并不清楚。一般的规则是，若制定法的规定与普通法的原则相矛盾时就应对制定法进行严格的解释适用。尽管《北达科他州世纪法典》第14－09－21条被视为是普通法原则的成文化，意指对北达科他州世纪法典第32－03－39条的适用必须经严格的解释。然而，由于北达科他州制定了第14－09－21条，因此，若法院采用与第14－09－21条的含义完全相反的第32－03－39条，就很难说它违反了普通法的原则。

北达科他州将可能坚持普通法上的一般原则，即父母并不对其未成年子女的侵权行为承担法律责任。[①] 然而，法院也同样不能忽视《北达科他州世纪法典》第32－03－39条的存在。很多适用普通法上的父母无需对其未成年子女的侵权行为承担法律责任这一传统规则的法院，在解释父母责任法案时也都认可了关于父母责任的普通法规则，并在认可普通法的一般规则之后，法院也会分析有无例外的情形可以适用父母责任法案。北达科他州也可以采用这种方法，即首先认

---

① See N. D. Cent. Code 14 – 09 – 21; see also Peterson v. Rude, 146 N. W. 2d 555, 557 (N. D. 1966).

可《北达科他州世纪法典》第14-09-21条是北达科他州的一般性规则，然后，基于案件的事实情况判断《北达科他州世纪法典》第32-03-39条的规定能否构成普通法原则的一般例外，以对父母强加侵权责任。

2.《北达科他州世纪法典》第14-09-21条与《美国侵权法复述》（第二版）第316条

尽管北达科他州将继续遵循父母并不对其未成年子女的侵权行为承担法律责任的一般规则，北达科他州最高法院也并不能完全忽略《美国侵权法复述》（第二版）对该一般规则所列举的几种例外情形。[①] 由于北达科他州最高法院在判定父母是否需要承担侵权责任时采用的判断标准与那些采用复述的其他州法院所采用的判断标准相似，北达科他州最高法院也极有可能检视其他州的先例来对《美国侵权法复述》（第二版）进行解释。北达科他州最高法院可能在一些父母过失类型上建立自己的判断标准。因此，北达科他州最高法院所采用的判断标准可能比《美国侵权法复述》（第二版）的字面表述更接近于复述第316条的普通法解释。

3.《北达科他州世纪法典》第32-03-39条与《美国侵权法复述》（第二版）第316条

最后需要分析的就是《北达科他州世纪法典》第32-03-39条和《美国侵权法复述》（第二版）第316条之间的相互关系。北达科他州最高法院可能或者适用《美国侵权法复述》（第二版），或者适用复述的合理性解释，因此在比较这两个父母责任原则时主要的争议就是，在一个案件中，如果依据《北达科他州世纪法典》第32-03-39条要求了损害赔偿，是否可以排除在《美国侵权法复述》（第二版）之下的损害赔偿。[②] 一般来讲，在父母责任法案之下的损害赔偿并不排除基于普通法的父母责任豁免原则的例外所引起的损害赔偿。因此，在北达科他州，如果最高法院最终选择采用《美国侵权法复述》（第二版）的解释性判断标准，原告若能够证明未成年人的父母未能控制他们孩子的行为，父母就有可能承担超过由《北达科他

---

① See Restatement (Second) of Torts 316 (1965).
② See generally Wells v. Hickman, 657 N.E. 2d 172, 177 (Ind. Ct. App. 1995).

州世纪法典》第32-03-39条所确立的赔偿限额的侵权责任。

自从《普通法》规则在1877年的北达科他州修正法典中编撰以后，父母责任法案经历了巨大的变化。而北达科他州在此领域的法律规则才刚刚开始发展。现在，北达科他州并没有明确表示采用《美国侵权法复述》（第二版）第316条，然而，北达科他州已制定了父母责任法案限定父母的赔偿责任范围，使其只局限于对不动产和私有财产的损坏赔偿。

北达科他州极有可能将《北达科他州世纪法典》第14-09-21条视为本州的关于父母责任的一般性规则。然而，北达科他州最高法院并没有完全忽略《美国侵权法复述》（第二版）对该一般性规则规定的例外情形。理论上讲，在判定父母是否需要对其孩子的侵权行为承担法律责任时，北达科他州最高法院可能首先认可《北达科他州世纪法典》第14-09-21条，然后会基于案件的事实判断能否依据《北达科他州世纪法典》第32-03-39条对父母强加侵权责任。此外，法院也将遵循父母责任法案之下的损害赔偿范围，并且不排除适用像《美国侵权法复述》（第二版）中的父母过失理论之下的损害赔偿。

北达科他州提升了他们关于父母责任规定的路径有两种，其一，进行州立法，通过修正《北达科他州世纪法典》第32-03-39条，使父母所承担的侵权责任范围包括由孩子的故意或恶意行为所造成的人身损害，这样北达科他州就可以有效地提升本州的父母责任水平。立法当局也可以通过修正《北达科他州世纪法典》第32-03-39条增加父母所赔偿的责任限额同样可以达到上述目标。其二，通过北达科他州最高法院的司法判例来提升北达科他州的父母责任水平。通过采用《美国侵权法复述》（第二版）第316条，或者是该复述判断标准的合理性解释，北达科他州最高法院同样可以很清楚地扩大父母责任的范围。

六、结论

如同上文所讨论的，美国父母责任法律的发展，共经历了以下阶段。

首先，普通法的传统理论认为，仅仅是父母子女关系对父母强加侵权责任的基础并不充分,因此,父母并不对他们未成年子女的侵权行为承担任何法律责任。

其次,《美国侵权法复述》(第二版)对普通法规则的例外规定表明,当父母未能有效地对孩子的行为施加控制时,父母就有可能为他们未成年子女的侵权行为承担法律责任。现在,很多州都认为,如果父母对孩子的控制未能达到《美国侵权法复述》(第二版)的判断标准,父母就应对孩子的侵权行为承担法律责任。① 《美国侵权法复述》(第二版)所要求的法律责任的基础是父母的过失,该责任的认定需经过二分法的判断路径,尽管很多法院适用的是三分法的判断路径。②

Columbine 惨案之后,《纽约时代杂志》(*New York Times*)采访了青少年杀手的邻居和朋友,并撰文描述了 Eric Harris 和 Dylan Klebold 与他们父母之间的关系。③ 该文指出,Eric Harris 和 Dylan Klebold 的生活状态和他们父母所认为的 Eric Harris 和 Dylan Klebold 的生活状态存在根本性的差异。该文进一步暗示说,Harris 夫妇和 Klebold 夫妇都是"谨慎的、有良知的父母,他们努力工作来教育孩子,并且他们坚信,不管从任何方面来看,他们做得都不错"。然而,一名受害者的家长指控他们对孩子的监管存在过失,两对父母现在都陷入了数百万美元的诉讼之中,但这些父母是否应对他们孩子的非法行为承担侵权责任现在还不是很明晰。

父母是否需要对其未成年子女的侵权行为承担法律责任,法律的规定从父母责任豁免到父母仅承担过失责任的转变,以及现在制定法对父母所创设的法定严格责任,表明该领域的规则仍在发展。通过 Columbine 惨案或许可以展望父母责任未来的发展方向,因为科罗拉

---

① See Memorial Lawn Cemeteries Ass'n v. Carr, 540 P. 2d 1156, 1158 (Okla. 1975); see also Stang v. Waller, 415 So. 2d 123, 123 - 24 (Fla. Dist. Ct. App. 1982); Kelly v. Williams, 346 S. W. 2d 434, 437 (Tex. Ct. App. 1961).

② See Ariz. Rev. Stat. 12 - 661 (West 1992); see also Cal. Civ. Code 1714. 1 (West 1998); Conn. Gen. Stat. Ann. 52 - 572 (West 1991); Idaho Code 6 - 210 (Michie 1998); Mass. Gen. Laws Ann. ch. 231, 85G (West 1985); S. D. Codified Laws 25 - 5 - 15 (Lexis 1999).

③ See Pam Belluck & Jodi Wilgoren, Caring Parents, No Answers, in Columbine Killers' Pasts, N. Y. Times, June 29, 1999, at A14.

多州已经承认了普通法的父母责任豁免原则和父母过失判断标准;①此外,科罗拉多州的父母责任法案也确实包括对财产损害和身体损害的损害赔偿②。因此,围绕着 Columbine 惨案而引发的诉讼,父母责任法案或许会出现新的内容。

---

① See Hall v. McBryde, 919 P. 2d 910, 913 (Colo. Ct. App. 1996) 判决认为:由于父母子女关系的存在,父母并不对其未成年孩子的侵权行为承担赔偿责任。但是,如果孩子具有故意侵害他人的习性,而父母知道或本应知道孩子的这一习性并且有机会和能力施加控制,父母就有防止孩子侵犯他人的合理注意义务。
② See Colo. Rev. Stat. Ann. 13-21-107 (West 1997). 该法条的表述是,"由未成年孩子引起的财产和人身损害":

(1) 任何市政机关、县、镇、校区等政府机构,或任何个人、合伙、公司集团、有限公司、协会、宗教团体等法人和非法人组织,都有权向有管辖权的法院起诉要求父母对不满 18 周岁的未成年孩子的侵权行为承担不超过 3500 美元的损害赔偿责任,只要孩子和父母居住在一起,并且其从事的故意或恶意侵权行为侵犯了他人的财产、不动产、人身或者以上的混合。

以上的损害只限于事实上的损害,包括诉讼费用和律师费用在内,赔偿责任的限额为 3500 美元。

(2) 任何人都有权向有管辖权的法院起诉要求父母对其不满 18 周岁的未成年子女的侵权行为承担不超过 3500 美元的损害赔偿责任,只要孩子是否和父母居住在一起,并且其从事的故意或恶意侵权行为侵犯了他人的人身健康。

对人身损害的赔偿责任只限于事实上的损害,包括诉讼费用和律师费用在内,赔偿责任的限额为 3500 美元。

父母就其未成年子女的行为承担的法律责任

艾米·L. 汤姆斯休斯基[*]著 郭钟泳[**]译

目　次

一、导论
二、普通法和制定法上有关父母责任的规定
三、父母就其未成年子女的行为承担法律责任之剖析
四、立法建议
五、结论

一、导论

轰动全国的科伦拜恩高中校园枪杀事件发生后,受害者和社会公众纷纷谴责那些他们认为应对这起事件负责的人,并呼吁法律对这些人进行惩罚。什么人应该对这类校园枪杀事件承担责任呢？一位死难者的父亲认为,实施枪杀行为的那两名未成年人的父母应对这起枪杀事件承担责任。这位父亲和另外一些遭到枪杀事件侵害的受害人家庭共同对两名开枪少年哈里斯和克莱伯德的父母提起诉讼,要求他们承担侵权损害赔偿责任。在这起案件中,原告提出的赔偿总额达2.5亿美元,但根据科罗拉多州的有关法律规定,父母对因其未成年子女引起的人身损害或财产损害承担责任的赔偿限额为3500美元。受害人请求的赔偿额和法律规定的赔偿限额之间的落差如此巨大,加上该起枪杀事件造成的损害如此严重,以至于社会公众对规定父母责任的现行法律表示不满,那些受害人家庭甚至主张现行法律对父母赔偿限额

---

[*] 伊利诺斯州法学院法学博士。
[**] 民商法硕士,中山大学法学院助教。

的规定是违宪的。一些法学界权威学者也提出批评，认为规定父母责任的现行法律只是象征性的政治摆设。他们主张，应扩张父母就其未成年子女的行为承担侵权责任的情形或者规定父母就其过失行为承担刑事责任。① 这些对父母责任的现行法律规定的批评主要集中在赔偿限额方面，绝大多数的批评意见都主张应制定更加严厉的父母责任立法，减少未成年人违法犯罪事件的发生，以补偿受害人的损失并敦促父母更好地监管其未成年子女。

在当代，当未成年人实施了严重的暴力违法犯罪行为，人们总要将该行为归责于某个人或者某个事物，例如计算机游戏、电影传媒或未成年人的父母等。在这种情况下，如果立法机构顺应社会公众的要求制定严厉的父母侵权责任立法或者提高甚至取消父母赔偿责任的限额，那么，是否意味着在未成年人实施非暴力性的违法犯罪行为的情形里，立法机构同样会对父母课处严厉的法律责任呢？

2003年9月10日，美国录音工业协会对261名违反著作权法将受保护的音乐作品非法下载到个人电脑的不法行为人提起诉讼。在这261名被告中，有些被告是因疏忽监管导致其未成年子女实施了非法下载行为的父母。录音工业协会还起诉了一位从互联网上非法下载音乐作品的20岁学生，这位学生的母亲每月向提供文件共享下载服务的网络公司支付服务费，最后，法院判决这位学生的母亲对美国录音工业协会赔偿2000美元。

依据严格替代责任的理论，父母应对其未成年子女实施的暴力性违法犯罪行为承担侵权责任。但是，随着互联网在未成年人生活中的流行，父母就其未成年子女的行为承担侵权责任的问题将变得复杂。网络的技术因素、商业利益是否会对父母的义务和责任产生影响？父母是否也应依据严格替代责任的理论就其未成年子女在网络上实施的非暴力性违法犯罪行为承担责任？父母固然负有法律上的义务和责任对其年幼的未成年子女进行监管和控制，但对于接近成年年龄的未成

---

① Eric Paul Ebenstein, Note, Criminal and Civil Parental Liability Statutes: Would They Have Saved the 15 Who Died at Columbine? 7 Cardozo Women's L. J. 1, 5-8 (2000). Rhonda V. Magee Andrews, The Justice of Parental Accountability: Hypothetical Disinterested Citizens and Real Victims' Voices in the Debate Over Expanded Parental Liability, 75 Temp. L. Rev. 375 (2002).

年子女,由于他们具有更强的独立性,父母的过失监管和他们不法行为之间的关系已经变得非常微弱,在这种情形下父母是否也要就那些接近成年的未成年子女的行为承担责任?这些问题都值得我们探讨。

本文从修订父母责任立法的主张出发,分析和探讨对父母责任采取严格责任的归责原则或提高父母赔偿责任的额度等意见。本文的第二部分介绍了普通法和制定法上有关父母责任的现行规定及其适用情况。第三部分探讨了父母的作为行为或不作为行为与其未成年子女的违法犯罪行为之间的关系。在这部分中,作者不仅对责令父母就其未成年子女的行为承担责任的传统原理以及加重父母责任有利于减少未成年人违法犯罪行为发生的观点提出质疑,还详细分析了父母责任的现行法律规定是否符合宪法原则,并探讨了父母就未成年人实施的非暴力违法犯罪行为(尤其是通过网络实施的不法行为)承担的责任。本文第四部分主张,加重父母责任并不能有效地实现减少未成年人违法犯罪行为的立法初衷。最后,本文主张,父母是否应就其未成年子女的行为承担法律责任,应根据普通法上的规定并综合考察未成年人的行为以及父母对其未成年子女行为的影响等因素进行个案审查。

二、普通法和制定法上有关父母责任的规定

(一)普通法上有关父母责任的规定

正如 Tammy Thurman 教授所言,责令父母就其未成年子女的行为承担侵权责任已经不是什么新鲜事,这是对遭到未成年人侵害的受害人进行补偿的普遍做法。父母责任的概念起源于普通法的规定。依据普通法上有关父母责任的规定,原告主张父母就其未成年子女的行为承担过失侵权责任,必须具备以下四个要件:父母对原告负有某种义务、父母违反了其应承担的义务、原告遭受了实际损害、父母违反义务的过失行为与原告遭受的损害之间具有因果关系。一般来说,原告要想依据普通法上的规定主张被告就其未成年子女的行为承担过失侵权责任是相当困难的。这是因为,普通法没有对父母在什么情况下应对原告负有义务做出清晰的规定,原告往往难以成功地证明被告父母对其负有某种义务。首先,在普通法上,行为人原则上不负有保护他人的作为义务,除非行为人与第三人之间具有特殊关系。父母与子女之间具有特殊关系的事实还不足以证明父母负有保护他人免受其子

女行为损害的义务，原告还必须证明父母采取了某种积极作为的行为，而该作为行为导致其未成年子女对他人实施侵权行为。由于起诉父母承担侵权责任的案件大多发生在父母没有采取积极措施阻止其未成年子女实施不法行为的场合，所以原告难以证明父母负有阻止其子女实施不法行为的作为义务。其次，尽管父母与其子女之间的关系属于普通法上规定的特殊关系，但是，这一特殊关系的范围非常广泛，法院可能在个案中认为父母不能合理预见到其未成年子女可能实施的每一宗侵权行为的潜在受害者，此时法院将会认定父母不对原告负有作为义务。最后，传统普通法并不会责令父母就其未成年子女的行为承担严格责任或替代责任，所以，法院不能仅仅因为父母与子女之间具有血缘关系而责令父母就其未成年子女的行为承担侵权责任，原告必须证明该未成年人的不法行为与其父母的某种作为行为或不作为行为之间具有因果关系。

（二）《美国侵权法复述》（第二版）对父母责任的规定

普通法对父母责任做出的种种限制，导致社会公众强烈要求对父母侵权责任的法律作出修改，以保障遭受未成年人不法侵害的受害人获得更加充分的补偿。对此，许多法院都将1965年编纂的《美国侵权法复述》（第二版）视为修订父母侵权责任立法的基石。依据《美国侵权法复述》（第二版）第316条的规定，在以下情形下父母负有控制其未成年子女行为的注意义务，以阻止其未成年子女故意损害他人或其未成年子女的行为对他人身体造成不合理的损害危险：（a）父母知道或有理由知道他有能力控制其未成年子女的行为，并且（b）父母知道或应当知道自己有必要且有机会对其未成年子女的行为加以控制。

可见，《美国侵权法复述》（第二版）第316条的规定扩张了普通法上父母侵权责任的规定，只要父母符合《美国侵权法复述》（第二版）第316节规定中的两个要件，即便其未成年子女在普通法上被认为不具备过失侵权能力，父母也要就其未成年子女的行为承担侵权责任。这样，父母是否就其未成年子女的行为承担侵权责任就与该未成年人的年龄有一定联系，因为一般来说，与控制一个接近成年的未成年子女相比，父母更有能力并且能更有效地对一个年幼子女的行为加以控制。只要父母有能力对其未成年子女的行为加以控制，父母就有可能被责令就其未成年子女的行为承担侵权责任。

Andrew Gratz 教授在考察了普通法、制定法和《美国侵权法复述》（第二版）有关父母侵权责任的规定在得克萨斯州司法实践的适用情况后发现，法院要么对《美国侵权法复述》（第二版）第316条的规定作扩张解释，要么对该规定作限缩解释从而严格限制父母承担侵权责任。法院对《美国侵权法复述》（第二版）第316节作扩张解释的，只要原告能够证明实施侵权行为的未成年人过去曾经表现出其具有实施不法行为的习性，哪怕是原告只能证明该未成年人仅有一次实施不法行为的经历，原告也有很大机会能获得损害赔偿，该未成年人的父母很有可能被认为对原告负有危险警告义务或控制其未成年子女行为的义务。

与之相对，法院对《美国侵权法复述》（第二版）第316条规定作限缩解释的，原告就会如同依据普通法提起诉讼一样难以获得损害赔偿。例如，在 Cooper v. Meyer① 一案里，被告的未成年儿子突然发怒并故意殴打原告导致原告遭到损害，审理该案的伊利诺斯州法院认为，由于被告在其未成年儿子实施侵权行为之时没有机会直接控制其未成年儿子的行为，因而不符合《美国侵权法复述》（第二版）中规定的父母侵权责任要件，被告不就其未成年儿子的行为承担侵权责任。可见，如果法院对《美国侵权法复述》（第二版）中的父母侵权责任规定做限缩解释，那么即便实施侵权行为的未成年人先前具有实施该种不法行为的习性，法院也可能认为该未成年人的先前不法行为与在本案实施的侵权行为没有直接关系，因而认定被告不对其未成年子女的行为承担侵权责任。Gratz 教授将法院的这种限缩解释看做是法院对被告父母的一种同情。

（三）制定法上有关父母责任的规定

1. 父母就其未成年子女的行为承担民事侵权责任的制定法依据

一般来说，之所以责令父母就其未成年子女的行为承担民事侵权责任，一方面是因为这样可以对受害人进行充分的补偿并促使父母对其未成年子女加以监管。正如一位名叫 Bobby McDaniel 的律师所言，

---

① 365 N. E. 2d 201 (Ill. App. Ct. 1977).

对行为后果的恐惧是影响人们行为的一个重要因素，规定父母的侵权责任能敦促父母有所作为。① 该律师是一宗未成年人杀人案件的原告代理人。他认为，从某种程度上说原告已经赢得了这场诉讼，因为这起诉讼成功地唤起了社会公众对实施杀人行为的未成年人的父母的谴责。责令父母就其未成年子女的行为承担侵权责任的另外一方面原因是，人们向来认为父母的作为行为或不作为行为是导致未成年人实施不法行为的主要原因，所以那些实施不法行为的未成年人的父母是应受谴责的。正是基于这样一种传统观念，支持父母侵权责任立法的人认为，以法律责任的形式惩罚父母能够促使父母对其未成年子女进行更有效的监管，从而能够控制甚至减少未成年人违法犯罪行为的发生。

全美国所有州都已经制定了父母就其未成年子女的行为承担民事侵权责任的法律。绝大多数州都规定了父母应对其未成年子女实施的故意侵权行为承担责任，并对父母承担侵权责任的赔偿限额做出了从 800 美元到 25000 美元不等的规定。另外，对于在已有相关制定法规定的情况下原告是否还可以依据普通法对父母提起独立的损害赔偿诉讼这一问题，各州有不同的解释。例如，田纳西州的法院认为，既然制定法已经对父母侵权责任作出了规定，原告也就不能依据普通法的规定对父母提起独立的损害赔偿诉讼。② 与之相反，伊利诺斯州的法院则认为，规定父母承担侵权责任的制定法不会对依据其他诉由提起的诉讼造成影响，并明确认可了原告有权依据普通法的规定对父母提起独立的损害赔偿诉讼。③

尽管各州都对父母的民事侵权责任作出了规定，但父母承担的侵权责任仅限于其未成年子女的不法行为造成财产损害的场合。其中，绝大多数州的制定法都允许原告请求被告父母对其未成年子女的行为引起的财产损害承担严格替代责任。④ 例如，夏威夷州、佐治亚州、新泽西州和路易斯安那州的制定法规定，只要未成年子女的行为有过错，父母就要对其未成年子女的行为承担替代责任，而不要求其未成

---

① Lisa Belkin, Parents Blaming Parents, N. Y. Times, Oct. 31, 1999, 6 (Magazine), at 61.
② Lavin v. Jordon, 16 S. W. 3d 362, 363 (Tenn. 2000).
③ 740 Ill. Comp. Stat. Ann. 115/6 (West 2002).
④ Andrew C. Gratz, Symposium Comment, Increasing the Price of Parenthood: When Should Parents Be Held Civilly Liable for the Torts of Their Children? 39 Hous. L. Rev. 169 (2002).

年子女实施的是故意侵权行为,这实际上是规定了父母就其未成年子女的行为承担无限替代责任。这些规定父母承担严格责任或无限责任的制定法同样对父母承担责任的赔偿额作做了限制,所以,原告可能不能够获得全部损失的赔偿。而且,法院通常都会对父母严格责任的法律规定作限缩解释,从而限制这些规定的适用。

自1999年发生了震惊全国的科伦拜恩高中校园枪杀事件以及后续多宗类似的未成年人暴力事件后,社会各界重新审视制定法和法院对父母侵权责任的限制。Magee Andrew教授认为,规定父母侵权责任的现行制定法的主要目的是弥补普通法不能为受害人提供充分补偿的缺陷。但是,笔者要质疑的是,在未成年人实施非暴力性违法犯罪行为的情况下,责令父母就其未成年子女的行为承担民事侵权责任是否公平。

2. 父母就其未成年子女的行为承担刑事责任的制定法依据

科伦拜恩高中校园枪杀事件的发生,也呼唤起了人们对父母就其未成年子女实施的犯罪行为承担刑事责任这一问题的关注。通常来说,父母就其未成年子女的行为承担刑事责任主要有以下三种情形:一是几乎所有州的刑法典都规定,父母促成其未成年子女实施犯罪行为的,父母应就其未成年子女的行为承担刑事责任。这一规定不仅可以适用于父母鼓励其未成年子女实施犯罪行为的场合,也可以适用于父母知道其未成年子女无故旷课的场合。[1] 二是直至1997年,全国共有17个州专门制定了规定父母就其未成年子女的行为承担刑事责任的法律[2],这些法律对父母在什么情况下应就其子女的行为承担刑事责任作出了具体的规定,而且这些法律规定大多减轻了传统刑法典中对行为人犯罪意图的严格要求。三是父母未保管好其所有的危险武器或弹药从而使其未成年子女有机会接触到这些危险物品。[3]

---

[1] Howard Davidson, No Consequences-Re-examining Parental Responsibility Laws, 7 Stan. L. & Pol'y Rev. 23, 25 (1996), at 25.

[2] Pamela K. Graham, Parental Responsibility Laws: Let the Punishment Fit the Crime, 33 Loy. L. A. L. Rev. 1719, 1729 – 39 (2000), at 1732 – 33.

[3] Paul Frisman, Searching for Answers to Littleton, Conn. L. Trib. May 10, 1999, at 1.

三、父母就其未成年子女的行为承担法律责任之剖析

责令父母就其未成年子女的行为承担法律责任,必须深究该规则背后的合法性。不得不承认,从一定程度上来说,父母对其未成年子女实施的不法行为应负有一定责任。人们还普遍认为,责令父母就其未成年子女的行为承担法律责任,能够敦促父母成为更加优秀的监护人,并且能减少未成年人违法犯罪行为的发生。

那么,父母应在什么情况下就其未成年子女的行为承担法律责任呢?Andrews教授主张,不应当将父母就其未成年子女的行为承担的责任限于父母能够预见到损害后果的场合。他指出,当父母将子女带到这个世界上,伴随而来的是父母的责任及其子女造成他人损害的风险,而且父母被普遍认为应对处在成长期的未成年子女的行为负有一定责任,所以父母应当对因其未成年子女的行为引起的损害承担法律责任,而不论父母是否预见到该行为造成的损害。[1]

Andrews教授还认为,加强父母责任的立法能够实现矫正正义和分配正义。矫正正义是侵权法的重要基础,只有当被法律责令承担侵权责任的主体对受害人进行了补偿,矫正正义才得以实现。在未成年人实施不法侵害他人的情形里,由于未成年人无力赔偿,受害人只有从具备充分经济能力的未成年人父母那里才能获得损害赔偿,也只有这样才能实现矫正正义。Andrews教授还强调,以这样的方式实现矫正正义,不仅能够公平地分配法律的利益,而且也是一种实现社会博爱的方式。在Andrews教授看来,以法律责任的方式迫使实施不法行为的未成年人及其父母关注其潜在的不法行为及行为的法律后果,能将正义公平地分配给每个受害者,从而能增强社会的博爱意识。

人们通常都会对那些遭到未成年人暴力行为侵害的受害人表示同情,受害人也会努力寻求能够补偿自己所受损害的途径。正如科伦拜恩高中校园枪杀事件的一个死难者的父亲所说的那样,受害人所需要的不仅仅是犯罪行为人父母的道歉,这名父亲痛苦地诉说着枪杀事件

---

[1] Rhonda V. Magee Andrews, The Justice of Parental Accountability: Hypothetical Disinterested Citizens and Real Victims' Voices in the Debate Over Expanded Parental Liability, 75 Temp. L. Rev. 375 (2002), at 42.

使他的家庭犹如遭遇了地震灾害,他们的生活完全被那两名开枪少年所摧毁。一些科伦拜恩高中枪杀事件的死难者的父母原本并不打算起诉开枪少年的父母,但最后都迫于经济原因加入了诉讼。对此,一名死难者的家长这么说道:"我不断地祷告并且已经原谅了被告,但是我仍然要支付医药费,这些费用都是由被告的儿子所引起的,原谅并不意味着损害后果就不复存在。"①

但是,并不是所有人都赞同,责令父母就其未成年子女实施的任何不法行为承担法律责任对各当方都公平。当未成年人不法侵害他人利益,对受害人进行补偿无疑是考虑责任承担问题的一个重要因素,但它并不是唯一值得考虑的因素。阻却未成年人实施不法行为以及敦促父母更好地监管教育其未成年子女,同样是非常重要的价值目标。

(一)父母的行为与未成年人的违法犯罪行为之间的关系

对于什么因素可导致未成年人实施违法犯罪行为,学界有很多不同的理论来进行解释。其中比较盛行的一种观点认为,父母是引发未成年人实施违法犯罪行为的重要因素,学界将这种理论称为控制理论。控制理论认为,一个未成年人之所以实施不法行为,是因为该未成年人与社会的联结力很微弱或者被中断了。一般认为,当未成年人全部具备以下四个要素时,该未成年人与社会的联系是很密切的,此时该未成年人通常不会实施违法犯罪行为:①未成年人依附于社会上不同的人和组织机构;②未成年人出于对行为后果的恐惧而承诺遵守社会行为规则;③未成年人参与正常的社会活动,如上学、发展个人爱好等;④未成年人认可社会的行为规则(即便是他选择违反这些规则)。②

根据 Travis Hirschi 教授的观点,未成年人与其父母之间的关系是决定该未成年人能否保持正常的社会联结力的重要因素。③ Linda A. Chapin 教授指出,控制理论是以父母的作为行为或不作为行为直

---

① Lisa Belkin, Parents Blaming Parents, N. Y. Times, Oct. 31, 1999, 6, at 61.
② Linda A. Chapin, Out of Control? The Uses and Abuses of Parental Liability Laws to Control Juvenile Delinquency in the United States, 37 Santa Clara L. Rev. 621, 624 (1997), at 49.
③ See Chapin, supra note 1, at 668 – 69.

接影响其未成年子女的行为这一假设为条件的。① 依据该假设，则必然会得出这样的结论：一个行为良好的优秀父母必将培育出一个品行端正、遵纪守法的子女，而一个行为恶劣的不称职的父母必将培育出一个容易实施不法行为的子女。但是，我们每个人都知道这样的结论并不是绝对的。对此，芝加哥大学法学院临床犯罪学教授 Richard Kling 说道："世界上最优秀的父母可能会培养出一个品行不良的子女，世界上最疏忽大意的父母也有可能培养出一个品行良好的子女。"②

控制理论将父母看做是导致未成年子女实施不法行为的唯一原因。但是，绝大多数研究人员和学者都承认，家庭与未成年人违法犯罪行为之间的关系是非常复杂的，父母的不称职并不是导致其子女品行不良的唯一因素，也不是其未成年子女实施不法行为的唯一诱因。与控制理论的单一性相比，其他理论学说将目光投向了可能直接影响未成年人行为的其他不同因素，比如社会经济问题、生理原因、传媒文化的影响等。紧张理论（又称失范理论）就从社会经济学的角度探讨未成年人违法犯罪的成因问题。该理论认为，人们为了不断地适应社会生活，必定希望实现某些为社会所认同的目标，当未成年人没有能力采用合法的手段独自实现社会所认同的目标时，就会产生挫败感、愤怒等紧张情绪，这种紧张情绪就有可能使未成年人采用违法犯罪的非法手段来实现他原本希望实现的目标。③ 反对紧张理论的人认为，该理论对最下层阶级的影响最大，容易将未成年人违法犯罪的问题局限在社会的下层群体中。

一些学者主张，人体的生理因素诸如身体爆发力、大脑功能、精神紧张和荷尔蒙水平是引发未成年人实施违法犯罪行为的原因之一。但是，根据美国预防青少年犯罪办公室的研究，目前仍然难以确定人体的生理过程、生理因素对未成年人实施违法犯罪行为的影响有多大。而且有学者认为，扩张父母就其未成年子女的行为承担刑事责任的情形将会导致具有精神病的未成年人的行为犯罪化。这是因为，如

---

① See Chapin, supra note 1, at 624.
② Lisa Belkin, Parents Blaming Parents, N. Y. Times, Oct. 31, 1999, 6 (Magazine), at 61.
③ See Chapin, supra note 1, at 666.

果法律规定父母就其未成年子女的行为承担刑事责任不需要以实施犯罪行为的未成年人具有犯罪意图为要件,那么,对于未成年子女的任何违法犯罪行为,不论该行为是出于未成年人的犯罪意图还是由具有精神病的未成年人实施的,该未成年人的父母都要就该违法犯罪行为承担刑事责任。[1]

至于传媒与未成年违法犯罪行为之间的关系,则是在最近几年才开始受到关注的。尤其是在科伦拜恩高中校园枪杀事件发生后,人们对于计算机游戏和互联网对未成年人行为的影响、父母控制其未成年子女与传媒的接触等问题的讨论就更加热烈了。科伦拜恩枪杀事件中的两名开枪少年就是经常在互联网上寄送恐吓信件,而且坊间传闻,该两名少年之所以实施枪杀行为,是因为受到一个名叫世界末日的计算机游戏的刺激。

(二) 未成年人违法犯罪的发展趋势

促使立法机关对父母施加更加严厉的法律责任的一个主要原因是,立法机关希望以法律责任的方式阻却未成年人实施违法犯罪行为。但是,立法机关的这种逻辑遭到了不少学者的质疑。首先,未成年人违法犯罪行为是否增长迅速以至于法律急需对此采取控制措施?其次,加强父母责任的立法、责令父母就其未成年子女的行为承担法律责任,是否能够有效控制或减少未成年人违法犯罪行为的发生?

实际上,据现有资料显示,未成年人实施违法犯罪行为的现象已经有所改善。2001年,未成年人暴力犯罪的逮捕率已经下降到自1983年以来的最低点,并且与1994年的最高逮捕率相比下降了44%。在2000年,每10万个10岁到17岁的未成年人中有7327人由于实施违法犯罪行为而被逮捕,其中,因财产犯罪而被逮捕的未成年人占了大多数,当中只有不到30%的未成年人是由于实施暴力犯罪行为而被逮捕。[2] 正如Thurman教授所言,尽管未成年人违法犯罪的问题越来越受到社会公众的关注,但是仔细分析这一问题就会发

---

[1] Paul Frisman, Searching for Answers to Littleton, Conn. L. Trib., May 10, 1999, at 1.
[2] Howard N. Snyder, Juvenile Arrests 2001, Office of Juvenile Justice and Delinquent Prevention, available at http://www.ncjrs.org/html/ojjdp/201370/contents.html (Dec. 2003).

现，发生了某一宗未成年人违法犯罪事件并不能说明未成年违法犯罪的发展高峰已经来临。①

进一步来看，我们会发现，人们之所以如此关注未成年人违法犯罪的发展趋势，并不是基于那些犯罪数据，而是因为人们向来担心未成年人会给社会带来威胁。未成年人尤其是十几岁的未成年人，通常被看做是对社会的潜在威胁，未成年人渴望挣脱父母的监管控制而拥有自己独立的身份，叛逆是未成年人的本性，在叛逆本性的驱使下，未成年人往往会做出一些不法行为。有学者担心，社会公众认为未成年人是社会的潜在威胁这种想法，会导致法律责令实施不法行为的未成年人承担越来越重的责任。② 其实，有很多未成年人都像科伦拜恩高中枪杀事件中的两名开枪少年一样喜欢玩世界末日这款计算机游戏，但他们仍旧拥有非常正常的社会生活。未成年人玩计算机游戏、使用互联网并不是他们实施违法犯罪行为的预兆，父母对其未成年子女玩计算机游戏、使用互联网的行为不加以监管控制，也并不意味着这位父母就是一个不称职的父母。

在学界，迄今还没有一种方法能够准确地衡量出法律责令父母就其未成年子女的行为承担责任对于未成年人违法犯罪率的影响。虽然在一些严格执行父母责任立法的州，未成年人的违法犯罪率的确有所下降，但是在美国的刑事司法体制之下，一些外在因素可能会影响到未成年人违法犯罪率的真实性。比如说，如果警察部门都将实施不法行为的未成年人直接送到少年法庭而不是转介给其他部门如社会服务机构，那么，最终统计出来的未成年人违法犯罪率肯定比实际存在的数目要高。这样也就无法准确地评估责令父母承担法律责任对于未成年违法犯罪的减少究竟有多大的功效。其实，正如 Eric Ebenstein 所言，责令父母就其未成年子女的行为承担法律责任是否能有效减少未成年人违法犯罪行为的发生并不重要，重要的是社会公众普遍认为这种方式是有效的。③

---

① Tammy Thurman, Parental Responsibility Laws: Are They the Answer to Juvenile Delinquency?, 5 J. L. & Fam. Stud. 99, 99 (2003). At 101.
② See Frisman, supra note 1, at 1.
③ Eric Paul Ebenstein, Note, Criminal and Civil Parental Liability Statutes: Would They Have Saved the 15 Who Died at Columbine? 7 Cardozo Women's L. J. 1, 5 – 8 (2000), at 19.

这样看来，似乎没有证据可以证明责令父母就其未成年子女的行为承担法律责任能有效地减少未成年人实施违法犯罪行为。坚持责令父母承担法律责任能减少未成年人实施违法犯罪的人认为，规定父母责任的法律之所以没有发挥出应有的作用，是因为法院在审理该类案件时低估了父母在未成年人违法犯罪事件中的重要性。还有一些人认为，现行法律对父母责任规定过轻，从而导致这些规定没有发挥出应有的阻吓作用；这些人还主张，加重父母就其未成年子女的行为承担的民事侵权责任和刑事责任，是促使父母更好地监管其未成年子女的最快速有效的方法。[1] 那么，应该将父母承担的法律责任加重到什么程度才合适呢？对此，Andrews 教授认为，应该规定父母就其未成年子女的行为承担严格责任。这样，父母就要对其未成年子女实施的任何行为所造成的损害承担责任，除非该损害是完全或很大程度上是由受害人的过错引起的。责令父母就其未成年子女的行为承担严格责任固然可以保证每个受害人都获得损害赔偿；但是，严格责任的归责原则忽略了父母以外的其他因素对未成年人违法犯罪行为的影响，而将未成年人实施不法行为完全归责于其父母。主张父母严格责任的Andrews 教授认为，责令父母承担严格责任有充分的正当依据，因为父母对于是否生育子女不应草率地作决定，父母一旦做出了决定就要对其未成年子女的所有行为承担责任，而且，保护受害人的利益比父母的责任负担更加重要。

正是因为规定父母责任的法律并不会当然地减少未成年人违法犯罪行为的发生，而且，导致未成年人实施违法犯罪行为的原因多种多样，所以从理论上来说，法院不会轻易地责令父母就其未成年子女的行为承担责任。但实际上，某些法院也会轻易地责令父母就其未成年子女的行为承担责任。例如，在密歇根州一宗起诉父母违反控制其未成年子女行为的义务的案件中，被告的16岁儿子在夜间盗窃民居和教堂、故意殴打他人并且藏有大麻，被告曾经多次劝导教育其儿子，并且严格监管控制其儿子的行为以及密切关注其儿子结交的朋友，甚至还曾经要求警察将其儿子送进监狱。[2] 从理论

---

[1] See Ebenstein, supra note 1, at 17, 28.
[2] St. Clair Shores, Mich. Code 20.563 (a) (1994).

上来说，被告已经尽到了其应承担的监管控制义务，但是，审理该案的法院仍然认为被告采取的措施不合理。如果本案被告的行为果真如法院所说的那样不合理，那么被告还要做出什么行为才达到法院所认为的合理要求呢？

要准确、公平地界定"合理控制义务"的标准是相当困难的，因此，法院一般都不太愿意责令违法合理控制义务的父母就其未成年子女的不法行为承担责任，除非该父母积极地鼓励或允许其未成年子女实施不法行为。主张加重父母责任的人认为，责令父母就其未成年子女的行为承担严格责任，就可以避免出现因界定"合理控制义务"所带来的不确定性。① 持这种观点的人之所以有这样的主张，不是出于弥补不确定性的考虑，很大程度上是因为规定父母责任的现行法律并没有实现减少未成年人违法犯罪行为的立法初衷。实际上，父母的作为行为或不作为行为与其未成年子女的不法行为之间关系并不总是那么清晰的。

（三）父母就其未成年子女的行为承担的责任

即便还没有学者提出一种公平合理的归责原则取代普通法和《美国侵权法复述》（第二版）对父母责任的规定，但由于普通法和《美国侵权法复述》（第二版）都要求原告必须证明被告的行为与其未成年子女实施的不法行为之间具有一定联系，从而导致大多数支持父母责任立法的人主张对父母责任适用严格责任的归责原则。改变父母责任的归责原则、加重父母承担的法律责任，其结果并不一定就是美好的，它隐含着许多复杂的问题，而且可能会造成不公平。我们不能确定，世界上是否真的存在着像 Linda A. Chapin 所说的父母对其未成年子女的"充分监管的通用标准"。② 在 Linda A. Chapin 看来，这种标准具有普遍适用性而与父母的种族、文化背景、社会地位、经济实力无关，在这种标准下，父母清楚地知道什么样的监管才是合理

---

① Rhonda V. Magee Andrews, The Justice of Parental Accountability: Hypothetical Disinterested Citizens and Real Victims' Voices in the Debate Over Expanded Parental Liability, 75 Temp. L. Rev. 375 (2002), at 442.

② Linda A. Chapin, Out of Control? The Uses and Abuses of Parental Liability Laws to Control Juvenile Delinquency in the United States, 37 Santa Clara L. Rev. 621, 624 (1997), at 624.

充分的，而且父母有能力并有机会采取合理的监管措施，如果父母没有采取合理的监管措施，那么他们就是故意或疏忽地违反了他们应该承担并有能力承担的义务。Linda A. Chapin 还进一步提出了疑问：如果父母没有按照该标准履行其应承担的合理监管的义务，那么该父母是否应受到法律的惩罚？

反对父母责任立法的人认为，未成年人违法犯罪行为的复杂性要求我们积极探讨解决该问题的方法，而不是惩罚未成年人的父母。① 即便赞同父母责任立法的个别学者（如 Howard Davidson）也认为，除了规定父母的法律责任外，还急需为父母提供充分便捷的社会资源，以帮助父母妥善解决其未成年子女行为不良的问题。② 实际上，规定父母就其未成年子女的行为承担法律责任，可能会给家庭带来负面的影响。首先，规定父母就其未成年子女的行为承担法律责任可能侵犯了家庭成员的隐私权。例如，有些州的制定法规定，父母没有向有关机构部门报告其未成年子女的犯罪行为的，可以构成父母承担法律责任的一种情形。其次，规定父母就其未成年子女的行为承担法律责任，将迫使父母对其未成年子女采取严厉的监管措施，父母甚至有可能使用虐待方法管教子女或忽视了对子女的精神支持，这将导致父母抛弃其保护子女的传统角色而变成一个专横危险的监管者。最后，父母拥有自主决定如何管教其未成年子女的权利，父母的文化背景、社会地位、经济能力不同，其管教未成年子女的方式也就不同，法律对父母应采取什么样的管教子女方式作统一的强制规定是不公平的。

Thurman 教授曾经对什么样的父母最容易被法律责令就其未成年子女的行为承担责任进行过专门的研究。从 1999 年的数据资料来看，青少年教养监所里三分之二的被监管人员都是未成年人。Thurman 教授认为，从未成年人司法系统的这种不平衡现象可以合理地推断出，被责令就其未成年子女的行为承担法律责任的父母的比例也是不平衡的。父母的社会经济地位同样可能影响到父母怎样履行其负有的合理

---

① See, e. g. id. at 672.
② Howard Davidson, No Consequences-Re-examining Parental Responsibility Laws, 7 Stan. L. & Pol'y Rev. 23, 25 (1996). at 24.

监管义务。与经济宽裕的父母相比，那些没有经济能力为其未成年子女提供心理咨询治疗或者迫于生计经常不在家里因而无法充分监管其未成年子女的父母，就更容易没有达到合理监管的标准。

虽然财产的多少不应成为划分个人阶级成分的标准，但在起诉父母就其未成年子女的违法犯罪行为承担法律责任的案件中，父母的经济能力、父母可为其子女提供的教育资源等因素是否会对判决结果产生影响呢？很多学者都认为，在未成年人违法犯罪的问题上，讨论如何惩罚未成年人的父母并没有多大的意义，更为重要的应该是针对其他可能引发未成年人违法犯罪的社会因素寻找更加有效的解决方法。例如，Linda A. Chapin 教授认为，面对未成年人违法犯罪这个复杂的问题，我们应该努力寻找各种解决之道，责令父母就其未成年子女的行为承担法律责任只是其中一种解决方法，而且我们应该认识到这种解决方法并不总是有效的，因为未成年人可能基于很多不同原因而脱离了其父母的监管控制。如果在起诉父母就其未成年子女的不法行为承担法律责任的案件中，法官都不愿意将被告转介给社会工作机构，而是不论被告的具体情况一律判决被告对受害人承担损害赔偿责任，那么就会给父母造成沉重的法律负担，这种负担与父母从中得到的收益是极不成比例的。

在2002年9月的一宗案件里，父母就其未成年子女的行为承担的法律责任得到了前所未有的扩张。在该案中，一名18岁的少年在过量服用药物后对他人实施不法行为，该少年服用药物之时其父母并不在场，而且其父母也没有向其儿子提供海洛因等药物。[①] 本案的大陪审团发现，该名少年的父母已经知道其儿子先前曾经发生过量服用药物的行为，而且其父母也曾经因另外一个人过量服用药物而遭到起诉。基于这些证据，大陪审团认为，虽然该名少年已经接近成年人的年龄，但受害人的损害是由该名少年过量服用药物后的行为直接引起的，该名少年的父母的疏忽足以构成过失杀人。该案陪审团并没有裁决被告就其未成年儿子的侵权行为承担责任，而是裁决被告就其儿子过量服用药物的行为承担责任，这使父母责任的归责情形发生了极大

---

① Paying for Their Son's Overdose (ABC television broadcast, Sept. 10, 2002), available at http://abcnews.go.com/sections/us/DailyNews/nj hero in death 020910.html.

的改变。

虽然该案法官最终驳回了对被告的起诉，但是，该案陪审团对被告的裁决打开了潘多拉的盒子，父母有可能因其不作为行为而被责令承担法律责任。父母没有为其未成年子女提供合理充分的食物、居住条件显然是不称职的。但是，父母没有为其未成年子女提供基本的生活必需条件与该未成年人实施不法行为之间的事实因果关系并不是那么容易证明。尤其是在未成年人接近成年的情形下，父母监管控制其子女的能力就有可能下降。

如果人们认为父母承担的责任是一种严格责任，那么，上述所说的父母责任只是父母应承担责任的部分情形。也有学者坚持认为，父母的行为与其未成年子女的行为之间存在因果关系是父母就其未成年子女的行为承担法律责任的必备要件。但是，要在案件的审理中探究父母的行为与其未成年子女的行为是否存在因果关系将会面临困难：在什么情况下父母应该合理地知道其有必要对其未成年子女的行为加以控制。

首先，我们不可能明确地界定父母采取什么样的监管措施才是合理的。父母没有留意到其未成年子女的房间里藏有枪支或者在车库里制造弹药，当然是不正常、不合理的行为。但真实的情况是，父母与其未成年子女共同生活就好比是与一个熟悉的陌生人共同生活，父母不知道什么时候应该监管控制其未成年子女、什么时候应该放手让其未成年子女自由活动。而且，父母往往会出于对未成年子女的溺爱而对子女的行为变得盲目。据报道，科伦拜恩高中校园枪杀事件的那两名开枪少年性格怪异，被他们的同学称为与众不同的人。但是，父母不应该为了避免自己承担责任而强行压制其未成年子女的独特个性。

其次，什么样的情形才构成父母知道其未成年子女具有实施不法行为的习性？对此，在科伦拜恩高中校园枪杀事件发生6个月后，Lisa Belkin在《纽约时报》上发表了一篇文章，就该问题阐述自己的看法。[①] Belkin在文章中列举了多宗起诉父母就其未成年子女的暴力犯罪行为承担责任的案例，在这些案例中，原告都无一例外地证明了

---

① Lisa Belkin, Parents Blaming Parents, N. Y. Times, Oct. 31, 1999, 6 (Magazine), at 61.

实施犯罪行为的未成年人之前曾经实施过不法行为，并主张被告应该能从未成年子女的先前不法行为中预见到其有可能实施本案中的暴力犯罪行为。但是 Belkin 发现，在这些案例中，有一宗案例的被告在答辩中证明自己已经尽力采取措施对其未成年子女进行监管。因此，Belkin 认为，虽然在很多未成年人暴力案件中，父母都没有注意到那些显示其未成年子女有可能发展为违法犯罪分子的种种迹象，但是，父母是否知道其未成年子女具有实施不法行为习性并不是判定父母是否应就其未成年子女的行为承担责任的绝对指标，如果父母已经知道其未成年子女具有实施不法行为的习性，同时也已经采取措施尽力对其未成年子女加以监管和控制，那么父母就不必就其未成年子女的不法行为承担责任。

（四）父母责任法律的合宪性

不少学者对那些规定父母责任的制定法是否符合宪法原则提出质疑，但是，几乎所有的法院都无一例外地支持那些规定父母责任的制定法的适用。① 在 Stang v. Waller② 一案中，法院认为佛罗里达州在控制未成年违法犯罪的问题上具有合法的利益，佛罗里达州的制定法规定父母就其未成年子女的故意不法行为承担责任符合佛罗里达州的利益，因此佛罗里达州民事法典对父母责任的规定具有合宪性。而且，法院还认为，佛罗里达州民事法典规定了父母承担损害赔偿责任的赔偿限额，这完全可以反驳在佐治亚州的一宗案件中提出的质疑。法院所指的那宗佐治亚州的案件是 Corley v. Lewless 一案③。在该案中，法院认为，由于佐治亚州规定父母责任的制定法并没有对父母承担损害赔偿责任的赔偿限额做出规定；这样，该制定法就偏离了控制未成年人违法犯罪的立法目的，而变成了以补偿受害人损失为目的，所以佐治亚州规定父母责任的法律不具有充分的合宪性。另外，法院还援引了一宗行为人违反制定法规定的侵权案件，并指出，佐治亚州规定父母责任的制定法和该案中规定行为人侵权责任的制定法都同样是直接

---

① See, e. g. Stang v. Waller, 415 So. 2d 123, 124 (Fla. Dist. Ct. App. 1982); Watson v. Gradzik, 373 A. 2d 191, 192 (Conn. C. P. 1977).
② 415 So. 2d 123.
③ 182 S. E. 2d 766.

规定行为人的法律责任，而不论行为人是否有过错或者行为人是否已经知道第三人实施了不法行为，所以法院认为，允许受害人直接依据制定法上的规定请求父母就其未成年子女的行为承担损害赔偿责任，无异于未经合法诉讼程序剥夺父母的财产。如此看来，规定父母责任的制定法是对父母承担损害赔偿责任的赔偿限额做出规定，直接关系到该制定法是否具有合宪性。

实际上，并不是所有州的制定法都对父母承担损害赔偿责任的赔偿限额作出规定，所以，那些没有规定赔偿限额的父母责任制定法的合宪性是受到置疑的。也有一些人认为，尽管规定父母责任的制定法大量存在，但这些制定法很少得到适用，所以并不需要深究这些制定法是否具有合宪性。问题是，如果各州都加强父母责任的立法，那么依据这些制定法提起的法律诉讼是会增加还是会减少呢？规定父母责任的法律越严厉，起诉父母就其未成年子女的行为承担法律责任的诉讼就会越多，这是一个一般性的假定。基于这样的假定，我们完全可以想象，随着各州加强父母责任的立法，规定父母责任的制定法将会受到越来越多的合宪性质疑。

（五）互联网背景下的父母责任

在未成年人暴力犯罪事件和父母责任这些问题依旧受到社会公众和学界热烈讨论的同时，随着科学技术的发展，一种新的父母就其未成年子女的行为承担责任的情形极有可能出现在世人的面前。美国录音工业协会最近提起的诉讼就引发了一场关于父母是否要就其未成年子女在互联网上实施的活动承担责任的大讨论。在多名父母因其未成年子女在互联网上非法下载音乐作品而遭到美国录音工业协会的起诉后，那些原本认为科伦拜恩高中枪杀事件的开枪少年的父母应对没有监管其儿子玩计算机游戏的疏忽行为承担责任的人，都纷纷改为主张开枪少年的父母不应承担责任。正如一位因其孙子使用其电脑实施非法下载活动而遭到美国录音工业协会起诉的男子所说的那样："我不知道是哪个孙子使用我的电脑实施非法下载活动，我也不认为我应该对此承担法律责任，我不是一个以电脑为生活中心的人，我的那些孙子来到我家就向我的电脑直奔过去，我该怎么做才能防止他们使用我的电脑呢？"① 显然，这位被告认为自己是无辜的、不应就其孙子的非法下载行为承担责任。

在美国录音工业协会提起的一系列诉讼中，被告都是那些为家庭电脑支付互联网服务费的人。由于未成年人占据了全国6000万数据文件交换用户中的一半，所以，美国录音工业协会提起的诉讼震惊了千千万万个为家庭电脑支付互联网服务费的父母。

一些法学专家和互联网专家如Jonathan Zittrain和Fred von Lohmann都认为，从原则上来说法律不能责令父母就其未成年子女实施的在互联网上非法交换音乐作品的行为承担责任。② 这些学者还指出，由于未成年人缺乏财产和收入，即便他们被法律责令就其侵犯著作权的行为承担责任，原告也难以获得损害赔偿；况且，美国很多州都没有规定父母要就其未成年子女侵犯著作权的行为承担法律责任，所以原告也难以请求侵犯著作权的未成年人的父母进行损害赔偿。还有一些学者主张，可以依据规定父母责任的现行制定法请求父母就其未成年子女侵犯著作权的行为承担责任，但后来这些学者也发现这种方法是不可行的。这是因为，现行制定法只是规定了父母就其未成年子女实施的暴力行为承担替代责任或严格责任，所以无法依据现行制定法责令父母就其未成年子女在互联网上非法下载音乐作品这种非暴力性行为承担责任。

下一个需要回答的问题是，父母是否应就因其未成年子女的不受监管的网络活动而引起的不法行为承担法律责任。在回答这个问题之前，我们首先需要探讨的是，父母的监管行为要达到什么样的程度才可以免予承担法律责任。我们知道，与其他传播方式相比，互联网的受监管难度更大；而且，父母可以依靠政府对电视和广播的监控来监管其未成年子女使用电视或广播的行为，但由于互联网使用者享有美国宪法第一修正案中的基本权利，立法机关和法院在规制互联网使用者行为的问题上向来都小心翼翼，不敢贸然对互联网使用者进行

---

① Ted Bridis, Record Industry Sues Music File Swappers, Associated Press, Sept. 8, 2003, available at 2003 WL 63459852.

② Leslie Brooks Suzukamo, Music Industry Lawsuits Creating Confusion, St. Paul Pioneer Press, Sept. 13, 2003, at 1A.

监控。

美国国会曾经两次尝试通过立法授权父母对其未成年子女在互联网上实施的行为进行监管,但两次尝试都失败了,问题主要在于不能确定如何执行这些规定。[1] 在第一次尝试中,国会对父母可采取的监管措施做了过于宽泛的规定;在第二次尝试中,国会纠正了第一次尝试中存在的问题,却又错误地将责任负担施加给父母。

虽然父母无法依靠法律法规对其未成年子女在互联网上的活动进行监管,但是父母仍然可以自行采取监管措施。例如,一些互联网供应商为父母提供了过滤网页内容的机会,父母也可以购买一些专业软件来追踪互联网用户曾经访问过的网页或屏蔽那些含有暴力或淫秽色情成分的网页。

如果父母为了避免日后被责令就其未成年子女通过互联网实施的违法犯罪行为承担法律责任,而被迫对其未成年子女使用互联网的行为加以监管,那么父母的行为有可能侵犯到其未成年子女依据美国宪法第一修正案享有的隐私权和言论权。但是,美国联邦最高法院在1979年的一宗案件中曾明确指出,未成年人享有的宪法性权利与成年人享有的宪法性权利应该有所不同,其原因主要有以下三方面:一是未成年人特别容易受到攻击和侵犯因而需要特别的对待;二是未成年人没有能力做出理智、成熟的重要决定;三是父母在养育管教其未成年子女上具有重要的地位。[2]

正是因为未成年人享有的宪法性权利不同于成年人享有的宪法性权利,父母对其未成年子女使用网络的行为进行监管也就不会被认定为侵犯其未成年子女的宪法性权利。而且,法院也已经明确指出,鉴于规制范围过于广泛以及容易存在规定模糊等原因,要制定一部经得起美国宪法第一修正案审查、规制网络使用者行为的法律是相当困难的。所以,那些责令父母就其未成年子女在网络上实施的不法行为承担责任的法律规定,其正当性会受到置疑。

如果父母没有在家庭电脑上安装浏览网页的软件,或者父母几乎

---

[1] Lawrence Lessig, The Law of the Horse: What Cyberlaw Might Teach, 113 Harv. L. Rev. 501, 516 – 17 (1999).

[2] Bellotti v. Baird, 443 U. S. 622, 634 (1979).

不会使用网络而且也不懂得那些能过滤不良网页的软件工具，那么，父母是否也要就对其未成年子女在网络上实施的不法行为承担法律责任？还有的情况是，父母可能完全放任其未成年子女自由使用网络而不加任何监管，此时，父母是否应就其未成年子女在网络上实施的不法行为承担责任？其实，除了那么含有淫秽信息的网站之外，还有很多可以为未成年人提供学习机会的健康网站和网页；而且，不论是被公认为称职的父母还是那些不称职的父母，他们当中也有很多人允许其未成年子女玩计算机游戏。考虑到未成年子女尤其是十几岁的未成年子女的独立性和创造性，父母可能会放弃对其未成年子女使用网络的行为进行严格监管。

还有一个问题是，父母没有对其未成年子女使用网络的行为加以监管，是否自动导致父母要就其未成年子女通过网络实施的任何违法犯罪行为承担责任。在科伦拜恩高中校园枪杀事件中，两名开枪少年的父母既不是电脑网络的高手，也不知道他们的儿子在网络上实施了什么行为。于是，人们就在讨论，父母使用电脑和互联网的熟悉程度是否会影响到父母的责任承担。本文认为，父母是否熟悉使用网络并不是判定父母是否对其未成年子女在网络上实施的不法行为承担责任的决定性因素。随着未成年人及其父母越来越熟悉使用电脑和网络，父母是否对其未成年子女在网络上实施的不法行为承担责任这一问题将越来越受到学者们的探讨。在行为人通过网络实施不法行为的这类案件中，受害人可能不是单独的个人而往往是企业。如果法院适用规定父母责任的现行制定法审理这类案件，那么受害人所获得的损害赔偿就很有可能被限定在法律规定的财产损害的最高赔偿额范围内。此时，这些拥有更强政治影响力和雄厚经济能力的企业受害人就可能不满于现行法律规定的赔偿限额而提出抗议。这样，即便是主张父母严格责任的支持者也难以找到正当依据论证父母要对其未成年子女在网络上实施的不法行为承担责任。而且，在威慑不法行为方面，由于父母没有能力对其未成年子女使用电脑网络的行为进行有效的监管，所以，唯一有效的威慑方法就是完全禁止电脑的使用。况且，如果父母并不具备使用电脑网络的技术，那么他们也就难以对其未成年子女在网络上实施的行为进行监管控制。

或许我们可以从以下一宗案例中得到一些启示。Jeffrey Parson,

一个 18 岁的少年，在 2003 年秋天通过互联网发布了一个蠕虫病毒，使全球的电脑网络系统遭到严重破坏。[1] 事后，Parson 被控诉故意破坏受保护的电脑系统，一旦法院认定该控诉成立，Parson 将受到最高监禁 10 年以及罚款 25 万美元的处罚。Parson 的父母也被控告就其儿子的不法行为承担民事侵权责任。实际上，Parson 并没有浏览那些含有暴力或淫秽信息的网站，他只是编写了一个含有病毒的网页，当网民在该网页上下载 Judas Priest、Meadeth 和 Weird Al Yankovic 的歌曲时病毒就会自动生成，即使是那些能够过滤网页内容的软件也无法屏蔽 Parson 编写的病毒。Parson 的家庭是普通的中产家庭，Parson 的父母不知道其儿子在网络上实施的发布破坏性病毒的行为。但是，我们能否合理地认为 Parson 的父母应当知道其儿子实施的行为？如果 Parson 的行为最后被法院认定为故意破坏电脑系统，那么应由谁支付那最高 25 万美元的罚款呢？

四、立法建议

对于如何加强父母责任的立法这个问题，目前有很多不同的建议：有的主张扩张父母承担过失侵权责任的情形，有的主张对父母责任采严格责任的归则原则，有的主张加强现行制定法对父母责任的规定，还有的主张制定新的父母刑事责任立法。本文认为，这些主张都是一些无实际意义的提议，在现实生活中，这些主张都是不可行的。对父母实行严格责任的归责原则，而不将未成年子女的行为与父母的作为行为或不作为行为之间具有联系作为父母承担责任的要件，既不能有效减少未成年人违法犯罪行为的发生，也不能有效鼓励父母积极采取措施对未成年子女的行为加以监管。

实际上，责令父母就其未成年子女的行为承担责任的法律规定并没有发挥出有效的威慑作用。首先，也许有人认为，这些法律规定至少能够让父母知道他们应该努力成为一名称职的父母，但是，什么样的父母才是称职的父母这个标准并不是那么容易划定。其次，即便是被公认为称职尽责的父母，他们也不可能时刻预见到其未成年子女可能实施的行为。这是因为，在父母之外还有很多不同的因素可能会导

---

[1] Stat. 540.18 (1993).

致未成年人实施违法犯罪行为。最后，未成年人尤其是十几岁的未成年人，在法律上都是独立的个体、享有独立的权利，强迫父母严格监管控制其未成年子女的每一个行动，既不能必然保证该未成年人会成长为一个品行良好的人，也不是一种值得推崇的管教子女的方法。这么说来，那些规定父母责任的法律的唯一作用就是补偿受害人的损失，尤其是在实施不法行为的未成年人没有充分财产的情形里，这种补偿作用就更加突出了。

  本文认为，对父母责任采严格责任的归责原则并不一定就能使父母责任的法律发挥应有的作用。规定父母责任的现行法律之所以没有有效地实现其立法初衷，并不是因为这些法律规定的结构有问题，而是因为法院和社会普遍都不愿意在父母的行为与其未成年子女实施的不法行为无甚关系的情况下责令父母就其未成年子女的行为承担责任。简而言之，在理论上我们可以轻易地谈论父母责任的问题，但是一旦到了司法实践中，规定父母责任的法律就未必能得到严格的执行和适用。从一方面来说，规定了赔偿限额的父母严格责任不能很好地保护受害人的利益；但在另一方面，没有规定赔偿限额的父母严格责任又无异于未经合法诉讼程序剥夺父母的财产。可见，对父母实行严格责任并不是一个完美的方法。

  本文还认为，通过制定法规定父母的无限责任也不是一个令人人满意的办法。这是因为，规定父母的无限责任有违正义原则，尤其是当这一规定被不加区分地广泛适用到从踢足球不小心弄破了邻居家的窗户、非法下载音乐作品到参与谋杀等未成年人实施的暴力行为和非暴力行为，就会更加突显无限责任有违正义的问题。在科学技术日益发展的今天，未成年人实施违法犯罪行为的潜在危险性不断增加，父母预见其未成年子女可能实施的不法行为的能力在减弱，于是，限制甚至是减轻父母承担的法律责任就显得尤为重要了。正义原则告诉我们，我们应该把判定父母是否就其未成年子女的行为承担法律责任这一任务留给普通法。这是因为，未成年人实施不法行为的每个个案的情况都不同，制定法难以在这些千差万别的个案中就侵权行为人及其父母的过错划定一条准确的界线，制定法也不能公平地描述父母在未成年人的暴力违法犯罪和非暴力违法犯罪中的责任区别，更不可能体现出经济能力和教育资源等因素对父母监管控制其未成年子女的能力的影响。只有依据普通法判定父母是否就其未成年子女的行为承担法律责任，才能更好地分析父母的行为与其未成年子女实施的不法行为之间的关系，也才能更充分地补偿受害人的损失，以及区分暴力性违法犯罪行为与非暴力性违法犯罪行为对父母责任的影响。

五、结论

事实上，未成年人违法犯罪行为并非如社会公众所想象的那样严重。最近社会各界之所以强烈呼吁加强父母责任的立法，是因为人们受到了那些绝非社会常态的未成年人恶性暴力事件的影响。本文认为，在未成年人实施了非暴力性违法犯罪行为的情形里，适用规定父母责任的现行制定法并不公平也不适当。本文主张，虽然社会公众认为规定父母责任的现行制定法能够保护受害人的利益并及时满足受害人的心理需要。但是，依据普通法的规定来判定父母责任的承担问题才是唯一公平、符合宪法原则的方法。

强加于父母以侵权责任的具体适用情形

安德鲁·C. 格拉兹[*]著　许元昭[**]译

目　次

一、导论
二、普通法的传统规则
三、《美国侵权法复述》（第二版）第 316 条的规定
四、美国父母责任法案的创设
五、得克萨斯州父母侵权责任的现状
六、结论

一、导论

"如果我们仍然对孩子们的违法习性自欺欺人般视而不见，并且不认真加强对孩子的教育，却总是信任他们的一切行为，类似 Columbine 惨案的悲剧就必定会再次上演。"[①]

时至今日，美国 Columbine 高级中学的惨案已经过去了多年，但是"不要对孩子的违法行为自欺欺人般视而不见"的惨痛教训仍然在国民意识中占据着非常重要的部分。的确如此，在 2000 年的整个美国总统选举期间，各位总统候选人和全国性媒体提及 Columbine 惨案仍悲痛不已。在 1999 年 4 月的一个平静且春光灿烂的日子里，两个问题少年 Eric Harris 和 Dylan Klebold，闯进了科罗拉多州 Littleton 地区的 Columbine 高级中学，残忍地杀害了 25 名学生和教师，并造

---

[*] 美国博咨律师事务所律师。本文是 2001 年度文森·埃利肯基金项目（Vinson & Elkins Award）在新兴法律领域研究的突出成果。
[**] 民商法学硕士，中山大学法学院助教。
[①] Columbine Dad Denies Bomb Claim, AP Online, Oct. 7, 2000, 2000 WL 27904163. 引自 Howard Zucker, Howard Zucker 是 Mark Taylor 家庭的诉讼代理人。Mark Taylor 是在科罗拉多州 Columbine 高级中学惨案中的受害者之一，他对 Eric Harris 和 Dylan Klebold 的父母提起了诉讼。

成至少 20 名学生受伤，这两个暴徒随后也毙命于此。这次事件被视为美国历史上最严重的校园枪击惨案。随着社会公众对该惨案的悲痛情绪逐渐得到平息，很多人不管理由是否充分，开始划分责任比例、寻求损害赔偿，或提倡采取一定的公共政策措施以防止将来再次出现类似的惨案。当然，Columbine 惨案中很多受害者的父母并没有花费太长的时间就在法庭上寻求到了某种伪装的正义。Columbine 惨案的余波就是，一些受害者的父母对枪击者的父母提起诉讼，指控 Eric Harris 和 Dylan Klebold 的父母"知道或应该知道其孩子在家中制造炸弹、存储武器和谋划袭击 Columbine 高级中学的行为"。换言之，受害者的父母主张枪击者的父母应当为其未成年子女的行为承担侵权责任。

在 Columbine 惨案发生之后的几个星期内，社会上展开了对父母侵权责任理论的大讨论。有一部分学者和宣传小组纷纷质疑要求父母对未成年孩子的行为承担侵权责任的公平性；也有一部分人反驳说，社会必须坚持要求父母对未成年子女的非法行为承担法律责任。然而，在 21 世纪的今天，父母侵权责任理论已经发展到无法囊括像 Eric Harris 和 Dylan Klebold 所从事的凶残恶劣的行为。尤其是现在这个时代，电脑技术娴熟的未成年人可以操纵计算机系统并造成高达数百万美元的损失，此时谁应该对此承担法律责任呢？如果未成年孩子每天必须依靠药物才能控制自己的行为，一旦孩子忘记了按时服药，谁应该及时警告他们的老师和同学呢？那些被情人长期抛弃的痴男怨女呢？其前男友或前女友的父母是否应该为他们治愈心理创伤的花费进行补偿呢？上述所有问题正是本文主题之下所要关注的话题：即父母在什么情况下才应当对其未成年子女的行为承担侵权责任呢？

在美国，父母侵权责任理论的发展主要经历了三个主要的阶段。① 第一阶段是传统的普通法论断居于主导地位，即除极个别情况外，父母无须对其未成年子女的行为承担侵权责任。第二阶段是普通法的基本规则出现了一个适用例外，即由《美国侵权法复述》（第二版）第 316 条所规定的，在某些特定情形下，父母应当对其未成年

---

① See Jeffrey L. Skaare, Note, The Development and Current Status of Parental Liability for the Torts of Minors, 76 N. D. L. Rev. 89, 90 (2000).

子女的非法行为承担侵权责任。第三个阶段就是父母责任法案的创制时期，成文法规定父母应当对未成年孩子的故意、恶意和蓄意侵害他人的行为承担侵权责任。本文将分别检视每一个阶段的规则，并分析美国父母侵权责任的现状，其中重点考察了得克萨斯州的普通法和父母责任法案。除此之外，本文还建议，得克萨斯州立法机关应当采用《美国侵权法复述》（第二版）第316条的规定，以确保青少年违法犯罪的受害者可以得到有效的补偿。当然，本文同样坚持这一观点，即若保护得克萨斯州公民的安全免遭未成年孩子不当行为的非法侵害，采用复述的规定可能是达致侵权法目标的唯一途径。[①]

本文在第二部分将分析普通法的传统规则，即除极少数情形外，父母无需对其未成年孩子的侵权行为承担法律责任。在本文的第三部分，作者将追根溯源地考察导致美国法学会（American Law Institute）如此规定《美国侵权法复述》（第二版）第316条的理论依据。此外，该部分也将检析普通法规则的复述例外，并分析这些例外是如何在美国几个关键的判例中一一适用的。在第四部分，作者介绍了美国父母责任法案立法的历史，特别是《得克萨斯州家事法典》（*Texas Family Code*）第41.001至41.003条款的规定，并分析这些立法规定是如何继续扩大父母的监护义务以鼓励父母更好地监管孩子。在第五部分，本文将分析得克萨斯州普通法中的父母责任判断规则，并在文章的结论部分建议得克萨斯州立法机关应当采用复述的规定，以减轻因青少年犯罪给受害者带来的不公平。

二、普通法的传统规则

普通法中有关父母责任的根本性规则，即仅仅是父母子女关系，并不能构成要求父母对其未成年孩子的行为承担侵权责任的充分基础，这一传统规则得到了各个州普通法的遵从。得克萨斯州也未例外，其普通法规定，除极少数的限制性情形外，父母无需对其未成年子女的侵权行为承担法律责任。一般而言，得克萨斯州普通法仅在下

---

① See Cases and Materials on the Law of Torts 5. George C. Christie et al. eds. 3rd ed. 1997.
（文中指出侵权法有四个目标：其一，防止受害者或其亲属朋友对损害的自力救济；其二，惩罚报复功能；其三，阻却功能；其四，补偿功能。）

述情形下要求父母对其未成年子女的侵权行为承担法律责任：其一，当父母子女之间存在主仆关系时；其二，孩子在从事侵权行为时得到了父母的指导；其三，父母过失地许可孩子从事了可能给他人造成损害的行为。

在1972年的Chandler v. Deaton一案①中，得克萨斯州最高法院指出，作为一项一般性的规则，仅仅是父母子女关系，无法推导出任何可以要求父母对其未成年子女的侵权行为承担法律责任的情形。法院认为，缺乏父母的鼓励（knowledge）、同意（consent）、参与（participation）或认可（sanction），父母无需对孩子的侵权行为承担法律责任。在坚持普通法这一规则的同时，法院也认为，除非有证据证明孩子的父母在枪击事件中起到主要的或次要的作用，否则父母无需对未能约束其未成年孩子从事枪击行为承担任何法律责任。

针对美国普通法中的父母无需对其未成年子女的侵权行为承担法律责任的论断，得克萨斯州普通法也发展出了一项有限的例外。在Trahan v. Smith一案②中，法院判定未成年孩子的父亲鼓励了其儿子杀死原告的宠物小猪因而应当承担法律责任。虽然法院认可了父母无需对其未成年子女的侵权行为承担法律责任这一基础性规则，但是法院同样认为，在本案中，被告的父亲通过指导其儿子杀死原告的小猪，满足了该规则少有的例外情形，因此，父亲应当对其孩子的侵权行为承担侵权责任。

除了得克萨斯州之外，美国几乎每一个州都在其普通法中认可了父母无需对其未成年子女的行为承担侵权责任的规则。例如，南达科达州和俄克拉荷马州还通过成文法完全废止了父母责任。然而，俄克拉荷马州最高法院也承认，虽然父母无需对其未成年子女的侵权行为承担法律责任，但是父母却可能因自己的过失而对他人承担侵权责任。普通法规则的父母过失例外大多都是基于《美国侵权法复述》（第二版）第316条的规定。

---

① Chandler v. Deaton, 37 Tex. 406 (1872).
② Trahan v. Smith, 239 S. W. 345, 347 (Tex. Civ. App. -Beaumont 1922, no writ).

三、《美国侵权法复述》(第二版)第316条的规定

《美国侵权法复述》(第二版)第316条规定:父母应当承担起合理的注意义务,控制其未成年子女的行为,以防止孩子从事故意侵害他人的行为,或给他人创造了可能产生身体伤害的非合理性风险。如果父母:①知道或者应当知道其有能力控制其未成年子女的行为;②知道或应当知道施加该种控制的必要性和可能性。[①]

按照复述中的规定,是否需要对父母强加侵权责任,依据的是《美国侵权法复述》(第二版)第316条的字面含义所分解得到的二分法的判断标准。

(一)《美国侵权法复述》(第二版)第316条规定的二分法的判断标准

《美国侵权法复述》(第二版)(以下简称《复述》)判断标准的316条(a)部分集中于考察父母控制其未成年子女行为的能力。因此,该要求属于考察父母是否拥有"控制孩子行为的能力"的信息要素。这种判断标准的"信息要素"似乎暗示父母必须意识到其孩子的行为应该得到控制。于是,就引发了这样的问题:如果父母并不知道他们应当对孩子的行为施加监管和控制该怎么办?父母对社会期许的忽视或懈怠能否作为抗辩事由免除由第316条所规定的义务?

除了判断父母是否需要"控制"孩子的行为这一信息之外,《复述》的官方评论也表明,依照《复述》第316条的含义,"只要孩子的行为在父母的控制能力之内",父母就应当对孩子的侵权行为承担法律责任。换句话说,当适用《复述》标准判断父母侵权责任时,第316条(a)部分试图检验父母控制其孩子行为的真实能力。

该判断标准的这一要素也表明,父母愈是拥有控制孩子行为的能力,就愈有可能对孩子的行为承担法律责任。学者认为,这一规则给年纪较小的孩子的父母创设了更为沉重的义务。第316条的官方评论C部分明确表述说:"孩子的年龄愈小,父母就愈有能力有效地控制孩子的行为。"《复述》第316条的官方评论进一步表明,父母无需对其未成年孩子的行为承担侵权责任,即便是孩子的行为严重到需要

[①] Restatement (Second) of Torts 316 (1965).

自己承担法律责任。① 因此,即使孩子太年轻了以至于不可能不会有过失,依据第316条,父母仍需要对自己的监管过失承担法律责任。

虽然适用《复述》的判断标准强加父母以侵权责任要求父母必须具有这种信息,即他或她有能力控制其未成年孩子的行为,但是这种信息要求对是否必然强加父母以侵权责任并不具有决定性。从以往的经验看,在判断父母侵权责任时,《复述》判断标准的(b)部分比(a)部分更具有决定性。

"《复述》判断标准的316(b)部分关注于父母对其未成年子女行为施加控制的必要性和可能性。"具体地说就是,该部分要求父母"知道或者本应该知道对孩子行为施加控制的必要性和可能性"。然而,正如一位学者所指出的,解释该部分的官方评论似乎和解释上一部分的官方评论是竟合的。第316条的官方评论解释说:"只有父母具有控制孩子行为的可能性,也知道如此行为的必要性,并且其确实具有这种控制的能力,父母的义务才是向其未成年子女施加这种控制能力。"如此解释,复述的可能性和必要性要素似乎"在判断父母责任时各自重要却又彼此关联,相互依赖"。因此,"从复述或其官方评论中并不能清楚地知道该判断标准的真实含义"。

正是由于存在这样的混淆,阿拉斯加州最高法院最近在评述案件时发表评论说②,《美国侵权法复述》(第二版)的判断标准似乎应该被分解为三部分,而非其字面含义上的二分法。"第一部分仍然是控制孩子行为的能力。但是第二部分可能被分解为两个小部分,其一是父母对孩子行为施加控制的必要性;其二是父母对孩子行为施加控制的可能性。"这样,新的判断标准将考察"父母是否知道或应当知道对孩子行为施加控制的可能性、必要性和能力这三个要素"。

即使将该判断标准分解成三部分,理解起来依然不无难度。部分原因是由于区分控制的能力和控制的可能性存在难度。法院在适用复述的判断标准时并没有遵从一致的模式使用这些术语。"有些法院将

---

① 美国法律规定,未成年人一般无需对其侵权行为和情节较轻的犯罪行为承担法律责任,但个别州规定,如果未成年人从事了严重的犯罪行为,就需要对该犯罪行为承担一定的法律责任。译者注。
② Dinsmore-Poff v. Alvord, 972 P. 2d 978, 981 (Alaska 1999).

'能力（ability）'等同于父母的在场。"① 换句话说，如果父母没有和其未成年的孩子居住在一起，父母就无需对其孩子的侵权行为承担民事责任。依据这种推理，路易斯安那州的一个上诉法院指出，不在场的父母并不能对孩子施加即时的控制。"这样理解复述的判断标准，法院无法得出不在场的父母在控制孩子行为方面究竟是缺乏可能性，还是缺乏能力。"② 这种理论的一个结果就是，对那些众所周知的、具有从事侵权行为的习性的孩子，父母可能因无法履行对孩子的监管职责从而无需对孩子的行为承担法律责任。此外，《复述》第316条的这种解释也似乎通过免除父母的侵权责任以鼓励父母与孩子断绝一切关系。一些法院认为，父母的在场与否没有任何实用意义。因此，孩子仅仅脱离父母的监管并不能免除父母所承担侵权责任。③

除了要求父母在场之外，很多法院在责令父母承担侵权责任时也要求，如果未成年孩子从事了侵权行为，其父母必须意识到他们孩子先前所从事的特定行为。这些行为必须和孩子所从事的侵权行为具有一定的相似性，并在某些方面几乎相同，以使得父母可能意识到其未成年孩子极有可能再次从事这种类型的有害行为。如果父母具有这些必要的信息，依据《复述》的规定，父母就必须履行控制孩子行为的义务。法院如此解释复述的判断标准，似乎使得必要性要素和信息要素更加密切地联系在一起，并因此使得信息要素成为判断父母是否承担侵权责任的最重要要素。④

对《美国侵权法复述》（第二版）判断标准的该种适用，导致该

---

① See, e.g. Campbell v. Haiges, 504 N. E. 2d 200, 203 (Ill. App. Ct. 1987). （由于父母当时在工作因而未能控制其未成年子女的行为，法院拒绝判定该父母承担侵权责任。）
② See, e.g. Audubon Ins. Co. v. Fuller, 430 So. 2d 343, 345 (La. Ct. App. 1983). （该案认为，只有父母与子女之间具有法定的监管关系时，才可以依据父母责任法案要求父母对其未成年子女的行为承担替代责任。）
③ See Pizzo v. Graves, 453 So. 2d 592, 593–94, 596 (La. Ct. App. 1984). （该案判定，17岁的未成年孩子虽然在事故发生2个月之前已经离开了其母亲，但是其母亲依然需要对其孩子的行为承担侵权责任。）
④ See, e.g. Gissen v. Goodwill, 80 So. 2d 701, 705 (Fla. 1955). （该案认为，由于父母并不具有其未成年孩子先前的侵权行为习性的信息，因此不应对其强加侵权责任。）Dunaway v. Kaylor, 194 S. E. 2d 264, 265 (Ga. App. 1972). （该案强调，若因父母未能控制其未成年子女的行为而对其强加侵权责任，原告必须证明父母具有其孩子先前行为习性的信息，并且该孩子的习性必须和本案中所争议的孩子的行为相同或者相似。）

判断标准在司法实践中以一种完全不同于《复述》字面表述的两分法得到应用，并且它和《复述》真实含义之间的混淆比上文的描述更加令人难以理解。法院并没有直接适用《复述》字面规定的判断标准。相反，一旦未成年子女的某种行为导致了案件争议的发生，法院通常首先判断父母是否知道其未成年孩子重复地从事了该种侵权行为。接着，法院会考察父母是否具有控制孩子行为的可能性，或者在侵权损害发生之前是否有可能阻止孩子的行为。也许分析该判断标准如何在几个关键的案件中适用的，能够为我们理解《复述》第316条的众多解释提供一些导向性的信息。

（二）《美国侵权法复述》（第二版）第316条的司法实践

1. Dinsmore-Poff 一案的判决——阿拉斯加州对父母责任的认定

通过考察那些采用《美国侵权法复述》（第二版）第316条或该规定背后的原则的各个州的普通法，我们可以很明显地发现，各个法院对如何适用《复述》第316条存在明显的分歧。阿拉斯加州最高法院最近在1999年的 Dinsmore-Poff v. Alvord 一案中阐述了这种分歧。在此案中，未成年孩子 Brian Hall 之前曾干过很多坏事，此次他射杀了 Mickey Dinsmore 和 Stanley Honeycutt。受害者的家属和遗产管理人（统称为 Dinsmore）对很多人，包括 Brian Hall 的父母（统称为 Alvords 夫妇）提起了不当侵权致死诉讼，基于他们的监管过失要求 Alvords 夫妇承担侵权责任。为了能够胜诉，Dinsmore 请求阿拉斯加州最高法院正式地适用《美国侵权法复述》（第二版）第316条。低级法院依据复述中的判断标准向 Alvords 夫妇做出了即决判决。然而，阿拉斯加州最高法院拒绝说明阿拉斯加州是否应该采用《美国侵权法复述》（第二版）第316条，它只是回顾了其他州适用第316条做出的先例判决，以判断地区法院的即决判决是否正确。

阿拉斯加州最高法院特别分析了那些采用《复述》第316条或该条背后原则的各个州的普通法，法院注意到，很多法院并没有采用三分法的判断标准；相反，却是首先考察了未成年孩子的父母是否注意到孩子过去所从事的、与本案中争议的行为相类似的行为，并使得他们意识到有必要纠正孩子的危险性习性。在适用这种判断标准时，法院指出，很多先例都是坚定地站在父母利益的角度指出父母没有发现孩子过去也有与诉讼中十分相似的行为，或至少是父母对孩子的先前行为并不知悉。在 Dinsmore-Poff 一案中，法院判定，基于 Brian Hall 先前所从事的行为，Alvords 夫妇并不能辩驳说他们无法自觉地意识到他们孩子的"暴力习性"。

在引用国内适用《复述》第 316 条做出判决的先例时，法院进一步指出："很多法院在考察父母是否具有孩子过往非法行为的信息时，并没有做出一个强制性的、细致性的调查。"法院只是历时性地考查了父母是否做出了"合理的努力阻止未成年孩子从事有害行为"。而那些被法院判定父母知道孩子之前曾从事类似暴力行为的先例大致可以被分为如下类型：其一，由于父母知道孩子的暴力习性却完全没有采取任何措施纠正孩子的行为，或者父母鼓励了孩子的暴力倾向，法院依据民事诉讼法 12b（6）或类似规定撤销之前所做出的驳回起诉的判决。其二，法院基于事实证据而非起诉书的主张，责令父母承担侵权责任，或按照被告的请求驳回原告起诉的判决。其三，对那些尽最大努力约束自己孩子行为的父母，免除其侵权责任的判决。其四，对那些没有机会阻止侵权损害发生的父母，免除其侵权责任的判决。

然而，在那些稀少的先例判决中，法院确实判定父母具有孩子行为的特定信息，即孩子先前曾从事过类似于案件所争议的行为，法院下一步的分析也是继续"考察父母是否具有控制孩子行为的可能性和能力"。① 依照这种分析径路，Dinsmore-Poff 一案的法院考察了国内众多的先例判决，目的就是为了能够准确地理解《复述》中的"父母控制孩子行为的能力和可能性"的确切含义。

2. 对《复述》规定的限缩性解释（父母利益中心主义）

（1）伊利诺斯州。Dinsmore-Poff 一案的法院曾引用了 Cooper v. Meyer 一案②，因为在如何狭隘地界定控制孩子行为的"可能性"、"能力"和"必要性"这三个术语方面，法院的这一判决具有开创性意义。在此案中，Cooper 到 Meyer 家中投诉他的一个孩子。在此次拜

---

① See also Eldredge v. Kamp Kachess Youth Servs. Inc. 583 P. 2d 626, 627–30（Wash. 1978）（en banc）.（在本案中法院对未成年孩子的父母直接做出裁决，因为在 10 天之前，孩子曾从家中逃离出来盗窃了一辆汽车，而父母却没有因此加强对孩子行为的控制以至于发生本案中的事故。）

② Cooper v. Meyer, 365 N. E. 2d 201（Ill. App. Ct. 1977）.

访中，Meyer 的一个儿子突然对 Cooper 实施了恶意且严重的人身攻击。法院解释说，即使假定 Meyer 知道其未成年孩子的暴力倾向，但是"在侵权行为发生之时他也没有机会直接向孩子施加自己的控制能力"。因此，法院判定，在本案中 Meyer 既没有机会警告 Cooper 危险的存在，也不具有控制孩子行为的可能性。

Cooper 一案的法院似乎坚持这样的观点，即《复述》第 316 条只要求法院考察侵权行为人的父母是否具有施加控制的能力和可能性，以阻止诉讼中的特定侵权行为的发生。因此，即便假定 Meyer 具有其儿子暴力习性的信息，如果无法证明他具有阻止其儿子从事攻击 Cooper 特定行为的可能性和能力，法院也同样会拒绝责令 Meyer 承担侵权责任。在解释这种观点时，法院指出，Meyer 既没有邀请 Cooper 前来拜访，也不曾意识到他的到来，因此，Meyer 根本没有能力阻止其儿子的攻击。如此限缩地解释《复述》第 316 条的规定，法院发现本案中并不存在任何诉因。

在伊利诺斯州的另一先例判决，即 Barth v. Massa 一案①中，上诉法院认为，依据《美国侵权法复述》（第二版）第 316 条，并不能责令侵权行为人的父母承担侵权责任。原因在于原告没有证据证明在侵权行为人从事该侵权行为时父母知道或应该知道自己具有控制孩子行为的必要性和可能性。Barth 一案的证据显示：15 岁的 Michael Massa 的父母知道其孩子具有危险地滥用滚珠轴承手枪（BB gun）的习性。Barth 一案披露的信息还表明，尽管父母已经知道其未成年儿子曾用枪射击过其他孩子，但是他们仍然拒绝接受忠告约束自己孩子的行为。在这些事件之后，Michael 购买了一把黑枪（盗窃的赃物），并把它藏在自己的房间里。两周之后，Michael 和一位朋友闯进一家商店偷取弹药。在他们逃跑时，警察向他们开了火。而 Michael 也向警察还击，子弹击中了 Barth 警官。Barth 警官对 Michael 的父母提起控诉，上诉法院最终对 Massa 夫妇做出了一项指示裁断（directed verdict）。

法院指出，本案并不能依据 Michael 先前的滚珠轴承手枪事故合理地解释说这可以使 Massa 夫妇注意到 Michael 有可能购买一把偷来的枪，从事盗窃行为并射伤警官。换言之，法院认为，原告没有证据

---

① Barth v. Massa, 558 N. E. 2d 528（Ill. App. Ct. 1990）.

可以证明父母具有阻止案件中枪击行为的可能性。法院引用《复述》第316条的官方评论指出："只有父母具有控制孩子行为的可能性，也知道如此行为的必要性，并且其确实具有这种控制的能力时，父母的义务才是向其未成年子女施加这种控制能力。"然而，"本案中的证据并不能合理地推导出父母知道，在其孩子实施盗窃的当天他是携带着武器离开家的"。Barth 一案的法院总结说：在本案中原告没有证据能够证明"Massa 夫妇知道或者应该知道，在 Michael 从事侵权行为的当天，他们具有控制 Michael 行为的可能性和必要性"。因此，法院并不应责令 Massa 夫妇承担侵权责任。

（2）北卡罗来纳州。在北卡罗来纳州，如果父母意识到或应当意识到"孩子的习性，而且能够合理地预见到如果未能控制孩子的行为必将导致损害的发生"，最高法院就会采用《美国侵权法复述》（第二版）第316条责令父母对其未成年子女的行为承担侵权责任。在 Moore v. Crumpton 一案①中，北卡罗来纳州最高法院对17岁的 John Crumpton 的父母做出了即时判决。在本案中，John 一天深夜喝醉了酒，结果在酒精的作用下用刀具胁迫了 Moore 小姐并强暴了她。法院依据第316条判定，John 的父母并不知道他们儿子的危险性习性，并且在强奸发生时他们并不具有控制他们儿子行为的能力和可能性。

在法院的裁决中，法官详细地说明了 John 在13岁之前就具有吸食毒品、经常与父母争吵、逃学等恶习。法院进一步指出，John 曾因携带隐匿刀具而被捕，并在（强奸案）发生前的一年多的时间曾使用致命武器攻击过他人。然而，心理学家曾诊断说他"并没有暴力倾向或从事危险性行为的倾向"，并且法院也没有发现任何证据可以证明其父母"可以发现任何暗示说 John 有从事犯罪行为的倾向的信息"。在他们的抗辩书中，John 的父母详细地说明了他们如何不断地为其儿子向心理医师和顾问寻求帮助的努力，并频繁地给 John 讲道理来努力约束他的行为，他们甚至还将他放在私立学校以减轻他的破坏行为。因此，法院评论说，父母除了每天24小时不间断的监督之外，恐怕再也没有什么方法可以用来约束他们接近成年的孩子了。对此，法院如是说："在强奸案发生之时 John 已经17岁了，父母控

---

① Moore v. Crumpton, 295 S. E. 2d 436, 440 (N. C. 1982).

制这个年龄阶段的年轻人，其控制的可能性明显没有控制年纪更小的孩子容易。本案发生之时正是早晨，此时父母一般都是在休息。由于父母缺乏对孩子每天24小时不间断的监护，当被告的父母睡下后，他们几乎不能采取任何措施阻止John离开家。此外，父母之前还经常为John寻求专业性的帮助。因此，除了在身体上限制他的行为和对他实施每天24小时不间断的监督之外，我们根本看不到父母还有其他的什么办法。"

在评述Crumptons夫妇面临的难题时，Moore一案的法院似乎对暴力孩子的父母抱有同情的观点。的确，在法院看来，本案中的父母几乎不再有任何其他的方法可以约束或控制孩子的行为。然而，尽管Crumptons夫妇为他们的儿子寻求过专业性的帮助，但是毫无疑问的是，他们知道孩子曾持续地从事于暴力行为。不考虑法院的观点，这就意味着父母本应该利用其他方式对孩子的行为施加更为有力的控制。因此，在本案中，最起码应该授权陪审团来判断Crumptons夫妇是否采取了合理的措施阻止其未成年孩子从事这种令人发指的行为，而不是法院直接做出即决判决。

北卡罗来纳州最高法院对《复述》第316条的狭隘解释似乎是以父母利益为中心的方法，而非受害者利益为中心的方法。虽然很多判例是采用这种方法，[1] 但是也有一些法院对这种限缩性解释提出了批评。[2] 结果，为了更好地保护未成年人所从事的侵权行为的受害者，很多法院选择对《复述》第316条和其背后的原则进行扩张性解释。

3. 对《复述》规定的扩张性解释（受害者利益中心主义）

（1）纽约州。在Linder v. Bidner一案[3]中，纽约州的一个初审法院指出，原告若要求法院责令父母承担侵权责任，其必须举证证明被告不仅具有孩子危险性习性的信息，而且因过失未能对孩子的行为施

---

[1] See, e.g. Williamson v. Daniels, 748 So. 2d 754, 760 - 62 (Miss. 1999); Lott v. Strang, 727 N. E. 2d 407, 409 (Ill. App. Ct. 2000); Chandler v. Coleman, 759 So. 2d 459, 463 (Miss. Ct. App. 2000); Durkan v. Vaughan, 609 N. W. 2d 358, 362 (Neb. 2000).

[2] See, e.g. Lott, 727 N. E. 2d at 411 - 13 (Cook, P. J. dissenting); Caldwell v. Zaher, 183 N. E. 2d 706, 707 (Mass. 1962); Williamson, 748 So. 2d at 762 - 63 (McRae, J. dissenting).

[3] Linder v. Bidner, 270 N. Y. S. 2d 427 (N. Y. Sup. Ct. 1966).

加合理的控制。在 Linder 一案中，由于被告的儿子攻击了他人并造成一定的损害，原告对该未成年人的父母提起了诉讼。原告主张，被告的儿子"具有恶意或蓄意伤害他人的习性。当年纪比他小的孩子好端端地走在路上时，被告的儿子会经常殴打、拳击或虐待这些孩子"。原告同时指控被告鼓励了其未成年孩子的暴力行为，因为"一旦那些受害者（遭到殴打的孩子）的父母向被告抱怨或告诫其孩子的恶习时，他们就对此心怀恨意"。原告认为，Bidners 夫妇未能履行合理且必要的注意义务，以控制他们孩子从事故意侵害他人的行为，尤其是侵害原告的行为，因此父母的监管行为存在过失。

法院指出，按照起诉状中的控诉并依据《复述》第316条的规定，原告很明显有充分的证据可以证明父母应当承担"父母控制孩子行为方面"的法律义务。此外，控诉还证明，因为孩子先前的破坏性行为，父母应该注意到其未成年孩子的危险性习性，并且可以合理地预测到孩子所从事的有害行为，所以，父母应该约束其孩子从事该行为。但是，该案中的父母并没有约束孩子。因此，法院依据第316条否决了被告所请求的、驳回原告起诉父母过失监管的动议。

在裁决中，法院指出，任何意识到他们未成年孩子危险性习性的父母都必须采取合理的注意来控制或约束他们孩子的行为，以防止他们继续侵害他人。因此，通过如此宽泛地解释《复述》第316条，Linder 一案的法院——并不像北卡罗来纳州最高法院那样——指出，如果父母未能采取合理的措施阻止其未成年孩子从事有害的行为，即便是该行为并非诉因中所指控的特定行为，父母也具有过失。

（2）加利福尼亚州。在 Ellis v. D'Angelo 一案①中，加利福尼亚州上诉法院为了惩罚父母在控制孩子行为方面的过失，同样宽泛地解释了第316条背后的原则。在 Ellis 一案中，一位婴儿看护者对一名4岁男孩的父母提起诉讼，理由是该男孩"攻击"了她并造成了损伤。原告是第一次照看被告的儿子。控诉状指称，被告在请求原告照看其未成年孩子时，未能向原告披露他们儿子习惯于以暴力攻击他人人身的行为这一信息。

在法院的判决意见中，法院承认很多案件都阐发出这样的规则：

---

① Ellis v. D'Angelo, 253 P. 2d 675 (Cal. Dist. Ct. App. 1953).

如果父母知道孩子具有从事恶意行为或破坏性行为的倾向,却未能施加合理的措施约束或规范该孩子的行为,父母就应该对孩子故意的暴力行为承担法律责任。于是,因为有充分的证据证明被告意识到他们儿子的暴力倾向,却依然未能采取相关措施控制其行为或警告原告,法院并没有对父母做出即时判决。通过宽泛地解释《复述》第316条,Ellis 一案的法院斩钉截铁地说:"如果父母未能充分履行父母的义务,就应该对该结果承担侵权责任,即便是他们并不具有阻止孩子从事争议中的特定行为的可能性。"其他很多法院也这样解释《复述》第316条,并因此为青少年侵权行为的受害者获取损害赔偿提供了更大的机会。

(3) 堪萨斯州。最近,堪萨斯州最高法院也采用了对《复述》第316条的宽泛性解释。在 Wood v. Groh 一案[①]中,法院认为,仅仅是可以表明孩子暴力习性的一个单独行为的信息,也许已足以使父母注意到他们具有控制孩子行为的必要性和可能性。在 Wood 一案中,被未成年人枪击的受害者及其父母对该枪支的所有人及其妻子提出人身伤害诉讼,指控他们的儿子在午夜晚会中故意枪击受害者。法院依据第316条判定陪审团做出的父母存在监管过失的裁决是恰当的。法院也承认说,虽然庭审中的证据显示被告的儿子只有一次违法行为,但是父母也已意识到他们的儿子不仅有宵禁令在身,而且在未经其缓刑考察官许可的情况下拥有枪支的行为违反了缓刑的相关规定。于是,法院解释说,尽管被告的父母也许无法意识到他们的孩子会偷走他父亲的枪支并故意将其隐匿起来,但是他们应该能够注意到孩子具有滥用枪支的习性。因此,法院因父母未能采取合适的措施阻止该类行为而判定父母存在监管过失并承担侵权责任。采用《复述》第316条作为向导,Wood 一案的法院发现,监管过失所产生的侵权责任要求"如果父母不仅知道或应当知道他们有能力控制孩子的行为,并且知道或应当知道施加这种控制能力的必要性和可能性,那么父母就应当采取合理的注意控制其未成年孩子的行为,以防止他们故意侵害他人"。严格地适用《复述》第316条的要求,陪审团发现,Groh 夫妇未能充分地履行他们作为父母的监管义务构成过失,因此,最高法

---

① Wood v. Groh, 7 P. 3d 1163 (Kan. 2000).

院支持了下级法院的判决。

很多州仍然在对《复述》第316条的各种解释进行艰难的取舍。虽然限缩性解释表达了父母不可能无所不在的观点，而扩张性解释却对受害者更为有利，它为受害者获取损害赔偿提供了更大的机会。因为未成年孩子的侵权行为而要求父母承担多大程度的侵权责任，这一争议即使在父母责任法案创设公布后仍然存在。综观整个20世纪，几乎美国的每个州都通过创设父母责任法案要求父母对孩子的侵权行为承担繁重的赔偿责任而废止了普通法上的一般原则。虽然在强加父母的侵权责任类型方面，各个州规定的并不相同，但是所有这些都反映了社会对孩子行为安全的关注以及要求父母控制孩子行为的呼声。[1]

四、美国父母责任法案的创设

（一）美国父母责任立法的历史

或许是为了对未成年孩子侵权行为的受害者提供赔偿，或者是为了鼓励父母更好地约束孩子的行为，美国很多州纷纷制定法律要求父母对其未成年子女所引起的财产损害承担赔偿责任。在1846年，夏威夷州成为第一个通过成文法承认父母侵权责任的州。[2] 几十年之后，路易斯安那州在1930年也通过了它的成文法，第一次要求父母对孩子的侵权行为承担民事赔偿责任。依据路易斯安那州的制定法，不管父母是否具有孩子恶意行为倾向的信息，父母都应当承担侵权责任。该种替代责任的批评者指出，路易斯安那州的制定法创造了民法中的一个无过错责任情形，而这是被普通法严令反对的。尽管存在如此的争议，美国各州的立法机关纷纷开始制定与此类似的父母责任法案，要求父母对其未成年孩子的行为承担侵权责任。一些州创设这种父母责任法案的目的是为了阻止青少年犯罪，而其他州则是简单地扩大受害人对未成年人所致损害获取赔偿的机会。

---

[1] See generally Laura Beresh-Taylor, Preventing Violence in Ohio's Schools, 33 Akron L. Rev. 311 (2000). （描述了美国学界对于未成年人的安全以及规定对未成年人的安全提供保护的法律的激烈论战。）

[2] Jason Emilios Dimitris, Comment, Parental Responsibility Statutes-And the Programs that Must Accompany Them, 27 Stetson L. Rev. 655, 661-62 (1997). （夏威夷的父母责任法案规定的不同寻常，因为它对受害者所遭受的损害并没有规定金钱性的赔偿。）

在1951年，内布拉斯加州也是率先创设该项立法的州之一[1]，而仅仅55年之后，除新罕布什尔州外，美国所有的州在其法典中都有这样类似的规定。"几乎超过一半的州的制定法允许对未成年人侵权行为所致的财产损害和人身损害都给予赔偿，余下的立法则将损害赔偿的类型严格地限制为财产损害。"此外，大多数的成文法只是要求父母对其未成年子女对财产的故意和恶意破坏行为承担侵权责任。各州的制定法也同样限制了父母损害赔偿责任的范围，从佛蒙特州的250美元到得克萨斯州的25000美元。

虽然法院也评述了州父母责任立法的合宪性问题，但是他们经常忘记评述该项立法的初衷是否达到。比如在Vanthournout v. Burge一案[2]中，被告引用了一份表明社会个体和社会组织都应该在教育或控制青少年行为方面扮演重要角色的社会调查报告，但伊利诺斯州的一个上诉法院对此未能给予尊重。尽管批评者曾嘲笑说父母责任立法毫无价值且误人子弟，不过也有人一直赞扬该法为未成年人侵权行为的受害者提供了一个公平合理的补偿方法。虽然存在如此多的争论，经过这么多年，提高父母责任的呼声却逐渐得到加强。

（二）得克萨斯州的成文法：谨防被《得克萨斯州财产法》所误导

在1957年，《得克萨斯州财产法》第2923-1章创设了父母替代责任的立法，规定父母应当对其未成年孩子对财产的故意或恶意破坏行为承担侵权责任。该法对父母赔偿责任的限额最初是300美元，在1965年就提高到了5000美元。在1974年，该项规定被《得克萨斯州家事法》（*Texas Family Code*）第二编第33章所废止和取代。

《得克萨斯州家事法》第41章和上述内容有关的规定是[3]："未成年人的父母或其他对未成年人负有控制和监管义务的监护人，应当对未成年人所造成的任何财产性损害承担侵权责任：如果，其一，未成年人的过失行为是由于其父母或其他对未成年人负有控制和监管义

---

[1] Gilbert Geiss & Arnold Binder, Sins of Their Children: Parental Responsibility for Juvenile Delinquency, 5 Notre Dame J. L. Ethics & Pub. Pol'y 303, 310 (1991).（该文介绍了美国各州父母责任法案的发展历史。）

[2] 387 N. E. 2d 341 (Ill. App. Ct. 1979).

[3] Tex. Fam. Code Ann. 41.001 (Vernon 1996).

务的人因过失未能履行义务所致；其二，从事了恶意或故意行为的未成年人的年龄在12周岁到18周岁之间。"

正如第41.001条款所明确规定的，如果孩子的行为是由于监护人未能充分合理地控制孩子的过失所致，受害者就可以对父母或其他负有监护义务的人提起诉讼，要求他们对因孩子过失行为所致的财产损害承担侵权责任。尽管该条规定十分类似于复述第316条的"控制的可能性要素和必要性要素"的要求，但是该条规定却只限于财产损害的赔偿，并不包括对人身损害的赔偿。因此，该项规定似乎可以被理解为：与关心孩子是否具有攻击他人的习性相比，得克萨斯州的父母似乎更应该关心孩子是否具有放火的习性。

第41.001条款的第二段也似乎是更关注于阻止孩子从事财产损坏行为而非人身伤害行为。该部分赋予财产所有人有权对12周岁至18周岁的未成年孩子的父母或财产管理人提起诉讼，要求他们为其未成年孩子对财产的故意和恶意行为所致损害承担赔偿责任。在强加父母责任之时，41.001条款并没有要求父母已具有孩子危险性习性的信息。因此，《得克萨斯州家事法》第41.001条款并不同于复述第316条的规定，如果父母未能控制孩子的故意和恶意行为，得克萨斯州成文法就会对父母强加严格责任。

该法还规定，若对未成年孩子的父母强加替代责任，孩子的年龄必须在12周岁以上。因此，和《复述》第316条不同，得克萨斯州婚姻家庭法第41.001条款似乎并没有关注于这样的事实，即父母可能不具有控制他们较大年纪的未成年孩子的能力和可能性。虽然复述第316条的注释似乎暗示出父母对接近成年的孩子更缺乏控制的能力，但是《得克萨斯州家事法》第41.001条款则规定，只要孩子未成年，父母就必须对孩子的行为承担法律责任。由于接近成年的孩子比年纪较小的孩子更可能从事明显恶意的行为，该项制定法对父母所创设的严格责任似乎就有点过分严厉了。[①] 考虑到这样的事实，人们

---

① Howard M. Snyder & Melissa Sickmund, National Center for Juvenile Justice, Juvenile Offenders and Victims: A Focus on Violence 3 (1995). （报告显示，在1992年被告发到法院的犯罪中，未成年人的犯罪占了所有暴力犯罪的13%，而在被逮捕的人群中，未成年人占了18%。）

可能会认为得克萨斯州法比《复述》第316条为父母的监管义务规定了更高的标准。其实，这种观点是错误的，因为《得克萨斯州家事法》第41.001条款仅仅惩罚父母因其过失致使其孩子对他人财产造成了损害，而不包括对人身伤害的赔偿。

因为《得克萨斯州家事法》第41.001条款只适用于财产损害的赔偿，因此，在得克萨斯州，因父母过失未能控制其未成年孩子侵犯他人人身所造成的损害，侵权法仍然无法给予救济。换句话说，在得克萨斯州，未成年孩子的行为给他人所造成的人身损害，受害人仍然无法得到公平合理的补偿。但是，得克萨斯州法院并没有试图纠正这种不公平，而是一直拒绝采用《复述》第316条。这样戏剧性的结果就是，表明上看来，得克萨斯州的民法似乎认为，在青少年侵权行为所致的损害中，公民的财产权比人身安全更值得法律保护。

五、得克萨斯州父母侵权责任的现状

正如上文所讨论的，40多年来，得克萨斯州立法机关一直保护公民的财产免遭未成年孩子的侵害。此外，从一开始，得克萨斯州法院就认为得克萨斯州父母责任法案是完全合宪的，[1] 并对该法扩张解释以确保受害者可以得到充分的补偿。但是，一旦面临未成年人故意对他人人身进行伤害时，得克萨斯州法院出奇地坚守了普通法的传统规则，认为仅仅是由于父母子女关系，并不能对父母强加侵权责任。的确如此，即便是受害者只能在侵权法中才具有补救的机会，得克萨斯州法院也拒绝采用《复述》第316条，并依据得克萨斯州法律拒绝责令父母承担侵权责任。我们稍微审视下得克萨斯州最近判例就可以很明显地察觉到这种不公平现象的存在。

在1995年的Rodriguez v. Spencer一案[2]中，得克萨斯州第一巡回上诉法院仅仅基于父母的身份就对父母的侵权责任强加了一定的限制。Rodriguez一案的事实是，在Houston地区举行的"反对同性恋运动"中，Paul Broussard被一位名为Brian Spake的未成年孩子打倒在

---

[1] See Kelly v. Williams, 346 S. W. 2d 434, 437 – 38 (Tex. App. Dallas 1961, writ ref'd n. r. e.).

[2] Rodriguez v. Spencer, 902 S. W. 2d 37, 45 (Tex. App. Houston [1st Dist.] 1995, no writ).

地并狂殴致死。Broussard 的母亲 Nancy Rodriguez 对 Spake 的母亲 Mary Anne Spencer 提起诉讼，主张依据父母子女关系可以强加父母以监管、控制和约束其未成年孩子的义务。初审法院对被告做出了即时判决，Rodriguez 提出了上诉。

在上诉状中，Rodriguez 首先依据《得克萨斯州家事法》中的"父母具有注意、控制、保护和合理约束孩子行为的义务"的规定，请求法院认可父母负有对第三方的保护义务。由于得克萨斯州立法机关仅仅在其《婚姻家庭法》第 41.001 条规定了对财产的损害赔偿，加之 Rodriguez 在其上诉状中所依据的条款经常被引用在因伤害孩子而对父母提起的刑事指控中，上诉法院认为，Rodriguez 所引用的法律"并不能基于第三方的利益强加父母以控制或约束孩子行为的义务"。

"在上诉状中，Rodriguez 还请求法院扩大普通法上的父母义务"，因为普通法认为："仅仅基于父母子女关系并不能充分地要求父母对孩子的侵权行为承担法律责任。"[1] Rodriguez 建议说，法院应采用复述中的有关规定，即如果父母知道或应当知道对孩子行为施加控制的必要性和可能性，一旦父母未能采取措施合理地控制孩子的行为，就应该责令父母对此承担侵权责任。法院尽管承认《复述》第 316 条的分析是富有建设性的，但是仍然拒绝采纳。法院并不情愿为父母创设这样的义务，"即当他们应当知道有必要这样做（控制孩子的行为）时，父母就负有监管孩子的义务"。

法院的解释表明，法院认为采用复述中的判断标准可能会将得克萨斯州的父母责任扩张至一个法院并不愿意讨论的水平。相反，法院总结说："父母保护第三方免遭其未成年孩子侵权行为侵害的义务，取决于父母能否合理地预见到孩子对第三方的损害，而父母的这种可预见能力则是基于父母所具有的信息，以及对孩子侵权行为的同意、认可或参与。"值得讨论的是，依据这种观点，那些没有主动介入其孩子生活中的父母，如果没有意识到其孩子的恶意习性，就不会被责令承担任何法律责任。

---

[1] James W. Paulsen, Annual Survey of Texas Law, Family Law: Parent and Child, 49 SMU L. Rev. 1063, 1067-68 (1996).

因此，Rodriguez 所提议的标准并不等同于《复述》第 316 条的"理性人"标准，它只是探究父母是否事实上具有孩子破坏性习性的信息。如此，该标准就有利于不在场的或粗心大意的父母。尽管存在这些争议，得克萨斯州对普通法传统规则的坚守在 Childers v. A. S 一案①中再次被强化。

在 Childers 一案中，被告 A. S. 和其父母与原告 Merryl Childers 和他女儿 J. C. 是邻居。在 J. C. 的宣誓证词中，她说 A. S. 经常带一个年纪较小的女孩到 Childers 家玩色情游戏，J. C. 控诉说，如果她拒绝和 A. S. 及另一个女孩一起玩这个游戏，她们就会让其他女孩子狠狠地揍她。她们通常都是在 Childers 家中玩游戏，并且 J. C. 的父母也在家中。A. S. 宣誓作证说，J. C. 的母亲发现姑娘们之间的游戏后，曾致电给 A. S. 的母亲讨论这个事情。在质问 A. S. 关于这个游戏之后，A. S. 的母亲告诫她不要再去 Childers 家玩这种游戏了。A. S. 的证词显示，她违背了她母亲的警告并在她母亲不知悉的时候继续去 Childers 家。

Childers 夫妇对 Merryls 夫妇提起了五项特别的过失诉讼，其中一项是，原告 Childers 夫妇主张当被告 Merryls 夫妇知道 A. S. 具有从事该种游戏的癖性后，却未能充分地对 A. S. 的行为和活动施以监管，或者为 A. S. 寻求必要的医疗帮助，因而存在过失。被告依据父母监管过失理论抗辩说自己对上诉人或其女儿不负有任何义务，并请求法院做出即决判决。初审法院做出了即决判决，原告不服提出了上诉。

上诉法院采用 Rodriguez 所提议的标准，认为被告 Merryls 对原告 Childers 不负有任何义务，支持了下级法院的判决。与 Rodriguez 一案一样，上诉法院也拒绝采用《复述》第 316 条。这样裁判时，法院陈述说，在被告诫其女儿停止该类行为后，Merryls 夫妇并没有特别地注意到 A. S. 和 J. C. 继续从事于色情游戏。因此，依据得克萨斯州的法律，父母并不应当承担侵权责任。值得讨论的是，如果法院依据复述的判断标准，由于会存在关于客观事实的确切争议，即 Merryls 夫妇是否采取了合理的措施防止 A. S. 与 J. C. 从事进一步的色情游戏，那么法院的即决判决就不恰当了。然而，由于得克萨斯州

---

① 909 S. W. 2d 282（Tex. App. Fort Worth 1995, no writ）.

并没有采用《复述》第316条，父母就不负有任何义务，法院因而对Merryls夫妇做出了即决判决。

Rodriguez一案和Childers一案明确地表明，在得克萨斯州，未成年孩子侵权行为的受害者依然无法从侵权法中得到有效的救济。于是，通过支持涉及父母监管过失的普通法理论，得克萨斯州富有争议地排除了性骚扰、致命伤害、恶意驾车攻击和枪击案中的受害者可以在法院寻求损害补偿和经济正义。但是，如果将这种非正义归结为得克萨斯州法院的过错，则似乎是错误的和引人误导的。

在1957年，得克萨斯州立法机关认为更需要对公民的财产权提供保护以避免其遭到未成年人危险性习性的侵害。现在到了立法机关更加重视其公民人身权的时候了，也该是得克萨斯州立法机关采用《复述》第316条的时候了。如此，新的侵权法标准将给未成年孩子侵权行为的受害者提供在法院里寻求经济正义的机会，并通过责令父母承担侵权责任，"鼓励父母约束和控制他们孩子的行为"①。

《得克萨斯州家事法》第41.001条至41.003条对父母责任所做的立法限制虽然制定的很好，但是按照我们现在的侵权法要求的责任水平就显得略为陈旧而应该予以废弃。因此，为了让得克萨斯州和其他的大多数州为受害者提供的经济正义一样，得克萨斯州立法机关在下一轮立法中就必须采用《复述》第316条的标准。

六、结论

养育孩子所要求的义务范围是没有边界的，也没有人会否认说养育孩子是一件很轻松的事。此外，随着现在孩子接受到的色情、暴力、仇恨等等信息的爆炸，毫无疑问，在21世纪的今天，抚育孩子要比过去更加困难。但是，即使有这些困难，父母也不能忽视他们对孩子所承担的注意义务、抚养义务以及更为重要的教育义务。因此，我们的法律必须坚持这一观点，一旦父母忽视了他们是孩子的父母这一最为重要的社会身份，就应该让其承担一定的法律责任。

如果父母因过失忽视了对其未成年孩子富有危险暴力习性的控

---

① Buie v. Longspaugh, 598 S. W. 2d 673, 676 (Tex. Civ. App. Fort Worth 1980, writ ref'd n. r. e.).

制，尤其是这些习性可能侵害乃至杀死无辜的受害者时，就必须责令父母承担侵权责任。如果我们继续容忍父母忽视他们在社会中的角色，我们的社会就无法继续运行。因此，通过慎重地考虑和权衡，那些尚未如此行动的各州立法机关，就应该制定成文法，在父母知道或应当知道其未成年子女的破坏行为却未能采取合理的措施予以制止时，要求父母承担侵权责任。尽管这种立法可能增大父母养育孩子的成本，但是，我们别无选择！

父母对未成年子女非法下载音乐承担的侵权责任

贾内尔·A. 韦伯[*]著　许元昭[**]译

目　　次

一、导论
二、父母为其孩子的文件共享行为承担的侵权责任
三、普通侵权法原则下的父母责任
四、支持父母对其孩子文件共享行为承担法律责任的政策性理由
五、修正共同侵权理论以在文件共享行为中强加于父母的侵权责任
六、结论

一、导论

当 Darlene Emanski 订购美国网络服务（America Online 或 AOL）时，她以为她会给其未成年的女儿提供一种有趣且便捷的方式，使其可以有效地完成学校的课程作业，便捷地与朋友们交流感情，或者时不时地聆听音乐等。[①] 但是这位加利福尼亚州中心区一家小商店的主人从未想到她同时也可能使其女儿成为一名从网络上非法下载音乐作品的剽窃者。去年（2004 年），AOL 告知 Darlene Emanski，美国唱片产业协会（Recording Industry Association of America 或 RIAA）向 AOL

---

[*] 佛罗里达法律评论（Florida Law Review）杂志社编辑，佛罗里达大学 2005 级博士生，哥伦比亚大学新闻学硕士，乔治敦大学外语学学士。
[**] 民商法学硕士，中山大学法学院助教。
[①] See telephone interview with Darlene Emanski (Nov. 14, 2004) (on file with author); see also Woman Facing MYM 457K in Fines for Daughter's Illegal Downloading, WFTV. com, Oct. 6, 2004, http：//www. wftv. com/news/3788911/detail. html.

发来了律师函,要求获知 Darlene Emanski 的个人身份信息,完成了以侵犯版权作品为由对其行为进行起诉的初步准备。Darlene Emanski 闻此甚为震惊。她说,自己虽然知道 15 岁的女儿下载了一些音乐,但是她从来不知道在仅仅几个星期的时间内,孩子居然会非法存储了 700 多首歌曲,使得电脑硬盘简直就像个音乐图书库。而且,即使 Darlene Emanski 知道其女儿下载音乐的情况,她说她也不会意识到其女儿的行为违反了版权法,或者认识到她可能会被责令为其女儿的行为承担法律责任。

自从收到 AOL 的通知之后,Darlene Emanski 就采取了一些措施减少其可能被 RIAA 起诉的可能。她迫使自己注意了解那些对未授权音乐进行共享的限制,并且禁止其女儿进一步从事这种行为。虽然孩子起初从其非法下载的音乐中得到无限的乐趣,但是随后她也逐渐认识到自己的非法下载行为的严肃性。她开始遵从母亲的新规定,转而购买 CD 唱片(compact discs)来满足自己对新音乐的追求。

RIAA 针对个体提起的诉讼如同警钟一般,不仅针对 Darlene Emanski,而且针对美国所有的父母。[①] 自 2003 年 9 月起,因为网络间音乐文件的非法交易活动,RIAA 已经至少起诉了 11809 位个体用户。其中,作为被告的大部分用户都是使用网络的青春期前儿童或青少年孩子的父母。正是由于这场创新的反剽窃运动(起诉个体用户),很多父母发现,他们有必要扩大和孩子讨论问题的范围。[②] 除了与孩子探讨性、吸烟、滥用毒品之外,很多父母也开始给孩子们讲述文件非法共享行为的危害。于是,父母们不得不重新审视自己对唱片产业、智慧财产权,以及这两者在法律和道德之间的相互作用等方面的立场和观点。

值得说明的一点是,在这场运动中 RIAA 并不是特别针对未成年

[①] See Jefferson Graham, Recording Industry Sues Parents; Who is Responsible for Kids' Downloads? USA Today, Sept. 15, 2003, at D4; see also Frank Ahrens, RIAA's Lawsuits Meet Surprised Targets; Single Mother in Calif. 12 - Year-Old Girl in N. Y. Among Defendants, Wash. Post, Sept. 10, 2003, at E1; Steve Knopper, 261 Music Fans Sued, Rolling Stone, Oct. 16, 2003, at 25.

[②] See Amy Harmon, New Parent-to-Child Chat: Do You Download Music? N. Y. Times, Sept. 10, 2003, at A1. (报道说 RIAA 的诉讼使得父母开始和孩子们探讨文件共享行为。)

孩子的父母。当 RIAA 提起诉讼的时候，他们并没有关于个体被告的任何个人信息。① 他们仅仅只是有那些订阅或认购互联网服务（ISPs）的用户的姓名或者 IP 地址（Internet Protocol address）。事实上，很多父母是被误打误撞上了 RIAA 提起的诉讼。然而，这并没有使 RIAA 对个体诉讼的政策有所妥协。RIAA 也曾发表声明说，在现代社会，父母应该注意到其未成年孩子利用网络从事的行为。

在大多数诉讼中，RIAA 一直愿意与被告通过诉讼外和解获得几千美元的赔偿金来化解纷争，很多父母也认识到将自己置身于诉讼之外是最符合个人利益的。而那些选择应诉的父母将不得不花费几千美元来为自己开脱责任，并且如果最终被法院判定败诉的话，父母还会被法院责令对其未成年孩子非法复制的每一首音乐作品承担从 750 美元到 150000 美元不等的法定赔偿金。

考虑到诉讼外和解对父母的巨大刺激作用，在本文写作之际，涉及因未成年孩子的文件共享行为而起诉其父母的诉讼，法院还没有一个已做出的判决也就不足为奇了。② 那么也就很显然，法院还没有机会衡量父母是否应该，以及在何种情形下父母才需要对其未成年孩子的侵权行为承担法律责任。本文的目的正是检视这种新颖的、尚未探讨过的问题，以使得法院、立法者、律师、家庭以及音乐产业都能更好地理解这种现象所涉及的法律和政策争议，并使得他们在面临该问题时能够做出更明智的决定。

在本文中，"孩子"一词专指尚未成年的孩子，"父母"一词专指未成年孩子的父母或者合法监护人。本文的第二部分说明，依据有关版权的替代责任理论，父母无需对孩子侵犯版权的行为承担侵权责任。该部分推测说，依据相关的共同侵权理论，父母可能会被强加侵权责任。但是，该部分也表明，在那些原告要求被告承担侵权责任并最终获得胜诉的相关案件中，这些案件中的被告和从事了文件共享行

---

① See Recording Industry Association of America, Frequently Asked Questions About the Recording Industry's Use of "John Doe Lawsuits," http：//www.riaa.com/news/newsletter/012104 faq. asp (last visited May 18, 2005) [hereinafter RIAA, "John Doe" Lawsuits].

② 2005 年 3 月 27 日，作者指导其下属的委员会在 Westlaw 的 All Federal Cases 数据库中以 "parent & 'file sharing' & infringement."为关键词，搜索美国近十年的案例，结果没有搜索到任何结果。

为的孩子的父母存在着巨大差别。为试图解决围绕该争议问题的不确定性,作者寻求了侵权法这一相关联法律领域的一些导向性信息。在第三部分,作者指出,在版权法的背景下强加父母以侵权责任将和普通法的传统先例保持一致。本文第四部分转向了公共政策的分析,并总结了要求父母对其未成年子女的文件共享行为承担侵权责任的正当政策性理由。在本文的第五部分,作者认为,如果将共同侵权理论以一种与普通法和成文侵权法的基础性原则相一致的形式进行修正,它也可以是一种公正的父母侵权责任理论。因此,本文在结论部分总结并建议说,在电子时代的今天,父母应主动地监督其未成年孩子的网络行为,并积极履行他们这一重要的、新的义务。

二、父母为其孩子的文件共享行为承担的侵权责任

仅仅因为父母子女关系,父母并不需要对其未成年孩子侵犯版权的行为承担侵权责任。孩子作为一个独立的法律主体,应以成年人的方式和标准对自己侵犯版权的行为承担侵权责任。在2003年9月RIAA对12岁的纽约女孩因其下载了Mariah Carey和Christina Aguilera以及其他音乐作家的音乐作品而被提起控诉之后,这项规则就变得更加明显。[1]

依据派生责任理论的原则,不管孩子是否具有被诉的能力,理论上可以要求父母对其孩子的文件共享行为承担法律责任。版权法(Copyright law)中早已认可了该项规则,即在特定的情形下,一个人可能对他人的侵权行为承担法律责任。[2] 依据1976年版权法案(the 1976 Copyright Act),该法案虽然没有清楚地规定该种派生责任,但是,法案第106条暗含这种观点。第106条规定:版权所有人拥有排他性的权利"授权"他人使用本条款所赋予所有人的6项权利中的任何权利,比如版权作品的复制权等。[3] 因此,任何人在没有得到

---

[1] See Lorena Mongelli, Music Pirate: N. Y. Girl, 12, Sued for Web Songs Theft, N. Y. Post, Sept. 9, 2003, at Sport & Late City Final 1.
[2] See Sheldon W. Halpern, Copyright Law: Protection of Original Expression 551 (2002).
[3] 美国1976年《版权法案》第106条规定了版权所有人对自己所有的版权享有以下排他性的权利,或授权他人享有以下排他性的权利:①复制权;②演绎权;③发行权、转让权或出租权;④表演权;⑤署名权;⑥信息网络传播权等。

版权所有人的许可时，授权他人复制该版权作品就将构成对版权所有人复制权的侵犯。1976年版权法案的立法史更进一步表明，国会也欲把派生责任引入第106条。① 美国众议院对1976年版权法案的立法报告（The House Report on the 1976 Act）这样表述："使用'授权（to authorize）'这个词就是想避免有关共同侵权者所负担的法律责任争议的任何问题。"

此外，依据1909年版权法和1976年版权法进行判决的大量先例都无一例外地认可了派生责任。最值得讨论的一个重要先例就是 Sony Corp. Of America v. Universal City Studios 一案②。在该案中，大法官 Stevens 指出："派生责任几乎在法律的各个领域都存在，而共同侵权行为的概念，仅仅是确定何种情形下要求一个人对他人的行为承担法律责任才是正当的这一更为广泛的问题的一个类型。"

正如 Sony 一案和其他先例所表明的，这两种派生责任理论有可能在保护版权人的版权方面扮演重要的角色。它们可以使原告通过起诉少量的间接侵权人而非成百上千的直接侵权人而节省大量成本支出。它们也使原告可以在那些间接侵权人获得比直接侵权人更多的经济利益的案件中赢得诉讼。此外，即便是原告不知道直接侵权人是谁或者直接侵权人难以确定，它们也可以使原告减轻侵权人对他们权利的侵害。

虽然两种派生责任理论具有同样的功能，但它们之间区别甚大。事实上，替代责任理论和共同侵权理论只有一个方面是相同的，即两个理论都同样要求原告证明至少有一个人从事了直接侵权行为。

（一）替代责任理论

替代责任起源于侵权法中的雇主责任③，但是，它并没有被局限在其字面含义之中。如果被告负有监管他人的权利和能力，并且被告能够从他人的侵权行为中获得经济利益，被告就可能对他人的直接侵

---

① See H. R. Rep. No. 94-1476, at 159-60 (1976), reproduced in Goldstein.
② 464 U. S. 417 (1984).
③ See Lauren Krohn, Causes of Action Against Employer to Recover Under Doctrine of Respondeat Superior for Intentional Torts Committed by Employee, 17 Causes of Action 647 § 2 (2004).（该文讨论了雇主责任在18世纪时的起源。）

权行为承担替代责任。

1. 监管的权利和能力

如果被告之前曾事实上对直接侵权人施加过监管，或者被告拥有合同上约定的权利对直接侵权人施以监管，法院一般都会认定被告对直接侵权人负有监管的权利和能力。比如在 Fonovisa Inc. v. Cherry Auction Inc. 一案[①]中，美国第九巡回区上诉法院判定，原告主张跳蚤市场的管理者有权利和能力监管那些租用自己货摊的独立摊贩的证据确凿。法院指出，依据跳蚤市场的合同规定，管理者"不论基于什么原因"都有权力要求摊贩离开市场。法院进一步指出，市场管理者创建了跳蚤市场，"管理并控制着"摊贩的货摊，规范着顾客出入该市场之内。法院因此主张说，管理者对摊贩的监管权利和能力不仅是合同上规定的，而且现实中也是可以实现的。

法院在那些被告几乎很难采取措施控制直接侵权人的案件中也曾判定被告存在监管的权利和能力。在 A&M Records Inc. v. Napster Inc. 一案[②]中，加利福尼亚州东北区的地方法院认定，提供文件共享服务的服务商 Napster 有权利和能力来监管它的用户。Napster 抗辩说，如果这种要求不是不切实际的，它也很难判定在其服务中什么行为是合法的，什么行为是非法的。然而，法院指出，Napster 承认自己曾试图阻止侵权用户的行为。因此，即便是 Napster 以自己难以向直接侵权人施加监管提出抗辩，法院也判定 Napster 与跳蚤市场的管理者负有相同的义务标准。

2. 经济利益

司法当局有时并不赞同将这种类型的经济利益要求作为替代责任的第二个要素。在 1976 年版权法案创制之前，国会曾如此表述说，被告必须"期待获得经济性的利益，不管是从侵权行为中直接获益还是间接获益"。然而，在早期的判例中，法院表明，被告必须从侵权行为中获得"明显且直接的经济利益"。在一个这样的判例，

[①] 76 F. 3d 259 (9th Cir. 1996).

[②] 114 F. Supp. 2d 896 (N. D. Cal. 2000), aff'd in part, rev'd in part on other grounds, 239 F. 3d 1004 (9th Cir. 2001).

Shapiro, Bernstein & Co. v. H. L. Green Co. 一案①中，第二巡回区上诉法院认为，由于商店从销售每一张唱片中获得10%到12%的利润，作为商店主的被告就在其唱片特许销售资格之下从销售私制唱片的非法行为中获得了"直接经济利益"。

经过这么多年，法院逐渐放宽了经济利益的要求，在 Fonovisa 一案②中，第九巡回区法院认定，原告有充足的证据主张跳蚤市场的管理者获得了"直接经济利益"。然而，与 Shapiro, Bernstein & Co. 一案中的商店主不同，跳蚤市场管理者并没有从摊贩销售盗版唱片中获取一分利润，它仅仅是从其货摊的租金中获得适度的日常费用。法院强调说，管理者从顾客的入场费、租金和停车费中获取了"实质性的经济利益"。这些利润都被概括化，并不直接起源于侵权行为。不管怎样，法院强调说，所有这些利润都是因销售盗版唱片而产生的。

经济利益要素已进一步被扩大解释为，最终的被告并不需要从侵权行为中获取现实的利益，而只要是存在获取经济利益的预期就可以。在 Napster 一案中，州地方法院认为，即便是当侵权行为发生之时，服务商尚未获得任何收入，Napster 从其用户的侵权行为中仍可能拥有一定的经济利益。③ 法院指出，Napster 通过提供免费的侵权音乐作品吸引用户，增加了自己网站的浏览量。虽然 Napster 一案的法院和 Fonovisa 一案的法院对经济利益要素的要求进行了适度的放松，但是，该要素在任何替代责任的分析中仍然是一个关键的要素。

（二）证明父母能够承担替代责任

依据上文所提到的替代责任的标准，如果原告能够证明未成年侵权行为人的父母拥有监管孩子的权利和能力，并且能够证明父母从其孩子的侵权行为中有所获益，法院就可能责令父母对其孩子的文件共享行为承担侵权责任。原告也许能够证明第一个要素，但是对第二个要素，原告则似乎无能为力，因此，依据替代责任理论，父母很有可能无需对其未成年孩子的文件共享行为承担替代责任。

---

① Shapiro, Bernstein & Co. v. H. L. Green Co. 316 F. 2d 304, 307 (2d Cir. 1963).
② Fonovisa, Inc. v. Cherry Auction, Inc. 76 F. 3d 259, 263 (9th Cir. 1996).
③ A&M Records, Inc. v. Napster, Inc. 114 F. Supp. 2d 896, 921 (N. D. Cal. 2000), aff'd in part, rev'd in part on other grounds, 239 F. 3d 1004 (9th Cir. 2001).

1. 证明父母具有监管的权利和能力

原告可能不费吹灰之力就可以证明父母对其未成年的孩子享有监管的权利和能力。正如在 Fonovisa 一案中跳蚤市场的监管者有权决定其摊贩所出卖的产品一样，负有监管职责的父母同样也有权决定对孩子的教育、娱乐以及对孩子的纪律约束。父母可以禁止孩子从事特定的行为，比如恃强凌弱殴打他人、盗窃公私财物等。同样地，父母也可以禁止孩子从事文件共享行为，并且一旦其违反就对其施以惩罚。为证明父母的监管之权，原告只需证明存在父母子女关系或者监护与被监护关系，并表明父母之前曾监管过孩子即可。原告将不用像 Fonovisa 一案中的原告那样引入合同，因为父母子女关系是基于血缘基因关系或州收养法的规定，而不是合同法。

原告也同样能够证明父母有监管孩子的能力。文件共享行为通常发生在家中，而那里是父母拥有统治权和控制能力的地方。[①] 父母在家中控制和监督其未成年子女使用网络的行为有很多措施和方法。父母可以首先和孩子进行一次促膝长谈，向他们讲述文件共享行为涉及的法律禁止性规定，并告诫孩子不要从事该种行为。父母也可以在电脑上安装一个网络过滤器以阻止网络间的文件共享。[②] 父母或者可以现场监督孩子的网络在线行为，又或者安装一个检测软件记录孩子的互联网使用情况，再或者周期性地检查电脑中的文件以查询可疑文件。如果上述所有的方法都没有效果，父母甚至可以暂时性地撤销或限制孩子使用网络或者电脑的特权。

聪明的孩子若要进行文件共享肯定可以避开这些措施。孩子可以在父母不在家中或者上班的时候传输文件，可以把文件藏匿在移动硬盘中，或者甚至可能使网络过滤软件无效。然而，法院将不可能因上述原因而免除父母的侵权责任。父母在监管孩子使用互联网时遇到的任何困难，都无法与 Napster 在监管成百上千的用户在其服务器上所进行的行为所存在的难度相提并论。此外，父母曾对孩子的其他行

---

① "一个人的家就是他的城堡"的格言在普通法上根深蒂固，See Minnesota v. Carter, 525 U. S. 83, 99 – 100 (1998) (Kennedy, J. concurring). (本文讨论了基于美国宪法第四修正案，该格言产生的历史根源。)

② See Janelle A. Weber, Comment, The Spending Clause: Funding a Filth-Free Internet or Filtering Out the First Amendment? 56 Fla. L. Rev. 471, 478 n. 70 (2004).

为，如看电视和做家庭作业等施以监管的任何自认，都将支持说父母的该种监管完全是可行的。

2. 证明父母获得了经济上的利益

证明父母从孩子的文件共享行为中获取了经济利益实质上比证明父母对孩子拥有监管的权利和能力更加困难。原告可能会辩解说孩子的文件共享行为使得父母在孩子的娱乐花销上节省了费用。举个例子，假如在 Megan 接受作为生日礼物的一套电脑并开始在线下载音乐之前，Joel 一直为他 13 岁的女儿 Megan 购买音乐 CD 唱片提供资金。Megan 有了电脑之后，仅仅在一个月的时间内，她就违反版权法免费下载了 1000 首歌曲。如果 Joel 从音乐产业授权的服务中购买这些歌曲，每首歌曲 1 美元的话，他就得支付 1000 美元。同样地，如果 Joel 购买每张 15 美元的 CD 唱片来购买这些歌曲，并且每张 CD 唱片上面包含两首 Megan 下载的歌曲，他就得花费 7500 美元。由于其女儿的侵权行为为 Joel 节省了这笔支出，他可以将这些钱利用到其他的用途上，人们可能会因此争辩说他从其女儿的侵权行为中获得了经济利益。

这种辩解其实过于简单化并且存在法律上的瑕疵。尽管这些音乐文件具有一定的经济价值，但是 Joel 并没从 Megan 获取的音乐中获益。Megan 自己欣赏这些音乐，并没有和她爸爸分享。更为重要的是，虽然 Joel 可能因其女儿的文件共享行为节省一定的开支，但是他并没有从其女儿的侵权行为中获得或者期望获得一定的利益。Megan 下载音乐自娱自乐，她也没有利用这些音乐作品生产盗版 CD 在市场上出售，并且她也没有和她父亲分享这一收益。此外，值得指出的是，Joel 也不可能从其女儿的文件共享行为中节省如此多的支出。如果 Megan 没有下载这些音乐，她也不可能花钱去买 1000 首歌曲或者五百张 CD 唱片，因为 Joel 极有可能不允许她这样做。网络文件共享只是使得孩子们可以获取那些他们之前以其他方式无法拥有的音乐。因此，原告极有可能无法证明这种经济利益要素的要求。

3. 总结

除非法院采取显著扩大经济利益要素的要求这一多半不大可能的措施，否则原告一般都不可能证明父母需要对其未成年孩子的文件共享行为承担替代责任。但是，依据派生责任的其他理论，父母可能会对其未成年孩子的侵权行为承担法律责任。共同侵权理论也仍然是原告的制胜法宝之一。

(三) 共同侵权责任理论

共同侵权责任起源于侵权法中产品责任的概念。如果被告知悉他人的直接侵权行为信息，并且实质上有助于他人的侵权行为，法院就可能将被告作为共同侵权人责令其承担侵权责任。① 但是，这两个要素对原告而言都并非轻而易举能够证明。

1. 证明被告具有信息要素

原告可以通过证明被告知道或有理由知道直接侵权人的行为证明被告满足共同侵权行为理论的第一要素。被告的这种信息要素被分为事实性的信息和推定的信息。② 虽然在某些案件中原告证明推定的信息可能相对容易些，但是原告可能更倾向证明事实上的信息，因为事实性的信息表明了被告的行为具有更加严重的责难性，并可能促使法院做出高额的法定赔偿金。在早期的先例中，法院要求原告不仅要证明被告"意识到侵权行为"，还要求原告必须证明被告"有实质上的能力阻止或防止侵权行为的发生"。

原告证明被告具有事实性的信息有很多种方法。在 Fonovisa 一案中，第九巡回区法院发现，跳蚤市场的管理者本应该具有事实性的信息，即发现它的摊贩在其生产经营场所内出售盗版唱片。法院指出，管理者一定已经知道卖主的侵权行为，因为在原告诉讼之前，执法部门曾在该市场内已经查封了几千张盗版唱片。此后，由于管理者未能纠正这种行为，执法部门也曾向管理处发过一份公函，告知市场管理者在其市场内仍存在销售侵权物品的事实。在另一个案件，A&M Records, Inc. v. Abdallah 一案③中，加利福尼亚州中心区的地方法院发现，提供不标准长度的盗版录像带和其他原料的被告事实上知道这

---

① In Gershwin Publishing Corp. v. Columbia Artists Management, Inc. the Second Circuit articulated the prevailing test of contributory infringement. see 443 F. 2d 1159, 1162 (2d Cir. 1971). (法院指出，一个人，若知悉他人的侵权行为，并且促使或实质上有助于该侵权行为，可以要求其作为"共同侵权人"承担侵权责任。)
② 该部分的"知道"即指被告具有他人侵权行为的事实性信息，"有理由知道"即指被告具有他人侵权行为的推定性信息。译者注。
③ 948 F. Supp. 1449 (C.D. Cal. 1996).

些东西是用来生产盗版唱片的。法院发现，在好几个场合，盗版商都曾和被告谈到他们利用录像带的目的。这两份法院判决表明，如果被告曾和直接侵权人有所交流该侵权行为的信息，或者被告从执法当局中收到相关的通知，法院就可以判定被告具有侵权行为的事实信息。

原告能否证明被告的推定性信息则很难说。在 Napster 一案中，地方法院发现，Napster 拥有其用户从事未授权的文件共享行为的推定信息。法院指出，由于 Napster 的管理者曾起诉过盗用其公司标识的一个摇滚乐队，因此，他们对版权法非常熟悉。法院也同时指出，管理者曾使用该项技术在自己电脑上下载过文件，并且通过显示侵权物品创设了这项服务。因此，Napster 一案的法院合理地解释说，如果被告拥有网络文件共享行为的自身经历和法律上的经验，被告就极有可能拥有他人从事侵权行为的推定信息。

2. 证明被告实质上有助于侵权行为的发生

原告可能通过证明被告"鼓励或有助于"他人的侵权行为来证明被告的行为满足共同侵权理论的第二个要素。[①] 原告可以选择三种方式中的任何一种证明该种要素。原告可以证明被告为他人的侵权行为提供了场所和工具设施，或者证明被告提供了机器设备或原料，又或者证明被告从事的行为有助于他人侵权行为的发生，并且其又未能有效地采取措施予以阻止。

（1）证明被告提供了场所和工具设施。在 Fonovisa 一案中，第九巡回区法院认为，原告具有充分的证据主张跳蚤市场的管理者通过为已知的侵权行为"主动努力地提供交易的市场及环境"，有助于摊贩盗版唱片的销售。法院注意到管理者为摊贩提供了货摊的位置、公共服务、停车位、广告和顾客群等。法院虽然承认管理者可能没有明显地促进盗版唱片的销售，但是它仍认为存在其他方面的充分证据撤销地方法院所作出的、依据被告的请求驳回原告诉讼的裁决。

（2）证明被告提供工具设备或材料。在 RCA Records Inc. v. All-Fast Systems Inc. 一案[②]中，纽约州南区地方法院禁止零售商店在其店内允许顾客使用复制磁带机器的服务。法院对比了本案和作为 VTRs

---

[①] See William F. Patry, Copyright Law & Practice 1147 (1994).
[②] 594 F. Supp. 335 (S.D.N.Y. 1984).

的制造商Sony一案中的复制服务情形。在Sony一案中,联邦最高法院认为,虽然在商业交易中VTR是实行实质性非侵权使用的主要工具,Sony并不应作为共同侵权人对其顾客对电视节目未授权的复制行为承担法律责任。

地方法院合理地解释说,本案中的复制服务,和Sony一案存在不同之处。本案中被告通过拒绝出售盗版的复制品就可以拥有大量的机会控制他人对磁带复制机器的使用。法院指出,复制服务商能够意识到他人对该机器的每一次使用,并且在他人使用机器时做出了数以百计的商业性决定,因此,该服务符合传统规则对共同侵权人的规定。法院指出,即便是该机器能够被用于实质性的非侵权使用,避免共同侵权行为对复制服务商而言并不是一个沉重的负担。作为对照,由于机器制造商只能通过整体上终止对该产品的销售阻止侵权行为的发生,加诸于磁带复制机器的制造商身上的重担就将会过于沉重。由于复制服务并不构成Sony的抗辩,法院最终向原告颁发了禁令。

(3) 证明被告有助于侵权行为的发生却未能采取措施予以阻止。在Casella v. Morris一案[①]中,第十一巡回区法院指出,在地方法院认定的事实基础之上,饭店老板因有意将其拥有的、版权属于原告所有的音乐的权利转让给一家公司而实质上有助于该公司的侵权行为。在本案中,饭店老板为提高自己企业的吸引力,要求原告为一群会歌唱的机器熊创作几首歌曲。由于饭店老板没有向原告支付获得音乐授权使用的全部费用,双方产生了一些争议。原告曾向被告发出停止使用的公函,告知被告其对这些歌曲的进一步使用即构成侵权。在该通知函发出一个月后,饭店老板将其对这些歌曲享有的权利转让给了另一家公司,并名义上授权该公司使用其被授权的音乐。作为交易的一部分,饭店老板从该公司的利润中获得10%左右的收益。法院发现,饭店老板通过对歌曲使用权的意图转让(purported transfer),促进了该公司对其受让的歌曲的可能的侵权行为。此外,法院还发现,饭店老板未能采取任何措施阻止该种权利的转让,或者告知购买公司其对歌曲享有的使用权已终止。法院因此得出结论说,饭店老板的"完全彻底的不作为"足以证明其促进了侵权行为的发生。

---

① 820 F. 2d 362 (11th Cir. 1987).

（四）证明共同侵权行为

使用上述共同侵权理论的标准，如果原告能够证明父母具有其未成年子女文件共享行为的信息，并且父母实质上促进了该侵权行为的发生，父母就可能需要对其子女的行为承担侵权责任。理论上原告可以证明上述要素，但是每一项似乎都是极具挑战性的任务。

1. 证明父母的信息要素

父母获知其孩子从事未授权的文件共享行为的事实信息有很多种方法。父母可以作证指证孩子非法下载了文件。孩子或者他人，比如其兄弟、朋友或亲戚等可以通知孩子的父母其孩子从事了侵权行为；电脑桌面上的文件共享软件也可能使父母警觉地注意到孩子违反版权法的行为；或者因逐渐减少的电脑硬盘空间所干扰的父母也可能发现电脑文件夹中的侵权文件。

虽然上述任何方案都可能使父母获知其孩子侵权行为的事实信息，但是，这根本无法确保父母必然能够发现孩子的侵权行为。不熟悉电脑知识和互联网知识的父母可能作证说他们的孩子下载了音乐文件，但是他们可能仍然无法理解其孩子究竟做了什么，甚至熟悉下载并知道孩子在线获得了音乐文件的父母也可能不知道其孩子的行为会违反版权法的规定。和 Napster 一案中的管理者不同，很多父母对版权法并不熟悉。

那些稍微意识到未授权文件共享行为为非法行为的父母可能仍然会被合法的技术术语和网络共享文件的广告所误导。加利福尼亚州一名 23 岁的母亲由于允许其未成年孩子在其电脑上使用 Kazaa 下载音乐而遭到起诉。这位母亲对 Napster 一案的诉讼有所了解，并知道法院最终判决暂时性中止该项服务。她说"她只是推想，如果 Napster 应该被关闭，还有什么仍在工作的服务行为不是非法的呢？"或者，让我们重新回忆被 RIAA 起诉的 12 岁女孩一案的情形。这位女孩的母亲说，因为 Kazaa Plus 服务是需要付费的，所以她以为使用该服务下载音乐就是合法的。① 此外，在本文写作之际，Kazaa 的主页上还

---

① "If you're paying for it, you're not stealing it, so what is this all about?" the mother said.

重复显示着:"拥有Kazaa是完全免费的。"① 虽然这种表述是千真万确的,但是它却能误导孩子和家长。对"拥有(having)"Kazaa和"使用(using)"Kazaa下载未得到版权所有人授权的文件这两种表述,很多人都无法准确地掌握他们之间的区别。

不管怎样,围绕着个体诉讼的公共宣传确实使很多父母意识到未授权的文件共享行为可能构成侵犯版权的行为。但是即使这样,很多父母可能仍然无法知道其孩子会在什么时候从事该非法行为。原因在于还有几种个人可以合法地下载音乐的途径。比如,网络用户如果得到版权所有人的授权就可以合法地下载音乐文件。很多歌手和唱片公司会通过在其网站上链接自己的音乐并允许歌迷免费下载以提升自己音乐的影响范围。一个人也可以通过支付服务费,比如iTunes音乐商店和新Napster等合法地下载音乐。此外,如果一个人存在合理使用(fair use)的抗辩理由也可以合法地下载音乐,② 比如孩子如果为研究网络间侵犯版权的行为收集资料而下载一首歌曲就具有这种抗辩。考虑到下载音乐的这些合法途径,父母如果只是稍微地瞥一眼电脑屏幕中的文件共享行为,或者在电脑硬盘中发现了音乐文件,完全可能合理地认为其孩子下载这些歌曲是合法的。

原告也必须克服困难寻找一名愿意合作的证人证明父母具有孩子侵权行为的事实信息。在Abdallah一案中,原告引用了被告的一名雇员的证言,该雇员可能对被告有所不满。在父母责任案件中,虽然和父母一方探讨孩子的文件共享行为的人包括其配偶、孩子自己、兄弟、亲戚和朋友等,但是,这些人都和孩子的父母存在一定的利害关系,可能会以同情的眼光看待父母的处境。因此,作为原告可以信赖

---

① See Kazaa, Having Kazaa is 100% Legal, http://www.kazaa.com/us/help/new-100percentlegal.htm (last visited Mar. 25, 2005).
② See 17 U.S.C. § 107 (2005). 该部分指出,为批评、评判、新闻报道、教学、个人欣赏、研究的目的对他人版权作品的使用,不视为侵犯了他人的版权。法院在判定一个人对他人作品的使用是否构成合理使用时,应考虑以下因素:第一,该使用的目的和特性,即该使用是商业性的使用,还是为教育目的的非营利性使用;第二,该版权作品的特性;第三,整体性使用该作品时,作品被使用的实质性部分和数量;第四,该使用对版权所有人作品的潜在市场价值的影响。上述任何一个因素在判断合理使用时都不具有决定性。See Pierre N. Leval, Commentary, Toward a Fair Use Standard, 103 Harv. L. Rev. 1105, 1110-11 (1990).

的合适的证人在庭审或裁决中提供对原告有利的证据,这些人显然并不合适。

同样地,原告也可能缺乏充分的书面证据证明父母具有事实信息。和其他案件中的原告不同,可能是RIAA考虑到必须承受的管理成本和经济负担等原因,其并没有向个体文件共享者发出停止侵权行为的公函(cease-and-desist letters)告诫他们的行为。[①] 虽然RIAA通过其他方式不间断地向个体用户发送很多信息告知他们未授权的音乐共享行为是非法的,但是法院似乎无法查明父母是否真正地收到一个这样的信息。考虑到原告证明父母的事实信息所遇到的难题,原告就更不可能证明被告所具有的推定信息了。

有很多机会都可能使得父母有理由知道自己的孩子从事了未授权的文件共享行为。如果父母发现孩子在其电脑上正在聆听各种各样的新音乐,或者听见他和自己的朋友大谈特谈共享的文件,那么他们就有理由知道其孩子从事了未授权的文件共享行为。有关年轻人之间盛行文件共享行为的新闻和电视报道也可能使父母怀疑自己的孩子也同样从事了这种侵权行为。基于这样的事实信息,父母也有理由知道这种信息,即他拥有该电脑,并且订阅了ISPs服务,或者因为侵权行为就发生在他的屋檐之下。此外,适用在Napster一案中地方法院的理由,如果父母懂得版权法并且自己先前下载过音乐,父母也可能具有推定信息。然而,与Napster一案的管理者相比较,父母并没有在促进孩子的文件共享行为中特别扮演决定性的角色,因此,父母就可能具有更少的理由知悉其孩子的侵权行为。

为了证明被告的推定信息,原告仍将克服提供有价值的证言或书面证据的困难。然而,法院并不要求原告必须证明父母事实上知道引起本案争议的音乐文件是从非法途径获得的。因此,证明父母具有其孩子侵权行为的推定信息作为一种可行的方法,似乎可以满足父母责任案件中的信息要素。

2. 证明父母实质上促进了孩子的侵权行为

原告在证明了父母的信息要素之后,依据三种现行的、可能促进

[①] See Steve Seidenberg, New Battleground in File-Sharing: After Copyright Loss, Strategy Shifts to Going After Individuals, Nat'l L. J. May 5, 2003, at A15.

孩子侵权行为的任意一个情形，他都必须证明父母的作为或不作为促进了其孩子的文件共享行为。原告可能具有充分有力的论据证明父母的行为满足上述三种标准的一个或多个，然而，父母也可能同样具有有力的反面证据证明其特定的作为或不作为，并不类似于在那些原告获胜的案件中被判定承担侵权责任的被告。

（1）证明父母提供了场所和便利设施。原告可能会辩解说父母为其孩子未授权的文件共享行为提供了场所和便利设施，就如同在Fonovisa一案中的跳蚤市场的管理者的行为一样。[①] 父母为其孩子提供了房间、桌椅、水电、网络服务、食物以及庇护等，这些生活便利设施使得孩子从事文件共享行为不仅可能，而且极其便利。父母在获知孩子非法下载音乐后可能仍会继续提供这些生活便利。

虽然父母给其孩子提供了场所和便利设施，但是父母是否"主动地努力"促进该侵权行为的发生，或者是否会像跳蚤市场的管理者创建盗版产品的交易市场那样却不是很清晰。和市场的管理者不同，父母给其孩子提供这些生活便利设施的目的是为了让孩子完成其家庭作业、浏览网页以及和朋友交流情感等。父母如此行为是受到履行父母责任的愿望的驱使，并不是为了其口袋中的钱。同样，父母并没有主动地或有意地让其他文件共享者和其孩子取得联系。父母只是通过订阅互联网服务而消极地将文件共享者置于孩子可以接触到的范围之内而已。

两种情形的另一个重要的区别在于父母子女关系的本质。相比较跳蚤市场的管理者和卖主之间的关系，父母在发现孩子的侵权行为之后，并不能终止父母子女关系或强迫孩子离开家庭。考虑到孩子利用网络的大量有价值的益处，以及网络上有用的教学资源，孩子家庭作业的安排等，父母可能并不情愿完全撤回孩子使用网络的特权。因此，针对原告所指控的父母为其孩子的侵权行为提供了场所和便利设施，父母完全可以成功地予以抗辩。

（2）证明父母提供了机器设备和原料。原告可能会主张说，和

[①] See generally Fonovisa, Inc. v. Cherry Auction, Inc. 76 F. 3d 259, 264 (9th Cir. 1996).（法院认为，原告具有充分的证据指控跳蚤市场的管理者通过提供了货摊、设施、停车位、广告和顾客等，实质上促进了卖主销售侵权唱片的行为。）

RCV唱片一案中的复制服务一样，父母为其孩子提供了机器设备和原料，使得孩子的文件共享行为成为可能。① 父母为其孩子装备了电脑这一从事文件共享行为最主要的工具。在一些案件中，父母还为其孩子提供了空白的CD光盘和MP3播放器，这使得孩子可以复制、存储音乐文件并在其他地方随意地聆听音乐。虽然电脑和空白CD光盘可以被用做文字处理或工作记录等实质上的非侵权行为，但是仅仅因为上述原因并不能免除父母的侵权责任。正如在RCA唱片一案中法院所明确阐述的，Sony公司的抗辩对商业交易的主要原料制造商有效，但对那些有能力控制这些产品使用的消费者并不起作用。因此，如果电脑制造商惠普公司（Hewlett-Packard或HP）因网络用户的非法文件共享行为遭到起诉就可以主张该种抗辩，然而，购买该电脑的父母则不享有这种抗辩。和惠普公司不同，父母拥有大量的机会控制其孩子对电脑的使用并可以阻止孩子的侵权使用；因此，它要求父母避免共同侵权行为并不是什么实质性的重担。最为对比，由于惠普公司只能通过完全终止其电脑的销售，或者完全终止其设备连接上互联网的能力才能达到阻止孩子从事文件共享行为的目的，因此，如果要求惠普公司阻止孩子的文件共享行为，惠普公司毫无疑问会受到损害。

然而，父母并不像RCA唱片一案中的复制服务商那样必然会遭受责罚。和这种被告不同，孩子每次使用电脑或者连接网络，父母没有向其收取一毛钱，也没有签订一份商业合同。并且和复制服务商不同，父母并不能确定每一次孩子浏览网页，自己就有助于孩子的侵权行为。正是基于这个原因，父母可能和RCA唱片及其类似案件的被告存在巨大的差别。

（3）证明父母有助于侵权行为并未能采取措施阻止该侵权行为的发生。最后，原告可能主张孩子的父母像Casella一案中的被告一样，其行为有助于孩子的侵权行为并未采取有效措施阻止该侵权行为

---

① See generally RCA Records, v. All-Fast Sys., Inc. 594 F. Supp. 335 (S. D. N. Y. 1984).（法院指出，由于顾客使用复制机器的行为构成对他人作品的直接侵权，被告允许顾客在其商店中使用唱片复制机复制其出售的唱片的行为，有助于他人的侵权行为。）

的发生。① 当父母订阅 ISPs 服务并允许孩子在没有监管的情形下连接网络时，父母就促进了孩子从事该侵权行为。在那些父母在其家用电脑上安装了文件共享软件或者订阅诸如 Kazaa Plus 之类的文件共享服务的案件中，原告的该种辩解就更加强烈。更为重要的是，按照第十一巡回区法院的判决理由，当父母未能采取措施，比如对孩子的网络使用设定一定的限制、装载一个过滤器等阻止孩子的侵权行为时，父母的行为就可能促进了孩子的侵权行为。因此，父母可能通过其"彻底的不作为""促进"了孩子的侵权行为。

但是法院是否会认为父母所从事的、有助于侵权行为发生的行为能达到 Casella 一案中饭店老板的行为的程度，现在仍不明晰。父母订阅 ISPs 服务和 Casella 一案中的被告意图转让原告版权音乐的直接侵权行为并不具有密切的相关性。饭店老板试图转让版权音乐的权利给购买者并从购买者的非法行为中获益。此外，在交易完成以后，购买者会侵犯原告的版权似乎是不可避免的结果。而作为对照，父母订阅 ISPs 服务所主要从事的行为，比如看新闻、网上购物、网上缴费等，与侵权行为都没有一点关系。尽管父母可以预见到其孩子可能利用其订阅的 ISPs 服务从事非法的文件共享行为，但是孩子的这种行为并非是不可避免的。当然，这种论据可能并不能对所有的父母都适用。比如，如果父母基于孩子的利益订阅了文件共享服务，由于父母的行为和孩子的侵权行为之间所具有的天然联系性，那么，此时的父母就有可能类似于 Casella 一案中的饭店老板。

3. 小结

考虑到各州的现行法律规定，原告可能，但不一定能够在父母责任案件中证明父母的行为实质上有助于其孩子的侵权行为这一要素。虽然从表面上看，父母的作为或不作为似乎满足三个标准的任意一个，但是父母责任案件却和创设这些标准的先例存在重大区别。于是，依据共同侵权理论，原告是否能够要求父母对其孩子的侵权行为承担侵权责任就是一个没有答案的问题。因此，也就很有必要考察在

---

① See generally Casella v. Morris, 820 F. 2d 362 (11th Cir. 1987).（法院指出，该案中的饭店老板意图将原告的版权音乐转让给他人，并没有采取措施阻止可能发生的侵权行为，实质上就有助于他人的直接侵权行为。）

文件共享的背景下强加的父母侵权责任，是否和在侵权法这一相关法律领域中强加父母侵权责任的做法相一致。

三、普通侵权法原则下的父母责任

侵权法和版权法中的父母责任考量极其具有相关性。如上文所言，共同侵权理论起源于侵权法，此外，和版权法不同，侵权法在处理因孩子的故意非法行为而强加父母以侵权责任方面包含大量已经发展完善的普通法规则。① 由于法案所规定的严格责任的标准产生的相对较低的损害赔偿额，州立法机关在20世纪50年代和60年代废止了大量的普通法规则。② 尽管侵权法发生了这种转变，但是，普通法规则以及依据该规定的理由，仍然能够为版权领域的侵权行为提供有用的导向性信息。

（一）危险性工具的过失交付

和这种分析相关的第一个侵权行为就是危险性工具的过失交付问题。在普通法中，如果父母交付给孩子一项危险性工具，或者使孩子可以得到某种危险性工具，比如手枪等，父母就有可能被法院判定存在过失。③ 如果父母为其孩子提供了一件具有潜在危险性的工具，比如火柴或机动车等，但是由于孩子年纪太小或者具有滥用误用该工具的倾向，父母也有可能被判定存在过失。这种判定父母责任的危险性工具理论的逻辑基础在于，因父母向孩子提供了接触到有害物品的机会，孩子对他人造成的伤害具有可预见性。

虽然电脑并不能被认为是可能对他人人身或财产造成损害的工具，但是它同样具有潜在的危险性工具的几个特性。当电脑放在音乐发烧友的青少年孩子手中时，并且还有证据证明该孩子存在违反版权法的倾向，该电脑被用来侵犯版权所有人对其悦耳的唱片所享有的排

---

① See Wade R. Habeeb, Annotation, Parents' Liability for Injury or Damage Intentionally Inflicted by Minor Child, 54 A. L. R. 3d 974 (1973). （本文收集了那些基于孩子的故意侵权行为而起诉父母，或者因为父母的监管过失而起诉孩子的父母的所有判例。）

② See Linda A. Chapin, Out of Control? The Uses and Abuses of Parental Liability Laws to Control Juvenile Delinquency in the United States, 37 Santa Clara L. Rev. 621, 631 – 32 (1997).

③ See Prosser & Keeton on the Law of Torts, supra note 28, § 123.

他性权利就是可预见的了。如同滚珠轴承枪（BB guns）会对邻居的窗户构成威胁一样，连接上网络的电脑对版权所有人的智慧财产权也将构成潜在的威胁。因此，如果父母知道其孩子具有从事未授权文件共享行为的习性，因父母交付给孩子电脑而要求其承担法律责任就和危险性工具理论多少有点一致了。

（二）父母过失监管理论

和该种分析有关的第二个侵权行为就是父母对其孩子的监管过失。在普通法上，如果父母知悉其孩子具有从事特定故意侵权行为的倾向，却因过失未能采取合理的措施控制其孩子的行为，父母就可能被强加侵权责任。法院适用这种侵权行为规则的目的在于试图保持个体家庭和社会公众利益之间的平衡。

例如，在 Bieker v. Owens 一案①中，阿肯色州最高法院评判了是否应该因原告主张的其孩子遭到被告孩子的殴打而对被告施加侵权责任。法院指出，由于"每个人的意志和习性都是受自己排他地控制的"，因此要求父母对其孩子的行为承担完全的侵权责任是不合理的。② 然而，在这个特定的案件中，父母一而再地未能采取措施阻止其儿子的暴力习性，因此，他们的行为"鼓励、批准并认可了孩子的非法行为"。在阐述法庭的判决意见时，大法官 Harris 说，法庭的大多数意见都认为父母应该意识到并主动承担他们的责任。他谴责了那些父母，即他们明知其孩子的违法本性却不愿采取措施去消除这种有害的影响。他们由于忽视自己作为父母的职责，就将损害风险的重担转嫁给了社会公众。

如今，孩子对他人人身或财产的侵害能力并不局限于其身体上的暴力程度。鼠标轻轻一点，孩子就可能侵害数以千计的版权所有人的权利。因此，如果使得作为唱片公司的原告能够像 Bieker 一案中的原告一样从孩子的父母那里获得损害赔偿，该理论似乎就和侵权法上的父母监管过失保持了一致。父母知道自己的孩子具有从事文件共享行为的倾向，并为孩子配备了电脑和网络连接服务，却仍然一直未能

---

① 350 S. W. 2d 522 (Ark. 1961).
② See Norton v. Payne, 281 P. 991, 992 (1929). （父母对其未成年孩子所承担的侵权责任，就如同野生动物的主人或者恶狗的主人对其所有的动物所承担的侵权责任一样。）

采取合理的措施阻止该种侵权行为，甚至反而"鼓励、批准并认可了这种非法行为"。和 Bieker 一案的父母一样，这些明知孩子侵权行为的父母本来可以采取很多的方法，比如禁止孩子从事该种行为或者安装网络过滤器等，减少孩子从事侵权行为的可能性和侵害范围。但是由于他们未能采取这些措施，他们就放弃了自己作为父母的责任，并因此给原告造成了巨大的损害风险。如此行为，父母将版权侵害的风险现实化，迫使原告为保护其利益不得不诉诸诉讼。

（三）总结性概述

虽然孩子所从事的未授权文件的共享行为和孩子所从事的传统的故意侵权行为类型存在实质的不同，但是要求父母对其孩子的该种行为承担法律责任仍然具有合理性。和殴打与财产损害经常发生在社区街道上不同，未授权的文件共享行为经常发生在家中。因为家中是父母具有完全的权威和实质性的能力对孩子施加控制的地方，如果孩子在家中从事了非法行为，要求其父母承担法律责任就是社会公众自然而然的想法。此外，父母在家中并不需要做出很大的努力或花费很大的成本支出就可以实质地阻止孩子侵犯版权行为的发生。

虽然文件共享行为可能比其他故意侵权行为更难以发现，但是这样的事实并不意味着父母不应该对此承担法律责任。共同侵权理论的信息要素可以保护那些不知悉或没有理由知悉其孩子从事了侵权行为的父母们。法院具有严格适用这种要素的自由裁量权，这样，如果父母对版权法不熟悉，或者不存在合理的理由注意到侵权行为，法院也将不会判定父母承担法律责任。因此，通过对普通侵权法原则的分析，在版权领域强加父母以侵权责任明显可以得到法律先例的支持。

四、支持父母对其孩子文件共享行为承担法律责任的政策性理由

在版权法中强加父母以侵权责任不但可以得到普通法的支持，而且可以得到政策性考量的支持。父母如果知道他们可能会对其孩子的文件共享行为承担法律责任，他们就会更加积极地监管其孩子的网络使用，以防止侵权行为的发生。因此，父母责任应有助于减少非法的

文件共享行为，并可以鼓励作者和版权所有者继续从事创造性的努力。①

父母对孩子网络使用的监管不仅有助于减少孩子从事未授权的文件共享行为，而且有助于保护孩子免遭网络上有害信息，比如色情信息和暴力内容的毒害。监管孩子网络在线行为的父母将会恰当地协调这些风险，并更有可能和孩子们探讨有关网络的问题。如果这种良性沟通一旦建立，父母就可能和孩子一道应对网络上的有害信息。

此外，强加父母以侵权责任也可能有助于形成家中尊重版权法的氛围。很多父母一旦发现孩子从零售商店中顺手牵羊地拿走一张CD就暴怒不已，但是现在对孩子非法下载上千首未被授权的歌曲的行为却视而不见。诉讼的威胁可能会鼓励父母对他们相互矛盾的观点进行反思和深思②，即便是父母本身对此并不赞同，至少，它可以促使父母告诫孩子遵守法律的重要性。

五、修正共同侵权理论以在文件共享行为中强加于父母的侵权责任

除非共同侵权理论被合理地修正以符合父母责任案件的特定情形，否则，虽则在孩子的文件共享行为中强加父母以侵权责任存在政策的支持，那也将是"不公平的"。本文下面的建议就将有助于减轻在强加父母以共同侵权责任时原告所面临的困难。

（一）实质的助益性（Material Contribution）要素

为证明父母的行为符合共同侵权理论中的实质助益性要素，原告必须提供大量的证据证明父母有助于其孩子的文件共享行为，并未能采取合理的措施防止其发生。这种证明路径将和Casella一案中第十一巡回区法院的判决相类似。这种路径也是必需的，因为依照RCA Records一案和Fonovisa一案的判断标准的严格解释，原告仅将必须

---

① 美国版权法的基础是建立在这样的理念之上，即国家应当授予作者和版权所有人有限的垄断权，使其可以获得一定的经济利益的刺激，促进其创造性的工作。See U. S. Const. art. I, § 8, cl. 8.

② The Pew Internet Project-comScore Media Metrix 的调查显示，现在下载音乐的人越来越多地开始考虑版权的问题。See Pew Internet Project and comScore Media Metrix.

证明父母故意为其孩子提供了电脑和空白 CD 光盘、互联网服务、房间和其他生活福利等。如果孩子在父母工作期间或者父母休息时从事这种侵权行为，或者孩子刻意隐瞒了自己的行为，即使父母经常监督孩子的网络使用并周期性地检查电脑文件，父母仍有可能被判定承担侵权责任。当父母已尽最大的努力阻止孩子的侵权行为时，依然对其强加侵权责任就多少有点过分严厉了。这就等同于要求父母对其孩子的故意侵权行为承担严格责任——就如同州父母责任法案的规定一样——会遭到广大学者的一致批评。

通过要求原告证明父母未采取合理的措施阻止侵权行为的发生，共同侵权理论就更接近于普通侵权法中的父母监管过失理论。① 这种路径将使事实发现者（法院）进行一种修正的过失分析，即在家庭环境这一私密性情形下，父母的作为或不作为是否合理，父母是否具有版权法的信息，以及孩子是否具有文件共享行为的倾向。它也使得事实发现者在特定的案件中有余地判断那些未能阻止其孩子侵权行为的父母是否做出了合理的努力。由于没有要求父母采取过分的措施监督其孩子的网络使用问题，这种理论将促进法院效率的提高。只有在这样的案件中，即父母放弃了他们作为父母的责任，使得孩子对他人版权的侵害风险成为现实，父母才可能被责令承担侵权责任。

（二）损害要素

此外，若使共同过失理论是对父母强加侵权责任的一种公正性标准，也很有必要分析文件共享行为中可予赔偿的损害的大小。依照现行法律的标准，父母可能在《版权法》第 504（c）项下承担特定的法定赔偿数额。② 如果孩子侵犯了 1000 首歌曲的版权，法院判决被告承担最小的法定赔偿数额，即每首歌曲 750 美元，那么父母就可能承担 750000 美元的损害赔偿责任。这种程度的惩罚并不符合父母的违法行为。虽然父母可能故意促成了孩子的侵权行为，但是父母从该行为中没有获得任何经济利益。此外，累积性的法定损害赔偿额可能

---

① See Douglas Lichtman & William Landes, Indirect Liability for Copyright Infringement: An Economic Perspective, 16 Harv. J. L. & Tech. 395 (2003). （该案讨论了如何将过失规则适用于间接侵权责任之中。）

② See 17 U.S.C. § 504 (c) (2005).

对家庭造成灾难性的经济危机,使得家庭破产或者孩子的大学教育基金丧失。

因此,在文件共享行为的背景下父母对原告的损害赔偿数额应得到一定的限制。① 一个可能的解决办法就是修正1976年的版权法,使得父母因孩子的文件共享行为而遭到起诉时,父母承担的赔偿数额被限制在合理的范围之内。不管孩子复制了多少首歌曲,该数额总能适用。这种数额也可以和州父母责任法案中规定的损害赔偿数额相一致,州法中规定,父母的赔偿责任通常不能超过15000美元。虽然这些法案阻止了被告对其损害获得完全的赔偿,但是它合理地平衡了父母和原告方的利益。对侵犯版权的损害赔偿设置总额限制可能使得唱片产业难以获得对自己全部损害的充分赔偿,但是我们应认识到这样的事实,父母完全不同于在商业剽窃行为中的剽窃者。父母为其孩子提供电脑和网络服务,主要目的是促使孩子在其社区之外学习技术,认知世界,并不是想快速致富。② 因此,通过对可予赔偿的损害数额做出一定的削减,并稍微地修正实质的助益性标准,共同侵权理论可以作为一种正当的责任判定标准,指控父母促进了其孩子的未授权的文件共享行为。

六、结论

本文建议,在共同侵权理论之下,原告可以要求父母对其孩子未授权的文件共享行为承担侵权责任。然而,本文也同样指出,版权领域的父母责任案件可能和现行适用该理论的案件有所区别。最近,法院可能不会回答这种问题。因为如今,该理论是在诉讼之外解决这个争议的、最符合RIAA和父母利益的方法。但是,本文对父母潜在侵

---

① See J. Cam Barker, Note, Grossly Excessive Penalties in the Battle Against Illegal File-Sharing: The Troubling Effects of Aggregating Minimum Statutory Damages For Copyright Infringement, 83 Tex. L. Rev. 525, 558 – 59 (2004)(该文极力建议国会修正版权法案中的法定赔偿金限额,因为该规定在文件共享情景下不仅是违宪的,而且过分严厉。)
② 另一种方法就是像互联网域名商标争议的统一赔偿法案(the Uniform Dispute Resolution Policy for Internet domain name trademark disputes)一样,对该问题建立专门性的损害赔偿体系。See Mark A. Lemley & R. Anthony Reese, Reducing Digital Copyright Infringement Without Restricting Innovation, 56 Stan. L. Rev. 1345, 1410 – 25 (2004).

权责任的考量在诉讼范围内仍然具有重大的实践意义。它表明，RIAA 基于现存的法律或对现存法律的修正，存在合理的理论依据，或至少有现实意义的论据要求父母对孩子的文件共享行为承担法律责任。① 因此，如果 RIAA 打算依据共同侵权理论起诉父母，一般就有可能满足规则 11（Rule 11）的要求。

由于现在各方都存在希望诉讼外和解的倾向，因此本文的建议，即修正共同侵权理论以使其成为一种父母责任的公正性理论，并不是急需实行的紧迫任务。RIAA 并没有以非公正的形式对待父母，因此，此时国会和法院无需为保护父母免遭侵犯版权之诉而采取措施。如果 RIAA 改变其策略开始要求父母承担高额的和解金，或将此类案件诉诸法院以寻求公众对未授权的文件共享行为的更大关注，本文的建议就具有助益性了。

RIAA 对父母的诉讼，虽然可能给一些特定的家庭强加了重担，但是最终对整个社会是具有积极效益的。养育孩子不是一件轻松的事情，这是肯定的。父母必须教育孩子不要喝酒、抽烟、打架，不要忘记做自己的家庭作业，不要和坏孩子一起鬼混，等等，确保孩子不要从事于未授权的文件共享行为对某些父母而言可能是更为沉重的负担，父母不情愿主动承担也是可以理解的。但是不管怎样，RIAA 的诉讼已经使大家注意到这样的事实，即在数字时代的今天，父母别无选择，只能接受对孩子的网络监管并将其作为一种更为重要的父母义务。鼠标轻轻一点，孩子就可能侵犯上千首歌的版权作品，或者沉溺于网络之中，或者沾染在线赌博游戏，等等。父母应采取合理的措施保护孩子免遭这些威胁。父母也应该很愉快地接受监督孩子网络使用的义务，而不应将其交由社会公众承担。

---

① See Fed. R. Civ. P. 11 (b).

父母对未成年子女侵犯版权行为所承担的共同侵权责任

查德·希尔弗[*]著 许元昭[**]译

目　次

一、导论
二、网络上侵犯他人版权的行为
三、父母对未成年子女侵犯版权的行为所承担的侵权责任
四、家庭目的理论应扩大到未成年人的非法共享文件的行为
五、结论

一、导论

一位年仅17岁的小伙子刚刚取得驾照。他经常驾驶着自己崭新的保时捷跑车游荡在城市的大街小巷，车内用最高级的百色立体声系统（Bose stereo system）播放着最流行的音乐。然而，人们感到好奇的是，他是从何种途径获得这些流行歌曲的呢？令其身价大跌的是，这些音乐都是他从网络上非法下载来的。

如今，未成年人非法下载音乐成了一件极其平常的事情，比它最初出现时要严重得多。由于对音乐文件的非法共享，音乐唱片的销售持续遭受到巨大的衰退。在2001年至2002年间，美国音乐唱片的整体销售额几乎下跌了11.2%。[①]

---

[*] 法学博士，《卡多佐公法、政策和伦理杂志社》高级编辑。
[**] 民商法学硕士，中山大学法学院助教。
[①] Recording Industry Association of America, 2003 Yearend Statistics, at http://www.riaa.com/news/newsletter/pdf/2003yearEnd.pdf (last visited Mar. 7, 2004) [hereinafter 2003 Yearend Statistics].

然而，由于大多数民众缺乏对像索尼和哥伦比亚唱片公司等资金雄厚的大型唱片公司的关心和同情，使得音乐产业无法得到版权保护所提供的动力刺激，进而缺乏必要的资源资助并培养新的音乐作家。此外，非法共享音乐文件的行为也"威胁到在音乐产业从事工作的数以万计的工人，受此影响波及的人群十分广泛，从音乐工程师到技术人员，从后勤服务工人到办公室的文件管理员等。"针对非法下载音乐所造成的唱片销售额锐减的问题，立法机关和司法当局已做出了一定的努力，也慢慢地减轻了正版音乐作品被非法授权给网络在线用户使用这一问题的严重程度。正是由于此种努力，唱片产业在销售环节的巨大衰退才开始逐渐得到缓解。

虽然给音乐产业披上了"盔甲"进行保护，但是该"盔甲"仍然存在一个漏洞，即由于未成年人并没有承担直接侵权责任的威胁，孩子们仍然能够非法下载音乐而无任何后顾之忧。"有人估计，在使用在线文件交换服务的6000万名网络用户中，大约有一半是青少年孩子。"① 虽然未成年孩子应当对他们的侵权行为所致损害承担赔偿责任，但是实际上很多孩子无法负担得起。因此，很多孩子非法下载音乐就不会产生任何法律制裁后果，音乐产业如今对此也丝毫没有任何有意义的补救措施，更没有任何可以阻止此种行为的办法。由于青少年构成了音乐市场的很大一部分消费群体，剥夺版权所有人对其损害赔偿的独立求偿权将对音乐产业的发展构成明显的威胁。目前看来，尽管对此问题没有面面俱到的解决办法，但当未成年人非法下载了受版权保护的音乐时，若对其父母强加侵权责任，或许能够为版权所有人因该种违法行为所遭到的损害提供一种可能的救济方法。

本文第一部分大致介绍了有关规制网络上侵犯版权行为的现行法律规定。在本文第二部分，分析了当未成年孩子从事了侵犯他人版权的行为时，该未成年孩子和其父母对此所应承担的法律责任。在本文的第三部分，作者检视了有关认定网络侵犯版权行为的理论，以及父母对未成年子女的网络侵权行为所承担的侵权责任。最后，作者建议，通过对父母施加某种刺激，让其有动力阻止他们的孩子从事此类侵权

---

① Alex Veiga, It Could Be Hard to Sue Parents for Song Swaps, Associated Press, Sept. 13, 2003.

二、网络上侵犯他人版权的行为

随着通过网络传输电子信息这种迅捷的传播方法的发展，如今全球都陷入了如何才能有效地规制非法传播和复制享有版权作品的难题。由于实践中共享文件的新方法不断涌现，国会不得不制定新的成文法，联邦司法机关也不得不适用新的判例法分别与行为人利用网络侵犯他人版权的免费行径继续作斗争。虽然侵权行为人所从事的行为大多是文件共享行为，但是由于深入探究此行为的合法性问题并不是本文关注的范围，因此本文只是简要地概述涉及该主题的最近的先例，以及其所涉及的主要法律法规，来为本文的讨论奠定基础。

（一）千禧年数字版权法

1996 年，世界版权组织（World Intellectual Property Organization 或 WIPO）为预先防止民众对版权法逐渐滋生的漠视心态，草拟了几个国际条约。[1] 随后在 1998 年 10 月，美国国会通过了《千禧年数字版权法案》（*Digital Millennium Copyright Act* 或 DMCA），[2] 将这些国际条约转化为国内法律。DMCA 的立法目的正是阻止互联网服务提供商（Internet service providers 或 ISPs）[3] 通过其网站向公众提供侵犯版权的作品。

那时，因为 ISPs 是提供版权作品的实体机构，所以，从表面上看，阻止在线侵犯版权行为的最有力措施就是规制 ISPs 的服务行为。在 1995 年，联邦知识产权信息委员会总统特别工作小组（the

---

[1] See World Intellectual Property Organization Copyright Treaty, opened for signature Dec. 20, 1996, 36 I. L. M. 65; World Intellectual Property Organization Performances and Phonograms Treaty, opened for signature Dec. 20, 1996, 36 I. L. M. 76.

[2] See Digital Millennium Copyright Act, 17 U. S. C. 512 (1998).

[3] Webopedia, at http：//www. pcwebopedia. com/TERM/I/ISP. html（last visited Mar. 6, 2004）：互联网服务提供商是指提供联结互联网服务并按月收取费用的电信运营公司。它通过在用户的计算机上装置一个调制调节器，并为用户提供一个软件包、用户名和密码，以及联结网络的电话号码等，就可以使用户联结上互联网，并可以随意的浏览网页、查看新闻、收发邮件等。除了为个人提供网络服务外，ISPs 还可以为公司提供服务，它可以将公司的网站直接联结到网络上。ISPs 彼此之间也是通过网络站点（NAPs）相互联结。

Presidential National Intellectual Property Information Task Force）发表了有关该问题的"白皮书",文章给出了因行为人侵犯他人版权而要求ISPs承担侵权责任的部分理由。该文指出：首先,由于查询事实上非法下载音乐的侵权行为人极其困难,ISPs就成了可以被责令承担法律责任的唯一机构；其次,ISPs一般都从提供受版权保护的作品的行为中获取了经济利益,因此,要求ISPs承担损害赔偿责任也合情合理；最后,由于ISPs和个体侵权行为人之间的经济关系,ISPs最能有效地判断侵权行为是否发生并予以阻止。

然而,国会却认为,由于ISPs既没有直接参与该侵权行为,也不具有该侵权行为的任何直接信息,因此判定ISPs承担侵权责任可能有点过分。于是,DMCA第512条就为ISPs的侵权责任设定了一定的限制：在下列例外情形下,比如提供者传播、搜寻或提供了对侵权作品的链接,以及提供者在传播、搜寻和链接过程中利用ISPs短暂地存储此类侵权作品,ISPs就可以被免除对其侵权行为的金钱上的赔偿责任以及行为上的禁令或其他类似的处罚措施。依据DMCA,只有ISPs在其服务器上存储或隐匿了侵权作品时,其行为才具有可诉性,而当ISPs仅仅是两个网络用户传递信息的渠道时,其并不能成为被告。[①] 因此,当ISPs作为点对点的文件共享行为（peer-to-peer file sharing）的渠道且并不涉及在ISPs服务器上存储侵权作品时,版权所有人并不可以对ISPs提起指控。

一般而言,如果ISPs并没有发现任何侵权作品,或者其严格地遵从了详细的"发现并删除"规则,法院仍然可能免除ISPs承担侵权责任。此外,如果ISPs依据"诚实信用原则"已采取相关措施阻止侵权行为的发生,ISPs同样可以完全不用承担任何侵权责任。ISPs确保自己的侵权责任得到豁免的方法之一就是随时检查自己系统内是否存在侵权作品,一旦发现就立即冻结任何违反版权法的网络用户。尽管法律并没有要求ISPs找出其系统中存在侵权作品的任何信息,但是法律规定,ISPs一旦发现其系统内存在侵权作品就应当立即删除该种侵权作品或者切断此类链接。因此,如果ISPs在自己的系统内

---

① Recording Indus. Ass'n of Am. Inc. v. Verizon Internet, 351 F. 3d 1229, 1233 (D. C. Cir. 2003).

发现了侵犯版权的作品,却没有积极地采取措施移除此类作品或阻止该类链接,服务提供商就可能被责令对第三方侵权版权的行为承担法律责任。

(二) 互联网骨干网运营商

在2002年8月,美国唱片产业协会(the Recording Industry Association of America 或 RIAA),尽管自己不具有原告资格,却支持了13家唱片公司对众多的互联网骨干网运营商(Internet Backbone Providers 或 IBP)① 提起诉讼,指控他们通过网络为消费者非法获取享有版权保护的作品提供了便利通路。② 此次诉讼涉案的被告包括AT&T公司和Sprint公司,而被诉的网站,Listen4ever.com,在未经版权所有人授权的情况下为他人提供了从其中心服务器上非法下载整张专辑的便利。网站管理者采取了大量的措施防止网站被监管当局发现,比如把网址设在中国的一个服务器上,提供有歧义的链接信息等。唱片公司并没有对网站的管理者提起控诉,相反他们"直捣黄龙",直接起诉了所有通过链接到该非法网站的服务器上传播盗版作品的公司。③ 原告提起诉讼之后不久,Listen4ever.com 自动停止了其业务。因此,原告们撤回了自己的诉讼,即版权所有人依据 DMCA 中的授权 ISPs 阻止网络终端用户对特定网站访问的条款对 IBP 所提起的第一起侵权案件并没有被法院审理。

Listen4ever.com 一案表明,到目前为止,有关版权纠纷的诉讼案件只是在版权所有人和侵权人之间具有可诉性,而对侵权行为得以发生的网络基础服务者的责任认定则被搁在一边。尽管 Listen4ever.com 一案并没有被法院审理,但是法院在其他几个侵犯版权的案件中已经

---

① Webopedia, at http://www.pcwebopedia.com/TERM/b/backbone_provider.html (last visited Mar. 6, 2004). 互联网骨干网运营商是指为用户联结网联网提供数据高速传输电缆通道的公司或机构。这些电缆通道构成了网络的实体性结构。与为用户提供网络联结服务的互联网服务供应商不同,互联网骨干网运营商为互联网服务供应商提供数据通道,比如 T1 和 T3 电缆通道等,让互联网服务供应商彼此联结,来为消费者提供高速的网络联结服务。

② A&M Records, Inc. v. Napster, Inc. 239 F.3d 1004, 1023 (9th Cir. 2001).

③ Computerwire, RIAA Suspends DMCA Lawsuit as Listen4Ever Ducks, Register (U.K.), Aug. 22, 2002, at http://www.theregister.co.uk/content/6/26778.html (last visited Mar. 6, 2004).

做出了更富有标志性的判决。

(三) 网站以及网络的点对点服务

与音乐产业在要求网络基础服务者承担侵权责任方面所作的努力相比，唱片公司对网站和音乐文件交易的集中化平台运营商提起的侵犯版权之诉大多都获得了成功。唱片公司对提供非法下载音乐服务的网站所提起的最具开创性的先例是 UMG Recording, Inc. v. MP3.com, Inc. 一案。① 在此案中，联邦地区法院判定，网站在没有得到版权所有人授权的情况下向消费者提供他人版权作品的行为非法。此案的事实是，被告 MP3.com, Inc. 为消费者提供了一项名为"我的音乐之家"的服务，并在广告中宣传该服务"可以允许付费用户在任何一个可以连接互联网的地方随意地存储、聆听或者个性化地设置他们 CD 中的音乐"。

在 MP3.com, Inc. 一案中，被告主张了合理使用的抗辩。合理使用是对版权所有人独占性权利的一项法定限制。法律规定，法院在评判被告的行为是否构成合理使用时必须考虑以下要素：第一，使用的目的和性质，即该使用是一种商业性的营利使用还是一种为教学目的的非营利使用；第二，版权作品的特性；第三，整体上涉及版权作品时，作品被使用的数量或实质性部分；第四，该项使用对版权所有人版权作品的价值或其潜在的市场价值造成的影响。② 法院对上述要素的适用必须在个案的基础上考察每一项因素，而不能机械地依赖于提供了明确标准的具体规则。③

在 MP3.com, Inc. 一案中，地区法院采用了由最高法院确立的判断是否是合理使用的四步测试分析方法。法院发现，MP3.com, Inc. 对版权作品的使用并不构成合理使用，理由如下：第一，被告的目的是确定无疑的商业性使用；第二，原告的创造性劳动成果（音乐作品）正是版权法所保护的客体；第三，被告复制了原告的全部作品；第四，被告的行为严重侵犯了原告的经济利益。正是由于被告的行为在实际效果上影响了原告的经济利益，法院判定被告所主张的合理使

---

① 92 F. Supp. 2d 349 (S. D. N. Y. 2000).
② 17 U. S. C. 107 (1976).
③ Campbell v. Acuff-Rose Music, Inc. 510 U. S. 569, 577 (1994).

用抗辩无法成立。因此，法院颁发了初步的禁令，禁止 MP3.com 网站提供"我的音乐之家"服务或者从事此类侵权行为。①

在 MP3.com, Inc. 一案中，由于 MP3.com 网站事实上确实为其服务对象提供了非法复制音乐的服务，且此种行为并不构成对他人版权作品的合理使用，因此，法院责令被告应对其直接侵犯他人版权的行为承担法律责任。在此案中，MP3.com 网站对原告版权的直接侵犯行为是显而易见的。然而，随着新技术的不断涌现，网络文件交易服务已经具备了此种能力，即可以避免直接侵犯他人的版权作品而仍然为其服务对象提供获取侵权作品的途径。尽管侵权行为人采取措施尽量规避承担直接侵权责任，但是法院依然判定，提供点对点文件交易服务的网站需要对第三方的侵权行为承担法律责任。

在 A&M Records, Inc. v. Napster, Inc. 一案②中，第九巡回区上诉法院判定被告提供的、在其服务器上存储数字音乐作品的中心目录以进行点对点文件交易的服务为非法。该服务有助于用户发现他人提供的以供交换的音乐作品，并且服务商一般都希望将此种服务转变成可营利的业务类型。③ 通过点对点的文件共享服务，"Napster 允许用户，其一，使自己存储的音乐作品可以被其他用户复制；其二，可以搜寻其他用户的电脑中存储的音乐作品；其三，在不同的电脑之间精确地传送音乐作品"。

如同在 MP3.com, Inc. 一案中地区法院的判决一样，Napster, Inc. 一案的法院同样拒绝了被告合理使用的抗辩。在判断该案中复制版权作品的行为是否构成一种商业性使用时，法院指出："证明商业性使用无须要求原告获得了直接的经济利益，相反，重复且过度地复制版权作品，即使该种复制作品并非用以商业销售，依然可以构成商业性使用。"法院总结说，向一位无名用户传送文件并不能视为合理使用，原因就在于用户因接收文件而节省了自己购买版权作品的费用，从而间接获得了经济利益。

---

① Maggie A. Lange, Digital Music Technologies Challenge Copyright Law, 45 Boston B. J. 14, 30 (Apr. 2001).

② 239 F. 3d 1004 (9th Cir. 2001).

③ See Jennifer Norman, Staying Alive: Can The Recording Industry Survive Peer-To-Peer? 26 Colum. J.L. & Arts 371, 402 (2003).

法院认定 Napster 的用户为直接侵权人是因为他们事实上交换了受版权保护的音乐作品。上诉法院并没有将此直接侵权行为归因于点对点的网络服务，而是相反地认为"Napster 的用户下载包含有版权作品的文件，该行为侵犯了原告的作品复制权"。然而，第九巡回法院指出：Napster 对替代侵权行为和共同侵权行为都需要承担侵权责任，并因此基于原告的利益向 Napster 颁发了初步的禁令，并责令网站冻结所有 Napster 用户的服务。考虑到 Napster 所主张的抗辩，针对网络用户之间的点对点服务，最无懈可击的诉因就是要求其承担侵犯他人版权作品的第三方责任，尤其是第三方的替代侵权责任或共同侵权责任。

自从 Napster, Inc. 一案的判决做出之后，所有提供文件共享服务交易平台的网络公司都因可能会对他们用户的直接侵犯版权作品的行为承担第三方责任而胆战心惊。如果网络终端用户利用文件交易服务从事了直接侵权行为，网络公司就可能被责令对其用户的侵权行为承担共同侵权责任。如果网络公司有机会和能力控制用户的行为，并且其从侵权行为中获得了经济利益，网络公司将对用户的侵权行为承担替代责任。

虽然 Napster 网站已经关闭了，并且要求任何从事类似服务的网络服务商承担侵权责任的案例数量开始膨胀，但是音乐唱片的销售量却继续呈现出衰退的迹象。[1] 尽管销售量衰退的原因究竟是什么我们还不确定，但是随着像 Kazaa 和 Grokster 等新型文件交易服务方式的出现，唱片销售额的衰退也同时发生。这些新型的文件交易服务方式与 Napster 所提供的服务大不相同，它们并没有依赖于集中化的服务平台。在该种新型文件交易服务中，原先 Napster 提供电子文件音乐的中心目录的能力被分化和削弱，而作为对比，这种分散类型的点对点文件共享服务通过汇聚网站的 IP 地址（Internet Protocol addresses）形成了网络用户的社团，这使得每一名用户都可以联结或搜寻另一个人的电脑。此外，这种新型的文件交易服务也提供应用软件帮助用户

---

[1] See Marci Hamilton, Why Suing College Students for Illegal Music Downloading Is the Right Thing To Do, FindLaw, Aug. 5, 2003, at http：//writ. corporate. findlaw. com/hamilton/20030805. html (last visited Apr. 16, 2005).

进行链接和搜寻,却并不使用中心服务器存储搜寻目录或实体性用户。这种类型的文件共享服务使得遥远的用户可以通过任何网络进行共享文件行为,而无须依赖于提供文件共享服务的中心服务器。因此,和 Napster 所提供的服务不同,这种程序并不具有实质上可被关闭的中心服务器。

当 RIAA 最初对 Napster 提起诉讼时,属于该协会的唱片公司担心这样做会疏远自己的客户群,但是他们对此别无选择。当他们选择对这种第二代的分散型的文件共享服务商提起诉讼时,唱片公司也同样有此担心。在 2001 年 10 月,唱片公司对 Grokster 提起诉讼,揭开了对新型文件共享技术作战的序幕。①

Grokster 对音乐产业更具有危害性。Grokster 采用分散化的网络服务器②,这意指服务商并不能对终端用户施加任何可行的控制力量,因此,也无法对终端用户侵犯版权的行为承担替代责任。用户一旦从 Grokster 网站下载了文件共享软件后,其所从事的任何涉及该程序的进一步行为都完全独立于 Grokster 网站。在 Grokster 一案中,第九巡回法院的法官指出:"Grokster 没有能力真正地终止用户对文件共享功能的使用,并且当某些特定的用户或阻止搜寻 IP 地址的用户拒绝升级时,Grokster 对该用户就都缺乏强制性的软件升级。此外,原告所指称的停止所有业务运营的能力近似于关闭一个跳蚤市场的能力或者同时停止分发软件的能力一样,而不是排除个体的参与或安全通道的实践的能力,也不是阻止私人用户直接注册登陆的能力,更不是从每一个用户的电脑中删除音乐文件的能力。"

缺乏可以终止用户使用的中心服务平台,唱片公司并不能阻止侵权人利用文件交换服务从事的侵权行为。因此,唱片公司"没有其他的选择,只能起诉网络终端用户"。

(四) 个体的民事责任

反对私人用户侵犯版权的第一个实体性机构是 RIAA。近年来,

---

① Metro-Goldwyn-Mayer Studios, Inc. v. Grokster, Ltd., 259 F. Supp. 2d 1029 (C. D. Cal. Apr 25, 2003).
② Metro-Goldwyn-Mayer Studios Inc. v. Grokster, Ltd., 380 F. 3d 1154, 1159 (9th Cir. 2004).

RIAA 主要集中于防止版权作品未经授权的电子化传播。RIAA 的努力集中表现为与四个战线的对手作斗争：其一，从事了网络侵犯版权行为的私人用户；其二，生产 MP3 文件播放器的生产厂商；其三，提供未授权音乐下载服务的网站经营者；其四，帮助用户搜寻和获取 MP3 文件的网站和其他机构。在和后三种对手斗争几年之后，新涌现的提供分散化服务的网络服务商迫使唱片公司把注意力引向个体用户。

在是否起诉个体用户的问题上，唱片公司一直特别犹豫，原因在于这会对形象已经很差的娱乐产业带来潜在的负面影响。唱片公司同样不确定对私人用户提起诉讼是否会产生有效的威慑作用。考虑到本国的年轻人构成了音乐市场最大的消费群体，音乐产业以一种消极的办法拉开了斗争的帷幕。最开始，RIAA 试图通过一场名为"健康聆听"的运动向青少年灌输对他人版权的高度尊重意识。这场"健康聆听"运动宣传非法复制和传播音乐作品的行为类似于商店中的顺手牵羊行为，如此使民众认识到此种行径会带来严重的伦理和法律后果。然而，大家对此次运动几乎充耳不闻。

2002 年 9 月，经过一年多毫无成效的公众教育，RIAA 的会员公司开始对侵犯版权的个体用户提起诉讼，并将星星之火发展成燎原之势。Grokster 一案的判决开启了要求个体对直接侵犯版权行为承担民事责任的大门，并且唱片公司意图以此作为范例。由于最初对文件交易服务商的诉讼产生了示范效应，RIAA 发现唱片公司的反剽窃策略正达到预期的效果。结果，对个体用户侵犯他人版权的行为进行指控的浪潮风起云涌。最初在 2004 年 1 月，有 532 起诉讼被提起，而到了 2005 年 1 月份，已发生 717 起针对个体之间非法共享文件的诉讼。到目前为止（2006 年 1 月），RIAA 已经对从事了共享文件行为的疑似用户提起了超过 1000 起的诉讼，其中有些用户还是 12 岁的年轻人。①

---

① David McGuire, Report: Kids Pirate Music Freely, Wash. Post, May 18, 2004, at http://www.washingtonpost.com/ac2/wp-dyn/A37231-2004May18? language = printer (last visited Feb. 17, 2005).

(五) 个体的刑事责任

在过去，规制侵犯版权作品的强制措施一般只有禁令措施和民事损害赔偿责任两种。然而，随着网络文件共享方式的不断涌现以及其对娱乐产业带来的影响，音乐产业协会认为，必须采取更为严厉的措施阻止个体对版权作品的肆意侵犯。产业协会认为，除了民事责任的威胁之外，对侵犯版权的行为有选择地实施刑事强制措施也是阻止个体侵权的重要方式。

早在1897年，国会就通过了第一条对侵犯版权行为实施刑事制裁的法律规定。尽管刑事责任在社会中发挥作用的时间已逾百年，但是直到现在，对侵权个体提起刑事指控的必要性也并非十分迫切。大量可以下载的版权作品对网络个体用户而言简直唾手可得，这使得法院把网络比作是一台复制机器。[①] 在 Netcom 一案中，法院指出："计算机中的自动化且制度化的系统所实施的指令性行为暂时复制了被用来传播的所有数据，即便是它并不等同于网站所有人所有的、可以让公众随意复制的复制机器。"与文件共享服务相似，网站向用户提供了获取大量版权作品的链接，并且允许用户随意地下载复制。因此，在过去的几十年里，立法机关提高了罚金的数额，降低了对侵犯版权行为提起刑事指控的法定门槛。1992年的《重罪版权法》(*Copyright Felony Act*) 即增加监禁作为刑事制裁的方法，其中规定，若行为人初次侵犯他人的版权，并且一次性侵犯了10份或以上的版权作品，对其可以处以高达5年的监禁。

随着网络中侵犯版权的问题变得愈加复杂，国会也逐渐认识到版权作品的非法传播将给版权所有人带来致命的伤害，因此，国会在1997年制定了《禁止网络剽窃法》(*No Electronic Theft* 或 NET)。[②] NET规定，那些利用网络或其他途径在短期内多次故意复制或传播版权作品的侵权行为人应当承担刑事责任。[③] 依据NET，行为人如果在180天内曾复制或传播一个以上的复制品，并且侵犯的作品的价值

---

① See Religious Tech. Center v. Netcom On-Line Commc'n Servs. 907 F. Supp. 1361, 1369 (N. D. Cal. 1995).
② No Electronic Theft Act, 111 Stat. 2678 (1997).
③ 17 U. S. C. 506 (a) (2) (1997).

超过了 1000 美元，不管行为人是否从中获得了经济利益，其都应当承担刑事责任。

由于受害者的损失并非一定等同于被告的获益，NET 也是国会第一次认定侵犯版权的行为可以构成犯罪的法律。① NET 修正了"LaMacchia Loophole（拉马奇亚漏洞）"，因为 LaMacchia Loophole 规定，如果侵权行为人在侵权行为中缺乏获取商业性利益的动机，就不能对其提起刑事指控。但是，按照 NET 的字面含义，严格依据该法案只可以提起一种刑事指控，并且该法大部分的规定还不曾被付诸实践，因此该法律的适用仍然很不清晰。大量未解决的问题依然悬存，比如确定侵权行为人主观心理状态的条款是否是罪过的认定，以及法案是否不考虑行为人的主观故意而对侵权人一律都强加了严格责任等。②

在为侵权行为可以同时产生刑事责任和民事责任建构了理论基础之后，还有一个问题依然没有得到回答：即如果未成年人从事了应被指控的犯罪行为或民事侵权行为，法律应如何处理此类情形？

三、父母对未成年子女侵犯版权的行为所承担的侵权责任

如何规制未成年人侵犯他人版权作品的行为，法律的规定还是一片空白，因此该领域法律制度的建构必须借鉴其他领域的法律来发现类似的政策性理由和依据。由于版权法和侵权法存在明显的区别，侵犯版权的行为本质上是一种侵权行为，因此，依照侵权法的理论，任何人，只要其侵犯了他人的版权，都应当对此承担法律责任。

（一）有否侵权责任

虽然大多数法院已经判定父母必须对其未成年子女某些类型的侵权行为承担法律责任，但各个州对父母所应承担的法律责任的程度的规定并不相同。关于父母责任曾出现过三个主要的标准。其中，最宽大仁慈的父母责任标准是父母完全豁免于侵权责任，而不论其未成年

---

① Compare No Electronic Theft Act, 111 Stat. 2678 (1997) with Copyright Felony Act, 106 Stat. 4233 (1992).
② See United States v. Moran, 757 F. Supp. 1046, 1051 (D. Neb. 1991).

子女从事了何种类型的侵权行为;① 中间性的标准认为父母存在一定程度的监管过失时需要承担侵权责任,这种情形主要是,父母明知自己的孩子从事侵权行为,其应当采取措施防止该侵权行为发生却未采取任何措施,此时父母就会被判定存在监管过失并因此需要承担法律责任;最苛重的父母责任是家庭目的理论(family purpose doctrine),该理论在主仆关系的内涵之下要求父母对孩子的行为承担侵权责任。②

1. 父母责任完全豁免理论

在普通法上,由于家庭关系的缘故,父母并不对他们未成年孩子的侵权行为承担法律责任。缺乏证据证明父母曾参与孩子的侵权行为,普通法同样不会判定父母对孩子的侵权行为承担法律责任。③ 因此,如果缺乏证据证明孩子的父母曾参与孩子的侵权行为,孩子就应当对自己的行为独自承担法律责任。④ 父母责任完全豁免理论的依据就是孩子的行为完全独立于父母的意志。因此,法院在判断因果关系时,并不将父母的原因考虑在内。孩子被视为完全独立的行为人。⑤ 孩子的侵权行为被视为社会的风险之一,是每一位社会个体参与社会交往的代价,因此未成年人侵权行为所造成的损失风险应由整个社会共同承担。这样做虽然有点不公平,但是父母责任完全豁免规则仍然是美国部分州规制未成年孩子侵权行为的重要规则。现在,大多数州已发展了该规则,认为父母至少应当承担一部分的责任。

2. 父母过失监管责任理论

各个州的立法机关和法院发展了普通法上的针对未成年人侵权责任的规制办法,使其更加容易地判定父母对其孩子的侵权行为承担法律责任。法院开始要求父母对他们未成年子女的侵权行为承担法律责

---

① Alice B. Freer, Parental Liability for Torts of Children, 53 Ky. L. J. 254 (1964-65).
② See State Farm Mut. Auto. Ins. Co. v. Duran, 601 P. 2d 722, 724 (N. M. Ct. App. 1979).(家庭目的理论是以父母子女之间的主要代理关系和主仆关系为基础的。)
③ See McCarthy v. Heiselman, 125 N. Y. S. 13, 15 (App. Div. 1910).(普通法的一般规则是,如果孩子的父母没有参与孩子的侵权行为,父母就无需对该侵权行为所致的任何损害承担赔偿责任。)
④ W. Page Keeton et al. Prosser and Keeton on the Law of Torts 134 at 1071 (5th ed. 1984); Fowler V. Harper et al. The Law of Torts 8: 13 at 588 (2d ed. 1986).
⑤ See Valerie D. Barton, Comment, Reconciling the Burden: Parental Liability for the Tortious Acts of Minors, 51 Emory L. J. 877, 894 (2002).

任的原因有二：其一是为了补偿受害者所遭受的损失；其二是迫使父母更加谨慎地监管其未成年孩子。在 A v. B 一案①中，由于被告未成年孩子的侵权行为，原告要求被告对其汽车的损害承担赔偿责任。在适用纽约州的父母责任法案进行审理时②，初审法院注意到这样的事实，"在判决未成年人对其非法行为承担赔偿责任时，大多数孩子明显缺乏赔偿能力。因此，立法当局不得不要求未成年孩子的父母对他们孩子的行为承担至少部分的赔偿责任"。

在佛罗里达州的 Gissen v. Goodwill 一案③中，州最高法院概括了父母责任完全豁免理论的四个特定例外情形。在以下情形中，父母需要对未成年子女的侵权行为承担法律责任：其一，父母向其孩子交付了某种工具，但是由于孩子年幼等，孩子对工具的使用对他人构成了危险；其二，孩子以其父母代理人的身份从事了侵权行为；其三，父母意识到孩子的非法行为，并对此予以认可；其四，父母知道或者通过适当的谨慎能够知道孩子的行为可能对他人构成伤害，但却仍然未能及时地控制孩子的行为。由 Gissen 一案的法院所陈述的诸多普通法规则的例外被《美国侵权法复述》（第二版）（以下简称《复述》）第 316 条所涵盖。《复述》规定，如果父母知道或应当知道其有控制孩子行为的能力，并且父母知道或应当知道施加该种控制能力的必要性，父母就负有采取合理的措施控制孩子行为以防止孩子侵害他人的注意义务。

侵权法中的几个现有理论也被修正以支持父母应当对孩子的行为承担法律责任。一些州开始应用转移过失理论（a system of imputed negligence），以"支持要求父母对孩子的侵权行为承担法律责任的基础理论建构"。转移过失理论的内容是："由于 A 和 B 之间存在的某种关系，A 行为的过失可以被用来指控 B，尽管 B 并没有参与 A 的行为。"

在 Bilstein v. Porter 一案④中，科罗拉多州上诉法院依据本州制定

---

① A. v. B. 468 N. Y. S. 2d 992, 994 (1983).
② N. Y. Gen. Oblig. Law 3 - 112 (McKinney 2003).
③ 80 So. 2d 701 (Fla. 1955).
④ Bilsten v. Porter, 516 P. 2d 656 (Colo. App. 1973).

法指出，因孩子在驾驶汽车中存在的过失行为可以认定其父母存在转移过失。法院在解释制定法的目的时说：立法当局通过要求具有支付能力的成年人承担由未成年人故意或过失的驾车行为所致事故的侵权责任，以保护他人免遭毫无经验的年轻司机鲁莽行为的侵害。法院认为这是十分有效的。首先，由于存在承担侵权责任的威胁，父母或其他监护人将对未成年孩子驾车的习性施加一定程度的控制；其次，该种责任可以确保因此种过失所造成的无辜受害者可以得到应有的赔偿。但法院同时也指出，如果有证据证明孩子经济上已经独立，并且可以负担得起由其过失所致的损害赔偿责任，侵权责任就不应再强加于父母。

在 Jamshid-Negad v. Kessler 一案[①]中，加利福尼亚州上诉法院依据本州制定法判定，父母在承担对未成年人的监管和控制义务的同时，应对孩子的故意违法行为承担侵权责任。法院解释说，制定法的目的是"通过扩大普通法上的父母责任的范围，要求父母对孩子故意侵权行为承担法律责任，以保护无辜的第三人并赔偿其损失"。法院强调了加利福尼亚州制定法在该方面的重要意义，即因经济上尚未独立的未成年人所从事的侵权行为，其父母应为本州公民所遭受的损害提供合理的赔偿。

在大多数案件中，侵权责任似乎总是施加给最具有赔偿能力的一方。在父母子女关系中，父母总是比孩子更具有赔偿能力，因此不管其是否参与孩子的侵权行为，法院总是要求父母为孩子的侵权行为承担法律责任。

3. 家庭目的理论

虽然家庭目的理论（Family Purpose Doctrine）通常被适用于机动车事故中，但在其他情形下，也可依据该理论要求父母对他们孩子的侵权行为承担法律责任。由于在判断父母应施加何种程度的监管才合适时，父母总是处于判断孩子行为称职与否的最佳位置，因此，家庭目的理论可以将主仆关系之中存在的第三方责任扩大适用于父母子女关系之中。家庭目的理论最经常适用的情形是主人（父母）交付给

[①] 19 Cal. Rptr. 2d 621 (Cal. Dist. Ct. App. 1993).

仆人（孩子）一辆汽车，结果仆人（孩子）因此发生了汽车事故。[①]依据家庭目的理论，评价未成年孩子的驾车行为是否称职，其父母是最佳的人选，并且其也最能有效地防止不称职的司机驾驶汽车。因此，如果孩子在驾驶汽车期间引起损害，作为保证汽车被安全使用的人，其父母就可能被要求承担法律责任。

尽管父母评估孩子驾车水平的能力构成家庭目的理论的逻辑基础，但家庭目的理论背后的公共政策则是要对受害者因未成年人侵权行为所遭受的人身损害提供有效的赔偿。在 Looney v. Pickering 一案[②]中，内布拉斯加州最高法院依据家庭目的理论对一位父亲做出了判决。在该案中，孩子驾驶着他父亲的汽车在高速公路上引起了一场事故。法院指出，家庭目的理论背后的逻辑依据"并非让汽车所有人在各个方面都承担责任，相反，由于汽车司机不具有赔偿能力，汽车所有人只需对第三方的人身伤害承担赔偿责任"。

在 Grindstaff v. Watts 一案[③]中，北卡罗莱纳州最高法院分析了在孩子过失使用机动船案中能否采用家庭目的理论。法院注意到："家庭目的理论已成为一种社会政策工具，目的是为美国迅速增长的驾车一族提供更多的保护。"但是，在没有修改立法的规定之前，法院仍然在不涉及汽车的情形中拒绝适用家庭目的理论。此案之后不久，北卡罗莱纳州立法机关将家庭目的理论扩大适用到对机动船的操作，这表明，如今家庭目的理论并不依赖于使用汽车的情形，而是父母子女之间的关系。

（二）未成年人保护法的阻却功能

法律在规定父母监管义务方面对父母适用了更高的标准，扩大父母责任以要求父母对他们孩子的非法行为承担法律责任。从本质上看，法律强加父母以侵权责任的目的在于阻止孩子从事非法行为。

在侵权行为中，未成年人并不适用与成年人相同的注意标准。在规制青少年违法行为时，社会提供了比成年人更为宽大仁慈的政策措施。因此，在刑事和民事案件中，适用于未成年人和成年人的标准明

---

① Restatement (Second) of Agency 238, cmt. D (1958).
② 439 N. W. 2d 467 (Neb. 1989).
③ 119 S. E. 2d 784 (N. C. 1961).

显不同。比如，在涉及刑事方面的案件中，司法官员在处理未成年嫌疑犯时就享有比成年嫌疑犯更大的自由裁量空间。

在刑事法律理论中，"少年法庭设置的目的是为了探究青少年犯罪的原因，以及为避免孩子将来再犯同样的错误应当采取何种措施"①。法庭的作用"与其说是惩罚，倒不如说是挽救，是提升品质而非促其堕落，是促进孩子发展进步而非对其予以排斥打击，是使孩子成为一名合格的公民而非新增一名犯罪分子"。然而如今，对社会群体保护的关注，以及公众对损害赔偿的要求促使这一政策有所转变，即提高了对青少年犯罪进行惩罚的确定性和严重性，并扩大了父母对未成年子女侵权行为所承担的法律责任。

很多州纷纷制定成文法律以确保未成年人不被像成年人一样对待。这种立法背后的基本前提就是："立法当局开始以一种渐进式的方式温柔地处理较小年纪的未成年孩子的非法行为。"② 然而，这种立法最近也发生了实质性的修订，它允许对未成年孩子的某些严重的侵权行为适用成年人的标准，以此要求那些不具有合法"未成年人"抗辩的未成年孩子承担更重的侵权责任。

今天，正如严厉规制未成年人犯罪的法律所显示的，"对未成年人进行惩罚已取代了少年法庭实施的矫正性措施和刑事法庭的监禁判决"。尽管在如何合理地对待未成年违法者这一问题上，各种观点还有争议，但"惩罚已变成了应对措施的内在部分，告诫着青少年为犯罪所付出的代价"。

（三）未成年孩子侵犯版权行为的赔偿

民法一般理论认为，对侵权行为人的惩罚应和受害者所遭受的损失相关。如果侵权人造成了受害者1万美元的损失，法律就会授予受损一方可以向侵权人请求接近1万美元的赔偿，而法院随后的判决就可能责令侵权人向受害者承担1万美元的侵权责任。由于金钱性的惩罚落在了未成年孩子父母的肩上，而不是落在作为侵权行为人的孩子

---

① Jeffrey Fagan, Punishment or Treatment for Adolescent Offenders: Therapeutic Integrity and the Paradoxical Effects of Punishment, 18 Quinnipiac L. Rev. 385 (1999).

② People v. Gardner, 139 N. Y. S. 1013, 1015 (N. Y. Co. Ct. 1912). （该案指出，立法的意图在于，除因被判处极刑和终身监禁之外，孩子并不应该成为控诉的对象。）

身上,当父母被责令为他们未成年子女的侵权行为承担法律责任时,各州所规定的赔偿数额并不相同。于是,一些州就限制了"父母对他们未成年子女的侵权行为所承担的赔偿数额"。

美国只有各个州存在侵权法,而不存在联邦统一的侵权法,因此,各个州对未成年子女侵权行为所致损害的赔偿数额的规定有所差异。比如,《纽约州侵权法》将父母对其未成年孩子侵权行为的赔偿数额限制为5000美元,若基于父母支付能力的缘故,可以将损害赔偿降低到500美元[1];并且如果原告的损害已经得到了赔偿,父母还可以免除任何民事责任。加利福尼亚州对父母赔偿责任的限额略高了一点,达到25000美元,但是如果父母对孩子的侵权行为投了责任保险,就只需承担10000美元的赔偿责任[2]。也有与此迥异的,比如伊利诺斯州就没有设置任何损害赔偿责任的限额,但是却限制父母的赔偿责任只限于受害人所遭受的实际损失。[3]

各个州对父母责任的特殊限制都在其成文法中特别地规定了。比如,纽约州的法律就规定:侵权行为人的年龄必须在10岁至18岁,法律才会要求其父母承担侵权责任,并且如果在侵权行为发生之前孩子自愿脱离了家庭,其父母将不承担任何法律责任。此外,纽约州对强加父母以侵权责任适用严格责任标准,排除父母以正当谨慎地履行了监管义务作为责任抗辩的理由。

四、家庭目的理论应扩大到未成年人的非法共享文件的行为

版权法理论和未成年人的侵权责任联合在一起共同构造了一个理论,以解释当未成年孩子从网站上非法下载了音乐,其父母应对其未成年子女的侵权行为所致损害承担赔偿责任。"版权法中的共同侵权理论认为,一个人若直接有助于他人侵犯版权的行为,就应当承担侵权责任。"依据第三人侵犯版权的这个特性,由于父母为他们孩子提

---

[1] N. Y. Gen. Oblig. Law 3 – 112 (1) – (2) (McKinney 2003).
[2] Cal. Civ. Code 1714.1 (a), (e) (West 2004); Jamshid-Negad v. Kessler, 19 Cal. Rptr. 2d 621 (Cal. Ct. App. 1993).
[3] 740 Ill. Comp. Stat. Ann. 115/3 (West 2000).

供了在网络上从事侵权行为的工具或途径,因而父母应当承担法律责任。在本部分,作者将检视扩大父母责任至由未成年人所从事的侵犯版权行为的理论框架和公共政策考量。

(一) 父母承担的第三方侵权责任

抚育孩子最基本的方面就是教育孩子扬善除恶,社会也经常因孩子的行为对其父母有所要求,而孩子的教养也通常被视为判断父母教育孩子是否成功的重要依据。侵权法的理论强化了这种社会心理认知。法院应将要求父母对孩子侵权行为承担法律责任的规则扩大适用到未成年子女侵犯版权的行为,以此约束未成年孩子侵犯他人版权的行为。依据共同责任和替代责任理论,父母应当为其未成年子女侵犯他人版权的行为承担法律责任。

1. 理论依据

侵权法的几个理论都可以证明,要求父母为其未成年子女的侵权行为承担法律责任是正当合法的。要求父母对其未成年孩子的在线侵犯版权行为承担法律责任,家庭目的理论具有最强的说服力。正如上文所讨论的,家庭目的理论认为,在判断父母应施加何种程度的监管才最合适时,父母总是处于判断孩子行为称职与否的最佳位置,因此,要求父母承担第三方侵权责任可以鼓励父母在"孩子使用潜在的危险性工具对家庭所带来的收益超过损失"的情形下限制孩子对该工具的使用。比如,在父母给予了他的粗心且鲁莽的未成年孩子驾驶汽车的权利后,法律要求父母在此种行为可能会给孩子或他人带来的损害风险,和不让孩子驾车到达目的地时家庭所得到的收益之间进行权衡。

同样,如果父母为孩子提供了电脑和网络联结服务,就应该负责任地判断孩子是否可以被信任利用这些设备合法地行为。一旦孩子利用这种装置从事了非法行为,父母就应当对他们交付给孩子工具的过失承担法律责任。在 Thrifty-Tel, Inc. v. Bezenek 一案[①]中,法院责令父母应当对其未成年孩子对他人财产的侵占行为承担法律责任,原因在于其未成年孩子利用未经授权的信任码侵入了原告电话公司的计算

---

① 54 Cal. Rptr. 2d 468 (4th Dist. 1996).

机系统。法院指出,由于"原告所遭受的损失是因为被告的孩子及其朋友使用 Bezenek 夫妇的电脑的缘故",Bezenek 夫妇不仅应为他们自己孩子的非法行为承担侵权责任,而且应为孩子朋友的行为承担法律责任。虽然父母对孩子利用他们电脑从事非法行为的事情一无所知,法院依然责令父母承担法律责任。

虽然在涉及未成年子女的侵权行为时,判断父母责任应当适用较高的注意义务标准,但是适用严格责任还是有点过分。比如,当孩子在另一个人的监护之下时仍然要求其父母对孩子的非法行为承担法律责任就有点过分严厉了。同样地,当孩子在其朋友家中时要求父母对孩子的侵权行为承担法律责任就相当于当孩子已经在另一名成年人监护之下时仍然要求父母对其孩子施加充分的监管义务。这种类型的父母责任不仅是不切实际的,而且不存在任何公共目的,因为在此情形下父母很少能对孩子的行为施加任何影响。

在网络侵犯版权的案件中,一个更为明智的解决之道就是对父母责任适用法律推定:"法院可以依据法律,推定未成年人对他人的人身或财产的损害是由于其父母过失地未能出场阻止而造成的。"当法院对父母强加严厉的侵权责任时,该责任推定可以允许父母以合理谨慎地履行了监管职责作为抗辩,以鼓励父母积极阻止孩子从事侵权行为。

2. 共同责任

(1) 背景。仅仅是非法下载版权音乐的行为就足以直接对从事该种行为的孩子提起侵权之诉。第三方侵权诉讼则将侵权责任扩展至这样的主体,即他们虽然没有直接侵犯他人的版权,但是在他人的侵犯版权行为中他们发挥了间接作用。法院已经在侵犯版权案件中判定,"仅仅作为侵犯版权行为发生之处的网络服务运营商"也应当承担侵权责任。[1] 在共同侵权责任理论之下,任何"知悉侵权行为的信息,或者促成了或者导致了又或者实质上有助于他人侵权行为"的第三方,"都有可能被视为共同侵权人而被责令承担侵权责任"。[2] 法院特别分析了如何适用二分法的方法来判断共同侵权责任的有无,即,第一,被告是否具有他人侵权行为的充分信息;第二,被告是否

---

[1] 18 Am. Jur. 2d 199 (West 2004).
[2] Gershwin Publ'g Corp. v. Columbia Artists Mgmt. Inc. 443 F. 2d 1159 (2d Cir. 1971).

引起、促成或实质上有助于他人侵权行为的发生。

（2）信息要素。要证明父母构成共同侵权行为人，必须存在事实上的证据，或至少能够推定父母具有其未成年孩子特定侵权行为的信息。在 Sony Corp. of America v. Universal Studios 一案①中，联邦最高法院评析了家庭影院的生产商的行为能否构成共同侵权行为并承担共同侵权责任。在判断 Sony 集团是否具有他人侵犯版权音乐的信息时，法院指出："第三人的行为是否构成共同侵权行为并不必然依赖于他是否具有特定侵权行为的事实性信息，而只要被告有理由知道侵权行为正在发生就已经足够了。"在此案中，法院最终判定 Sony 集团具有充分的侵权信息并构成共同侵权行为，责令其承担了共同侵权责任。

如果原告有证据证明未成年侵权人的父母知道自己的孩子正在从事某种侵权行为，法院就会判定父母具有必要的侵权信息，使得其可能对共同侵权行为承担法律责任。按照这种标准，一旦孩子在家庭监管的范围之内从事了某种侵权行为，法院就会判定父母具有该侵权行为的相关信息。然而，如果要求父母承担共同侵权责任，原告仅仅证明孩子的父母具有侵权行为的相关信息尚不充分，他还需要证明父母曾做出实质性的共同侵权行为。

（3）实质性的共同侵权行为。几个法院曾经指出，判断第三方的行为是否构成实质性的共同侵权行为，原告只需证明"被告为其明知的侵权行为提供了平台和工具"即可。② 在 Fovovisa v. Cherry Auction 一案中，第九巡回法院指出，跳蚤市场的运营商为他人出售未经授权的版权作品提供了某种途径，因此应当对他人的销售私制盒式录音磁带的行为承担共同侵权责任。法院之所以认为 Cherry Auction 从事了实质上的共同侵权行为，是因为"如果没有跳蚤市场所提供的服务，侵权行为就很难发生，更不会如此严重。"由于被告对该侵权行为具有无法否认的信息，法院责令被告应当承担共同侵权责任。

对父母是否应当对他们未成年子女的非法下载行为承担共同侵权

---

① Sony Corp. of Am. v. Universal City Studios, Inc., 464 U.S. 417, 487–88.
② See also Columbia Pictures Indus. Inc. v. Aveco, Inc., 800 F. 2d 59, 62 (3d Cir. 1986).

责任而言，父母必须引起、促成或者实质上有助于侵权行为的发生。① 父母通过为孩子配备电脑并使其连接到网络，就为未成年子女完成侵权行为提供了某种通路。依据 Fonovisa 一案所确立的"平台和工具"标准，如果未成年孩子在家里非法下载了音乐，就应当判定父母实质上和孩子构成共同侵权行为。

3. 替代责任

（1）背景。或者与共同侵权责任混合，或者与其彼此相互独立，第三方被告也有可能被法院责令承担替代性的侵权责任。"如果被告有权力和能力对未成年孩子的侵权行为予以监管，并且可以从此种侵权行为中获取直接的经济利益，被告就应当对他人侵犯版权的行为承担替代责任。"法院判断第三方是否应当对他人侵犯版权的行为承担替代责任，通常采用二分法的判断标准，即：第一，被告是否有能力监督并控制他人的侵权行为；第二，被告是否从该侵权行为中获取了直接经济利益。

（2）监督的权利和能力。"无论基于什么理由，在特定的环境下阻却侵权行为发生的能力是证明被告具有监督的权利和能力的有力证明。"在 Napster 一案中，第九巡回法院指出，被告所采用的文件交易服务系统使得被告有能力监管和控制侵权用户的侵权行为，但是被告却没有实施该种监管或控制行为。于是，法院判定："只有被告最大限度地行使了被授予的监管权力，方能脱离承担替代责任的厄运。"法院在此案中认为，因为 Napster 的所有者有能力对侵犯版权的行为施加监管控制，但其却没有那样做，所以，原告们所提起的要求被告承担替代责任的指控很有可能获得胜诉。

父母通常也被推定具有控制他们未成年子女的权力和责任，尤其当孩子在家里时。由于孩子们之间经常从事共享文件行为，② 父母应

---

① Gershwin Publ'g Corp. v. Columbia Artists Mgmt. Inc. 443 F.2d 1159, 1162 (2d Cir. 1971).

② David McGuire, Report: Kids Pirate Music Freely, Wash. Post, May 18, 2004, at http://www.washingtonpost.com/ac2/wp-dyn/A37231-2004May18? language = printer (last visited Feb. 17, 2005). （一项对 1183 名 8 岁至 18 岁未成年人的调查显示，88% 的孩子知道最流行的音乐是受版权保护的，但是 56% 的人仍然选择非法下载而不是通过合法途径取得。）

当注意到该行为在家中发生的可能性，并承担起监督控制该种行为的责任。

（3）经济上的利益。尽管可以推定父母具有控制孩子行为的权力和能力，但是原告要证明父母从未成年孩子的侵权行为中获取了经济利益则十分困难。不过，允许孩子从网络上免费下载音乐确实给其父母节省了金钱支出。依据大多数未成年人经济上并不能完全独立这一前提，当孩子购买唱片时，父母正是孩子所花费资金的来源。如果孩子免费下载了音乐，父母因为无须再花钱购买该唱片，就获得了直接经济利益。尽管法院在此前的判例法中从未讨论过父母从他们孩子非法下载音乐的行为中是否获得了直接经济利益，但该理论同Napster一案的判决理由是一致的，即是否获取直接经济利益与行为的动机相关，而非依赖于事实利润是否存在。因此，在理论上，父母应当对他们孩子的侵权行为承担替代责任。

（二）程序上的争议

1. 适用法律

未经版权所有人授权从网络上复制畅销唱片的行为明显违反了联邦法律。①《版权法案》（*The Copyright Act*）是由国会制定并通过的联邦法律，是美国联邦宪法中的版权保护条款（Copyright Clause of the U. S. Constitution）的具体化。②《版权法》对第三方侵犯版权行为并没有规定任何条款，因此，要求直接侵权人的父母承担第三方侵权损害赔偿责任并不是基于《版权法》的规定，而是侵权法的有关理论。

美国长期坚持的法律选择规则否认存在普遍适用的联邦普通法，并拒绝采用联邦普通侵权法的概念。美国法律的选择规则是："除了由联邦宪法或国会制定的法案所保留的问题之外，其他所有的争议都应留给本州的法律规制。"侵权法的很多问题并不由联邦宪法或国会制定法所规制，也同样不是版权法所规制的范围。③

第三方侵犯版权诉讼的背后政策直接来源于第三方侵权责任的一般原则，因此，侵权法是应对未成年人侵犯版权行为的自然解决之

---

① 17 U. S. C. 102（a）(1976).
② U. S. Const. Art. I, 8, cl. 8.
③ See U. S. Const. art. I, 8, cl. 8; 17 U. S. C. 102 – 103 (2003).

道。《版权法》第301条规定对侵犯版权行为一律适用普通侵权法①，然而，第301条也故意把任何规制版权法范围内的问题的权利保留给了联邦政府，该部分对那些涉及第102条和第103条所确立的权利限制实施强制措施②。第102条、103条仅仅规定了利用版权和临摹作品的一般问题。由于《版权法》在第102条、103条以及其他部分并没有规定第三人的侵权责任，联邦法院不得不在个案事实的基础上判断第三方侵权责任是否存在。

除非州法律与联邦法律相互矛盾，联邦法院总是倾向于尊重州法律的完整性。在ProCD v. Zeidenberg一案③中，第七巡回法院指出，《版权法案》中的有关条款，即推定州法律所赋予的有关权利等同于《版权法案》范围内的任何独占性权利，并不会妨碍知识产权的私人交易，也并不会防止州法律继续尊重此种交易。因此，只要州法律所赋予的权利和联邦法律所赋予的权利不发生冲突，联邦法律并不会妨碍到州法律的实施。由于由州法律所施加的第三方侵权责任并不违反《版权法案》的任何条款，因此，法院可以依据各州普通法或制定法所赋予的权利和补救措施责令第三方承担损害赔偿责任。

2. 法律补救措施

涉及版权争议的法律规定了民事和刑事方面的双重补救措施。一个侵权行为会引起民事赔偿责任还是刑事责任，取决于侵权行为人的动机和侵权行为的严重程度。对犯罪嫌疑人侵犯他人版权时的主观心理，法律规定的并不明确，而民法中的严格责任则并不考虑行为人主观上故意与否。由于从网络上下载音乐的便利，依据NET，很多年轻人下载音乐的数量或严重性程度已完全达到了犯罪的地步。

依据NET对所有构成犯罪的未成年人提起诉讼是不切实际的，然而，一个可选择的策略是从众多恶名昭彰的违法者中选择一个提起诉讼以杀一儆百，这或许能够对普通大众产生有效的阻却效果。例如，第一次依据NET做出的判决是对一名在其个人网站上非法链接

---

① 17 U.S.C. 301 (a), (b) (1) (2003).
② 17 U.S.C. 301 (b) (1) (2005).
③ 86 F.3d 1447 (7th Cir. 1996).

了上千首歌曲的学生。① 这位学生可能面临3年的监禁，最后选择了承担刑事罚金的处罚。如果侵权人意识到，依据 NET 他们会被指控为有罪，并因此会被科以刑事罚金，很多未成年侵权人就极有可能停止自己的侵权行为。

然而，指控未成年人侵犯版权作品的行为构成犯罪依然存在很大的难度。首先，法律通常对未成年人并不施加严厉的刑事制裁措施；其次，孩子可能会对复杂的知识产权侵权指控提出有效的未成年人抗辩；最后，依据 NET 判断行为人主观上的故意是取决于法律对犯罪构成要件的规定还是案件的事实状况，现在尚未解决，而这两种解释法院都曾适用过。②

虽然刑事指控可能产生阻却的效果，但是存在合理的法律原因和社会原因阻碍对未成年人非法下载版权作品的指控。其中，最大的障碍可能是鲁莽的未成年人所从事的侵权行为对社会造成的损害和对音乐产业造成的损害不成比例。

3. 阻却方法

向孩子灌输对版权的尊重最有效的办法就是促进父母对他们孩子的控制。由于父母子女之间的私人关系以及父母可以在此基础上影响孩子，未成年孩子的父母总是控制孩子行为的最佳人选。在防止未成年孩子从事侵权行为方面，发挥父母的积极性总比对孩子施加直接的法律强制措施更为可行。如果版权人通过刑事责任和民事责任的威胁，依然无法阻止孩子在线侵犯他人版权的行为，就应该刺激其父母采取措施阻止孩子的继续侵权行为。

考虑到对未成年侵权人施加刑事制裁所存在的无法克服的缺点，法院应转向寻求更为实际的阻却方法：刺激第三方介入并发挥作用。通过为父母控制孩子的侵权行为创造某种刺激或动力，第三方阻止孩子非法下载音乐的目标就能达到。不过为了使得刺激系统真正有效，必须确立一个确保父母可能为其孩子的侵权行为承担法律责任的

---

① See Andy Padrizio, DOJ Cracks Down on MP3 Pirate, Wired News, Aug. 13, 1999, at http://www.wired.com/news/politics/0, 1283, 21391, 00. html (last visited Dec. 9, 2004).

② Trotter Hardy, Criminal Copyright Infringement, 11 Wm. & Mary Bill Rts. J. 305, 319 (2002).

标准。

最为有效的第三方阻却方法将对父母的作为或不作为施加共同和个别的侵权责任。如今，如果版权所有人对未成年孩子提起侵权诉讼，版权所有人很有可能从其父母那里搜集不到任何证据。① 在现行的法律环境内，版权所有人必须证明："父母本来应当阻止或控制孩子的侵权行为，却并没有如此行为；或者，他们必须证明孩子的父母知悉其孩子正从事某种非法行为，但依然为其提供了从事该非法行为的工具和便利，比如为其支付网费等。"而现实是，原告并不能证明未成年人的父母可以有效地阻止未成年人从事非法行为，原因就在于为了让父母承担法律责任，版权所有人必须证明父母具有孩子从事侵权行为的信息，而这种证明标准原告在大多数情况下都难以达到。

如果创设共同和个别的侵权责任，那么父母就会实际面临经济利益丧失的现实威胁，因为如果其孩子非法下载了音乐，原告就可以对父母和孩子或分别或共同提起诉讼。而父母如果意识到孩子的非法下载行为构成犯罪，并且最终会让自己对此后果承担法律责任，父母就会有动力或压力阻止孩子从事此类行为。如同父母会限制他们的孩子从商店里顺手牵羊一样，父母同样会限制孩子在线侵犯版权的行为。

4. 损害赔偿数额

依据《版权法》，版权所有人有权对侵权行为所致损害的实际损害获得赔偿。计算侵权行为所造成的损害需要考虑"侵权对原告所造成的实际损害；以及侵权人的获益，该获益是侵权人从侵权行为中所获得的，但没有被计算在被侵权人的实际损害之中"；然而，"在判定因出售盗版作品给版权人造成的销售损害时，法院不得不做出一定的推测"。②

如果消费者无法从网络上免费获取音乐作品，理论上他们就会购买，因此消费者的非法下载行为就造成了原告销售额的下降。只要不存在太大的推测或投机，法院通常会将侵权人造成的实际损失估计在

---

① Alex Veiga, It Could Be Hard to Sue Parents for Song Swaps, Associated Press, Sept. 13, 2003.
② Stevens Linen Assocs. Inc. v. Mastercraft Corp. 656 F. 2d 11, 14 (2d Cir. 1981).

一个大致的范围。然而，随着侵权行为发生的次数和音乐消费群体的增长，版权所有人所遭受的损失就变得更难以推测，因而计算起来也更加困难。由于"几乎不可能确定侵权行为的绝对范围以及由此而造成的损害"①。因此，在线侵犯版权所造成的现实损失就非常难以量化。

考虑到在计算损失时音乐产业存在可以请求偿付的大量消费群体，以及数十亿的非法下载次数，法定的损害赔偿数额似乎更为实际。《版权法》中也规定，对版权所有人的赔偿应采用法定的赔偿而非实际损失。《版权法》为受损的第三方所提供的各种损害赔偿数额差异很大，对单个侵权行为的赔偿范围从 200 美元到 150000 美元不等。法院在依据侵权行为人节省的成本支出，版权人所遭受的损失，以及侵权人的过错判定侵权行为人所承担的法定赔偿数额时，拥有宽泛的自由裁量权。如果孩子非法下载的歌曲超过 1000 首，依照上述法定赔偿标准，父母所承担的共同侵权责任就有点过分严厉了。

赔偿数额应当被限制在一定的范围内，在此范围内，既可以充分地补偿版权所有人的损失，又可以有效地阻止侵权行为人的行为。②考虑到父母并没有从事此种侵权行为，因此，不应要求父母承担太大的法定赔偿数额。如果未成年孩子非法下载了音乐，对其父母强制性索赔则可以刺激或激励父母控制他们孩子的行为。很多州明智地限制了父母对孩子的侵权行为所承担的赔偿数额。因此，在构建父母应对其未成年孩子的非法下载行为承担法律责任时，国会应当对父母所承担的赔偿责任设定限额。

五、结论

起初，因孩子侵犯版权的行为仅仅对其父母处予罚金可能无法充分补偿版权人的损失，但是从长远看，这种阻却性方法却可以保护整个音乐产业的发展。通过创设第三方介入阻却制度，对未成年孩子的

---

① Terence P. Ross, Intellectual Property Law: Damages and Remedies, 6.02 (2) (b) (i) (2003).
② See Playboy Enter. Inc. v. Sanfilippo, 46 U.S.P.Q. 2d (BNA) 1350 (S.D. Cal. 1998).

非法下载行为，社会可能会形成将其视为犯罪的氛围，尤其是父母被强制要求为侵权行为承担赔偿责任时。父母也将开始警告自己的孩子不要从事此种非法下载行为。最终，只有那些顽固不化且胆大妄为的青少年会继续搜索网络非法下载歌曲；而大多数的孩子，在父母监管之下，将会通过合法的渠道在线购买音乐唱片。

父母就未成年人子女暴力事件承担的责任：道德责任还是法律责任

黛博拉·A. 尼古拉[*]著　郭钟泳[**]译

目　　次

一、导论
二、关于父母责任的不同看法
三、父母责任的现行法律规定
四、影响未成年人成长的因素
五、父母承担法律责任与家庭隐私、父母的自主决定权之间的冲突
六、对如何预防未成年人暴力事件的建议
七、父母承担道德责任还是法律责任
八、结语

一、导论

年仅6岁的罗兰·凯特拉死在一支32厘米口径的手枪之下，开枪的是一个同样只有6岁的男孩，他在自己家里找到手枪，然后射杀了罗兰。考虑到开枪男孩的年龄太小，密歇根州的检察官并没有起诉他，而是以过失杀人罪起诉男孩的父母，理由是男孩的父母把手枪这种危险的武器放在未成年人可以接触到的地方，构成严重过失。这是一宗由于父母的过失导致无辜小孩死亡的典型案例。毫无疑问，该案的父母把手枪放在未成年人可以接触到的地方，促成了受害人的死亡，但是，父母的过失究竟有多大的促成作用呢？毕竟，真正开枪射杀受害人的是那个男孩，而不是他的父母。此时，父母是否应就受害

---

[*] 美国新泽西州若歌大学法学博士。
[**] 民商法硕士，中山大学法学院助教。

人的死亡承担法律责任呢？

近年来，美国校园内的未成年人暴力事件不断发生，已经成为严重的社会问题。因此，很多社会组织和公民都强烈要求加重父母就其未成年子女实施的暴力行为承担的责任，以预防或减少未成年人暴力事件的发生。特别是在科罗拉多州的科伦拜恩高中枪击事件和佐治亚州与俄克拉荷马州的校园枪杀事件发生后，未成年人暴力事件的严重性更加突出，越来越多的国民呼吁社会各界应共同解决未成年人暴力事件的问题。

本文的内容围绕未成年人暴力事件中的父母责任展开，探讨父母应当就其未成年子女实施的暴力行为承担道德责任还是法律责任。本文的第二部分概述了美国社会公众、政府和两大政党对父母是否应就其未成年子女实施的暴力行为承担法律上的损害赔偿责任的不同看法。第三部分介绍了普通法和制定法上有关父母侵权责任和刑事责任的现行法律规定。第四部分探讨了父母对未成年子女成长发展的影响。在本文的第五部分，笔者援引了多宗判例阐明家庭隐私和父母的自主决定权的重要性，并指出，责令父母承担法律责任违背了家庭隐私权和父母的自主决定权。本文的第六部分指出，帮助父母提高监管教育未成年子女的能力比责令父母承担法律责任能更有效地预防未成年人暴力事件，在该部分笔者还介绍了一些如何提高父母教育子女能力的建议方法。本文的第七部分指出，要求父母就其未成年子女实施的暴力行为承担道德责任或法律责任对于父母管教子女有不同的影响。对于如何预防未成年人暴力事件，笔者并不赞同当前社会公众提出的加重父母责任负担的主张；笔者认为，责令父母就其未成年子女实施的暴力行为承担法律责任并不是预防未成年人暴力事件发生的有效途径。

二、关于父母责任的不同看法

由于未成年人暴力事件的不断发生，所以现今美国社会公众普遍要求加重父母就其未成年子女实施的暴力行为承担的责任，以预防或减少未成年人暴力事件。但是，未成年人暴力事件之所以不断发生，绝不是由某个因素单独引起的，而是由很多不同因素共同作用所导致的。这些不同的因素包括电影、电视、新闻媒体、堕胎的流行、宗教信仰的缺失、父母的疏忽、学校和班级的规模大小、种族偏见、未成年人人际关系的疏远、互联网、充斥着死亡与暴力的网络游戏等。

（一）社会公众的意见：加重父母就其未成年子女的暴力行为承担的责任

当你翻阅美国的报纸，你会发现，读者都在表达自己对未成年人暴力事件的看法和意见。在这些读者意见中，大部分都主张实施暴力行为的未成年人的父母要对其未成年子女的行为承担责任。据科罗拉马州科伦拜恩高中校园枪击事件后的一项民意调查显示，接近一半的受访者认为父母对校园暴力事件负有很大程度的责任，70%的受访者认为父母的监管过失是导致这类暴力事件发生的一个主要原因。未成年人实施暴力行为造成他人损害的，到底应该归责谁？应该由谁对此损害承担责任？随着未成年人暴力事件的日益严重，这些问题也引起了越来越多的讨论。《纽约时报》的一篇评论文章就从受害人父母的角度探讨了这个问题。[1] 文章中，科伦拜恩高中枪杀事件的一名受害人家长说道："他们问我是否谴责开枪者的父母、是否谴责其他人。我的回答是，我教育我的儿子分辨是非对错，我的儿子从来没有开枪伤害其他人，他只是在图书馆里做他应该做的事。"显然，这位家长认为开枪者的父母应该对此事件负责，而事实上这位家长也起诉了那两名开枪者的父母，要求他们承担损害赔偿责任。但是，并不是所有遭到未成年人暴力事件侵害的受害人家长都愿意通过法律诉讼请求赔偿，科伦拜恩高中枪杀事件中的相当一部分受害人家长就没有打算起诉开枪者的父母。

其实，大部分州的现行法律都已经规定了父母就其未成年子女实施的某些行为承担刑事责任或民事责任；只不过这些法律规定都将父母承担的法律责任限制在狭小的范围内，而且大多数规定只是责令父母承担罚款的责任。因此，近年来社会公众的普遍意愿和媒体刊登的评论都主张加重父母就其未成年子女的行为承担的法律责任。从本质上来说，社会公众的意见是将父母在养育子女上负有的道德义务全部变成法定义务，要求父母清楚地掌握其未成年子女的生活状况，并要求父母在监管未成年子女上不能有任何差错，否则父母就要对子女的行为承担法律责任。这实际上是要求父母承担严格责任。

---

[1] Lisa Belkin, Parents Blaming Parents, N.Y. Times (Magazine), Oct. 31, 1999, at 61.

（二）政府和政党对未成年人暴力事件的回应

面对近年来不断爆发的校园暴力事件，美国联邦政府没有将这类事件单独归咎于某个原因，而是试图探究导致这类事件发生的一系列因素。1999年5月10日，克林顿总统召开了一个以未成年人暴力事件为主题的峰会，探讨未成年人暴力事件的诱发因素。在峰会上，与会者提到了很多可能引发未成年人暴力事件的原因，例如传媒、企业、宗教信仰的缺失、父母的不负责任等。

除了联邦政府之外，美国两大政党的政客也非常关注未成年人暴力事件的问题。两大政党的人一致认为，父母对这类暴力事件负有一定程度的责任，父母应该像监视器一样仔细地过滤那些可能对其未成年子女产生不良影响的外在因素，以保证其未成年子女不会对他人实施暴力行为。关于父母应就其未成年子女实施的暴力行为承担道德责任还是法律责任，有更多的政客认为父母应承担道德上的责任，而非严苛的法律责任。因为他们认为，与事后责令父母承担法律责任相比，促使父母在发生暴力事件前更加负责任地管教其未成年子女能更有效地预防未成年人暴力事件的发生。

在如何帮助父母更加负责任地管教其未成年子女的问题上，共和党和民主党有不同的意见。民主党主张政府应积极地有所作为，例如，实施严格的枪支买卖规定、在学校安装金属探测器以及增加对学校的保安投入等。共和党则主张，应将家庭教育回归到道德教育和宗教信仰教育的层面上，例如，父母应加强对未成年子女的是非观教育、用宗教教义上的十戒教导未成年子女等。从本质上来说，民主党和共和党的主张是一致的，两党都提倡父母应该密切关注其未成年子女。但是，预防未成年人对他人实施暴力行为是否只是父母个人的事情呢？正如共和党的一位民意测试专家所说的那样，"人们是否会认为联邦政府也要参与到预防未成年人暴力事件的斗争中，人们也许会认为预防未成年人暴力事件是父母、社区、学校和当地政府的共同责任"[①]。在科伦拜恩高中枪杀事件发生后，科罗拉马州州长比尔·欧

---

① Ronald Brownstein, A Partisan Family Feud over Parenting Politics: After School Shootings, Both Parties Debate What Role, if any, Government Should Play in Raising Kids, L. A. Times, May 9, 1999, at A21.

文斯撰写了一篇社论,主张父母应对其未成年子女的行为承担个人责任。他在文章中特别强调,要求父母就其未成年子女的行为承担个人责任,并不意味着父母在任何情况下都要就其未成年子女实施的每一宗行为承担责任,但我们需要明确的是,父母对于其未成年子女的成长及其未成年子女实施的行为都有非常重要的影响。

大多数人都承认,父母对其未成年子女有着重大的影响。笔者也赞同这一点,但我们还应该认识到,父母以外的其他社会因素对未成年人的成长也有着不容忽视的影响。

(三) 社会公众与政府在父母责任问题上的分歧

美国民众和美国联邦政府一致认为,加强父母的责任感以及改善父母与子女之间的沟通,能有效预防或减少未成年人暴力事件的发生。但是,在父母是否应就其未成年子女实施的暴力行为承担法律责任的问题上,社会公众和联邦政府的意见就出现了分歧。一种意见认为应该通过责令父母承担法律责任的方式加强父母的责任感;另一种意见则主张为父母提供支持与帮助以让父母能更好地履行管教子女的义务。两种意见都致力于解决未成年人暴力事件的问题,而且每种意见都有其各自的价值,实在是难以断定哪一种意见更有效、更符合实际。父母是否应就其未成年子女实施的暴力行为承担法律责任这个问题的背后蕴含着更深层次的问题——为了阻却未成年人实施暴力行为,法律将对父母子女的关系进行多大程度的干涉,或者更进一步来说,法律是否应将父母在管教子女上负有的道德义务全部转变为法定义务。

美国政府和两大政党都倾向于通过立法的方式来帮助父母更好地管教其未成年子女。例如,实施更加严格的枪支管制规定能减少未成年人接触枪支的机会,对互联网进行规制能将网络对未成年人的不良影响减到最低,要求传媒行业和娱乐行业删除含有暴力成分的信息同样能达到减少不良影响的效果。但是,单纯依靠这些措施还难以有效预防未成年人暴力事件,要取得良好的预防效果,还需要父母与其未成年子女建立良好的沟通。总之,按照美国联邦政府和两大政党的主张,父母要努力成为一个尽职尽责的家长,但如果父母没有达到这个目标,他也不会因此而必然受到法律的制裁。在联邦政府和两大政党看来,通过父母、教育者、企业家、媒体和社会的共同努力,能给未成年人创造一个健康的成长环境。

与联邦政府的意见不同，社会公众主张通过加重父母法律责任的方式来预防未成年人暴力事件。责令父母就其未成年子女的行为承担法律责任实际上等于迫使父母掌握其未成年子女正在做什么、想什么和计划什么，如果父母不能掌握其未成年子女的情况，按照社会公众的意见，父母就要对由此产生的损害后果承担刑事责任或民事侵权责任。对于未成年人暴力事件，社会公众的普遍态度是强烈谴责行为人的父母，这反映了人们的一般道德观念——父母是唯一应对未成年人暴力事件负责的人，父母应就其未成年子女实施的暴力行为承担责任。持这种观点的人认为，父母是引发暴力事件的法律原因，所以父母应对暴力事件造成的损害承担责任。这种观点以父母可以知道其未成年子女的一切情况为假设前提，也就是说，父母要免于承担责任就必须有所作为，必须掌握其未成年子女的一切情况。

以责令父母承担法律责任的方法来预防未成年人暴力事件，实际上是以法律制裁的方式强迫父母成为一个称职的父母。在这样的要求下，父母按照通常的做法管教其未成年子女是不够的，父母还必须努力做到接近"完美父母"的程度。什么样的父母才是"完美的父母"呢？一位作家指出，那些几乎接近完美的父母不仅要对他们的工作和所在的社区负责，他们还要用心经营自己的家庭，他们绝不会不知道自己子女的情况和信息。[①]

通过法律责任迫使父母完全掌握其未成年子女的情况，将会带来新的难题，那就是，父母必须知道其未成年子女的一些什么情况、父母必须预计到其未成年子女的一些什么行为才符合法律的要求。按照社会公众的主张，父母要想避免被责令就其未成年子女的行为承担责任，就必须保证其未成年子女不对他人实施侵权行为。父母要保证其未成年子女不对他人实施侵权行为，就必须全面地、充分地掌握其未成年子女的情况，如果父母意识到其未成年子女有可能对他人实施发生暴力行为的，父母能及时采取措施以阻却暴力行为的发生。本文认为，试图以法律责任的方式来解决未成年人暴力事件的问题是不可取的。

---

① Richard Eyre, author of Teaching Your Children Values.

三、父母责任的现行法律规定

在美国,几乎所有州都制定了有关父母责任的法律规定,遭到未成年人故意侵权行为损害的受害人可以依据这些法律规定请求未成年人的父母承担责任。但是,这些法律往往只规定了父母的民事侵权责任,承担责任的形式通常只有赔偿损失、处罚、强制参加培训教育和接受审讯等,而且,只有当案件的事实与法律条款完全相符的情况下,法院才会依据这些法律规定判决父母就其未成年子女的侵权行为承担责任。

(一) 普通法对父母责任的规定

直到 20 世纪 50 年代,制定法才开始逐渐规定父母在某些情况下应就其未成年子女的行为承担法律责任。在此之前,父母原则上不对其未成年子女的侵权行为造成的损害承担侵权责任。这是普通法上的一般规则。普通法一直认为,仅仅依据父母与子女之间的特殊关系并不足以责令父母对其未成年子女的行为承担侵权责任。而且,从普通法的基本原则来看,普通法一直推崇个人主义的价值,认为行为人只对自己的行为负责而不对他人实施的行为负责。所以,在普通法上,父母不就其未成年子女的故意侵权行为承担侵权责任,父母只有在他自己的作为行为或不作为行为造成了他人损害的情况下,才对受害人承担侵权责任。正是由于普通法原则上不责令父母就其未成年子女的行为承担侵权责任,一些州就通过制定法规定父母应承担的侵权责任。

同样,普通法也不会责令父母就其未成年子女实施的犯罪行为承担刑事责任。在普通法上,任何试图在刑事案件中适用雇主责任原则对父母课以刑事责任的尝试都是行不通的,因为这种尝试违背了刑法学上的一个基本理念——刑事责任是犯罪行为人个人的责任。依据普通法上的个人主义原则,法律不能对一个没有实施犯罪行为的人课处刑罚。

下面,笔者将介绍现行制定法是如何摆脱普通法和个人主义原则的桎梏、重塑父母的角色和父母责任的。

(二) 制定法对父母侵权责任的规定

依据传统的侵权法原则,未成年人通常要就自己实施的侵权行为承担侵权责任,例如他要对因自己的过失行为引起的损害承担侵权责任。这与普通法上的个人主义原则是相符的。但是,现行制定法突破了传统普通法的原则,规定在某些情况下父母要就其未成年子女的过失行为承担侵权责任。制定法之所以做出这样的规定,主要是为了保护受害人的利益,因为实施侵权行为的未成年人往往没有财产履行损害赔偿责任,规定父母在某些情况下就未成年子女的行为承担侵权责任就能保障受害人的损失能够得到弥补。

1. 制定法对父母侵权责任的规定

如前所述,规定父母侵权责任的现行制定法的适用范围狭窄,而且适用条件非常严格,只有在案件的事实情况与法律规定的条款完全相符的情况下,法律才会依据这些制定法规定判决父母承担侵权责任。例如,各州普遍规定了父母应就其未成年子女实施的故意破坏行为或故意损害他人财产的行为承担侵权责任。但是,这些法律规定的适用范围受到了很大的限制。比如说,某个州的制定法明明规定了"行为人实施的导致他人人身或财产损害的故意破坏行为或放纵破坏行为"的责任承担问题,但是法院认为该规定不能适用于未成年人的故意破坏行为仅仅造成了他人人身损害的情形,因为仅造成他人人身损害的行为不属于故意破坏行为。[1] 在另外一宗未成年人杀害他人的案件里,法院同样认为不能依据有关故意破坏行为的法律责令杀害他人的未成年人的父母承担侵权责任。在法院看来,有关故意破坏行为的法律规定只能适用于故意破坏行为造成他人财产损害的情形,而不能扩展到故意破坏行为造成他人人身损害的情形。[2] 各州制定法不仅规定了父母应就其未成年子女实施的故意破坏行为承担侵权责任,还规定父母也要就其未成年子女实施的其他种类的侵权行为承担侵权责任。但是,从总体上来说,法院往往对这些法律规定的适用范围和目的作限缩解释,而不愿扩张父母就其未成年子女的行为承担侵权责任的情形。

现行制定法不仅对父母侵权责任的适用范围和适用条件作严格的限制,还对原告可获得的损害赔偿数额做出限制。一般来说,被告对

---

[1] Vort v. Westbrook, 142 S. E. 2d 813, 814-15 (Ga. 1965).
[2] Bell v. Adams, 143 S. E. 2d 413, 415 (Ga. App. 1965).

原告的损害赔偿限于原告遭受的实际损害或制定法明确规定的赔偿限额。例如，在 Rogue Fed. Credit Union v. Phillips①一案里，一名未成年人以其父母的名义伪造了一张支票，法院认定原告遭受的损害仅限于该伪造支票上的金额；法院还认为，不应判处被告承担惩罚性的损害赔偿，因为制定法并没有规定当事人要就此承担惩罚性损害赔偿。在 Garrett v. Olsen②一案里，一名学生对他的一位老师实施故意伤害行为，法院判定该名学生的父母不仅要对受害老师的人身损害承担赔偿责任，还要对受害老师的其他一般性损失承担赔偿责任，因为法院认为，其他的一般性损害属于制定法上规定的"实际损害"。制定法对被告承担损害赔偿责任的范围做出明确的规定，与制定法责令父母就其未成年子女的行为承担侵权责任的初衷是一致的，那就是保障受害人能够获得损害赔偿。立法机关和法院希望每一个因他人行为遭受损害的受害人都能获得充分的救济，但受害人获得的损害赔偿不应超出制定法所规定的范围或限额。可见，责令父母就其未成年子女的行为承担侵权责任，只是为了实现补偿受害人的目的，而并非为了惩罚或谴责父母。

总之，现行制定法对父母侵权责任的种种限制，都反映出这些法律规定的立法初衷是为了对遭到未成年人侵害的受害人进行补偿。特别需要强调的是，法律责令父母就其未成年子女的行为承担侵权责任，并不是对父母进行谴责或惩罚，而仅仅是因为父母有足够的能力补偿受害人的损失。

2. 行为人控制第三人行为的义务和能力

行为人原则上不负有控制第三人行为的义务，除非行为人与第三人之间存在特殊关系，并且这种特殊关系使行为人负有控制第三人行为的义务。父母与未成年子女之间的关系就属于这种特殊关系，所以，父母负有控制其未成年子女的行为的义务。但实际上，父母并不是在任何情况下都负有控制其未成年子女行为的义务，只有在某些情况下父母才负有控制义务，而且只有在这些具体的情况下，父母才会被法律责令就其违反控制义务的行为承担侵权责任。一般来说，父母

---

① 855 P. 2d 1146, 1147-48 (Or. App. 1993).
② 691 P. 2d 123, 126-27 (Or. App. 1984).

只有在已经知道或能够预见其未成年子女对他人实施侵权行为的情况下，才负有控制其未成年子女行为的义务。

法律一般认为，当行为人知道某行为对他人构成不合理的损害危险时，行为人就对那些他能合理预见到的、可能会遭到该行为损害的人负有积极作为的义务。但是，行为人肯定不可能对全世界的人都负有这种积极作为的义务。所以，当监护人知道被监护人的某行为对他人构成不合理的损害危险时，监护人只是对那些可识别的、能合理预见到的人负有保护其免受危险损害的义务。

这就意味着，法律不会轻易地要求父母承担控制未成年子女行为的法定义务，除非父母已经具体地知道或预见到某个人处在危难之中或即将发生损害危险，否则父母不负有控制其未成年子女行为的作为义务。即便父母已经知道或预见到其未成年子女对他人实施侵权行为，父母也并非就要对因其未成年子女的行为引起的损害承担侵权责任，除非父母有能力控制其未成年子女的行为但没有对其未成年子女的行为加以控制。

也就是说，如果行为人与第三人存在特殊关系但行为人没有控制第三人的行为，那么行为人是否要就第三人的行为承担责任，就要考虑行为人是否有能力控制第三人的行为。如果行为人没有足够的能力控制第三人的行为，那么，行为人就不对其没有控制第三人行为的不作为行为承担法律责任。所以，如果行为人仅仅知道第三人即将实施危险行为但没有能力控制第三人的行为，那么即便行为人没有对第三人的行为加以控制，行为人也不会被责令承担责任。具体到父母没有控制其未成年子女行为的案件中，如果父母没有能力控制其未成年子女的行为，那么，父母就不会因没有控制其未成年子女的行为而被责令承担责任。

如果父母在知道或尽合理的注意应当知道若他不控制其未成年子女的行为将可能导致他人损害的情况下，没有行使其享有的监管权力对其未成年子女的行为加以控制，那么，父母就要对因其未成年子女的行为引起的损害承担侵权责任，这是法律上的一般规则。但是，要主张父母就其子女实施的侵权行为承担侵权责任，不仅要证明父母未履行控制义务的不作为行为与其未成年子女实施的侵权行为具有一定的联系，还要证明未成年子女的侵权行为所造成的损害是父母未履行控制义务的行为所导致的合理后果。如果原告未能证明实施侵权行为的未成年人之前具有实施该种侵权行为的习惯，那么该未成年人的父母就不会被认定在监管控制未成年子女上有过失，他们就不对因其未成年子女的侵权行为引起的损害承担侵权责任。

当未成年人先前具有实施侵害原告的那种侵权行为的习惯时，未成年人的父母才有能力预见到其未成年子女有可能对他人实施该种侵权行为，此时，父母才对其违反控制义务的不作为行为承担侵权责任。这样看来，在制定法上父母负有的控制子女行为的义务和普通法上的侵权法基本原则有着相似之处，即虽然父母与子女之间的特殊关系可以使父母负有控制子女行为的作为义务，但只有在某些情况下父母才就其违反该作为义务的行为承担侵权责任。所谓"某些情况"，就是要考虑父母是否知道其未成年子女的行为对他人构成损害危险、父母是否有能力控制其未成年子女的行为。如果父母已经知道或尽合理的注意应当知道其未成年子女的行为对他人构成损害危险，并且父母有能力控制其未成年子女的行为，那么父母就应对其违反控制义务的行为承担侵权责任。

从上述分析我们可以知道，法院不会仅仅因为父母与未成年子女之间具有特殊关系而责令父母就其未成年子女的行为承担侵权责任。仅仅因为被告是侵权行为人的父母或者与侵权行为人共同居住并不足以证明被告应就侵权行为人实施的行为承担侵权责任，要责令被告就侵权行为人实施的行为承担侵权责任还需要具备其他更有力的因素。另外，制定法应做出统一规定，明确父母在什么情况下应就其未成年子女的行为承担侵权责任。父母有理由知道或者有机会知道其未成年子女可能对他人实施侵权行为，仍不足以证明父母应就其未成年子女实施的侵权行为承担侵权责任，此时如果父母没有能力控制其未成年子女的行为，那么父母不就其未成年子女实施的侵权行为承担侵权责任。只有在父母已经知道其未成年子女有可能侵害他人并且有能力控制其未成年子女行为的情况下，父母才就其未成年子女实施的侵权行为承担侵权责任。

父母承担侵权责任的主要责任形式是对受害人承担损害赔偿责任，这样，遭到未成年人侵害的受害人可以就其遭受的实际财产损害、不方便和身体痛苦等向未成年人的父母请求损害赔偿。但是，父母并非在任何情况下都对受害人遭受的损害承担赔偿责任，父母只有在某些具体特定的情况下才对受害人承担损害赔偿责任。例如，如果父母已经知道其未成年子女有可能对他人实施侵权行为，那么父母就负有义务对那些他能预见到的潜在受害者进行危险警告；如果父母知道其未成年子女可能对他人实施侵权行为并且有能力控制其未成年子女所实施的行为，但没有对其未成年子女的行为加以控制，那么父母就构成过失，父母就应对其过失行为承担侵权责任。也就是说，父母的过失是父母承担侵权责任的依据。如果实施侵权行为的不是一个未成年人，而是未成年人的成年兄长或居住在同一屋檐下的其他家庭成员，在这种情形下侵权行为人可能也没有财产对受害人进行赔偿，但依据侵权法的基本原则，此时法律不会责令没有参与实施侵权行为的这个家庭的家长对受害人承担责任。可见，补偿受害人的损失不足以成为父母就其未成年子女的行为承担侵权责任的依据。

（三）制定法对父母刑事责任的规定

很多州的法律都规定了父母应就其未成年子女的行为承担刑事责任。依据这些法律规定，父母就其未成年子女的行为承担的刑事责任包括两大类：其一是父母因帮助其未成年子女实施犯罪行为所承担的刑事责任；其二是父母因监管不当所承担的刑事责任。

1. 父母因帮助其未成年子女实施犯罪行为所承担的刑事责任

这一类刑事责任包括以下三种情形：父母同意其未成年子女实施犯罪行为、父母对其未成年子女实施的犯罪行为提供帮助和父母促成其未成年子女实施犯罪行为。

（1）情形一：父母同意其未成年子女实施犯罪行为。如果未成年人实施的犯罪行为是经过其父母的同意或是依据其父母的指示进行的，那么，该未成年人的父母应就其未成年子女实施的犯罪行为承担刑事责任。People v. Walton 一案[①]是阐述这一规则的经典案例，在该案中，被告允许其未成年子女违反当地政府的宵禁法令在实施宵禁的时间内外出，法院判决被告应就其未成年子女违反宵禁法令的行为承担刑事责任。同样，在 State v. Rackowski 一案[②]里，被告允许其未成

---

① 161 P. 2d 498 (Cal. App. Dep't Super. Ct. 1945).
② 86 A. 606 (Conn. 1913).

年子女违反政府法令在街道上游荡闲逛,法院也判决被告应就其未成年子女的犯罪行为承担刑事责任。父母因同意其未成年子女实施犯罪行为而承担的刑事责任,须具备两个构成要件:其一是父母有能力控制其未成年子女的行为;其二是未成年子女依据其父母的指示或按照其父母的要求实施了犯罪行为。

(2)情形二:父母对其未成年子女实施的犯罪行为提供帮助。父母故意地为其未成年子女实施犯罪行为提供帮助的,实际上是鼓励其未成年子女违反法律规定,鼓励他们实施犯罪行为,此时,父母应就其未成年子女实施的犯罪行为承担刑事责任。例如,在 State v. Gans 一案[①]里,被告为其年仅11岁的女儿伪造身份证明,以帮助其女儿在不符合法定婚龄的情况下缔结婚姻,法院判定被告的行为属于为其女儿实施犯罪行为提供帮助。父母因对其未成年子女实施犯罪提供帮助所承担的刑事责任与父母因同意其未成年子女实施犯罪行为所承担的刑事责任有所不同,在前者的情形下,父母属于刑法上的帮助犯。

(3)情形三:父母促成其未成年子女实施犯罪行为。所谓促成其未成年子女实施犯罪行为,是指由于父母对其未成年子女的疏忽或轻视而促成其未成年子女成为一个罪犯。在这种情形下,父母应就其未成年子女实施的犯罪行为承担责任。Humann v. Rivera 一案[②]是适用这一规则的典型案例。在该案中,一个年仅14岁的男孩实施了犯罪行为,该男孩的母亲既没有为其儿子提供安稳的居所,也没有采取措施保证其儿子获得学校教育。审理该案的法院认为,这位母亲不重视其儿子的生存和发展,促成了其儿子实施犯罪行为,因而应就其儿子实施的犯罪行为承担刑事责任。

情形一中父母因同意其未成年子女实施犯罪行为而承担的刑事责任,类似于侵权法上"控制第三人行为的义务"的规则。如果父母有能力控制其未成年子女的行为但没有对其未成年子女的行为加以控制,而是允许其未成年子女实施违法犯罪行为,那么父母应就其未成年子女实施的违反犯罪行为承担责任;如果父母没有能力控制其未成

---

① 151 N. E. 2d 709, 710 (Ohio 1958).
② 272 A. D. 352, 354 (N. Y. 1947).

年子女的行为，那么父母也就不对其未成年子女的行为承担责任。

情形二是父母因对其未成年子女实施犯罪行为提供帮助而承担的刑事责任。这一规则对父母而言并没有太大的意义，因为如果某一刑事案件涉及第三人，法院通常会认定该第三人是帮助犯，进而判定该第三人应承担刑事责任。

情形三是父母因促成其未成年子女实施犯罪行为而承担的刑事责任。这一规则实际上是对那些没有为其未成年子女提供合理生存条件的父母进行惩罚，父母是否忽视了其未成年子女的生存与发展是法院是否对该父母做出有罪判决的关键因素。

实际上，在这三种情形里，父母是否就其未成年子女实施的犯罪行为承担刑事责任，取决于父母自身的作为行为或不作为行为，而与未成年子女所实施的行为无关，如果父母没有为其未成年子女提供合理的生存条件，那么法院就应当认定父母应承担责任，而不论其未成年子女是否实施了犯罪行为。同样，在第二种情形里，父母是否应承担责任取决父母本人是否实施了帮助行为。也就是说，此时父母承担的刑事责任并不以其未成年子女实施了犯罪行为为要件。

2. 父母因监管不当所承担的刑事责任

从各州的现行法律规定来看，一些州对父母规定了非常严苛的刑事责任，而且这些法律规定的适用条件非常宽松。《圣母大学法学评论》中《道德与公共政策》栏目里一篇题为《子女的罪过：父母就未成年子女犯罪承担的责任》的文章就详细谈到了这个问题。该文指出，尽管规定父母刑事责任的现行制定法比以前的法律规定有了很大的进步，但是法律不能仅仅因为父母与未成年子女之间具有特殊关系而责令父母就其未成年子女的行为承担刑事责任。下面是几个有关父母刑事责任规定的例子。例如，根据阿肯色州的法律规定，未成年人违反宵禁法令的，处该未成年人的父母以两天监禁的处罚，这一规定适用于父母已经知道其未成年子女先前曾经违反宵禁法令的情形。[①] 又例如，根据佛罗里达州的法律规定，未成年人使用其父母放

---

① Gilbert Geis & Arnold Binder, Sins of Their Children: Parental Responsibility for Juvenile Delinquency, 5 Notre Dame J. L. Ethics & Pub. Pol'y 303, 310 (1991), at 372.

在家里的枪支的,该未成年人的父母应就此承担刑事责任。① 还有一些州的法律规定,未成年人无故旷课没有到学校接受教育的,该未成年人的父母应就此承担责任,这些法律认为,父母不关注或不重视其未成年子女的旷课问题是应该受到谴责的。② 责令父母承担刑事责任的一个最极端的例子是加利福尼亚州的《道路恐怖活动预防法案》。该法案的目的是预防和阻却那些在道路上闲逛的流氓分子侵害其他公民。该法案规定,如果父母故意没有对其未成年子女的行为加以控制或监管导致其未成年子女实施犯罪行为的,父母就会被逮捕;在父母被正式起诉前,他们可以选择接受有关部门做出的警告和建议,如果父母既不愿意控制其未成年子女的行为也不接受有关部门的警告和建议,那么,父母将会受到正式起诉。③

这些制定法之所以对父母课以严厉的刑事责任,是因为立法者认为,责令父母承担刑事责任能有效地促使父母积极参加有关家庭教育的培训项目,从而促使父母成为优秀的父母。例如在某宗案件里,一名未成年人参与轮奸一名未成年少女,实施强奸行为的未成年人的母亲被逮捕。控诉称,由于未成年人的母亲允许甚至鼓励其儿子携带和使用枪支,所以这位母亲实际上参与了共同犯罪活动。但是,调查人员后来发现这位母亲曾经参加了某个家庭教育课程,并且正在逐步采取措施对其儿子的行为严加控制与监管,所以调查人员认为起诉这位母亲并不能实现法律的价值目标。④ 在这个案件里,所谓的"法律的价值目标",就是通过责令父母承担刑事责任的方式促使父母努力提高自己监管教育子女的水平。

尽管现行制定法对父母做出了严厉的刑事责任规定,但是,只要父母尽力地控制其未成年子女的行为、阻止他们实施犯罪行为,那么父母就不需要承担这些严厉的刑事责任。如前所述,法律责令父母承担刑事责任,目的不仅在于阻却未成年人犯罪行为的发生,更重要的是为了增强父母的责任感,以促使父母努力提高自己教育监管子女的

---

① See id. at 314.
② See id.
③ Id. at 314-15.
④ See id. at 315.

水平。

父母就其未成年子女实施的犯罪行为承担刑事责任的，其责任依据并不仅仅在于父母与未成年子女之间具有特殊关系。新泽西州的现行制定法就错误地将父母与未成年子女之间的特殊关系作为责令父母承担刑事责任的唯一依据。新泽西州的某一法律条例规定，只要未成年人在一年内实施了两次犯罪行为，就处该未成年人的父母以刑事责任和500美元的罚款。① 虽然这一规定的立法初衷是阻却未成年人实施犯罪行为，但这一规定是不符合宪法原则的。如果父母的作为行为或不作为行为与其未成年子女实施的犯罪行为之间没有必然的联系，那么法律就不应该仅仅以父母与其未成年子女之间具有特殊关系为由责令父母就其未成年子女实施的犯罪行为承担刑事责任。

如果父母指示、控制其未成年子女实施犯罪行为，或者父母已经知道其未成年子女实施犯罪行为，或者父母与其未成年子女共同参与实施犯罪行为，那么在这些情形下，就应该适用父母刑事责任的法律责令父母就其未成年子女实施的犯罪行为承担刑事责任；相反，如果父母已经采取措施努力提高自己管教子女的水平，那么就不能责令父母就其未成年子女实施的犯罪行为承担刑事责任。例如，加利福尼亚州的《道路恐怖活动预防法案》中规定，在父母已经采取措施尽力改善管教子女的能力的情况下，不论该父母最终是否提高了管教水平，法律都不能责令该父母就其未成年子女实施的犯罪行为承担刑事责任。

像加利福尼亚州《道路恐怖活动预防法案》这样的法律规定，反映出立法机构希望通过刑事责任的方式来增强父母教育监管其未成年子女的责任感。但是，这些规定父母承担刑事责任的现行制定法一般只适用于未成年人实施轻微犯罪行为的情形。这是因为，在未成年人实施了某些严重犯罪行为的情形里，即便这种情形往往可以反映出该未成年人的父母在监管教育子女上存在不当或过失，但法院不太愿意仅仅因为父母监管不当而责令父母承担刑事责任。正是因为现行制定法并没有对父母承担的刑事责任进行过分扩张，所以，父母也并非总是要对其未成年子女实施的犯罪行为承担刑事责任。

---

① Doe v. City of Trenton, 362 A. 2d 1200 (N. J. Super. Ct. App. Div. 1976).

尽管现行制定法没有过分扩张父母承担的刑事责任，而且也已经尽力避免仅仅以父母与未成年子女的特殊关系作为父母承担刑事责任的依据，但是，一些州的制定法仍然对父母刑事责任的构成要件做出不合理的规定。毫无疑问，责令父母承担刑事责任的立法目的应该是敦促父母积极提高监管教育子女的能力。本文认为，法律不应该动辄责令行为人对与其有特殊关系的第三人实施的任何行为承担责任。也就是说，法律不应该责令父母在任何情况下都要就其未成年子女实施的任何行为承担责任。只有在父母本人的行为构成过失监管或者父母明确地指示其未成年子女实施不法行为的情形下，法律才能责令父母就其未成年子女的行为承担责任；如果父母既没有强迫或指示其未成年子女实施不法行为，也不存在监管过失，那么父母就不对因其未成年子女的行为引起的损害承担责任。但是，一些州的制定法在规定父母刑事责任的要件上，并没有采用适当的标准区分那些指示或允许其未成年子女实施犯罪行为的父母和采取措施努力提高自身管教能力的父母，而是一律规定父母应就其未成年子女实施的犯罪行为承担刑事责任。这种规定违背了哲学上的个人主义原则和侵权法上的自己责任原则。我们每个人都是独立的个体，都具有区别于其他人的特征，所以我们每个人都应该只对自己的行为承担责任，法律不能动辄责令行为人对他人的行为承担责任。

四、影响未成年人成长的因素

未成年人暴力事件的背后蕴含着很多复杂的原因，从逻辑上来说，在未成年人的成长历程中，有很多因素都会对未成年人造成不良的影响从而导致未成年人走上违法犯罪的道路。这些因素不仅包括未成年人的父母，还包括父母以外的其他社会因素和未成年人自己本人。通过以下分析，我们将会发现，父母对未成年子女的监管并不总是必要的，而且未成年子女也不可能完全受制于父母的监管与控制。

（一）未成年人的个性特征：先天决定论与后天影响论

什么因素会对一个人的成长造成影响呢？关于这个问题的讨论从来都没有停止过，实际上我们可以把这一问题的所有讨论意见总结为一个争论——一个人的个性特征是先天决定的还是受到后天因素的影响而形成的。主张先天因素是形成个人特征的决定性因素的观点认为，一个人的心理发展主要受到先天遗传特征的影响，某些心理特征甚至是由个人的基因决定的。与之相反，主张个人特征是受到后天因素的影响而形成的观点则认为，个人的经历是影响其成长发展的主要因素，这些经历包括周围的环境因素和个人的学习历程。现在，并没有充分的科学依据能够证明这两种观点中哪一种观点更加正确。

主张后天因素决定个人成长的人也一直在争论，哪些因素会对一个人的成长造成影响、哪一种外在因素对个人成长的影响是最重要的。例如人们会争论，父母这一因素比其他外在因素对个人的成长有多大程度的影响。好比一篇刊登在《新闻周报》上的文章所说的那样，"即便教育学者和父母都并不完全赞同父母对个人的成长有非常重要的影响，但实际上现在每家书店都摆满了鼓吹父母作用的书籍"①，这似乎能够说明父母影响个人成长的重要性。与之相反，Judity Rich Harris 在其一本著作中指出，父母对个人成长发展的影响并不是决定性的，个人的基因和天性才是影响其本人成长与发展的主要因素。② 另外，根据有关研究，父母的收入、家庭存款、父母与子女共度的时间、医疗保障和种族等因素都在很大程度上决定了一个家庭的父母能否为其未成年子女创造良好的成长环境。而研究资料显示，当前美国有13%的未成年人因未能获得良好的成长环境而处于可能发展为违法犯罪分子的危险状况。

在父母影响未成年人成长发展的这一问题上，一名作家在其著作中这样写道："大多数父母在生育后代之前都以为，自己有足够的能力为后代创造良好的家庭成长环境并教育后代形成良好的品性。但是，在他们生育了后代之后，这些父母就会发现真相并非如他们之前想象的那样。他们的孩子一来到这个世界就具有自己的特性，这些特性既有别于其他人的特性，也与父母之前的期待有所不同。"③

这就意味着，因为每一个未成年人都是独立的、具有自己独特个

---

① Sharon Begley, Do Parents Matter, Newsweek, Sept. 7, 1998, at 54.
② Judith Rich Harris, The Nurture Assumption: Why Children Turn Out the Way They Do; Parents Matter Less than You Think and Peers Matter More (1998).
③ Judith T. Younger, Responsible Parents and Good Children, 14 Law & Ineq. J. 489, 513 (1996).

性的个人，所以父母无法控制其未成年子女的所有行为活动。即便我们不再争论个人的个性特征是先天决定还是后天形成的，未成年人是独立的个体这一事实也显然能够说明，父母不能依靠自己的能力将其未成年子女塑造成一个完全符合他们意愿的未成年人。

对于本文而言，"个人的个性特征是先天决定还是后天形成"这个争论的主要意义在于，使我们认识到未成年人的成长与发展是受很多因素影响的。如果我们认为个人的个性特征是由先天遗传特征决定的，那么法律也就不能要求父母在生育子女之前就生育一个符合他们意愿的子女。如果我们认为个人的个性特征是受后天因素的影响而形成的，那么也就不应该断定父母是影响未成年人成长的唯一外在因素。总之，科学告诉我们，一个人的成长与发展是受到很多不同因素影响的，父母只是其中一个因素而已。

（二）未成年人的真实生活状态

作家帕翠西娅在她的著作《一个独立的群体》一书中真实记录了弗吉尼亚州一个社区里未成年人的生活状态。[1] 该书讲述了很多有关未成年人成长的主题，并探讨了一些社会普遍关注的问题。通过深入描述社区里未成年人的真实生活状态，作者向我们展现了未成年人在成长过程中是如何逐步变化的。作者最后指出，在未成年人的成长历程里，有很多不同的因素在潜移默化地影响着未成年人，这些因素包括父母、学校、种族、教育、性以及未成年人本人的脾气等。作者还对该社区里的多名父母进行了采访，其中，一位母亲的以下言论反映了当代父母对于管教其未成年子女的困惑以及父母难于监管未成年子女的现实。这位母亲说道："现在孩子们成长的环境完全不同于我们小时候的环境，现在取消了预备学校的学生这种称呼，也没有清晰的标准划分哪些孩子有潜力上大学、哪些孩子成绩差因而可能被退学，当然也不会有一条明确的准则来规定一个品行良好的女孩应该做些什么、不应该做些什么……"从《一个独立的群体》一书中显然可以看出，当代父母难以理解和适应其未成年子女所生长的社会环境，也难以完全掌握其未成年子女所接触到的社会影响因素。面对这

---

[1] Patricia Hersch, A Tribe Apart: A Journey into the Heart of American Adolescence (1998).

种现实情况，法律的态度应该怎样？法律是否应对父母的无能为力进行谴责呢？

本文在这一部分所要强调的是，每一个人都具有独特的个性性质，每一个未成年人都是区别于他们父母的独立个体。虽然从理论上来说，父母可以用社会的道德价值标准教育其未成年子女，但事实上，未成年子女未必接受父母的教育也未必遵循这些道德价值标准。无论我们认为未成年人的个性特征是由先天决定的还是受后天因素的影响，我们都不得不承认，有一些不为父母所能控制的因素在影响着未成年人的成长。也正因为这样，法律不应该责令父母对那些其无法控制的因素所造成的不良影响承担责任。

五、父母承担法律责任与家庭隐私、父母的自主决定权之间的冲突

如果我们仔细地翻阅美国联邦最高法院审理的案件，我们就会发现，责令父母就其未成年子女的行为承担法律责任与家庭隐私、父母的自主决定权是相互冲突的。虽然，关于父母是否应就其未成年子女的行为承担责任的问题是由各州制定法自行规定的，但是，联邦最高法院曾经在一些案件中对家庭关系和父母监管未成年子女的问题作出了一些有法律约束力的解释。从这些判例中我们可以得出这样一个结论——法律问题毕竟不同于道德问题，在道德上应受谴责的行为并非必定也会受到法律的惩罚，行为人实施了不道德的行为，并非必定要承担法律责任。

在 Griswold v. Connecticut 一案[①]里，联邦最高法院判定已婚夫妇有权自主决定是否采取避孕措施而不受他人的干涉。联邦最高法院认为，丈夫和妻子之间的关系属于个人隐私领域中的内容，公民的个人隐私受宪法的保障，任何人都不能随意侵犯个人的隐私。对于婚姻关系中的隐私问题，联邦最高法院明确指出，早在我们的先贤制定《权利法案》、成立政党乃至创设学校教育之前，人们就非常重视个人隐私权的保护。婚姻是双方当事人的自由选择，双方缔结婚姻是希望共同亲密地生活；婚姻应该具有改善当事人的生活质量的功效而不

---

① 381 U.S. 479 (1965).

应该成为制造事端的基地,婚姻应该是和谐与忠诚的同义词,而与政治信仰和商业目的无关。

联邦最高法院对 Griswold 一案的判决意味着,政府干涉公民的婚姻关系实际上就侵犯了公民的隐私。虽然本案没有明确涉及"家庭"这个概念,但由于家庭和婚姻有着密切的联系,所以,家庭也应该同样受到隐私权的保护。

在 Ginsberg v. New York 一案①中,联邦最高法院认为,纽约州关于禁止向未成年人出售淫秽物品的制定法能够帮助父母管教其未成年子女,因为父母可以自主决定某种出版物是否适合未成年人阅读。在该案中,联邦最高法院指出,当代父母期望法律能够尊重他们在家庭中的权威地位,这样父母才能更好地监管教育子女。联邦最高法院还认为,父母是监护、照料和教育子女的第一人,各州制定法都不应该抹杀父母的作用或限制父母在管教子女上的自由。

Ginsberg 一案的判决实际上是把隐私权扩张适用到一般的家庭关系领域,并进一步明确了父母在监管教育未成年子女上享有基本的自由权利,即父母有权采取他们认为合适的方法来监管教育其未成年子女。

其实,早在 Pierce v. Society of Sisters 一案②里,联邦最高法院就已经强调父母在监管教育未成年子女上享有自主决定的基本权利。在该案中,联邦最高法院认为,俄立冈州有关强制公共教育的立法是违背联邦宪法的,俄立冈州无权强制要求未成年人接受公共教育而不允许父母将子女送到私立学校或宗教学校,因为这种强制规定不仅侵犯了父母在监管教育子女上的自由权利,也侵犯了未成年人的自由。可见,在本案中,联邦最高法院确认了父母有权自主决定其未成年子女接受什么样的教育,实际上是确认了父母在监管教育其未成年子女上享有自主决定的权利。

Prince v. Massachusetts 一案③则强调了父母在监管教育其未成年子女的宗教信仰上享有自主决定的权利。在该案中,被告是其年仅 9

---

① 390 U.S. 629 (1968).
② 268 U.S. 510 (1925).
③ 321 U.S. 158 (1944).

岁的侄女的监护人,被告指使其侄女在街道上贩卖名为《耶和华见证人》的宣传小册。被告所在的州为了保护未成年人的利益而专门制定了《未成年人劳动法案》,对未成年人的劳动时间作出限制,而本案被告指使其侄女贩卖小册子的行为违反了该法案。联邦最高法院在审理该案时,明确承认未成年人享有宗教信仰的自由以及父母有权引导其未成年子女接受宗教熏陶或鼓励其未成年子女践行宗教信仰。也就是说,联邦最高法院承认父母有权采取他们认为合适的方法教育其未成年子女信仰宗教。

总之,上述案件反映出联邦最高法院保护家庭关系中的隐私权和父母的自主决定权。Griswold v. Connecticut 一案体现了法院保护婚姻关系中的个人隐私,Ginsberg v. New York 一案体现了法院认可父母在监管教育子女上享有自主权利,Pierce v. Society of Sisters 一案体现了法院确认父母有权自主为其未成年子女选择学校教育,Prince v. Massachusetts 一案则体现了法院承认父母有权自主教育其未成年子女信仰宗教。在上述案件中,联邦最高法院并没有认为凡是与家庭有关的任何东西都是神圣不可侵犯的,本文也不主张这种观点。联邦最高法院所要强调的是,父母在与家庭利益有关的事务上和对未成年子女的监管教育上享有自主决定权,这也是一个家庭实体的隐私,法律应该尊重这种家庭隐私和父母的自主决定权。

既然联邦最高法院认为应该保护家庭隐私和父母的自主决定权,那么,规定父母法律责任的制定法就与家庭隐私以及父母的自主决定权发生冲突了。从一方面来说,家庭实体的隐私权应该得到保护,而且父母享有自由监管教育子女的宪法性权利,父母有权采取他们认为合适的方式监管教育其未成年子女。但从另一方面来说,大部分州的制定法又规定了父母应就其监管不当的过失行为承担法律责任,这实际上是对父母在监管教育子女上做出的自主决定进行谴责和惩罚。如果说法律应该保护父母在监管教育子女上享有的自主决定权,那么法律就应该同样对父母行使自由决定权做出的决定进行保护。但是,在现行法律规定下,即便父母在监管教育其未成年子女上做出了自由决定,法律也仍然会责令父母就其做出的"错误决定"承担民事侵权责任或刑事责任。

六、对如何预防未成年人暴力事件的建议

本文认为,预防未成年人暴力事件的最有效途径是创造一个有利于未成年人成长与发展的健康环境。在美国,我们既提倡父母在监管教育未成年子女上要增强责任感,同时也有很多营利性和非营利性的机构团体为父母提供有关管教子女方面的服务,以帮助父母改善其管教子女的方法。面对不断发生的未成年人暴力事件,我们应该开展各种家庭辅助计划来帮助父母管教其未成年子女,而不是一味责令父母就其未成年子女实施的行为承担法律责任。

一项针对如何预防未成年人暴力事件的计划主张,应分成事前预防和事后补救两个阶段来解决未成年人暴力事件的问题。其中,事前预防的途径包括利用政策杠杆创造更多的双亲家庭、增加贫困家庭的经济收入、实施有益的社会工作计划以消除可能引发暴力事件的危险因素等。例如,专门加强对那些淘气孩子的监管、教导父母如何创造良好的家庭环境、在已婚夫妇生育子女之前对他们进行家庭关系方面的教育,都是事前预防未成年人暴力事件的方法。而事后补救途径的主要思路则是,教导父母在发现未成年子女不受控制后应该怎么做。

有学者主张,社会成员应该广泛参与到预防未成年人暴力事件的活动中,全社会应共同帮助父母监管教育其子女、共同解决未成年人暴力事件的问题。[①] 也有学者指出,社工团体除了提供一般的家庭教育服务外,还可以实施课后监管计划,由就读大学或高中的成年学生照料和辅导未成年学生;此外,政府应该鼓励雇主提供更多灵活性的兼职岗位,以让父母能够有更多的时间与子女相处。这位学者明确地说道:"要预防未成年人对他人实施暴力行为,肯定需要不同的组织团体和广大社会成员的共同参与,这不仅要有周全的实施计划,还需要有与之相协调的配套服务;这就需要法律工作者、政府、教育人士、社区活动家、社会服务机构等多方主体的共同努力;与仅仅增强父母的责任感相比,动员更多的主体共同预防未成年人暴力事件肯定能取得更有效的成果。"

[①] Howard Davidson, No Consequences-Re-Examining Parental Responsibility Laws, 7 Stan. L. & Pol'y Rev. 23, 24 (1996).

《一个独立的群体》一书的作者帕翠西娅主张,加强父母与子女之间的沟通能有效预防未成年人暴力事件的发生。她在该书中写道:"倾听未成年人的心声有助于解决校园暴力问题,但这个方法常常被我们所忽略。我们应该密切关注未成年人的生活状况、多了解他们所关注的事情、多掌握他们的思想变化情况;我们还应该多倾听未成年人心里的想法,运用成年人的理智引导未成年人理性地看待问题。预防未成年人暴力事件的最强大武器之一并不是安装在校园里的金属探测器,而是父母与子女之间坦诚的沟通。"可见,作家帕翠西娅所主张的方法非常简单——父母与子女敞开胸怀互吐心声,这样,父母和子女之间才能够相互了解,父母才能更好地监管教育其未成年子女。

此外,还有人主张对父母的资格进行考核,并主张只有经过相关培训的父母才能获得受认可的父母资格。虽然这种主张与当前社会所倡导的保护未成年人利益的政策相契合,甚至可能是解决未成年人暴力事件问题的有效之道,但是,这种主张未免有些不切实际。

对于如何预防未成年人暴力事件这个复杂的问题,当然不可能有一个简单一致的答案。上文也介绍了很多不同的意见,从最为简单的"加强父母与子女之间的沟通"到不切实际的"对父母资格进行考核",这些意见都有一定的片面性。本文认为,将上述意见组合成一个完整体系才是最有效的解决之道。

七、父母承担道德责任还是法律责任

普通法反对父母就其未成年子女的行为承担法律责任,其主要理由是,责令父母就其未成年子女的行为承担法律责任违反了行为人意思自治的原则。现在,未成年人暴力事件不断发生,以至于社会公众强烈呼吁,法律应责令父母就其未成年子女实施的暴力行为承担责任。不可否认,当某个人成为父母之时,他就毫无疑问在道德上负有监管教育其未成年子女的义务和责任。但是,道德责任毕竟不同于法律责任,父母负有道德上的责任并不意味着他也必定要承担法律上的责任。个人主义是美国法律中的重要灵魂,根据个人主义的含义,行为人应该对他自己实施的行为承担责任,而且行为人只对自己的行为负责而不对他人实施的行为负责,当然也不对其没有能力控制的人所实施的行为承担责任。

如前所述，一个人的成长和发展会受到很多不同因素的影响，我们难以断定哪些因素会引发暴力事件或危害社会的行为。即便两个人面对相同的环境，这两个人也并非一定会做出相同的行为。也就是说，在某一环境下某个人将会实施怎样的行为是难以为他人所预料的。对于未成年人而言，由于外部因素的影响和未成年人本身的不稳定性，未成年人行为的不确定性也就更加突出了，父母并非都能预料到其未成年子女实施的行为，所以，责令父母就其未成年子女未经允许实施的行为承担法律责任是不公平的。需要强调的是，此时父母仍然要对其未成年子女实施的行为负有道德责任，父母应该尽力减少可能引发损害的危险因素，这是父母负有的道德义务。但是，父母负有的这种道义务不应该被当然地转变为法律义务。

本文第四部分已经谈到了当代未成年人受到很多不同因素的影响，可见父母并不是在一个真空的环境中养育自己的子女。只有当父母是在一个不受其他因素影响的环境中养育子女时，责令父母就其未成年子女的行为承担法律责任才有意义，因为在这样的环境里，父母的监管教育与其未成年子女的行为之间有着必然的联系，父母的教育监管不当是导致其未成年子女实施不法行为的唯一原因。实际上，未成年人每天都会受到不同因素的影响，这些影响可能是有益的也可能是有害的，父母只是影响其未成年子女成长的其中一个因素，父母的教育监管不当并不是引发未成年人暴力事件的唯一原因。正是因为在现实生活中父母不可能完全知道或控制其未成年子女周围的所有不良因素，所以法律不应该责令父母就其未成年子女的行为承担侵权责任或刑事责任。

如果仔细阅读规定父母法律责任的现行制定法，我们就会发现，社会公众强烈呼吁加重父母责任的这一主张并没有得到很大的回应。立法机关和法官们都试图将父母承担的法律责任限制在侵权责任的范围内，但是，在刑事责任方面，现行制定法正在不断地对父母因监管不当而承担的刑事责任进行扩张。虽然各州的现行制定法还没有要求父母对其未成年子女进行完全控制并要求父母就其未成年子女的行为承担全部责任，但是，某些州的现行法律规定已经和这种严格的要求非常接近了。

八、结语

从政策考量的角度上来说，法律之所以责令父母就其未成年子女实施的不法行为承担责任，主要是基于以下两个目的：其一是补偿受害人的损失；其二是阻却未成年人实施不法行为。现行制定法已经对父母规定了较为严厉的法律责任，但是，随着未成年人暴力事件的问题越来越严重，社会公众依旧主张加重父母承担的责任。

不可否认，父母在监管教育未成年子女上负有不可推卸的道德义务和责任，但是，父母负有道德责任并不会必然导致父母要承担法律上的侵权责任或刑事责任。父母只有在指示其未成年子女实施不法行为的情形下才对其未成年子女实施的行为承担侵权责任或刑事责任。尽管父母要就其过失监管的行为承担过失侵权责任，但对于那些在监管子女上稍有不妥的父母，法律不应该动辄要求该父母承担严厉的刑事责任。而且，未成年人的某些个性特征和行为是父母无法自由选择并且没有能力控制的。所以，责令父母就此承担法律责任不合理也不公平。另外，等到未成年人实施了不法行为后才责令该未成年人的父母承担责任，并不是阻却未成年人暴力事件的有效方法。

以下言论充分地表达了本文的观点：

（1）"每一个人都有自主决定自己行为的权利，即便某个未成年人拥有尽职尽责的父母和良好的家庭成长环境，他也依然有可能实施危害社会的行为。这是他个人的选择，既然他自己作出了这样的选择，他就要对自己的行为承担责任。"

（2）"毫无疑问父母在养育未成年子女上负有不可推卸的责任，而且现实生活中的确有不少父母在养育子女上没有尽到自己所应承担的责任。但是，如果责令父母就其未成年子女实施的所有行为承担全部责任，包括民事侵权责任和刑事责任，那么就无异于要求父母对有害于未成年人成长的所有不良环境因素承担责任。"

父母因过失监管未成年子女承担的侵权责任
——Snow v. Nelson 一案评析

金佰利·利昂内尔·金[*]著　郭钟泳[**]译

目　　次

一、导论
二、普通法和制定法上的父母侵权责任
三、"特定侵权行为规则"对父母侵权责任的限制
四、《美国侵权法复述》（第二版）对父母过失监管责任的规定
五、"特定侵权行为规则"的公共政策考量
六、结语

一、导论

根据佛罗里达州的现行判例法，未成年人实施侵权行为的，未成年人的父母原则上不对其未成年子女实施的行为承担侵权责任，除非原告能够证明未成年人的父母已经知道其未成年子女具有实施某种特定侵权行为的习惯，并且该未成年人习惯性实施的侵权行为正是造成原告损害的那种行为，此时，父母应就其未成年子女实施的侵权行为承担责任。这就是佛罗里达州最高法院确立的"特定侵权行为规则"。第三地区上诉法院在审理 Snow v. Nelson 一案[①]时对"特定侵权行为规则"提出了批评，认为该规则对父母的过失监管责任的规定过于狭窄，并主张摒弃"特定侵权行为规则"，取而代之适用《美国

---

[*] 作者资料不详，本文选自 12 Fla. St, U. L. Rev. 935.
[**] 民商法硕士，中山大学法学院助教。
[①] 450 So. 2d 269 (Fla. 3d DCA 1984).

侵权法复述》(第二版)第316节的规定。本文的内容就是围绕第三地区上诉法院的主张展开的。本文首先介绍了普通法上父母就其未成年子女的行为承担侵权责任的理论基础以及佛罗里达州最高法院在 Gissen v. Goodwill 一案①中确立的"特定侵权行为规则"。接着，本文探讨了"特定侵权行为规则"的历史渊源，发现"特定侵权行为规则"源于代理关系理论，并指出在父母过失监管未成年子女的案件中适用代理关系理论是不适当的。本文还探讨了"特定侵权行为规则"背后的公共政策考量因素，最后得出的结论是：佛罗里达州最高法院应采纳第三地区上诉法院的建议，在审理父母过失监管未成年子女的案件时不应适用"特定侵权行为规则"，而应适用《美国侵权法复述》(第二版)第316节的规定。

在 Snow v. Nelson 一案里，两名少年 Mark Nelson 和 Randall Snow 在街道上玩耍棒球游戏。按照游戏规则，每个游戏者手持木棍向外击打出网球后，需快速地追赶网球直到预定的目的地，当到目的地后需再次击打网球。在游戏过程中，Mark Nelson 挥动手中的木棍欲击打网球时意外地击中了游戏伙伴 Randall Snow 的一只眼睛，致使 Randall Snow 失明并且永久性丧失嗅觉和味觉。Randall Snow 的父母对 Mark Nelson 的父母和他们的侵权责任保险人提起了诉讼。原告的诉讼理由是，Mark Nelson 的父母已经知道其儿子先前曾经实施过同类行为但没有对其儿子的行为加以控制因而构成过失，而且，Mark Nelson 父母的监管过失是造成受害人遭受损害的法律原因。

庭审证据显示，在发生损害事故时，Mark 比 Randall 年长一些并且在身高上高出一尺有余。Mark 的一些邻居和玩伴证实，Mark 经常以强凌弱，粗暴地对待那些比自己年幼的玩伴。在发生本次事故前，Mark 的父亲已经多次收到其他小孩有关其儿子在玩耍时行为粗暴的投诉，但他并没有在意这些投诉而只是把它们看做是小孩子之间的闲聊戏弄。庭审证据还证明，本案中的棒球游戏是由 Mark 想出来的，而且 Mark 的父亲之前也在其他场合看过其儿子玩耍这项游戏或与这项游戏相似的游戏。

在初审中，Mark 的父母和他们的侵权责任保险人提请法院做出

---

① 80 So. 2d 701 (Fla. 1955).

即决判决。初审法院在审查所有证据后,认为 Mark 的父母在法律上不存在过失,进而做出了有利于被告的判决。但陪审团坚持认为 Mark 的父母对该意外事故负有 75% 的责任,因而裁决被告应承担 13.5 万美元的赔偿。

在上诉审中,第三地区上诉法院维持了初审法院的判决。在判决中,负责陈述法院多数意见的 Jorgenson 法官首先指出,在普通法上父母原则上不就其未成年子女的行为承担侵权责任,不能仅仅因为父母与其未成年子女之间存在监护关系而责令父母就其未成年子女的行为承担侵权责任。

第三地区上诉法院还援引了佛罗里达州最高法院审理的 Gissen v. Goodwill 一案。在该案中,佛罗里达州最高法院针对普通法上的"父母不就其未成年子女的行为承担侵权责任"的一般原则创设了四种例外情形,认为在这四种例外情形下父母应就其未成年子女的行为承担侵权责任。佛罗里达州最高法院创设的四种例外分别情形是:父母把某种危险工具交付其未成年子女使用、未成年子女在实施不法行为时是其父母的代理人、父母与其未成年子女共同参与实施不法行为、父母对其未成年子女的监管存在过失,即在父母已经知道或尽合理的注意应该知道如果自己不对其未成年子女的行为加以控制将会导致他人损害但仍然没有履行其应承担的控制义务。第三地区上诉法院认为,佛罗里达州最高法院创设的第四种例外情形实际上是确认了父母负有控制其未成年子女行为的法定义务。根据佛罗里达州最高法院对第四种例外情形的解释,父母只有在知道其未成年子女习惯性地实施造成原告损害的那一种侵权行为但没有对其未成年子女的行为加以控制的情形下,才构成过失监管。也就是说,原告要对被告提起过失监管的侵权诉讼,不仅要证明被告的未成年子女具有实施某种特定侵权行为的习惯,还要证明被告已经知道其未成年子女的该行为习惯但没有行使合理的注意保护他人免受其未成年子女的侵害。

第三地区上诉法院认为,佛罗里达州最高法院对父母过失监管的解释过于狭窄,并置疑这种解释在判例法上是否有权威的支持依据。第三地区上诉法院的 Jorgenson 法官主张,法院审理父母过失监管未成年子女的案件应该采用《美国侵权法复述》(第二版)第 316 节的规定。根据《美国侵权法复述》(第二版)第 316 节的规定,如果父母有能力控制其未成年子女的行为并且知道自己有必要、有机会这样做，但父母没有对其未成年子女的行为加以控制，那么父母就要对其不作为行为承担侵权责任。

第三地区上诉法院主张佛罗里达州最高法院应摈弃"特定侵权行为规则"，并转而适用《美国侵权法复述》（第二版）第316节的规定。第三地区上诉法院还认为，父母在什么情况下应对其未成年子女的行为承担侵权责任是一个蕴含着公共政策的问题，法律应该慎重对待这个问题。

二、普通法和制定法上的父母侵权责任

在普通法上，法院不能仅仅因为父母与其未成年子女之间具有血缘关系而责令父母就其未成年子女的行为承担侵权责任。未成年人在普通法上被看做是独立的个人，他们拥有自己的独立权利，并应对自己的行为承担责任。但是，未成年人往往没有独立的财产，即便法院判决未成年人承担侵权损害赔偿责任，他们也无力执行判决。为了改善未成年人无力赔偿的困境并保护受害人的利益，普通法和制定法都规定了父母在某些情况下应就其未成年子女的行为承担侵权责任。

普通法规定了父母就其未成年子女的行为承担侵权责任的四种情形，分别是：①父母将某一危险工具交付其未成年子女使用，而由于未成年子女的年龄、判断力和经验不足，其使用该工具将会对他人构成损害危险；②未成年子女在实施侵权行为时是其父母的雇员或代理人；③父母知道其未成年子女从事的不法行为并且同意、允许或教唆其未成年子女从事该行为；④父母已经知道或尽合理的注意应该知道如果自己不对其未成年子女的行为加以控制将会导致他人遭受损害，但父母没有履行其应承担的控制义务。根据责任依据的不同，可以将这四种情形分成两大类，一类是基于未成年子女有过错而产生的父母替代责任，另一类是基于父母自身有过错而产生的父母直接责任。替代责任的责任依据是，实施不法行为的未成年子女有过错。与之相反，直接责任的责任依据是，被责令承担责任的父母本身有过错，而实施不法行为的未成年人是否有过错则在所不问。

父母承担替代责任的法律依据主要是代理关系理论和制定法的规定。根据雇主责任原则，如果一个未成年人受雇于他的父母并在职务

范围内从事活动,那么该未成年人的父母就要对该未成年人在执行职务过程中所实施的侵权行为承担责任。在这里,父母承担的责任是一种替代责任,父母承担替代责任的依据不是其与侵权行为人之间具有父母与子女的关系,而是其与侵权行为人之间构成本人与代理人或者主人与仆人的代理关系。

全美国共有50个州制定了有关父母侵权责任的成文法,规定父母在某些情况下应对因其未成年子女的行为造成的人身损害或财产损害承担替代责任。佛罗里达州也有相关的法律规定,该规定还把父母承担替代责任的范围限制在因未成年子女的恶意偷盗行为或破坏财产行为引起实际损害的场合,并规定了父母承担的损害赔偿责任的赔偿限额是2500美元。① 这些规定确认了父母负有控制其未成年子女行为的法定义务。规定父母负有这样的法定义务主要有两个基本目的:其一是通过让更多的私人主体及其保险人分担受害人的损失来保护受害人的利益;其二是通过侵权责任的方式促使父母对其未成年子女严加监管,从而阻却未成年人实施侵权行为。制定法直接规定父母负有控制未成年子女行为的义务,解决了原告依据普通法提起损害赔偿诉讼所遇到的一系列难题,比如说,原告不再需要证明被告确实负有控制未成年子女的行为的义务。

普通法规定的父母侵权责任的第二种类型是父母的直接侵权责任。依据普通法上的规定,父母承担直接侵权责任有三种情形:一是父母把某一危险工具交给其未成年子女或者由于疏忽使其未成年子女有机会获得某一危险物品,以至于该物品对他人构成不合理的损害危险;二是父母同意、指示或批准其未成年子女实施侵权行为,此时,父母与其未成年子女是共同侵权行为人,父母应承担直接的侵权责任;三是父母违反了其应承担的控制未成年子女行为的义务因而构成过失监管。

基于雇主责任原则、制定法上的规定和过失监管理论产生的父母侵权责任,都可以归结为父母因违反了其应承担的控制未成年子女行为的义务而承担的侵权责任。判例法、制定法和示范法对父母承担的侵权责任有不同的规定,在这些不同的规定中,最核心的问题是父母

---

① Fla. Stat. § 741.24 (1983).

在什么情况下应负有控制未成年子女行为的法定义务。

三、"特定侵权行为规则"对父母侵权责任的限制

在 Gissen v. Goodwill 一案中，佛罗里达州最高法院第一次考虑父母在什么情况下应就其未成年子女的行为承担侵权责任这个问题。在该案中，Goodwill 夫妇和他们年仅 8 岁的女儿到迈阿密海岸度假并住在 Gaylord 酒店。在酒店的大堂里，Goodwill 夫妇的女儿很粗暴地转动大堂的旋转门，导致站在门边的一名酒店职员的左手中指被掐在门缝里，一小截手指被截断。

这名受伤的酒店职员对 Goodwill 夫妇提起诉讼，主张他们应就其过失监管未成年子女的行为承担直接的侵权责任。原告诉称，被告 Goodwill 夫妇明知道其女儿曾经实施过类似的不法行为但没有对其女儿的行为加以管教和控制，因而构成过失。原告还进一步指出，他受到的损害是 Goodwill 夫妇的女儿实施侵权行为的合理后果；而且，Goodwill 夫妇没有对其女儿的行为加以控制，实际上是批准、认可和同意其女儿实施不法行为。起诉状还称，Goodwill 夫妇的女儿不仅曾经在其他酒店实施过类似的不法行为，如损坏酒店内的家具和摆设物品、骚扰酒店的职员和其他客人等；而且在其他场合也实施过与侵害原告的行为类似的故意损害行为。但是，初审法院认为，原告未能成功地证明 Goodwill 夫妇的女儿具有实施造成其损害的那种特定不法行为的习惯，因而不能证明 Goodwill 夫妇构成过失监管。

原告不服初审法院的判决，遂上诉到佛罗里达州最高法院。因为该案在佛罗里达州是未有先例之案，所以佛罗里达州最高法院查找了其他州的判例法、相关的学者论文和《美国侵权法复述》（第二版），以期获得有说服力的法律依据。佛罗里达州最高法院指出，普通法上的"父母不就其未成年子女的行为承担侵权责任"的一般原则是有例外的，并援引了《美国侵权法复述》（第二版）第 316 条的规定加以说明。在确定本案应适用父母过失监管理论后，法院仔细考察了另外七宗由其他法院审理的父母侵权案件，并得出最终结论——原告依据父母监管过失理论对被告提起侵权诉讼的，必须证明被告没有对其未成年子女习惯性实施的某种特定侵权行为加以控制，并且该侵权行为正是造成原告损害的那种行为。这就是证明父母构成过失监管的

"特定侵权行为规则"。由于 Gissen 一案的原告不能证明 Goodwill 夫妇的女儿先前具有胡乱摇动门或用力关门的不良习性,即未达到"特定侵权行为规则"的最低证据要求,未能成功地证明被告 Goodwill 夫妇存在过失。所以,佛罗里达州最高法院维持了初审法院的判决,判定被告 Goodwill 夫妇不构成过失监管。

(一)"特定侵权行为规则"的历史渊源

在 Gissen v. Goodwill 一案里,佛罗里达州最高法院在考察了多宗由其他法院审理的案件后,提出适用"特定侵权行为规则"判断被告在监管未成年子女上是否存在过失。但是,在 Snow v. Nelson 一案里,第三地区上诉法院不仅质疑佛罗里达州最高法院在 Gissen 一案中援引的七宗案件是否真正支持"特定侵权行为规则",还指出"特定侵权行为规则"对父母侵权责任的规定过于狭窄。第三地区上诉法院强烈建议佛罗里达州最高法院摈弃适用"特定侵权行为规则",转而适用《美国侵权法复述》(第二版)的规定判断被告是否构成过失监管。

20 世纪早期,各州法院都争先寻找或创设理论依据来论证父母在什么情况下应就其未成年子女的行为承担侵权责任,从而导致有关父母侵权责任的判例法非常混乱。在 20 世纪 30 年代以前,法院并不过分区分依据代理关系理论提起的诉讼和依据一般过失理论提起的诉讼,更不会对这两类诉讼的特征和判决语言进行区分。20 世纪 30 年代后,法院仍然援引之前那些不区分代理关系理论和一般过失理论的案件作为判例,以至于代理关系理论和一般过失理论的区别没有得到发展,反而逐渐遭到腐蚀。一些与代理关系理论直接相关的语言,特别是"特定的习惯"、"特定的行为"等语言,就错误地出现在那些适用一般过失理论案件的判决中。法院依据一般过失理论审理父母侵权责任的案件,却采用代理关系理论的规则来考察侵权行为人是否具有实施某种特定侵权行为的习惯,久而久之,这种做法就变得根深蒂固了。

Gissen 一案确立的父母就其未成年子女的行为承担侵权责任的第三种情形,实际上包含了代理关系理论的特征。代理关系理论的历史渊源可以追溯至远古时代的法律,在原始的法律中,主人就其仆人的行为承担责任是普遍存在的。代理关系中的本人明示或暗示地授权其代理人实施侵权行为的，本人应与代理人对该侵权行为造成的损害共同承担责任。在 Corby v. Foster 一案①里，法院指出，如果父母与其子女构成代理关系，并且父母在知道其代理人实施的侵权行为的情况下仍然同意、指示、批准、认可或共同参与实施该侵权行为，那么父母就要对其代理人实施的侵权行为承担责任，因为在这种情形下父母事实上成为了实施侵权行为的一方当事人。审理 Smith v. Jordan 一案②的法院认为，所谓父母授权或同意其未成年子女从事不法行为，是指父母明示或暗示地指示其未成年子女实施不法行为。也就是说，只有在父母明示或暗示地指示作为其代理人的未成年子女实施侵权行为的情形下，父母才对其代理人实施的行为承担侵权责任，代理关系中的本人不对代理人从事的超越代理范围的或未经授权的行为承担侵权责任。

Wigmore 教授在梳理侵权法的历史发展时指出，依据 16 世纪至 17 世纪的英国普通法，主人就其仆人的行为承担的侵权责任仅仅限于主人命令其仆人实施侵权行为或者主人事前或事后同意由仆人实施侵权行为的场合。Wigmore 教授把这种规定称为"特定命令理论"。根据该理论，主人只就其命令仆人实施的侵权行为承担侵权责任，而不对没有做出命令但由仆人实施的行为承担侵权责任。Wigmore 教授指出，"特定命令理论"很容易走向极端，那就是——主人只有在明示对其仆人发号施令，并对仆人实施的行为的细节作出具体特定的指示的情况下，才对该行为造成的损害承担侵权责任。这样，代理关系中的本人就其代理人的行为承担的责任就被限定在非常狭小的范围内。

可以说，佛罗里达州最高法院在 Gissen 一案中适用的"特定侵权行为规则"源于特定命令理论，或者说是该理论的衍生品。在 Gissen 一案中，佛罗里达州最高法院首先确认应适用一般过失理论审理该案，并援引了七宗案件以证明适用"特定侵权行为规则"是有权威依据的。法院的最后结论是，原告要证明被告构成过失监管，必须证明实施侵权行为的未成年人具有实施某种特定不法行为的习惯。但是，佛罗里达州最高法院所援引的那七宗案件实际上是依据代理关

---

① 29 Ont. L. R. 83, 91 (1913).
② 97 N. E. 761, 761 (Mass. 1912).

系理论和特定命令理论做出判决的,而并非依据一般过失侵权理论判决的。即便这七宗案件的判决里也出现了与"过失"有关的语言,但这些语言是为阐述代理关系理论服务的。所以说,"特定侵权行为规则"只能适用于依据代理关系理论审理的案件,而不能适用于依据一般过失理论审理的案件。这样,佛罗里达州最高法院援引的七宗案件就不能说明,在依据一般过失理论审理的案件里原告必须通过证明未成年人具有实施某种特定侵权行为的习惯来证明被告构成过失监管。下面,我们逐一分析 Gissen 一案中援引的案件。

佛罗里达州最高法院援引的第一宗案件是 Norton v. Payne 一案①。该案的基本事实是,一个年仅 5 岁的小孩被一个 7 岁的玩伴用树枝弄伤了眼睛。受伤小孩的父母以伤人小孩的父母为被告提起过失侵权诉讼。原告诉称,被告知道其儿子具有用树枝袭击年幼玩伴的习惯但仍然不对其儿子的行为加以控制。审理该案的法院援引了其他法院依据代理关系理论审理的 Thibodeau v. Cheff 案②和 Johnson v. Glidden 案③,认定本案应适用一般过失理论判断被告是否构成过失监管。

佛罗里达州最高法院援引的第二宗判例是 Ryley v. Lafferty 一案④。在该案中,一个未成年小孩把另外一个比他年幼的小孩引诱到一个僻静的地方后,脱掉该名小孩的衣服并狠狠地殴打他。原告诉称,实施殴打行为的小孩以前也曾经实施过这种行为并导致他人损害,被告知道其儿子曾经实施过这种不法行为,但没有对其儿子进行管教,实际上是鼓励其儿子实施这种不法行为,因而被告应承担过失侵权责任。审理该案的法院明确指出,如果父母已经知道其未成年子女习惯性地实施某种侵权行为,但仍鼓励他们实施该行为而没有尽任何努力纠正或控制其未成年子女的行为,那么,父母就要对其未成年子女实施的侵权行为承担责任,这是一般性的原则。法院在陈述上述观点时所使用的语言,实际上是代理关系理论的典型语言。依据代理关系理论,当父母(本人)知道其未成年子女(代理人)先前曾经

---

① 281 P. 991(Wash. 1929).
② 24 Ont. L. R. 214(Div. Ct. 1911).
③ 76 N. W. 933(S. D. 1898).
④ 45 F. 2d 641(N. D. Idaho 1930).

实施某种侵权行为,但没有对其未成年子女的行为加以控制以至于该侵权行为继续发生,在这种情形下,父母实际上是暗含地授权其未成年子女实施该侵权行为。法院在判决中还说道:"父母已经清楚地知道其未成年子女的行为习惯、特点和暴力倾向,但仍然鼓励其未成年子女实施某种侵权行为,是同意实施或参加实施该侵权行为,因而应认定该父母有过失。"虽然法院在此处使用了"过失"一词,但在判决的其他地方再也没有出现过与"过失"一词相关的语言,法院在推理分析中也没有采用一般过失的理论和判断标准。法院在此处使用"过失"一词是不恰当的,因为本案是依据代理关系理论提起的诉讼,而不是依据一般过失理论提起的诉讼。

佛罗里达州最高法院援引的第三宗判例是 Steinberg v. Cauchois 一案[①]。该案的基本事实是,被告的未成年儿子在人行道上骑自行车时撞伤了一名小女孩。原告诉称,被告已经知道其未成年儿子先前在其他场合发生过类似的行为,但被告依旧没有对其儿子的行为加以控制以至于造成他人损害。在审理中,法院援引了 Harper 教授的文章来说明父母在什么情况下应就其未成年子女的行为承担侵权责任。Harper 教授认为,如果父母已经知道其未成年子女具有实施某种不法行为的习惯,但没有合理地阻止其未成年子女实施那种不法行为,那么父母应就其未成年子女实施的那种不法行为承担侵权责任。这就是 Harper 教授主张的"已知的习惯理论"。根据该理论,父母只有在已经知道其未成年子女具有实施侵害原告的那种不法行为的习惯但没有对未成年子女的行为加以控制的情况下,才构成过失监管。Harper 教授在论证"已知的习惯理论"时是以 Ryley v. Lafferty 一案和 Norton v. Payne 一案为基础的。但是,Steinberg v. Cauchois 一案的最终结果却与 Harper 教授主张的理论相矛盾。在该案的上诉审中,上诉法院并没有采纳原告提出的"被告已经知道其未成年儿子具有实施侵害受害人的那种侵权行为的习惯"的主张,继而判定被告不构成过失监管。

佛罗里达州最高法院援引的第四宗判例是 Condel v. Savo 一案。该案原告诉称,被告已经知道其未成年子女很淘气并具有攻击年幼小孩的习惯,但被告没有对其未成年子女的行为加以控制因而构成过失

---

① 293 N. Y. S. 147 (App. Div. 1937).

监管。审理该案的法院认为可以适用过失理论审理本案。由于受到 Norton v. Payne 案和 Thibodeau v. Cheff 案①的影响，法院在推理分析和判断语言的运用上都把代理关系理论和过失理论二者相混淆。

佛罗里达州最高法院援引的另外两宗案件是 Bateman v. Crim 案②和 Martin v. Barrett 案③。这两宗案件的判决进一步明确了"特定侵权行为规则"在父母过失监管未成年子女案件中的重要性。审理这两宗案件的法院一致认为，原告以过失监管为由起诉被告的，必须证明实施侵权行为的未成年人具有实施某种特定不法行为的习惯。在 Bateman v. Crim 一案里，两名未成年男孩违反法律规定在街道上踢足球，其中，一名男孩在踢球过程中把在人行道上行走的一位老妇人撞倒，致使该名老妇人受伤。老妇人以该两名男孩和他们的父母为被告提起了人身损害赔偿诉讼。虽然法院认定本案是依据过失理论提起的过失侵权诉讼，但法院在审理中并没有采用过失理论的分析方法。法院援引了 Ryley v. Lafferty 等其他依据代理关系理论判决的案例，并明确指出，如果父母故意地允许、鼓励或没有阻止其未成年子女实施那些对他人具有固有危险的行为或者为法律所禁止的行为，那么父母应就其未成年子女实施的该行为承担侵权责任。法院适用"特定侵权行为规则"审理父母过失监管未成年子女的案件，关键的问题是什么样的证据才能证明父母"已经认识到"其未成年子女具有实施某种不法行为的习惯。在这里，Bateman 一案的法官援引了代理关系理论中的"先前行为规则"来判断父母是否"已经认识到"其未成年子女具有实施某种不法行为的习惯。依据先前行为规则，如果未成年人在侵害受害人之前曾经实施过同类的侵权行为，那么法律就推定该未成年人的父母已经认识到该未成年人具有实施该种侵权行为的习惯。由于 Bateman 一案里没有证据证明那两名男孩之前曾经在街道上踢足球，所以不能证明被告已经认识到其未成年子女具有实施某种特定侵权行为的习惯，因而不能责令被告对原告的损害承担侵权责任。

在 Martin v. Barrett 一案里，被告把一支步枪交给年仅 12 岁的儿

---

① 24 Ont. L. R. 214（Div. Ct. 1911）.
② 34 A. 2d 257（D. C. 1943）.
③ 261 P. 2d 551（Cal. Dist. Ct. App. 1953）.

子使用，被告的儿子在玩弄步枪时开枪打中了另外一个男孩的眼睛。审理该案的法院援引了 Hagerty v. Powers 和 Ellis v. D'Angelo 两宗依据代理关系理论判决的案件，并总结出这样一条规则——原告起诉被告就其未成年子女的行为承担侵权责任的，原告必须证明被告已经知道其未成年子女具有故意实施某种特定不法行为的习惯，以及被告没有采取适当的预防措施保护他人免受其未成年子女的该种不法行为的损害。法院在审查本案的所有证据后，认定原告举证的证据不足以证明被告在监管未成年子女上存在过失，因而做出有利于被告的判决。

依据"特定侵权行为规则"，未成年人是否具有实施某种特定侵权行为的习惯是证明父母是否构成过失监管的一个重要因素。很多州的法院在审理父母过失监管未成年子女的案件时都不加鉴别地使用这一规则。但是，仅仅依靠众多法院接连适用"特定侵权行为规则"的事实并不能论证该规则的正当性。当然，如果佛罗里达州最高法院希望继续保持"限制父母承担的侵权责任"这一司法政策，那么它就没有必要对该规则做出修改，同时它也应该通过多种方式来实践和完善该司法政策。

（二）佛罗里达州法院对"特定侵权行为规则"的适用

自佛罗里达州最高法院在 Gissen v. Goodwill 一案确立了"特定侵权行为规则"后，佛罗里达州的地区法院在审理同类案件时都纷纷适用了该规则。其中，第二地区法院对"特定侵权行为规则"作限缩解释，认为在起诉父母过失交付危险工具给未成年子女的案件里，原告不需要证明被告已经知道其未成年子女先前实施过某种不法行为。[1] 与之相反，第三地区法院在审理一宗同类案件时，由于原告未能证明被告已经知道其未成年子女先前实施过某种不法行为而驳回了原告的诉讼请求。[2] 在另外两宗案件里，由于原告都未能证明被告已经知道其未成年子女先前实施过某种不法行为，初审法院都驳回了原告的诉讼请求；但在上诉审中，地区法院却都推翻了初审法院的判

---

[1] Bullock v. Armstrong, 180 So. 2d 479 (Fla. 2d DCA 1965).
[2] Spector v. Neer, 262 So. 2d 689 (Fla. 3d DCA 1972).

决。① 还有，有两座地区法院在审理两宗起诉父母承担侵权责任的案件时并没有适用"特定侵权行为规则"来判断被告是否构成过失监管，而是将案件交给陪审团裁决；② 审理 Snow v. Nelson 一案的第三地区上诉法院认为这两座法院的做法实际上是对"特定侵权行为规则"的否定。对此，我们对上述案件逐一进行分析。

在 Seabook v. Taylor 一案里，一名年仅 14 岁的男孩在与父母吵架后偷走了父母藏在卧室里的手枪，并开枪射伤了两名玩伴。原告起诉该名男孩的父母并要求他们承担损害赔偿责任，但原告未能证明该名男孩具有使用手枪的习惯。审理该案的第四地区法院认为，Gissen 一案确立的父母承担侵权责任的四种情形并不是绝对排他的，被告是否应就其未成年子女的行为承担侵权责任，应全面分析所有环境因素来判断。例如，在本案中，应分析手枪安放的地点是否容易为未成年人所接触、手枪损害到他人的可能性等因素。之后，第四地区法院没有适用"特定侵权行为规则"判断被告是否构成过失监管，而是将被告是否存在过失这一问题交给陪审团进行裁决。陪审团认为，根据本案的所有环境因素，包括被告把手枪放在其儿子可以接触到的地方这一因素，可知被告没有尽到合理的注意义务，因而裁决被告构成过失。第四地区法院维持了陪审团的裁决。从本案法院的做法和推理观点可以看出，第四地区法院不支持将父母承担侵权责任的情形局限在 Gissen 一案确定的四种情形里。

在 Southern American Fire Insurance Co. v. Maxwell 一案里，一名年仅 5 岁的女孩在人行道上骑自行车时撞倒了一位在人行道上行走的老妇人，老妇人以该名女孩的父母存在过失为由要求被告承担损害赔偿责任。原告诉称，当被告允许其女儿离开他们的监管视线独自一人在人行道上骑自行车时，被告已经知道其女儿对控制一辆没有辅助轮的新自行车并没有太多的经验。但原告未能证明被告已经知道或尽合理的注意应当知道其女儿具有实施该危险行为的习性。和第四地区法

---

① King v. Dade County Bd. of Pub. Instr., 286 So. 2d 256（Fla. 3d DCA 1973）；Wyatt v. McMullen, 350 So. 2d 1115（Fla. 1st DCA 1977）.
② Southern Am. Fire Ins. Co. v. Maxwell, 274 So. 2d 579（Fla. 3d DCA 1973）；Seabrook v. Taylor, 199 So. 2d 315（Fla. 4th DCA 1967）.

院审理 Seabook v. Taylor 一案的做法一样，审理该案的第三地区法院没有引用"特定侵权行为规则"来判断被告是否构成过失监管。法院认为，本案的焦点并不在于被告女儿的先前行为是否足以证明被告已经知道其女儿具有实施危险行为的习性，而在于被告没有确认其女儿是否有能力独自控制自行车的行为是否构成过失。

在第三地区上诉法院审理的 Snow v. Nelson 一案里，法院的多数意见严厉批判了"特定侵权行为规则"对父母承担侵权责任的规定过于狭窄，并主张应适用《美国侵权法复述》（第二版）的规定审理父母侵权责任的案件。该案的判决反对意见则认为，《美国侵权法复述》（第二版）有关父母侵权责任的规定对于解决 Gissen 案中的难题是没有必要的。其中一名持反对意见的法官认为，根据"特定侵权行为规则"的含义，本案被告是否构成过失监管，取决于以下两点：①被告是否已经知道其未成年子女具有殴打年幼玩伴的习惯；②被告是否没有对其未成年子女的上述行为习惯加以控制以至于允许该不法行为继续发生。该法官认为，如果本案证据能够证明被告已经知道其未成年子女具有殴打年幼玩伴的习惯，但被告没有对其未成年子女的上述行为加以控制，那么陪审团就应认定被告在监管未成年子女上存在过失。虽然该法官的上述分析是以"特定侵权行为规则"为基础的，但是，上述分析实际上并没有真正符合"特定侵权行为规则"的要求。首先，该分析不符合"特定侵权行为规则"对"习惯"要件的要求。佛罗里达州最高法院在 Gissen 一案中确立的"特定侵权行为规则"，把被告的女儿是否具有实施某种不法行为的习惯解释为是否具有胡乱摇动门或用力关门的习性，并且明确指出，原告不能以被告的女儿具有实施其他种类的不法行为来证明被告在监管未成年子女上存在过失。也就是说，"特定侵权行为规则"要求原告证明，侵权行为人习惯性实施的不法行为必须是侵害原告的那一种不法行为，原告不能以其他种类的不法行为习惯来证明被告存在过失。因此，分析 Snow 一案中的侵权行为人是否具有殴打年幼玩伴的习惯不符合"特定侵权行为规则"对行为习惯的"特定性"要求；正确的分析应该是，是否有证据证明被告的儿子具有在玩耍街头游戏时使用棍棒伤害其他玩伴的习惯。

该法官的上述分析错误地使用了"殴打"一词。这是因为，无论是依据刑法规定还是民法规定，以殴打为诉因起诉被告都必须证明被告具有殴打的故意；而 Snow v. Nelson 一案的原告在起诉状中已经承认了受害人 Randall Snown 的损害是由侵权行为人 Mark Nelso 的意外行为造成的，也就是说，Mark Nelso 的行为至多是过失行为而非故意行为。另外，即便假设有证据证明 Mark Nelso 具有殴打年幼玩伴的习惯，也不足以证明 Mark Nelso 的父母构成过失监管。这是因为，根据"特定侵权行为规则"的含义，父母已经知道其未成年子女具有实施某种不法行为的习性，并不意味着父母也知道自己有必要控制其未成年子女从事其他不同种类的不法行为。Snow v. Nelson 一案的反对意见主张，将"特定侵权行为规则"限制适用于原告完全不能证明未成年人的特定不法行为与被告违反监管控制义务的行为存在因果关系的案件。一名持反对意见的法官指出，现有证据能够证明，侵权行为人 Mark Nelso 具有"粗暴对待那些比他年幼的玩伴"以及"殴打那些比他年幼的玩伴"的习性，而且 Mark Nelso 的父母也知道其儿子的这些不良习性但没有阻止其儿子实施这些不法行为；这名法官认为，现有证据足以判定被告父母构成过失监管。实际上，法院的反对意见是对"特定侵权行为规则"中的"行为习惯"要件作扩张解释，认为只要侵权行为人具有实施某种不法行为的习惯就足以证明被告应当认识到控制其未成年子女的行为的必要性，而不论该种不法行为是否是侵害原告的那种不法行为。这种解释是与"特定侵权行为规则"的初衷不相符的。"特定侵权行为规则"的主要目的在于对父母承担的义务和侵权责任进行限制。依据该规则的含义，原告要起诉被告承担过失监管的侵权责任，必须证明被告已经知道其未成年子女具有实施某种特定不法行为的习性，并且该种不法行为必须是侵害原告的那种不法行为；所以从某种意义上来说，被告是否承担过失监管的侵权责任，在一定程度上取决于原告能否证明被告已经知道其未成年子女具有实施侵害原告的那种不法行为的习性。

四、《美国侵权法复述》（第二版）对父母过失监管责任的规定

（一）父母负有控制子女行为的法定义务

根据《美国侵权法复述》（第二版）的规定，行为人原则上不负

有控制他人行为的义务,除非行为人与第三人之间存在特殊关系,并且该种特殊关系使行为人负有控制第三人行为的义务。也就是说,行为人是否负有控制他人行为的积极作为义务,并不取决于行为人是否认识到或应当认识到他的控制行为对于保护他人安全的必要性,而是取决于行为人与第三人之间是否存在特殊关系以及行为人是否有能力、有必要、有机会履行控制第三人行为的义务。如果行为人违反了其应承担的控制他人的行为的义务,那么就构成不作为过错,行为人应对其不作为行为造成的损害承担侵权责任。

根据《美国侵权法复述》(第二版)的规定,父母在一定条件下负有控制子女行为的义务,父母应行使合理的注意控制其子女的行为,以保护他人免受其子女的侵权行为的故意或不合理的损害。

(二)《美国侵权法复述》(第二版)对父母过失监管责任的规定

审理父母过失监管未成年子女案件的法院大多会适用《美国侵权法复述》(第二版)的规定来判断被告是否存在过失。但是,少有法院像亚利桑那州最高法院和北卡罗来纳州最高法院那样如实适用《美国侵权法复述》(第二版)中有关父母过失监管的判断标准。这两座法院都认为,父母负有控制子女的行为的法定义务,不需要以父母已经知道其子女先前实施过某种特定不法行为作前提,而且,它们认为《美国侵权法复述》(第二版)已经对父母承担的侵权责任做了限制,因而不需要适用"特定侵权行为规则"。从某种程度上来说,这两座法院的观点是更加可取的,这是因为,不考察父母是否已经知道其子女先前实施过某种特定不法行为,能将法院的注意力集中在被告的过失上,从而能对依据过失理论和代理关系理论提起的诉讼进行区分,而且也能更好地平衡原告和被告之间的利益。

Parson v. Smithey 一案[①]是亚利桑那州最高法院审理的第一宗起诉父母就其未成年子女造成他人人身损害承担侵权责任的案件。该案原告诉称,被告的儿子有心理疾病,被告从其儿子先前实施的行为中应当能合理地预见到其儿子将会实施不法侵害他人的行为。针对原告的指控,被告辩称,因为原告未能证明被告的儿子具有实施侵害原告的

---

① 504 P. 2d 1272 (Ariz. 1973).

那种不法行为的习惯,所以被告不需要就其儿子的行为承担侵权责任。审理该案的初审法院采纳了被告的答辩,进而做出了有利于被告的判决。在上诉审中,上诉法院指出,初审法院在庭审中错误地排除了一些本来能证明被告知道其儿子具有实施某种特定不法行为的习性的证据,但上诉法院最终还是维持了初审法院的判决。当案件到了亚利桑那州最高法院那里,却意外地出现了截然相反的判决结果。亚利桑那州最高法院认为,并不是只有在未成年人已经形成了实施某种特定不法行为的习惯的情况下父母才应当意识到有必要对其未成年子女的行为加以控制,如果通过考察案件中的所有环境因素能认定父母应当能合理地预见到若不对其未成年子女的行为加以控制将会导致他人损害,那么父母就应当负有控制子女行为的法定义务。而且,亚利桑那州最高法院还进一步指出,适用"特定侵权行为规则"会导致遭到侵权行为人损害的第一个受害人不能得到赔偿,因为第一个受害人无法以侵权行为人先前曾经实施过该种侵权行为来证明被告存在过失。可见,亚利桑那州最高法院在判断被告是否存在过失的问题上适用了过失理论的一般规定。但亚利桑那州最高法院最终还是维持了初审法院的判决,因为法院认为,仅凭现有的证据仍不足以将案件交给陪审团裁决被告是否应合理地预见到其儿子具有实施暴力行为的习惯。

在 Moore v. Crumpton 一案①里,法院也适用了《美国侵权法复述》(第二版)的有关规定判断被告是否知道控制其未成年子女行为的必要性。在该案中,北卡罗来纳州最高法院把审理的焦点放在被告的独立过失这一问题上,并重点考察了现有证据是否足以证明被告知道或尽合理的注意应当知道其未成年子女的习性、被告是否合理地预见到如果他不对其未成年子女的习性加以控制将会导致损害后果。法院在判断被告是否存在过失时并没有适用"特定侵权行为规则",而是适用了《美国侵权法复述》(第二版)中的过失判断标准,即通过考察所有环境因素判断被告是否尽到了合理的注意义务。法院仔细审查了导致原告损害的所有环境因素,包括实施侵权行为的未成年男孩的日常性格和行为习性、被告对其未成年儿子日常行为习性的态度。

---

① 295 S. E. 2d 436 (N. C. 1982).

法院最终认为，现有证据不能证明本案事实能够满足《美国侵权法复述》（第二版）中的过失判断标准。也就是说，被告既没有认识到他有能力控制其未成年子女的行为，也没有认识到他有必要控制其未成年子女的行为，所以被告不构成过失监管，不需对原告遭受的损害承担侵权责任。

以上两宗案件的法院在判断被告是否构成过失监管时都没有适用"特定侵权行为规则"，而是适用了《美国侵权法复述》（第二版）中有关过失判断标准的规定。如果在 Snow v. Nelson 一案中也适用《美国侵权法复述》（第二版）的有关规定，又会有怎样的结果呢？在 Snow v. Nelson 一案里，被告已经知道其儿子具有粗暴对待年幼玩伴的习性，这一因素无疑会影响到法院的判断。但是，该案的证据既不足以证明被告已经认识到其儿子具有损害他人的危险，也不足以证明被告有能力、有机会并有必要对其儿子的行为加以控制，所以，Snow 一案的被告不构成过失监管。

五、"特定侵权行为规则"的公共政策考量

自"特定侵权行为规则"被创设后，各州法院就接连不断地适用该规则。但是，无论法院多么钟情于这一规则，我们也要理智地思考该规则的正当性何在，它是否符合限制父母侵权责任的公共政策、是否符合公平效率的原则。"特定侵权行为规则"的目的在于，对父母在什么情况下应当认识到"如果他不对其未成年子女的行为加以控制将可能导致他人损害"这一问题划定一条边界。实际上，"特定侵权行为规则"也是对父母在什么情况下应对其过失监管未成年子女的行为承担侵权责任划定了一条边界。

"特定侵权行为规则"的主要作用在于，它能有效地把父母承担的侵权责任限制在一定范围内。我们知道，法院对一个合理谨慎的父母应尽的监管义务进行界定，往往会导致不公平甚至造成法律规定的混乱；而且，要求父母承担控制子女行为的法定义务，可能不利于羽翼渐丰的未成年子女的成长和发展。要求父母就其未成年子女的行为承担侵权责任，实际上是督促甚至鼓励父母限制其未成年子女的活动。从某种程度上来说，父母对其未成年子女的限制程度，应当与父母承担侵权责任的程度相符。法院之所以不愿意过分扩张父母承担的

侵权责任，是因为美国的家庭教育观念普遍认为父母不是其未成年人子女的行为担保人，法院不希望破坏这种具有悠久历史的社会观念。事实上，对父母就其未成年子女的行为承担侵权责任的范围进行扩张，会导致千千万万的父母不得不支付更加高昂的保险费，以减轻日后遭受不利判决时的赔偿风险，而对于那些没有购买责任保险的父母而言，扩张父母的侵权责任无疑会使他们承担更加沉重的负担。

"特定侵权行为规则"作为限制父母侵权责任的政策工具，和近因理论中的可预见性规则有着相似之处，两者都是对行为人承担的侵权责任进行限制的重要机制。根据可预见性规则的含义，行为人只对由于其作为行为或不作为行为当然造成的、能合理预见到的损害承担侵权责任，而不对那些在行为发生时不可预见的损害承担侵权责任。人们普遍认为，近因理论中的可预见性规则是法院用来限制行为人侵权责任的政策工具。

实际上，"特定侵权行为规则"也有着同样的目的，即对父母承担的侵权责任做出限制。但是，这两种规则在灵活性上有着较大的区别。相比之下，近因理论中的可预见性规则有更大的灵活性，而"特定侵权行为规则"就直接划定了一条承担侵权责任的界线，规定在这条界线以内的所有案件的父母都应承担侵权责任。根据"特定侵权行为规则"的含义，父母是否能预见到原告的损害，取决于父母是否从其未成年子女的先前行为中知道其未成年子女具有实施侵害原告的那种不法行为的习性。所以，如果父母已经知道其未成年子女具有实施某种特定不法行为的习性，父母完全可以对其未成年子女的行为加以控制，以避免其未成年子女的行为对他人造成不合理的损害危险或造成损害，父母也可以避免日后承担侵权责任。这样，父母在监管未成年子女上是否存在过失，就取决于父母是否尽到了一个合理谨慎的父母在同样情况下应尽的注意。

"特定侵权行为规则"为父母承担侵权责任直接划定了一条界线，确保了法律规则的可预测性和前后判决的一致性，从这一角度而言，"特定侵权行为规则"是公平的。但是，由于"特定侵权行为规则"把损害的可预见性限定在被告已经知道其未成年子女具有实施侵害原告的那种特定不法行为的习惯这一情形，所以，以该规则决定被告是否应承担侵权责任，既有可能把那些虽不符合"特定侵权行为规则"的可预见性要求但事实上违反了监管义务的父母排除在侵权责任主体的范围之外,也有可能错误地把那些虽符合"特定侵权行为规则"的可预见性要求但实际上并没有违反监管义务的父母纳入了侵权责任主体的范围内。根据"特定侵权行为规则"的要求,原告起诉被告承担过失监管的侵权责任,原告就必须证明被告已经知道其未成年子女先前实施过与本案的不法行为相同的行为,否则,原告不能胜诉。而事实上,原告往往难以达到如此高的举证要求,这样,遭到未成年人侵害的原告就往往难以成功地从该未成年人的父母那里获得损害赔偿。所以说,"特定侵权行为规则"并不能很好地平衡父母和受害人之间的利益,也不能很好地督促和鼓励父母对其未成年子女的行为加以控制以减少损害危险。

六、结语

佛罗里达州最高法院在审理 Gissen v. Goodwill 一案中确立的"特定侵权行为规则",本意是对父母承担的侵权责任进行限制,但实际上,它是一个弄巧成拙的规则。虽然该规则受到了很多法院的青睐,但是,这些法院适用该规则缺乏权威的判例依据。《美国侵权法复述》(第二版)第 316 节的规定不仅确立了父母的有限侵权责任,而且提供了一个判断父母过失的标准;与"特定侵权行为规则"相比,《美国侵权法复述》(第二版)的规定更加科学、更加公平。Parson v. Smithey 一案和 Moore v. Crumpton 一案也足以证明,《美国侵权法复述》(第二版)已经为父母提供了充分的保护,因为只有在原告能够证明被告存在明显、重大监管过失的情况下,法院才会把案件交给陪审团裁决被告是否承担侵权责任。因此,笔者主张,佛罗里达州最高法院在审理父母过失监管未成年子女的案件时,应该摈弃"特定侵权行为规则",并转而适用《美国侵权法复述》(第二版)中的规定。